3판

사회복지행정론

SOCIAL WELFARE ADMINISTRATION

| 이준영 · 문용필 · 박규범 · 전혜상 · 조혜진 · 홍석호 공저 |

학지사

3판 머리말

사회복지행정론 제2판이 출간된 지 벌써 5년 가까이 되는 시간이 지났다. 사회복지행정은 사회경제적인 변화뿐만 아니라 5년마다 바뀌는 정부의 사회복지정책 방향으로부터 영향을 받기 때문에 다른 학문 분야보다 변화의 주기가 짧다. 따라서 사회복지행정을 다루는 교재에도 그러한 변화들이 곧바로 반영되어야 했는데 지금에서야 3판이 나오게 되어서 조금 늦은 감이 없지 않다.

지금까지는 대표 저자가 주로 집필하고 다른 사람들의 도움을 받아서 완성하는 방식으로 교재가 만들어지고 개정되었지만 이번 작업은 다른 여러 저자들이 공동으로 집필하고 보완하여 완성하였다. 조선대학교 행정복지학부 문용필 교수, 경기복지재단 박규범 박사, 한국체육대학교의 전혜상 교수, 서울시립용산노인복지관 조혜진 관장, 그리고 청주대학교 사회복지학과 홍석호 교수가 개정에 참여하였다. 혼자서 하는 것보다는 여러 사람이 각자 관심 있는 분야를 맡아서 검토하고 보완함으로써 개정이 좀 더 세밀하게 이루어질 수 있게 되어서 다행이라고 생각한다. 물론 다수의 저자가 참여하는 경우에는 용어나 개념 등에서 통일성을 갖추기 어려울 수도 있으나, 제2판까지 유지되어 온 체계에 따라 일관성 있게 작업이 이루어졌다.

이번 개정에서는 모든 장에서 새롭게 도입된 제도나 신설된 시설들을 추가하고 시설 및 인력에 관한 현황 자료들을 현행화하는 것을 기본으로 하였다. 거기에 더하여 내용적으로는 제3장 사회복지 전달체계 개편전략 부분이 보완되었고, 제6장 사회복지조직이론에서 조직과 환경에 관한 현대조직이론들이 추가되었다. 제10장에서는 욕구조사 기법들에 대한 설명 순서가 변경되었다. 제11장 사회복지 재정관리에서는 사회복지시설 국가보조금에 대한 내용과 기부금의 세액공제에 관한 내용이 재정리되었다. 제12장에서는 2019년부터 개편된 차세대 사회보장정보시스템에 대한 설명도 추가되었다. 이와 같은 자료의 현행화나 내용적인 보완 외에도 어색한 문맥이나 잘못된 표기 및 오탈자에 대한 점검이 전체적으로 꼼꼼하게 이루어지고 바로잡아졌다.

우리 공동 저자들의 그러한 노력에도 불구하고 내용상의 오류나 편집상 개선되어야 할 점들이 있다면, 독자들의 따끔한 지적과 따뜻한 조언은 감사하는 마음으로 환영한다. 미흡하나마 이번에 개정된 교재가 사회복지행정에 관심을 가지고 있는 사람들이나 전공하는 학생들에게 작은 도움이라도 될 수 있는 안내서가 되었으면 하는 바람이다.

사회복지행정론의 3판이 출간될 수 있게 해 주신 학지사 김진환 사장님과 복잡하고 까다로운 편집을 짧은 시간 내에 서둘러 마무리해 주신 학지사 박나리 님께 감사드린다.

2024년 3월
저자들을 대표하여
이준영

현대사회의 급속한 발전과 더불어 사회복지에 대한 국민의 욕구는 더욱 다양해지며, 복잡해지고 있다. 이러한 사회상황에 부응하기 위해 중앙부처의 복지사업과 지자체의 복지사업이 수만 개에 달하고 있으며, 바야흐로 사회복지에 대한 국가 예산이 100조 원에 달하는 시대가 도래하였다. 이에 국가 및 사회로부터 클라이언트의 욕구와 사회문제를 해결하기 위한 권한을 위임받은 사회복지행정 담당자들은 지속적으로 증가하는 복지예산을 효율적으로 사용하고, 복지사업을 효과적으로 증진시켜야 하는 책임을 갖게 되었다. 또한 사회복지를 필요로 하는 사람들의 욕구를 충족시키고 사회문제를 해결하기 위한 사회복지적 이념과 그에 따른 정책이 성공적으로 실현되기 위해 사회복지정책을 실행하는 행정의 역할이 중요하다는 공감대가 현장과 학계에서 형성되고 있다.

이미 여러 선배 및 동료 연구자에 의해 사회복지행정에 대한 수많은 저술이 출간되었다. 하지만 아직까지 사회복지행정의 개념에 대한 통일된 합의가 이루어지지 않은 상황이며, 다양한 관점으로 사회복지행정이 해석 및 기술되고 있다. 사회복지행정을 보는 관점으로 크게 거시적 '복지행정'과 미시적 '사회사업행정' 그리고 중범위의 '사회복지행정'이 있다. 이 책에서는 이 세 가지 관점을 다 포괄하는 종합적 접근방식을 택하였다. 먼저, 정부의 사회복지정책이 지자체를 거쳐 사회복지조직의 프로그램과 클라이언트에 대한 서비스로 전달되는 과정에 관한 내용을 서술하는 데 상당히 많은 부분을 할애하였다. 그다음으로 사회복지조직 내에서 이루어지는 인사, 재정, 프로그램 그리고 정보 등의 관리에 관한 내용을 다루었다. 사회복지자원 및 수행기관의 다양화로 사회복지 전달체계가 변화하고 양적 성장에 따라 각 부처별 복지정보시스템이 연계 및 통합되는 등 최근 몇 년간 사회복지행정의 환경이 급속하게 변화하고 있기 때문이다.

이 책이 완성되기까지 번거롭고 까다로운 출판 작업을 친절하게 맡아 주신 학지사 편집부 이혜진 님을 비롯하여 이 책의 출간을 위해 물심양면으로 지원해 주신 김진환 사장님께 감사드린다. 그리고 자료수집 및 교정작업을 기꺼이 맡아 준 서울시립대학교 대학원의 김옥녀 박사, 박양숙 박사, 박사과정의 김치민 원생에게도 감사의 마음을 전한다.

이 책의 출간을 결심하면서 저자는 나름대로 사회복지행정에 대한 독자적이고 체계적인 해석을 해 보겠다는 뜻을 세웠으나, 막상 집필을 시작하면서 곧바로 능력의 한계에 부딪혔으며, 결국 저자가 강의 시간에 활용할 수 있는 수업의 기초자료를 마련해야겠다는 현실적이고 소박한 수준으로 목표를 낮출 수밖에 없었다. 그래서 아직 전체적인 체계가 만족할 만한 일관성을 갖추지 못하였고 이에 따른 적지 않은 오류들이 있을 것으로 생각된다. 그 모든 문제는 전적으로 저자의 부족과 한계에서 기인하는 것이며, 이러한 점들은 향후 지속적인 개정 작업을 통해 꾸준히 보완할 것이다. 보완에 대한 독자들의 많은 관심과 의견은 얼마든지 환영한다.

사회복지정책이 개별적 클라이언트에 대한 구체적 서비스로 전환되는 과정에서 이 책이 사회복지 전문가를 꿈꾸는 학생들에게 사회복지행정의 중요성을 일깨우는 좋은 교재가 되기를 소망해 본다.

2016년 2월
이준영

차례

CHAPTER
01

사회복지행정의 개요 및 특성 / 13

CHAPTER
02

사회복지행정 및 이론의 발전과정 / 35

사회복지행정의 개요 및 특성

1. 사회복지와 행정

이 질문에 대답하기 위해서는 우선 사회복지의 개념에 대하여 생각해 봐야 할 것이다. 왜냐하면 사회복지행정이란 '사회복지'와 '행정'의 두 개의 개념으로 구성되어 있기 때문이다.

1) 사회복지란 무엇인가

(1) 욕구에 기초한 설명

사회복지는 인간의 욕구라는 개념과 함께 이해하는 것이 적절하다. 욕구란 무엇인가? 일반적으로 욕구란 '인간이 생존, 성장 그리고 발전하는 데 필요하여 구하고자 하는 것'을 의미한다. 인간은 살아 있는 한 여러 가지 욕구를 가지고 있으며, 다양한 욕구충족을 위해 여러 자원을 사용한다. 가장 기초적인 생존에 관한 욕구에서부터 사회적 욕구 그리고 자아실현의 욕구에 이르기까지 욕구를 정의하고 파악하는 방법은 학자들에 따라 다양하다.

매슬로(Maslow, A. H.)는 이러한 욕구들의 발전단계를 관찰할 수 있다고 하였다(Maslow, 1954; 제10장 [그림 10-3] 참조). 그에 따르면 인간은 기본적으로 생존을 위한 욕구를 가장 먼저 갖게 된다. 즉, 인간은 가장 먼저 생존을 위해 추위를 피하거나 배고픔을 해결하고자 한다. 기본적이고 생물학적인 생존의 욕구가 충족되고 나면, 좀 더 편리하고 안락하게 살아 보고 싶다는 생각을 하게 되며, 이는 생활에 관한 욕구라고 할 수 있다. 여기서 생활이란 개인적인 삶뿐만 아니라 가족과 함께 행복하게 살아가는 것도 포함한다고 할 수 있다. 생활에 관한 욕구가 어느 정도 충족되고 나면 사회 속에서 인정받고자 하는 사회적 욕구를 느끼게 된다. 여기서 더 나아가면 자신의 의지를 관철시키거나, 자아를 실현하고자 하는 좀 더 고차원적인 욕구가 나타나게 된다. 물론 인간이 가지는 욕구가 항상 순차적으로 나타난다고 보기는 어렵다. 하지만 욕구가 순차적으로 나타나든 동시적으로 나타나든 우리 삶 안에서 다양하게 나타난다는 점에서는 논란의 여지가 없을 것이다. 사회적 관점에서 보았을 때 자원이 제약될 때 충족되지 못한 욕구를 순차적으로 해결할 필요가 있다.

(2) 욕구충족과 자원 확보

욕구와 사회복지의 관계는 어떻게 정의 내릴 수 있는가? 인간이 행복한 삶을 영위하기 위해서는 생존, 성장, 발전 등 다양한 영역에서 필요한 것을 확보하여 욕구를 충족할 수 있어야 한다. 인간의 욕구를 충족시키기 위해서는 자원이 반드시 필요하다. 인간이 살아가면서 자원을 소모하지 않고 욕구를 충족하는 방법은 없을 것이다. 그래서 사람들은 자신의 욕구충족을 위해 경제활동과 사회참여를 통해 필요한 자원을 스스로 확보하기 위해 노력하게 된다. 모든 사람이 자신의 욕구를 충족하는 데 필요한 자원을 스스로 확보할 수 있다면 사회복지에서 다뤄지는 문제점은 발생하지 않을 것이다. 사회복지는 자신의 욕구를 충족하는 데 필요한 자원을 스스로 확보하지 못하는 사람들을 위해 제3자가 개입하는 것이다. 즉, 자원을 풍족하게 가진 사람으로부터 자원이 부족한 사람에게 자원을 이전함으로써 충족되지 못한 욕구를 충족할 수 있도록 돕는 것이다. 이렇게 볼 때 사회복지는 자원 이전을 위한 개입행위로 이해될 수 있다.

(3) 사회복지 분야에서 다루는 문제

경제학에서는 인간의 욕망은 무한하나, 이를 충족시키는 데 필요한 재화가 충분하지 못해 경제문제가 발생한다고 본다. 경제문제는 물질적인 욕구 충족과 관련되지만, 정치문제는 정치적 욕구, 즉 권력 분배와 관련된다.

사회복지는 인간의 생활과 관련된 모든 욕구충족의 문제를 다룬다. 사회복지에서 다루는 문제는 좀 더 다양한 원인에 기초한 것들이다. 즉, 개인이 욕구충족에 필요한 충분한 자원을 확보하지 못하는 원인은 개인적인 성격의 결함, 사회부적응, 계층 간 소득 분배의 불균형 그리고 더 나아가 자본주의 경제

구조의 문제점 등 개인적인 차원에서부터 사회구조적인 차원에 이르기까지 매우 다양하고 광범위하다고 할 수 있다. 그러므로 이러한 원인을 제거하여 각 개인이 필요로 하는 자원을 확보할 수 있도록 개입하는 사회복지는 그 실천방법도 다양하고 광범위할 수밖에 없다.

사회문제의 원인이나 결과는 결코 어떤 한 순간에 고정되거나 환경과 고립된 상태에 한정되지 않는다. 즉, 인간이 자신의 욕구를 스스로 충족시키지 못하는 것은 나태함이나 성격의 결함과 같은 개인의 책임일 수도 있지만 사회구조적인 원인에서 기인할 수도 있다. 또한 인간의 삶은 하나의 주기(life cycle)로, 태어나서 성장하고 노쇠하는 것은 누구나 겪는 과정이다. 그러므로 생애주기에 따라 각자의 욕구가 달라지고, 욕구를 충족하는 방법과 능력도 달라진다.

사회구조적인 원인으로 발생하는 문제를 해결하기 위해서는 개인 성격의 결함을 치유하는 것보다는 분배의 불공평 또는 빈곤의 세습화와 같은 사회구조적인 원인을 제거하여야 한다. 그리고 각 개인의 생애주기를 고려한 제도적인 개입도 필요하다.

사회복지의 일차적 목표는 개개인의 욕구충족을 지원하는 데에 있다. 목표의 실행을 위해서는 물질적인 지원, 갈 곳 없는 사람들에 대한 보호, 치료, 고민상담, 교육지원 등의 행위가 필요하다. 사회복지의 궁극적인 목표는 사회복지를 필요로 하는 사람들의 역량을 강화하여 스스로 필요로 하는 자원을 얻을 수 있도록 도와주는 것이다.

이와 같이 인간의 욕구를 충족시키기 위해 욕구를 가진 사람들에게 제3자가 직접적으로 개입하는 단위행위를 서비스라고 할 수 있다. 이러한 서비스들의 묶음을 프로그램이라고 하는데, 프로그램은 일정한 개입효과이론(인과관계의 틀)에 기초하여 클라이언트 유형에 따라, 해결되어야 할 문제 또는 제공되는 장소 및 환경 등에 따라 다르게 구성된다.

자신들의 욕구를 스스로 충족시킬 수 없는 상태에 있는 사람들을 '클라이언트(client)' 또는 '사회복지를 필요로 하는 사람'이라고 한다. 과거에는 사회복

지를 필요로 하는 (태생적으로 취약한) 특정 계층이 존재하는 것으로 가정해 왔
다. 이에 따라 사회복지도 특정의 소수만이 필요로 하는 것으로 보았다. 또한
한번 능력이 없는 사람은 영원히 능력이 없다고 생각하였고, 능력이 있는 사
람은 항상 문제가 없는 것으로 가정하였다. 이러한 정태적(static)인 관점의 전
제하에서 사회복지는 선별적 성격을 갖게 된다.

하지만 현실에서는 사회복지를 필요로 하는 사람이 태생적으로 고정된 것
이 아니며 누구든지 사회적 위험(social risks)의 문제상황에 봉착할 수 있다
는 것을 부인하기 어렵다. 또한 생애주기(life cycle) 관점을 적용하고 개인별
맞춤형 복지에 대한 관심이 증가하고 있다. 따라서 누구든지 잠재적으로 사
회복지를 필요로 하는 사람, 즉 클라이언트가 될 수 있다는 인식과 동태적
(dynamic)인 관점의 전제하에 사회복지의 보편적 성격을 요구하게 된다.

(4) 사회복지와 자원 이전

그런데 여기서 반드시 짚고 넘어가야 할 점은 인간이 욕구를 충족하기 위
해서는 무엇인가를 소비하거나 이용하여야 한다는 것이다. 이와 같이 욕구
의 충족을 위해 투입되거나 소모되는 것은 자원이다. 자원의 종류와 형태는
다양하다. 자원의 종류로는 돈, 물건, 시설과 같은 물적자원, 노동력, 시간과
같은 인적자원, 관심, 에너지와 같은 무형의 자원 등이 있다.

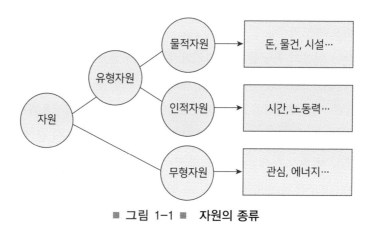

■ 그림 1-1 ■ **자원의 종류**

자신의 욕구를 충족시키지 못하는 사람들의 공통적 특징은 바로 욕구충족에 필요한 자원을 스스로 가지고 있지 못하거나 부족하다는 것이다. 그들을 위한 사회복지적 개입을 자원의 관점에서 보면 그들이 가지지 못한 자원을 소비하거나 이용할 수 있도록 제3자가 자원을 동원하여 그들에게 이전(transfer)하는 것이라 할 수 있다.

현실에서 자원을 필요로 하는 클라이언트에게 이전하는 방법은 자선이나 기부와 같이 자발적으로 이전하는 방법과 조세와 같이 강제적으로 이전하는 방법으로 구분할 수 있다. 만약 자원의 이전이 자선이나 기부와 같이 자발적이고 직접적인 방식으로 이루어진다면 사회복지를 위한 시설이나 기관과 같은 인위적이고 조직적인 개입의 필요성은 상당히 줄어들게 될 것이다. 그러나 개개인의 주관적 판단에 의존하는 자선은 임의적이고 예측 가능하지 않으며 대체로 불충분하다. 따라서 조직적·강제적 자원의 이전이 필요하게 되는데, 이 경우 이전된 자원의 사용에 따른 효과를 부담자가 직접적으로 확인할 수 없다는 문제가 발생된다. 따라서 자원을 효율적으로 관리하고 클라이언트의 문제를 효과적으로 해결하는 것을 입증할 필요가 있다.

(5) 사회복지 이념 및 정책

대부분의 사람은 어려운 사람들에게 도움을 주는 것에 대해 반대하지 않는다. 그러나 이들을 돕기 위해 자신이 부담해야 할 부분이 생긴다면 '클라이언트가 사회복지서비스를 받아도 마땅한가?'에 대해 좀 더 냉정하게 생각할 것이다. 더욱이 지금보다 더 많은 부담을 져야 한다면 반대할 사람은 더 많아질 것이다. 즉, 국가가 사회복지를 확대하기 위하여 더 많은 세금을 거둬들인다면 이를 부담하는 사람들의 반대를 반드시 예상해야 한다. 전통적으로 사회복지는 복지의 확대에 대하여 찬성하는 사람과 반대하는 사람으로 각각 하나의 진영을 형성해 왔고, 그러한 입장은 진보와 보수라는 사상적 대립으로도 나타나고 있다.

사상적 대립과 관련하여 사회복지를 살펴볼 때 '모든 개인의 문제를 사회의 문제로 받아들여야 하는가?'와 같은 의문을 제기할 수 있다. 한 국가나 사회는 어떤 종류의 욕구가 충족되어야 할 욕구인가 그리고 어느 정도의 개입이 필요한가에 대해 결정이 필요하다. 이는 이념(ideology)의 문제라고 할 수 있으며, 국가의 재정 상황과 이해당사자 간의 정치적 의사결정 과정을 통하여 헌법에 명시하게 된다. 헌법에서 규정한 이념을 실천하기 위한 구체적인 방법으로 사회복지정책(제도)이 마련되고, 정책은 각종 사회복지 관련법들을 통해 명문화된다. 따라서 사회복지에서는 정치적 과정도 매우 중요하다고 할 수 있다.

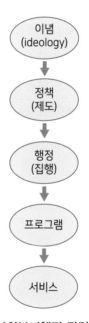

■ 그림 1-2 ■ **사회복지행정 관련 용어들 간의 관계**

2) 사회복지행정의 개요

(1) 사회복지행정의 개념

일반적으로 우리는 '행정'이라고 하면 공공행정(public administration)을 떠올리게 된다. 공공행정은 공공성을 추구하는 조직, 즉 공공기관에서 이루어지는 목표설정, 실행계획의 수립 및 이행, 재원 조달, 인력관리 그리고 정보 관리 등의 일련의 행위를 총괄적으로 표현한다. 한편, 행정이 조직의 목표를 효과적·효율적으로 수행하기 위해 관리한다는 점을 주목하면 경영학(business administration)에서 다루는 관리(management)와 유사성이 있다. 다만, 공공행정은 주로 공공성을 가진 조직과 관련되는 것이며, 경영은 이윤을 추구하는 영리조직의 관리를 다룬다는 점에서 차이가 있다. 공공행정이나 경영 모두 제한된 자원으로 조직의 효과적·효율적 관리를 목표로 한다는 점에서 공통점이 있다. 여기서는 '행정(administration)'이라는 개념을 단순히 공공행정의 의미에 제한하지 않고, 공공부문, 영리부문 또는 비영리부문 등 모든 영역에서 이루어지는 조직의 '관리(management)' 측면에서 이해한다.

　그렇다면 '행정(administration)'은 사회복지와 어떠한 관계가 있는가? 사회복지정책(제도)은 '모든 국민에게 인간다운 삶을 보장한다'와 같이 추상적이고 포괄적으로 명시하고 있으며, 그에 대해 대상별로 특정한 욕구가 충족되지 못하는 경우에 개입할 방법을 정하고 있다.

　(일반)행정 분야에서 일정한 기준에 해당되는 사람들에게 규격화된 서비스를 제공하기 위한 관리행위는 주로 관료들에 의해서 이루어진다. 그러나 이 과정에서 어떤 경우가 인간다운 삶이 보장받지 못한 경우인지 그리고 그러한 삶을 어떻게 보장할 것인지에 대한 구체적인 내용이 정해져 있지 않기 때문에 사회복지의 실행이 가능하도록 구체화하는 작업이 필요하다. 다시 말하자면 사회복지정책이 실행되기 위해서는 관할 주체, 대상자 규정 및 선정 절차, 서비스 내용 및 제공 방법, 재원 마련 등 세부적인 내용들을 구체화하는 작업이 필요하다.

　사회복지행정에 대해 키드나이(Kidneigh, 1950: 58)는 추상적이고 일반적인 사회복지정책을 개별적·구체적 서비스로 전환시키는 과정으로 보았으며, 패티(Patti, 1983: 24-25)는 조직목표를 달성하기 위해 관리자가 수행하는 과업, 기능 그리고 활동으로 보았다(Patti, 1983: 25). 이러한 의견들을 종합해서 사회복지행정을 '일반적이고 추상적인 사회복지정책을 개별적이고 구체적인 서비스로 전환하는 과정에 있는 조직들의 활동을 관리하는 것'으로 정의할 수 있다.

사회복지정책은 사회보장제도를 통해 실행되는데, 한국 사회보장제도는 사회보험, 공공부조, 사회(복지)서비스로 구성되어 있다(「사회보장기본법」 제3조). 사회보험과 공공부조는 공공기관에 의해 제공되고 사회(복지)서비스는 공공기관뿐만 아니라 민간조직과 개인들에 의해 제공된다.

(2) 사회복지행정과 조직

사회복지행정이라는 개념은 조직이라는 맥락을 떠나서는 이해하기 어렵다. 왜냐하면 사회복지이념이 사회복지정책을 거쳐 사회복지행정으로 전환되는 과정에 다양한 조직이 관여하고 있기 때문이다. 사회복지이념의 채택에는 국회라는 조직이 관여하고 있으며, 사회복지정책의 수립에는 보건복지부, 고용노동부, 교육부, 여성가족부 등 중앙정부의 관련 부처들이 관여하고 있다. 그리고 사회복지정책을 실행하는 과정에서는 지방조직인 시·도와 같은 광역자치단체, 시·군·구와 같은 기초자치단체도 관여하고 있다. 또한 사회복지를 필요로 하는 사람들에 대한 서비스가 제공되는 과정에는 읍·면·동

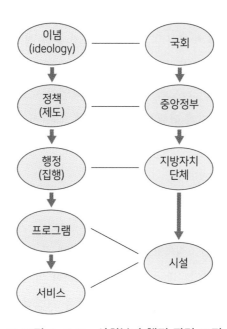

■ 그림 1-3 ■ **사회복지 행정 관련 조직**

그리고 사회복지시설 등이 관여하고 있다. 사회복지와 관련된 다양한 조직은 물적·인적 자원을 조직화하여 사회복지를 필요로 하는 사람들에게 직간접적으로 정책 및 서비스를 지원하고 있다.

사회복지행정에서 고려해야 하는 조직의 관리는 미시적인 조직관리와 거시적인 조직관리를 모두 포함한다. 미시적 조직관리는 조직 내적인 관리로 기획, 조직화, 인력관리, 명령지휘체계, 조정, 보고 및 재정 등이 관련되지만 거시적 조직관리는 조직들 간의 관계를 관리하는 것으로 전달체계, 네트워크 및 통합사례관리 등이 관련된다.

- 미시적 조직관리: 조직 내 관리(기획, 조직화, 인력관리, 명령지휘체계, 조정, 보고 및 재정 등)
- 거시적 조직관리: 조직 간 관리(전달체계, 네트워크, 통합사례관리 등)

2. 사회복지행정의 유사 개념

현실적으로 사회복지행정과 유사한 여러 가지 다른 개념들이 존재한다. 즉, 복지행정, 사회행정 그리고 사회사업행정이 이에 속한다.

'복지행정(welfare administration)'은 공공행정의 한 영역으로 주로 사회복지와 관련된 정책을 결정하는 조직에 관한 것을 다룬다고 볼 수 있다. 이 개념은 행정학 분야에서 발전되어 활용되고 있는데 행정학의 한 분과로서 사회복지에 관한 행정을 복지행정이라고 간주한다. 사회복지 분야에서 정부의 활동과 지출이 증가하면서 행정에서도 관심을 갖게 되었다.

복지행정은 사회복지정책이 수립되고 정책의 목표를 달성하기 위해서 조직화된 정부기관이 사회복지정책을 결정하고 사회복지 업무를 관리하는 것을 의미한다. 따라서 복지행정은 거시적 관점에서의 관리를 의미하며 그 주체는 정부기관이 된다. 하지만 사회복지행정은 정부기관뿐만 아니라 민간 사회복지조직의 관리도 포함한다는 점에서 복지행정과 다르다고 할 수 있다. 복지행정은 다른 행정 분야들과 마찬가지로 불특정 다수를 위한 복지정책에 대해 가장 합리적인 규칙을 만들고 집행하는 것이다. 즉, 불특정 다수를 위한 복지에 관한 규칙을 관리하는 것이다. 따라서 표준화와 일반화를 추구한다.

한편, 영국의 티트머스(Titmuss, R. M.)도 사회복지행정과 유사한 개념인 '사회행정(social administration)'을 언급하였는데, 전체 사회의 욕구와 자원배분에 관한 지식으로 사회보장과 사회복지조직 및 운영의 조정문제를 다루는 활동을 사회행정이라고 하였다(이계탁, 1997: 36).

사회복지행정의 또 다른 유사 개념인 '사회사업행정(social work administration)'은 주로 클라이언트에게 서비스를 직접 전달하는 조직, 즉 사회복지시설에서 일어나고 있는 활동들을 관리하는 것이라고 할 수 있으며, 특히 미시적인 관점에서 프로그램의 개발과 관리에 초점을 두고 있다고 볼 수 있다(김영종, 2001: 40).

이 개념은 사회사업에서 관리(행정)에 대한 관심이 증가하여 탄생된 것으로, 사회사업이론에 기초한다고 할 수 있는데 사회복지행정을 정태적이고 폐쇄적인 입장에서 이해하는 것이다. 따라서 사회복지조직의 환경과 자원의 획득에 관한 논의는 상대적으로 미흡하다고 할 수 있다. 사회사업행정은 사회사업 전문직의 관점에서 사회사업의 실천을 관리하는 것에 주된 관심을 가지고 있으며, 사회복지의 관심사 중 환경보다는 개인의 문제해결에 치우쳐 잔여적인 사회복지이념을 지지하는 입장이다(김영종, 2001: 40).

이에 비해 사회복지행정은 개방적이고 동태적인 관점에서 사회복지를 이해하고 있다는 점에서 차이가 있다.

> 복지행정을 거시적(macro) 접근방법이라고 하고
> 사회사업행정을 미시적(micro) 접근방법이라고 한다면
> 사회복지행정은 중범위적(mezo) 접근방법이라고 볼 수 있다.

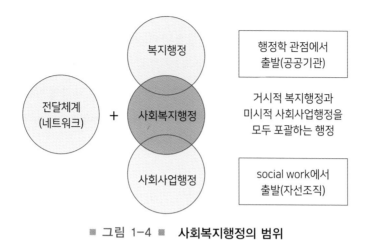

■ 그림 1-4 ■   **사회복지행정의 범위**

사회복지행정을 이해하기 위해서는 복지행정 및 사회사업행정에 대한 이해가 필요하다. 이 세 가지 현상이 전혀 독립적인 별개로 존재하는 것이 아니라 일종의 연관된 흐름으로 존재하여 긴밀한 연관성을 가지고 있기 때문이다.

사회복지행정은 미시적 관점에서 조직 내 관리뿐만 아니라 거시적 관점에서 조직 간 관리를 포함한다. 따라서 복지행정의 대상인 정부정책 결정 과정과 사회사업행정의 프로그램 및 인력관리를 연속선상에서 보는 입장이다.

3. 사회복지행정의 영역과 관리자의 기술

사회복지행정은 사회복지적 개입의 관리를 의미하기 때문에 줄여서 말하자면 '개입관리'라고 할 수 있으며, 개입은 즉흥적이고 산발적으로 하는 것보다 집합적이고 구조적으로 하는 것이 효과적·효율적이다. 클라이언트와 서비스에 개입하는 사람, 자원 등이 모여 개입이 이루어지는 개념적 공간을 조직이라 하며, 이러한 조직을 사회복지 분야에서는 이른바 '인간봉사조직(human service organization)'이라고 한다(Hasenfeld, 1992: 3-23). 결국 사회복지행정을 달리 말하면 인간봉사조직에 대한 관리라고 할 수 있다.

인간봉사조직에서 이루어지는 개입행위에는 다양한 기술이 필요하다. 루터 굴릭(Gulick, L.)은 행정행위를 통해 조직을 유지하는 기술에는 계획, 조직, 인사, 지시, 조정, 보고, 재정, 평가가 있으며 영어 알파벳 철자를 따서 'POSDCoRBE'라고 규정하였다(Schafritz & Russell, 1992: 191).

• Planning(계획)

목표의 설정과 목표를 달성하기 위한 과업 및 수행방법을 결정하는 단계로, 과업을 달성하기 위한 방법은 변화하는 목표에 따라 달라질 수 있으며, 사회복지행정가는 변화하는 목표에 맞춰 과업을 계획하고 방법과 기술을 결정해야 한다.

• Organizing(조직)

조직구조를 설정하는 과정으로 과업이 할당되거나 조정된다. 기관의 구조는 일반적으로 정관의 규정, 운영지침에 의해 기술된다. 역할과 책임이 명확하지 않을 경우 직원 간의 갈등이 발생한다.

• Staffing(인사)

직원의 인사과정으로 사회복지행정 책임자는 직원의 채용, 해고, 임명뿐만 아니라 교육, 훈련, 직원의 건전한 근로 환경의 유지에 대해 책임을 져야한다.

• Directing(지시)

행정책임자는 합리적인 결정 능력, 기관 목적에 대한 능동적인 관심, 헌신적인 태도를 지녀야 하며, 직원의 공헌을 칭찬하고, 책임과 권한을 효과적으로 위임하며, 개인과 집단의 창의성을 고취하는 능력을 입증하고 지시할 수 있어야 한다.

• Coordinating(조정)

　사회복지행정가는 부서 간, 직원 간의 효과적인 의사소통의 망을 만들어 유지·조정해야 한다.

• Reporting(보고)

　행정가는 조직에서 일어나는 상황을 직원, 이사회, 지역사회, 행정기관, 후원자 등에게 알리기 위해 기록, 정기적인 감사, 조사연구 등의 활동을 해야 한다.

• Budgeting(재정)

　조직의 행정가는 재정을 투명하게 사용할 수 있어야 하며, 중·장기적인 재정계획을 수립해야 하고, 회계 규정에 따라 재정을 운영해야 할 책임을 갖는다.

• Evaluating(평가)

　설정된 목표에 따라 결과를 사정하는 과정으로 클라이언트의 욕구나 문제의 해결에 적절했는지에 대한 서비스 효과성과 자원의 투입 및 산출과 관련된 효율성을 평가한다.

P: 계획(Planning)	O: 조직(Organizing)
S: 인사(Staffing)	D: 지시(Directing)
Co: 조정(Coordinating)	R: 보고(Reporting)
B: 재정(Budgeting)	E: 평가(Evaluating)

　사회복지행정의 관리수준별로 관리자에게 필요한 기술이 매우 다르다고 할 수 있다. 일반적으로 사회복지조직의 관리자는 최고관리자(top manager), 중간관리자(middle manager), 일선관리자(supervisor)로 나누어지며 이들이 수

행하는 관리활동과 영역은 상호 중첩되는 부분도 있지만 확연히 구별되는 각자의 영역을 가지고 있다. 정책 영역은 최고관리자가 정부, 이사회, 기타 다른 기관과의 관계를 유지하고 발전시키는 활동과 관련된 관리 영역으로 여기서 정책의 의미는 법률 등이 아닌 주요 방침과 운영규칙을 의미한다. 관리 영역은 주로 조직의 프로그램을 기획하고 수행하는 과정에서 일어나는 행정관리 영역으로 인적·물적 자원을 결합하여 효과적인 프로그램의 목표달성을 위한 활동에 초점을 둔다. 서비스 영역은 일선관리자가 직접 클라이언트에게 서비스를 전달하는 과정에 필요한 관리 영역으로 주로 문서관리와 기록관리를 포함하여 클라이언트에게 양질의 서비스를 제공하는 활동과 관련되어 있다.

　행정가 역할에 필요한 기술을 살펴보면 기능적 기술, 개념적 기술, 인간 기술이 있다(Katz, 1974). 기능적 기술이란 기관의 핵심적인 활동을 성취하는 데 필요한 기술로서 주로 상담, 사례관리, 프로그램 기획과 점검 등 클라이언트에게 서비스를 전달하는 데 필요한 기술이다. 개념적 기술이란 조직의 비전을 제시하고 문제 상황을 규정하며 해결하는 기술이며, 인간 기술은 사람을 다루는 기술로 조직 내에서 매우 필요불가결한 기술이다. 모든 수준의 관리자에게 공통적으로 요구되는 기술은 인간 기술이라 할 수 있다. 일선관리자의 경우

● 표 1-1 ● **관리자의 수준과 관리기술의 종류**

관리자 수준	사회복지조직의 영역	활동내용	필요한 기술
최고관리자	정책(policy) 환경관계	정부의 정책 이행, 이사회 관련 활동, 지역사회 관리	개념적 기술 (conceptual skills)
중간관리자	관리(management) 조정·통제	인사 및 재무 관리 (인적·물적 자원), 프로그램 관리	인간 기술 (human skills)
일선관리자	서비스(service) 서비스 전달	클라이언트 관리, 문서 및 기록 관리	기능적 기술 (technical skills)

출처: Hersey & Blanchard (1988)에서 재구성.

클라이언트라는 인간에 대한 개별화된 이해와 대처가 매우 중요하고, 중간관리자의 경우 하위에 있는 일선관리자 또는 다른 중간관리자와의 관계가 중요하다. 그리고 최고관리자의 경우 하위의 일선관리자와 중간관리자는 물론 지역사회 등 외부 사람들과의 관계 기술이 중요하다.

4. 사회복지행정의 특성

1) 복지행정과의 차이

사회복지행정은 일반적이고 추상적인 사회복지정책을 구체적이고 개별적인 서비스로 전환하는 과정에 참여하는 조직들의 활동을 관리하는 것이다. 또한 인간에 의한, 인간을 위한 구체적이고 개별적인 서비스를 효과적·효율적으로 제공하기 위한 것이다. 서비스란 클라이언트가 가지고 있는 각각의 욕구에 대해 직접적이고 구체적으로 욕구를 충족하기 위한 개별적인 개입행위의 단위를 의미한다.

일반행정은 효율성을 매우 강조하기 때문에 비용을 줄이는 것이 가장 중요한 관심사이다. 또한 일반행정은 관료제의 원칙에 따라 이루어진다. 즉, 정책의 집행에 관련된 정보수집 및 의사결정과 관련된 비용을 최소화하기 위해 합리적인 규정(규칙, 법)을 미리 정해 놓고 이에 따라 행동함으로써 매번 의사결정을 위해 정보를 수집하거나 토론할 필요가 없게 한 것이다. 따라서 복지행정은 일반화·표준화된 욕구를 평균적으로 충족시키는 것에 관심을 갖는다. 복지행정이 관심을 갖는 대상은 각 개인의 개별적인 욕구라기보다는 불특정 다수의 일반인에게 일률적으로 적용되는 제도나 규칙이라고 할 수 있다. 따라서 일반행정을 담당하는 공무원(관료)들은 규정을 준수할 뿐, 구체적이고 개별적인 개인의 사정이나 상황에 대한 고려를 할 수 없기 때문에 경직되어 있고 비인간적이라는 비난을 받기도 한다.

> ### 6세 미만 어린이만 무료 입장이 가능한 놀이시설의 예
> - 일반행정: 6세 평균 키에 맞추어 차단봉을 설치하여 입장 통제
> - 사회복지행정: 어린이마다 성장 정도의 차이가 있기 때문에 관리자가 이를 살펴보고 물어보는 과정을 거쳐 정말 6세 미만인지 아닌지를 개별적으로 확인하는 방법

아울러 서비스를 하나의 재화(goods)라고 생각할 경우 서비스는 전자제품과 같은 공산품과는 달리 대량생산이 불가능하며 저장도 불가능하다. 서비스는 원칙적으로 생산자와 소비자가 시간적·공간적으로 일치하여야 서비스 효과성이 극대화될 수 있다. 즉, 서비스 제공자와 수혜자 간의 긴밀한 상호작용(interactive)이 필요하다는 것이다. 이는 사회복지행정에서 서비스의 효과적인 전달을 위해 클라이언트의 참여와 협조로 대면관계(rapport)가 형성되는 것이 중요하다는 것을 의미한다.

사회복지행정은 인간의 욕구충족과 관련된 정책의 결정, 조직의 관리, 서비스의 제공 등에 관한 모든 활동을 관리하는 것이다. 그중에서도 인간의 개별적이고 구체적인 욕구의 충족이라는 서비스 활동은 최종적이며 핵심적인 것이라고 할 수 있다.[1] 사회복지행정의 주된 관심사는 역시 개별적인 욕구라고 할 수 있고 이러한 개별적·구체적 욕구에 대한 강조가 사회복지행정의 성격을 결정짓는 데 중요한 역할을 한다고 볼 수 있다.

2) 전문과 재량권

인간이 갖는 욕구는 매우 주관적이기 때문에 세상을 살아가는 사람의 수만큼 다양하다고 할 수 있다. 또한 한 인간이 가진 욕구도 항상 같은 것이 아니고 상대적이며 사회적인 성격을 갖는다. 개인의 욕구는 주변 사람들이나 다른 나라의 영향을 받아 그 수준이 지속적으로 상승하는 경향을 갖는다. 주관적이

---

1) 사회복지서비스는 인간에 직접적으로 개입하여 인간의 변화와 기능유지를 목적으로 한다.

고 가변적인 인간의 욕구를 충족시켜야 하는 사회복지의 목표 또한 불확실하고 가변적이다. 그리고 객관적으로 욕구를 측정하는 것은 어렵기 때문에 과연 제공된 서비스를 통하여 욕구가 충족되었는지를 제대로 알 수 없다. 결국 사회복지를 위한 개입 기술이나 지식은 절대적이거나 완벽하다고 보기 어렵다.

서비스의 특징은 제공자와 수혜자가 직접적인 대면관계(rapport)를 형성하고 매우 긴밀하게 협조(uno-actu)하여야 제대로 효과를 거둘 수 있다. 또한 구체적이고 개별적인 인간의 욕구를 다루어야 한다는 점에서 인간 욕구의 특성은 서비스에서 매우 중요한 요소가 된다. 앞서 언급했듯이 욕구는 주관적이고 추상적이며 상대적이고 가변적이다. 이와 같은 욕구의 특성 때문에 특정 클라이언트가 문제를 가지고 있을 때 그 사람의 충족되지 못한 욕구가 무엇인지, 필요로 하는 자원이 무엇인지, 개입의 결과가 원하는 효과를 거두었는지 등을 확인하는 것은 용이하지 않다. 따라서 목표의 불확실성, 개입방법의 상대성, 측정도구의 부재 등이 사회복지의 흔한 문제점으로 나타난다.

따라서 여러 가지 요인에 의해 다양하게 변화하는 욕구에 대응하기 위해서 사회복지행정 조직은 매우 유연하여야 한다. 사회복지행정의 담당자는 어떤 욕구가 충족되어야 할 욕구인가를 식별·규정하고 그것을 충족시키기 위한 방법, 즉 적절한 개입방법을 선택하여 제공된 서비스가 과연 욕구를 충족하였는지를 파악 또는 측정할 수 있어야 한다. 그리고 이를 위해 사회복지사에게 전문성[2]이 요구되는 것은 당연하다고 할 수 있다. 따라서 전문적인 사회복지사에게 상당한 정도의 재량권이 인정되어야 한다. 사회복지사의 전문성 인정은 사전에 정해진 규칙을 획일적으로 적용하는 일반행정과 비교해 봤을 때 가장 큰 차이점이라고 할 수 있다.

이와 같은 사회복지행정의 특성이 일반화·규격화를 통해 효율성을 추구하는 일반행정의 특성과 일치하지 않아 사회복지행정의 현장에서 여러 가지

---

2) 전문성은 한 가지를 오래하여 경험이 많은 사람을 의미하는 것이 아니라, 전문적인 교육을 받고 시험을 통해 공인된 자격증을 가진 경우를 의미한다.

갈등 상황이 만들어지고 있는 것이 한국의 현실이다.

사회복지행정의 특성

① 직원과 클라이언트의 관계 중심 → 서비스의 특성(협조, 대인관계)

② 인간을 대상으로 하는 '인간봉사조직'

  – 인간의 욕구: 주관적, 상대적, 가변적

  – 다양하고 항상 증가하는 성향을 갖게 됨

③ 목표의 불확실성(욕구의 판정 및 측정의 어려움)

④ 기술의 불확실성, 인간의 복잡성, 인간의 기능과 변화는 측정 불가능

⑤ 조직의 효과성 측정척도 부재

⑥ 직원의 전문성과 재량권 중요: 수급자격 판단, 충족되어야 할 욕구의 규정 등이 전문가에 의해 결정

 참고문헌

김영종(2001). 사회복지행정. 서울: 학지사.

이계탁(1997). 복지행정학강의. 경기: 나남.

Hanlan, A. (1977). From social work to social administration. *Administration in Social Work, 1*(3).

Hersey, P., & Blanchard, K. (1988). *Management of organization behavior: Utilizing human resources* (5th ed.). Englewood Cliffs, NJ: Prentice-Hall.

Hasenfeld, Y. (1992). *Human service as complex organization*. Newbury Park: Sage Publication.

Katz, R. (1974). Skills of an effective administration. *Harvard Business Review, 52*(2), 90–102.

Kidneigh, J. C. (1950). Social work administration an area of social work practice?

Social Work Journal, 31(2), 57-60.

Maslow, A. H. (1954). *Motivation and personality.* New York: Harper & Row.

Patti, R. J. (1983). *Social welfare administration: Managing social programs in a developmental context.* Englewood Cliffs, NJ: Prentice Hall.

Schafritz, J. M., & Russell, E. W. (1992). *Introducing public administration* (3rd ed.). New York: Longman.

사회복지행정 및 이론의 발전과정

1. 미국 사회복지행정의 역사
2. 한국 사회복지행정의 역사

1. 미국 사회복지행정의 역사

사회복지행정은 '사회복지'와 '행정'이라는 성격이 매우 다른 두 개념이 혼합되어 탄생하였다. 실제로 전통적인 사회복지 영역에서 행정의 침투에 대한 저항은 완강하였으나, 시간이 흐르면서 대규모 사회복지 문제의 등장과 사회복지 대상자 및 급여의 확대에 따라 조직적인 관리의 필요성이 대두되어 행정의 도입을 더 이상 거부하기 어렵게 되었다.

여기서는 각 개인의 개별적이고 구체적인 욕구의 충족을 강조하는 사회사업 또는 사회복지에 일률적이고 일반적인 규칙의 준수를 강조하는 행정 또는 관리의 개념이 도입된 배경을 파악하고자 한다. 사회복지행정이 어떠한 사회복지학적 배경에서 성립되고 발전되었는가를 살펴보는 것은 사회복지행정과 사회복지방법론과의 관계를 이해하는 데 중요하다.

사회복지행정의 발달은 사회복지에 있어 국가영역의 확대 및 축소 경향에 따라 변화를 겪어 왔다. 사회복지행정의 역사는 사회복지발달사의 한 부분으로 볼 수 있기 때문에, 이 절에서는 미국의 사회복지발달사를 중심으로 사회복지행정의 발전과정을 살펴보려고 한다.

패티(Patti, R. J.)는 미국 사회복지행정의 발달단계를 인식기, 기초정립기, 정체기, 발달기의 4단계로 구분하여 설명하고 있다(Patti, 1983). 그러나 미국 사회복지행정의 발달단계 구분에 관한 일치된 견해는 없다. 여기서는 미국 사회복지행정의 발달과정을 5단계로 소개한다(최성재, 남기민, 2016).

1) 명목상의 인정단계: 1900년~1930년대 초반

전통적 사회에서 봉건사회 그리고 근대국가에 이르기까지 사회복지는 주로 도움을 필요로 하는 사람들에 대한 자선과 기부를 중심으로 이루어져 왔다. 이러한 자선과 기부는 자원이 자발적으로 이전되는 방식이며, 자조적인 조직, 기독교적 재산가나 사회지도층의 자선적인 활동에 의하여 이루어졌다.

이 당시는 남북전쟁 이후 민간 사회복지기관들이 출현하였으며, 사회복지사가 등장하기 전까지의 시기에 해당한다. 남북전쟁 이후 산업화, 도시화가 진전되고, 이로 인해 이민이 급증하였으며, 빈곤, 실업, 공중위생 등이 사회문제로 발생하였다. 이에 따라 이 시기에 대도시에 거주하는 실업자들의 사회적인 불안을 제거하기 위해 민간사회복지사업이 확충되었다. 민간사회복지사업조직은 자선이나 기부 등과 같이 자발적으로 제공된 자원만으로 제한적으로 개입하기 때문에 욕구에 비해 자원이 부족한 문제가 발생되었다. 이 시기의 사회복지 주요 관심은 개별사회사업(case work) 방법에 있었고 행정에 대한 관심은 상대적으로 적었다.

그러나 현실적으로 어떠한 조직도 환경에 영향을 받지 않고 존재할 수는 없다. 즉, 사회사업조직도 항상 일정한 클라이언트 수와 동일한 욕구에 대처하는 것은 아니며 또한 서비스 제공에 필요한 모든 자원을 충분히 조달할 수는 없었다. 실제로 사회사업조직은 사회복지행정과 직간접적으로 관계를 맺고 있었던 것이다.

영국에서는 클라이언트에 대한 서비스의 중복과 누락이 문제가 되어 이에 대한 통합과 조정을 통하여 효율성과 효과성을 추구하기 위해 '행정(관리)'의 필요성을 인식하였고, 이것은 1869년 영국 런던에 세계 최초로 자선조직협회(Charity Organization Society: COS)를 만들게 된 계기가 되었다. 뒤이어 런던의 자선조직협회에서 활동하던 목사들이 미국으로 건너와서 1877년 뉴욕 버팔로에 자선조직협회를 설립하였다.

지역공동모금회, 지역사회복지기관협의회가 창설되고, 사회복지기관의 행정가 역할이 강화되기 시작하였다. 그러나 사회복지 현장에 종사하는 사람들의 경우 자신이 교육받은 영역과는 근본적인 특성이 다른 '행정'을 사회복지의 중요한 방법으로 인정하는 것이 쉬운 일은 아니었다(최성재, 남기민, 2016: 48). 따라서 그들은 사회복지행정이 사회복지 현장에서 필요하다는 것을 인식하면서도 개별사회사업이 사회복지의 중심이며 사회복지행정은 보조적인 기술이라고 생각하였다. 1920년대까지 이러한 관점에서 사회사업행정(social work administration)이 이해되었다. 1929년 밀퍼드(Milford) 회의에서 사회사업행정이 개별사회사업, 집단사회사업(group work), 지역사회조직화(community organization)와 더불어 기본적인 사회복지실천방법으로 인정되기에 이르렀으나, 이 시기 사회복지의 근간은 여전히 개별사회사업이었다. 사회사업행정은 개별사회사업을 위한 하나의 기술로 간주되었기 때문에 일부 대학에서만 교과과정에 포함되었고, 사회복지행정에 관한 연구논문의 발표도 지극히 제한된 수에 머물렀다.

2) 사실상의 인정시기: 1930년대 중반~1950년대

1920년대 말, 전 세계적으로 경제 대공황이 발발하였다. 생산된 제품은 판매되지 못하고 재고가 쌓여 갔고 공장은 문을 닫게 되었으며 대규모의 실업이 발생하였다. 대부분의 실업자는 빈곤층으로 전락하였으며 이는 구매력의 감소로 이어져 상품의 판매 및 생산의 축소로 나타나고, 이것이 다시 실업을 유발하는 악순환이 계속되었다. 이러한 상황에서 실업과 그에 따른 빈곤은 개인의 나태나 부적응에 기인하는 것이 아니라 사회구조적 문제라는 인식이 나타나기 시작하였다. 자발적으로 기부되던 자원도 정체되거나 줄어들었다. 하지만 그에 비해 다른 사람의 도움을 필요로 하는 클라이언트의 수는 대규모로 증가하여 자발적이고 직접적인 민간 자원의 이전으로는 감당하기 어려운 상황이 되었다. 이에 따라 정부의 강제적 자원 동원과 광범위한 지원의 필요성이 제기되었다.

이에 루스벨트 대통령은 '뉴딜(New Deal)'이라는 새로운 대책을 세워 국가의 적극적인 활동에 의한 경기 진작을 시도하였고 저소득층에 대한 국가 지원을 확대하는 「사회보장법(Social Security Act)」(1935)을 제정하여 시행하였다. 또한 연방긴급구호청(Federal Emergency Relief Administration: FERA)을 비롯한 사회보장기관을 설립하고 사회복지사들을 공무원으로 채용하여 빈곤 문제에 적극적으로 대응하기 시작하였다. 실업이나 빈곤과 같은 사회문제에 대한 국가의 적극적 개입의 결과 사회보장이 확대되었고, 이를 통하여 공공 부문의 예산과 인력의 투입이 사회복지에서 중요한 영역으로 자리 잡는 계기가 되었다. 미국의 이러한 사례는 한국에서 IMF 경제위기에 따라 「국민기초생활보장법」(1999)이 제정되고 공공부조가 확대되면서 사회복지전문요원제도(1987)가 사회복지전담공무원제도(2000)로 변경되는 등 공적인 개입이 확대된 상황과 유사하다고 할 수 있다.

교육에서도 사회복지행정 인력의 필요성이 인식되어 상당수의 대학에서 사회사업행정을 교과과정에 포함하기 시작하였으며, 사회사업행정을 교육받은 이들이 여러 행정기관으로 진출하게 되었다. 학문적으로도 사회사업의 가치나 기술이 사회사업행정에 어떻게 반영될 수 있을 것인가에 대한 논의가 있었으며 일반행정과 구분되는 사회사업행정의 특수성을 발견하기 위한 연구가 진행되었다(최성재, 남기민, 2006: 48). 사회복지행정은 사회사업의 방법들과 동등한 위치에서 발전하기 시작하였으나 사회복지의 주도적 위치를 차지하기 위한 사회사업의 방법들과의 자리다툼은 멈추지 않았다.

3) 정체기: 1960년대

1930년대 이후 사회복지행정은 상당히 발전하였다. 공공부조에 대한 범위가 대도시에서 농촌지역으로 확대되고, 사회복지사의 상담활동에 비용을 지불하여 공공복지행정가와 사회복지사 인력의 수요와 활동이 촉진되었다. 뿐만 아니라 당시 흑인인권운동, 반전운동, 복지운동 등 민주화 운동의 결과, 다양한 사회행동 관련기관들이 출현하고, 정부가 지원하는 지역사회 정신보건원의 출현과 확충은 사회사업행정의 필요성을 증대시켰다. 그럼에도 이러한 발전은 1960년에 와서 상당히 정체되었다. 그 주요한 계기는 베트남전쟁이라고 할 수 있다. 미국이 세계의 경찰이라는 명분으로 베트남전쟁에 개입하여 많은 국민이 희생되었고 전쟁 비용도 엄청나게 투입되었으나 패전과 후퇴라는 비참한 결과를 낳게 되었다. 베트남전쟁과 비슷한 시기에 추진된 '빈곤과의 전쟁(War on Poverty)(1965)' 정책도 빈곤층의 문제나 인종차별과 같은 문제를 전혀 개선하지 못하였다고 인식되었다. 이러한 사회분위기 속에서 반전운동이 정부활동에 대한 회의와 비난으로 발전되었으며, 이는 사회복지행정가들에 대한 경멸과 사회사업행정의 위축으로 이어졌다. 이에 따라 사회사업행정의 대안으로 등장한 지역사회조직화(community organization)가 취약계층의 문제를 실천적으로 해결하기 위해 활발하게 추진되었다. 이처럼 1960년대는 지역사회조직화가 확대되었고, 사회사업행정은 성장을 멈추고 정체기를 맞게 되었다.

사회복지행정의 정체기

1960년대 시작된 빈곤과의 전쟁에서 사회복지기관들이 빈곤문제를 비롯한 여러 사회문제를 적절히 해결하는 역할을 수행하지 못한 것에 대한 국민의 불신과 문제제기로 사회복지기관 활동의 효과성에 대한 비판이 제기됨

※ 1960년대 당시의 시대 상황
빈곤과의 전쟁이라는 정부시책에 따라 민간기관에 대한 정부지원 확대 → 서비스의 효율성·효과성에 대한 비판과 의문 제기로 사회복지행정의 발달이 주춤해짐

---

4) 도전과 발전기: 1970년대~1980년대

1970년대 이후에는 다양한 과학적 관리기법이 도입되면서 사회사업행정이 좀 더 체계적으로 발전하는 계기가 되었다. 1973년, 전 세계적인 원유가격의 인상, 이른바 오일 쇼크(Oil Shock)로 인하여 각 분야에서 비용에 대한 인식이 제고되었다. 그리하여 정부활동에서 효과성, 효율성, 책임성 등이 매우 중요한 문제로 대두되었다. 따라서 사회사업행정에서도 제한된 자원으로 최대의 효과를 거둘 것인가를 검토하게 되었다.

그리하여 사회사업행정을 과학적으로 관리하려는 시도가 나타나게 되었고, 새로운 관리기법으로 비용편익분석(Cost-Benefit Analysis: CBA), 프로그램 예산제도(Planning Programming Budgeting System: PPBS), 프로그램기획법(Program Evaluation and Review Technique: PERT) 등이 사회사업행정 분야에 도입·적용되었다.

1970년대 중반에는 미국사회복지사협회(National Association of Social Workers: NASW), 미국사회복지협의회(National Council of Social Welfare: NCSW), 미국사회복지교육협의회(Council of Social Work Education: CSWE)와 같은 사회복지 관련단체들에 의해 사회사업행정을 이론적·교육적인 관점에서 체계화하려는 노력이 나타났다(최성재, 남기민, 2006: 56).

이 시기에 사회복지행정은 학술적인 면에서도 체계가 확립되었는데 사회사업행정을 다루는 전문학술지인 『Administration in Social Work』가 1976년에 발간되는 등 대량의 전문학술도서가 발간되었다(최성재, 남기민, 2006: 56). 또한 사회복지서비스를 효율적·효과적으로 제공하기 위한 전달체계의 구축에 관한 논의도 1970년대 이후 활발하게 일어났다. 교육분야에서도 사회사업행정을 전공으로 채택하는 대학이 늘어나기 시작하였으며, 84개 대학들에서 사회복지행정을 전공과목으로 채택하였다.

1980년대에는 레이거노믹스(Reaganomics), 대처리즘(Thatcherism) 등으로 대표되는 신보수주의가 등장하였다. 사회복지사업에 대한 효과성과 효율성이 더욱 강조되고, 전반적인 사회복지예산이 축소되었으며 정부프로그램들이 민영화되기에 이른다. 이 시기에 사회복지행정가는 프로그램에 대한 평가, 비용의 효과 분석, 자원 동원 등의 능력을 필요로 하게 되었다.

이와 같이 실천현장에서는 사회사업행정의 필요성을 일찍부터 인식했으나, 미국에서는 지체된 발전과정을 경험하게 되었다. 그 이유는 미국의 경우, 첫째, 개인주의와 보수주의적 성향이 강하여 국가의 활동이 강화되는 것에 대한 거부감으로 행정을 공식적으로 인정하는 데 시간이 소요되었기 때문이고, 둘째, 사회사업은 전문직이 주도한 대인치료적 개입성향이 강하여 소득보장

등의 정책이나 제도적 개입에 소극적이었기 때문이다.

5) 패러다임 전환기: 1990년대~현재

1980년대부터 강화된 신자유주의에 대한 논의가 개방화 및 세계화로 번져 갔다. 정부의 과부하 문제해결을 위해 한편으로는 시장원리를 강조하고 경제 자유화, 규제완화, 민영화 등을 요구하며, 다른 한편으로는 민간부문의 기술이 공공보다 우월하다는 가정하에 민간에서 개발된 기법들을 공공부문에 도입하여 정부의 성과 위기를 해결하고자 하는 시도로 신공공관리(new public management)가 나타났다. 사회복지 분야에서도 정부의 역할을 축소하고 민간의 참여 또는 민영화에 대한 요구가 증대되었다. 이러한 신자유주의의 영향으로 1990년대 이후에도 미국의 공공부조 관련 복지 프로그램들이 감축되고 있다. 낮은 경제성장과 국제경쟁의 심화는 복지를 점점 후퇴하게 했다. 이는 더이상 사회복지 관련 정책과 프로그램을 막연한 논리와 정당성만으로 유지하기 힘들어졌음을 의미한다. 또한 사회복지에 대한 외부의 비판이 없다고 하더라도 사회적 자원의 활용에 따른 책임성은 사회복지 전문직의 당연한 관심사라는 인식이 기정사실로 되어 왔다. 이는 사회복지행정과 관련된 지식의 필요성을 강화하려는 움직임으로 나타나고 있다.

또한 최근에는 제3섹터 및 비정부기구(NGO)에 대한 논의가 활발히 진행되면서 공공부문과의 역할분담 및 협력이 사회복지행정의 중요한 이슈가 되고 있다. 서비스 전달체계에서는 공공조직과 민간조직이라는 전통적인 구분을 파괴하는 복합적인 조직들이 등장하게 되었다.

1990년대에 나타난 또 다른 현상은 전통적인 민간 사회복지서비스기관들의 규모가 점차 커졌다는 점이다. 이는 민간 사회복지서비스기관들이 다양한 프로그램과 복합적인 자원 제공처를 갖게 됨으로써 규모의 변화가 나타나게 되었다.

또한 서비스 네트워크(network)에 대한 관심도 높아지게 되었다. 다양한 서비스 부문에서 정부나 비영리조직들은 상당한 자금을 제3자 자금지원 메커니즘을 통해 지원받고 있다. 이에 따라 민간과 정부기관은 유사한 컴퓨터시스템을 공유하고 있으며, 급격하게 변화하는 정보 교환 기술에 대해 합의를 이루려고 노력하는 중에 있다(김영종, 2001: 65).

　1990년대 미국의 사회복지행정과 관련한 사회복지 환경의 특성은 다음과 같다.

- 기획에서 서비스 전달까지를 직접 담당했던 거대 공공 관료조직들이 퇴조하고 있다.
- 계약이나 서비스 구입 등의 방법이 활성화됨에 따라 직접서비스 전달 부분에서 민간의 역할이 증대되고 있다.
- 공공과 민간 조직들 간에 엄격한 조직적 구분이 퇴조한다.
- 느슨하게 연결되어 있는 다양한 서비스 조직을 연계하기 위해 서비스 전달체계의 통합이 필요하다는 인식과 네트워크의 방법이 확산되고 있다.
- 사회복지서비스의 책임성을 구체화할 수 있는 행정실천 노력을 강화한다.

　이러한 환경 변화는 한마디로 사회복지행정의 중요성을 한층 강화하는 것으로 요약할 수 있다.

　사회복지조직을 바라보는 관점도 1990년대에 들어 급격하게 변화하였다. 실천 현장의 변화들을 적절히 뒷받침하기 위해 사회복지행정체계의 관점도 변화될 필요성이 있었다. 특히 행정 지식의 근간을 이루는 '조직에 대한 이해'에 있어서 관점의 전환이 절실히 요구되었다. 협력과 네트워크를 통한 서비스 전달체계에 대한 요구가 점차 강해지는 상황에서 폐쇄체계적 관점에 의한 기존의 행정관리 방법들은 명백한 한계를 가질 수밖에 없다. 사회복지행정 관리자들이 조직 상호 간의 과정이나 본질을 이해하고 실천하기 위해서는 개방체계로의 관점 이동을 통해 새로운 행정 지식과 기법들을 개발해 내는 것이 필요하다는 점들이 계속적으로 강조되었다(김영종, 2001: 67).

자원의 동원에 있어서도 과거에는 자발적 자원의 한계를 극복하기 위해 국가에 의한 강제적인 조세형태의 자원동원과 관료적인 관리방식이 주를 이루었으나, 최근에는 다시 자발적이고 직접적인 자원의 이전에 관심을 갖기 시작하였고 그것이 이른바 사회자본(social capital)이라는 새로운 자원동원체제의 논의를 불러일으켰다.

2. 한국 사회복지행정의 역사

한국 사회복지행정의 역사는 4단계로 구분할 수 있다(최성재, 남기민, 2016: 72-84).

1) 미인식단계: 1900년대~1950년대

한국사회에서 현대적 의미의 사회복지가 등장한 시기는 오래되지 않았다. 1900년에서 1945년 사이에 일부 종교적 사회복지 전문활동이 시작되었고 1945년 이후부터 1970년대까지 외국 원조기관의 활동과 사회복지행정이 본격화되기 시작했다.

최초의 고아원인 경성고아원(1905)과 최초의 사회복지관이라고 할 수 있는 반열방(1906)이 미국 감리교 선교사에 의해 원산에 설립되었다. 1910년에는 조선총독부 내무부 지방국 지방과에서 구휼 및 자선 사업을 관할하였다. 1921년 태화여자관이 설립되었고, 조선사회업연구회가 조직되었는데 1929년 재단법인 조선사회사업협회로 발전하였다. 1927년 이후에는 자선조직협회의 우애방문과 유사한 방면위원제도를 도입하여 지역 내 빈민들에 대한 구빈제도를 시작하였다. 1944년 조선구호령이 제정되었으나 급여는 형식적인 수준에 그쳤다.

1950년대는 6 · 25전쟁의 복구로부터 경제발전에 주력하던 시기여서 정부의 사회복지정책은 저소득층에 대한 생활보호정책에 제한되었고 주로 취약계층에 대한 보호는 외국 원조단체들의 활동에 의존할 수밖에 없었다. 외국원조단체들은 서비스의 중복과 누락방지, 서비스 제공자 간 협력체계 구축을 강화하기 위해 1952년 한국외국민간원조단체협의회(Korea Association of Voluntary Agencies: KAVA)를 결성하게 된다. 외국원조단체들은 1957년 활동을 시작으로 1960년대에 123개까지 그 수가 증가하였다. 그 단체의 지원 이 정부 예산의 2배가 넘을 정도로 외원단체의 규모와 활동은 전후 복구에 있어 절대적이었다(최성재, 남기민, 2006: 63).

사회복지에 대한 교육과정은 1947년 이화여자대학교를 시작으로 1953년 중앙신학교(현 강남대학교), 1958년 서울대학교의 사회사업학과에서 개설되었고 1960년대부터 이들 학교에서 사회복지행정에 관한 교육이 시작되었다. 1956년에는 사회복지 전문인력을 양성하는 국립중앙사회사업종사자훈련소가 설립되었고 1967년 한국사회사업가협회가 창립되었다.

2) 명목상 인정단계: 1960년대~1970년대

전문적인 사회복지서비스는 1970년대 이후부터 등장했다. 1970년대 정부의 사회복지투자는 여전히 미미한 상태로 저소득층에 대한 시설보호중심의 구호행정에서 벗어나지 못하였다. 1970년에 「사회복지사업법」이 제정되어 공공복지행정을 통해 민간 사회복지기관에 대한 지원과 지도감독을 할 수 있는 근거가 마련되었다. 이 시기는 분배나 운영에 있어서 효과성 · 효율성에 대한 관심보다는 사회복지자원의 절대적인 부족현상이 일차적인 문제로 나타났다. 이는 정부의 복지예산이 많지 않은 상태에서 외원기관의 철수로 야기된 문제였다. 13개 대학에서 사회사업행정을 강의하였으나 그중 일부 대학들에서만 필수과목으로 채택하였다. 1970년대에는 사회사업행정이 대학 교과목으로 채택되면서 행정의 필요성이 어느 정도 인정된 듯하였으나 민간 사회복지기관에서는 체계적인 조직운영이나 관리가 충분히 이루어지지 않았다. 1979년 서울대학교에서 사회사업학과의 명칭을 사회복지학과로 변경하고 박사과정을 설치하였다. 그후 여러 대학들도 사회복지학과로 개명하였다.

3) 실질적 중요성 인식단계: 1980년대~1990년대

1980년대 들어 사회복지행정이 본격적으로 체계화되었다. 1982년 한국사회사업가협회(현 한국사회복지사협회)에서는 사회복지사윤리강령을 제정하였다. 1980년대 이전까지만 해도, 사회복지의 절대적인 자원을 확보하기 위한 사회정책적인 노력들은 매우 미약했다. 따라서 빈약한 사회복지제도로 인해 이러한 제도에서 활동할 전문직을 배출하는 교육제도 역시 발전이 더딜 수밖에 없었다.

1980년대 초까지도 한국사회에서는 사회복지에 대한 전체 사회의 자원 규모가 극히 제한적이었으며, 사회복지서비스 조직들의 수와 규모 면에서도 영세성을 면치 못하고 있었던 것으로 보인다. 여전히 사회복지실천에 있어서 행정적인 지식을 필요로 할 만큼의 경영과 관리에 관련된 이슈들이 본격적으로 나타나지 않았다. 즉, 사회복지에 필요한 자원이 절대적으로 부족한 상태에서, 사회복지의 효율적 관리의 문제는 일차적인 관심사에서 벗어나 있었다(김영종, 2001: 69).

한국의 사회복지 환경은 1980년대에 들어 급격히 변화하기 시작한다. 경제개발 위주의 정책들이 사회개발을 동시에 강조하는 정책으로 옮겨 가게 되었으며, 이는 사회복지에 투입되는 자원에 대한 우선순위를 높이고 사회복지에 투입되는 절대적인 자원량을 크게 증가시키는 결과로 나타났다(김영종, 2001: 70).

또한 1980년대 후반에 새로운 형태의 전문적인 사회복지조직들이 집중적으로 등장하기 시작하였다. 민간부문에서는 1983년에 종합사회복지관이 전국 시·도에 설립되고「사회복지사업법」이 개정되어 사회복지관에 대한 국고

보조를 규정하였다. 그 이후 종합사회복지관 중심의 사회복지전문 서비스 기관들의 수가 급증하였고, 각종 상담 및 치료 전문 사회사업기관들도 나타나기 시작하였다.

1980년대 후반에 들어서는 공공부문에서도 많은 변화가 있었다. 공공부조 업무 담당인력을 사회복지 전문인력으로 대체하기 시작하였는데(최성재, 남기민, 2006: 67), 1987년 사회복지전문요원제도 도입으로 공공복지 행정의 체계가 마련되었다. 1992년에는 「사회사업법」 개정을 통해 사회복지 전담공무원과 복지사무전담기구(사회복지사무소)를 설치할 수 있는 법적 근거가 마련되었다. 현재까지도 진행되고 있는 이러한 노력은 공공부문에 있어서 사회복지 행정에 대한 새로운 필요성을 증가시키고 있다. 1995년부터 전국 5개 지역에서 보건소에 사회복지 기능을 통합하는 보건복지사무소 시범사업을 1999년까지 실시하였다. 1997년 IMF 경제위기로 인해 당시 한국 사회는 사회복지욕구가 증대되었고, 재정지출도 급격히 증가하면서 공적자원의 효율적인 배분과 활용이 중요한 문제로 부각되었다. 1997년 이후 「사회복지사업법」 개정으로 사회복지시설평가제도가 도입되고 사회복지시설이 허가제에서 신고제로 변경되었으며 시설운영위원회의 설치가 도입되었다. 1998년 사회복지공동모금회 설립으로 기부금에 대한 체계적이고 투명한 관리를 위한 공동모금기관이 설립되었다.

한편, 1990년대의 중대한 정치질서의 변화 중 지방자치제의 전면적 실시는 사회복지서비스 전달이 보다 체계적으로 관리되어야 할 필요성을 높였다.

1980년대 말 이후 사회복지에 대한 투자 증대는 사회복지 인력에 대한 수요를 크게 증가시켰으며, 그 결과 1980년대에는 전국적으로 사회사업학과 또는 사회복지학과가 신설되었다. 이러한 추세는 1990년대에 들어서도 계속되었으며, 사회복지 전문인력의 초과 공급 현상을 초래할 것이라는 우려가 제기되었다(김영종, 2001: 70). 많은 대학에서 사회복지행정을 필수과목으로 강의하였고 1999년 사회복지행정에 대한 교육 및 연구에 대한 관심의 증가로 '한국사회복지행정학회'가 창립되어 『한국사회복지행정학』을 정기적으로 발간하기 시작했다(최성재, 남기민, 2006: 67).

하지만 이러한 사회복지 환경의 제반 변화에도 사회복지행정의 지식에 대한 관심은 그리 높지 않았다. 현장에서의 사회복지행정에 대한 인식 부족, 전문직과 대학교육에서의 행정방법에 대한 관심 부족 등으로 인해 사회복지행정 지식이 크게 활성화되지 못했던 것으로 보인다.

4) 도전의 단계: 2000년 이후

1990년대에 나타났던 사회복지행정의 필요성에 대한 인식은 2000년대에 더욱 확산되었다. 2000년에 「국민기초생활보장법」이 시행되었으며, 사회복지전담공무원 제도가 도입되었다. 2003년 사회복지사 1급 국가시험이 시행되었고 사회복지행정론이 필수과목으로 포함되었다. 2004년부터 2006년까지는 사회복지사무소 시범사업이 실시되었다. 다수의 사회복지사업이 지방으로 이양되고 2005년 시·군·구에 지역사회복지협의체가 설립되어 2007년부터 지역단위 지역사회복지계획을 수립하게 되었다.[1] 2006년부터는 주민생활지원서비스 전달체계를 실시하였으며, 이는 2009년부터 희망복지지원단으로 전환되어 시범사업 형태로 추진되었다. 그리고 2010년 사회복지통합관리망이 개통되어 사회복지행정 정보를 통합하여 체계적으로 관리할 수 있는 ICT 기반이 확충되었으며, 2022년 9월 5일 사회복지시설에서 사용 중인 사회복지정보시스템이 차세대 희망이음으로 통합되었다. 사회서비스바우처 도입(2006)과 노인장기요양보험 실시(2008) 이후 사회서비스 제공에서 시장기제가 확산되기 시작하였으며, 기존 비영리법인 이외에 영리사업자, 개인 그리고 사회적 기업 등이 새로운 서비스 제공자로서 등장하였다. 2014년부터 지방행정조직을 통한 복지기능의 강화가 동복지 허브화 등을 통해 추진되었다. 그리고

---

1) 2014년 7월 「사회보장급여의 이용·제공 및 수급권자 발굴에 관한 법률」 제정으로 지역사회복지협의체가 지역사회보장협의체로 명칭이 변경되었다.

2013년에는 16개 부처 296개 복지사업의 정보를 연계하여 복지업무를 신속하고 효율적으로 처리할 수 있는 사회보장정보시스템으로 확대되었다. 문재인 정부에서는 서울시에서 추진한 '찾아가는 동주민센터 사업'을 전국적으로 확대하여 '찾아가는 보건복지서비스'를 추진하였다.

이러한 확산 추세는 향후에도 지속될 것인데 사회복지서비스에 대한 수요는 앞으로도 꾸준히 증가할 것이며, 그에 따라 이를 담당하는 인력과 서비스 조직들의 규모와 수도 증대될 것이다. 이에 비례하여 이들 서비스 조직을 적절히 관리하여 전체 사회의 사회복지적 목적 달성에 기여하기 위한 사회복지행정의 역할도 확대될 것이다(김영종, 2001: 73).

한편, 2012년 이른바 '도가니사건'으로 장애인거주시설에서의 인권침해가 사회적 이슈가 되어 사회복지시설에 대한 감독과 법인의 책임을 강화하여 투명성과 공공성을 제고해야 한다는 목소리가 높아졌다. 그리하여 「사회복지사업법」 개정으로 외부이사제도가 규정되고, 법인인증제도가 도입되는 등의 조치가 시행되었다. 이로 인해 그동안 서비스 전달체계에서 실질적 역할을 담당했던 민간부문의 위상에 대한 논란이 시작되고 민간복지관계자들의 사기저하로 이어지고 있다(복지타임즈, 2017. 12. 27.).

사회서비스바우처(2006)와 노인장기요양보험제도(2008)의 도입에 따른 사회서비스 시장화로 서비스의 품질 저하와 사회복지시설에서의 인권침해를 방지하기 위한 공공성 강화의 필요성이 제기되었다. 또한 사회복지시설종사자의 불안정한 고용과 열악한 처우를 개선하기 위해 문재인 정부에서는 각 지역에 '사회서비스원'의 설치를 추진하였다(김호중, 2018). 이로 인해 사회서비스 제공에서 국가의 역할은 더욱 확대되고 비영리 민간부문은 위축될 수 있다. 특히 동시에 추진되고 있는 '커뮤니티케어' 전략은 지역사회를 중심으로 돌봄체계를 구축하려는 시도로서 민간의 적극적인 역할을 필요로 하기 때문에 '사회서비스원'의 국가주도적 서비스 제공체계와 상충될 수도 있다(윤석진, 2018: 15).

그러한 우려에도 불구하고 2019년부터 서울, 경기, 대구, 경남 등에서 시작

하여 시범사업으로 전국 17개 시 · 도에서 운영 중이다. 그리고 2021년 8월에
는 「사회서비스원 설립 · 운영 및 지원에 관한 법률(사회서비스원법)」이 국회에
서 제정되었다. 그러나 윤석열 정부 출범 이후 '사회서비스 고도화'를 이유로
각 사회서비스원의 통폐합, 예산 삭감 등을 통해 사회서비스원의 설립 취지를
제대로 살리지 못하고 있는 상황이다.

 참고문헌

김영종(2001). 사회복지행정. 서울: 학지사.
김호중(2018). (가칭) 사회서비스진흥원 설립 방안. '사회서비스진흥원설립 어떻게 볼 것
　　인가?' 토론회 자료집. 세종: 보건복지부.
복지타임즈(2017. 12. 27.). 법인 규제보다 육성 · 지원 제도 마련하라.
성규탁(1988). 사회복지행정론. 경기: 법문사.
성규탁, 박경숙 역(1988). 사회복지사업관리론[*Social Welfare Administration*]. R. J.
　　Patti 저. Englewood Cliffs, NJ: Prentice-Hall. (원저는 1983년에 출판).
신복기(1984). 사회사업행정의 발달과정에 관한 연구. 사회과학논총, 3(1).
윤석진(2018). 정부의 사회서비스 공공성 강화전략과 입법과제. 사회복지법제연구,
　　9(3), 3-38.
최성재, 남기민(2006). 사회복지행정론. 경기: 나남.
최성재, 남기민(2016). 사회복지행정론. 경기: 나남.

Au, C. (1994). The status of theory and knowledge development in social welfare
　　administration. *Administration in Social Work, 18*(3), 27-44.
Keys, P. R. (1987). Rebuilding the relationship between social work and public
　　welfare administration. *Administration in Social Work, 11*(1), 47-58.
Patti, R. J. (1983). *Social welfare administration: Managing social programs in a*
　　developmental context. Englewood Cliffs, NJ: Prentice-Hall.

사회복지 전달체계의 이론적 기초

1. 전달체계의 개념

전달체계(delivery system)란 사회복지정책을 사회복지서비스로 전환하기 위해 사회복지서비스의 공급자와 소비자를 연결시키는 조직적 장치라고 할 수 있다. 다시 말하자면 서비스 전달과정의 행정조직, 서비스 전달자 그리고 서비스를 받는 수급자 사이의 조직적 배열(organizational arrangements)을 의미하는 것이다(Gilbert & Specht, 1974: 108). 한편, 전달체계를 '공급자와 수요자를 연결하는 조직적 장치'라는 의미로 정의하면 앞에서 정의한 사회복지행정의 개념과 관련하여 설명하는 것이 용이하지 않다.

이미 앞에서 사회복지행정을 '추상적이고 일반적인 사회복지정책을 구체적이고 개별적인 사회복지서비스로 전환하는 과정에 있는 조직들의 활동을 관리하는 것'으로 정의 내렸다. 따라서 이러한 사회복지행정의 개념적 맥락 속에서 전달체계를 정의하면 '추상적이고 일반적인 사회복지정책을 구체적이고 개별적인 사회복지서비스로 전환하는 과정에 있는 조직들의 연결구조'라고 하는 것이 타당하다.

조직이란 "특정의 목표를 달성하기 위해 의도적으로 구조화되고 계획된 사회적 단위"라고 볼 수 있는데(Etzioni, 1964), 사회복지조직은 공공 및 민간의 사회복지시설들을 의미한다고 볼 수 있다.

앞에서 제시된 사회복지행정의 개념 정의를 이용하여 사회복지 전달체계를 설명하자면 사회복지에 관한 사회적 합의인 사회복지이념으로부터 시작해서 일반적이고 추상적인 사회복지정책이 집행되는 과정에서 프로그램을 거쳐 개별적이고 구체적인 서비스로 전환되는 과정에 있는 조직들의 연결고리라고 할 수 있다. 사회(복지)서비스를 좁은 의미의 사회(복지)서비스만 전달되는 것으로 이해하기보다는 전반적인 사회복지제도의 전달과정들을 종합적으로 관찰해야 하기 때문에 좀 더 넓은 의미에서 사회복지 전달체계라는 용어를 사용하는 것이 적절하다.

훌륭한 의도로 수립된 정책이 제대로 효과를 발휘하기 위해서는 어려운 사람들을 돕는 것이 사회적으로 바람직하다는 선언적 사회복지 이념이 추상적이고 일반적인 사회복지정책을 거쳐 구체적이고 개별적인 사회복지서비스로 전환되는 과정에서의 전달체계 역할이 중요하다고 할 수 있다.

이와 같은 전환과정에는 다양한 조직이 연관되어 있는데, 즉 이념은 국회에서, 정책은 정부부처들이, 집행은 지방자치단체 그리고 서비스 제공은 사회복지기관이나 시설 등이 관여하고 있다. 사회복지를 필요로 하는 사람들의 욕구와 의사에 관한 정보나 자원을 제대로 전달하기 위해서는 관련된 각 개별 조직의 내부 관리가 매우 중요할 뿐만 아니라 조직들 간의 연결구조도 체계적으로 잘 관리하여야 한다.

사회복지실천의 가장 중요한 차원은 바로 클라이언트와 사회복지사(social worker)가 직접 만나서 문제의 해결을 위해 개입하는 사회복지서비스이다. 사회복지행정은 이 차원에서 클라이언트의 변화와 만족이라는 목표를 달성하는 것이 중요하다고 할 수 있으며, 그것의 가장 기본적인 출발점은 사회적 합의를 통해 헌법에 명문화된 사회복지 이념이다. 애초에 의도한 목적을 잘 달

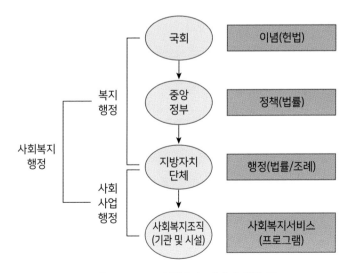

■ 그림 3-1 ■ **사회복지 전달체계의 구조**

성하기 위해서는 전환과정에 있는 조직들의 장치인 전달체계의 구조를 적절하게 갖추는 것이 무엇보다 중요하다.

2. 전달체계의 구분

　전달체계는 기능 또는 관리·운영 주체에 따라 구분할 수 있다(최성재, 남기민, 2006: 102-103). 우선, 기능을 중심으로 보면 의사결정을 통해 정책을 결정하는 행정체계와 행정체계가 결정한 내용을 실행에 옮기는 집행체계로 구분된다. 행정체계는 서비스 제공을 간접적으로 지원하는 체계이고, 집행체계는 클라이언트와 대면관계를 통해 직접 서비스를 제공하는 체계라고 볼 수 있다.

구조·기능적 구분

- 행정체계: 서비스 전달의 기획, 지원 및 관리
- 집행체계: 전달자가 클라이언트(소비자)와 직접적인 대면관계를 통해 서비스를 전달

	기능	공공 부문	민간 부문
행정체계	기획, 재원조달, 감독	중앙·시도·시군구	모금회·단체·협회·법인
집행체계	서비스 제공	주민센터, 고용센터	사회복지시설

※ 행정체계는 행정기능만 수행하지만, 집행체계는 서비스 전달기능을 주로 수행하면서 행정기능도 수행함(최일선 사회복지사의 소비자와 상담계획 수립, 슈퍼비전, 행정상 회의 참석 등)

　그리고 관리·운영의 주체가 누가 되느냐에 따라 국가가 주도적인 역할을 담당하는 공적 사회복지 전달체계와 민간이 주도적인 역할을 담당하는 사적

(민간) 사회복지 전달체계로 구분할 수 있다. 전달체계의 주체는 규제자, 재정공급자, 서비스 생산자 등의 역할을 해야 한다(김영종, 2010: 386). 공적 전달체계는 보건복지부를 중심으로 한 정부조직의 관련 부서들이 위계적인 체계망을 통해 직접 관리·운영하는 것이다. 따라서 재정적으로는 안정적이지만, 관료적이고 경직되어 있으며 복잡한 체계를 지닌다. 또한 정부조직으로, 국가예산을 통해 재원을 조달하며, 직원의 신분이 공무원인 점에서 민간 사회복지 전달체계와는 다르다.

민간 전달체계는 민간복지재단(법인), 자원봉사단체, 사회복지사협회 및 사회복지협의회 등 단체와 개별적인 기관들이 체계망으로 연결되어 민간이 직접 관리·운영하는 것이다. 재정적으로 불안정하지만 융통성이 있고, 클라이언트와 직접 또는 밀접하게 연관되어 있다.

한편, 서비스 네트워크에 따라 구분할 수도 있는데, 이는 수요자 관점에서 서비스의 종류와 성격에 의한 구분으로 전달체계를 보려는 것이다(김영종, 2001: 377). 즉, 클라이언트(소비자)의 특정 문제나 서비스 욕구와 관련하여 각 기관과 프로그램이 지역사회 안에서 어떻게 연계되고 있으며, 얼마나 효과적

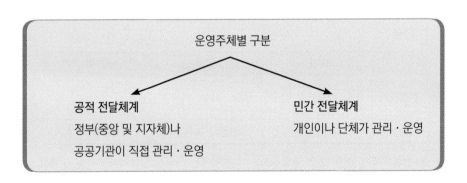

운영주체별 구분

공적 전달체계
정부(중앙 및 지자체)나
공공기관이 직접 관리·운영

민간 전달체계
개인이나 단체가 관리·운영

서비스 종류별 구분
• 수요자의 욕구에 효과적으로 대응하기 위한 기관과 프로그램의 연계
 - 아동복지서비스 전달체계, 노인복지서비스 전달체계, 정신건강서비스 전달
  체계 등으로 구분할 수 있음

이고 효율적인 연계인지 파악하고자 하는 것이다.

3. 전달체계 구축의 원칙

사회복지조직이 추구해야 할 가장 중요하고 궁극적인 가치는 책임성이다. 책임성(accountability)이란 사회복지조직이 사회복지를 필요로 하는 사람의 문제에 개입하여 해결하도록 위임받은 임무를 충실히 수행하는가에 대해 판단하는 기준이다(성규탁, 1996: 395).

국가는 법을 통해 사회복지전문가에게 클라이언트의 문제를 해결해 주도록 위임하고 자원을 제공한다. 따라서 사회복지를 수행하는 사람들은 국가 및 지역사회 그리고 클라이언트로부터 위임받은 재량권을 갖게 되며 그에 따른 책임을 완수해야 한다.

책임성(accountability)은 다양한 차원에서 정의할 수 있는데(Tsui & Cheung, 2009: 149), 클라이언트 및 지역사회, 법·규정, 상급기관의 기대와 요구에 얼마나 민감하고 적절하게 대응하는가와 관련된다. 즉, 지역사회의 기대, 클라이언트의 요구, 법·규정 및 상급기관의 요구에 민감하게 반응하는 조직은 책임성을 다하는 조직이라고 할 수 있다. 전달체계는 사회복지행정의 책임성을 완수하도록 구축되어야 한다.

현실적으로 사회복지조직이 책임성을 완수했는가를 파악하기는 용이하지 않다. 따라서 책임성 이행 여부를 판단할 수 있는 보조적인 기준들이 필요한데, 그 기준들이 효과성과 효율성이라고 할 수 있다(성규탁, 1996: 10).

효과성(effectiveness)은 계획된 목표를 제대로 달성했는지를 판단하는 기준이다. 사회복지행정의 효과성은 주어진 목표의 달성 여부로 판단할 수 있다. 사회복지(행정)의 목표는 욕구충족을 통해 클라이언트의 생활수준과 만족을 높이는 것이다. 효과적인 욕구충족을 위해 개입하는 행위인 서비스가 갖추어야 할 전제조건에는 포괄성, 적절성, 평등성, 지속성, 연속성 등이 포함된다.

책임성의 또 다른 판단기준인 효율성(efficiency)은 주어진 목표를 가능한 한 최소의 비용으로 달성하거나, 비용이 주어져 있다면 최대한 산출하는 것이다. 효율성은 자원의 제약을 받는 모든 활동에서 반드시 고려되어야 할 기준인데, 사회복지행정에서도 제한된 자원으로 좀 더 많은 클라이언트의 욕구를 충족시켜 주기 위해 최소한의 비용으로 최대의 산출(output)을 거둘 수 있도록 해야 할 것이다. 그러나 여기서 주의해야 할 점은 사회복지행정에서 효율성 그자체가 목적이 되어서는 안 된다는 것이다. 왜냐하면 사회복지행정에서는 클라이언트의 만족이라는 목적 달성을 위한 효과성이 좀 더 중요하기 때문이다.

1) 클라이언트 만족을 위한 서비스의 특성

서비스의 특성을 이야기하기 위해서는 욕구의 특성을 먼저 알아야 한다. 왜냐하면 '서비스는 특정 욕구를 충족하기 위해 개입하는 단위행위'를 의미하기 때문이다.

욕구는 사람마다 달라 주관적인 특징을 가지며, 한 사람이 여러 가지의 욕구를 가지기 때문에 다양성을 특징으로 한다. 그리고 경험이 많을수록 욕구가 증가하기 때문에 욕구는 가변적이고 상승하는 특징을 갖는다. 마지막으로, 욕구는 주변 사람이나 환경에 영향을 받기 때문에 상대적이다. 따라서 이러한 특성을 갖는 욕구의 충족을 위해 서비스도 다양해야 한다.

사회복지전달체계가 책임성을 이행하기 위해서는 서비스를 받는 클라이언트의 욕구를 충족해 줌으로써 최대한의 만족을 얻도록 해야 한다. 이를 위해 개입하는 서비스는 다음과 같은 특성을 지녀야 할 것이다.

첫째, 적절성(adequacy)은 욕구의 주관적 특성을 반영하기 위한 것으로, 사회복지서비스의 양과 질 그리고 제공하는 기간이 클라이언트나 소비자의 욕구충족과 서비스의 목표 달성에 적합하고 충분해야 한다는 것을 의미한다(최성재, 남기민, 2006: 104). 적절성은 클라이언트가 가진 욕구의 종류에 서비스가 부합해야 한다는 적합성과 클라이언트가 필요로 하는 만큼 충분히 제공되어야 한다는 충분성을 하위기준으로 한다. 예를 들면, 저소득층을 위한 생계급여가 최소한의 인간다운 생활을 위해 충분한가와 관련된다.

둘째, 포괄성(comprehensiveness)은 욕구의 다양성을 반영하기 위한 것으로, 클라이언트에게 만족을 주기 위해서는 클라이언트의 여러 욕구를 빠짐없이 모두 고려하여 서비스가 제공되어야 한다는 것을 의미한다. 인간의 욕구는 물질적 · 심리적 · 정신적 · 신체적 · 사회적 · 문화적인 차원에서 다양하게 파악될 수 있다. 따라서 다양한 욕구를 충족시키기 위해 제공되는 서비스도 소득보장, 고용보장, 질병 치료, 보호, 상담 그리고 여가활동 지원 등 여러 가지로 구성되어야 한다. 즉, 서비스 전달자는 클라이언트와 그의 가족이 가지고 있는 전체적인 문제에 대해 이해하고 있어야 한다. 이들의 욕구, 태도와 기대 그리고 가치관을 이해해야 하며, 진단, 치료, 재활, 교육, 취업, 생활유지 등 전반적 서비스를 협력적으로 제공해야 한다는 것이다.

포괄성을 보장하기 위한 방법으로는 한 사람의 전문가가 여러 문제를 다루는 일반화 접근법, 각각 다른 전문가가 한 사람이 가진 여러 문제를 다루는 전문화 접근법, 여러 전문가가 한 팀이 되어 문제를 해결하는 집단 접근법 그리고 복합적이고 다양한 문제를 가진 개인의 문제를 한 전문가가 책임을 지고 계속적으로 필요한 서비스와 전문가를 찾아서 연결시켜 주고 적절한 서비스를 받도록 관리해 주는 사례관리(case management) 접근법 등이 있다(최성재, 남기민, 2006: 105-106).

셋째, 지속성(continuity) 또는 연속성도 욕구의 다양성 또는 상승하는 성격을 반영하기 위한 것으로, 다양한 욕구를 가진 클라이언트에게 순차적으로 필요로 하는 자원을 중단하지 않고 충족해 준다는 의미이다. 예를 들면, 실직 상태에 있는 클라이언트에게 직업훈련서비스를 제공하는 데서 그치지 않고 직업훈련서비스 종료 후 직업활동에 대한 서비스를 제공하여 서비스가 한 전문가가 책임지고 계속적으로 필요한 서비스와 전문가를 찾아 연결시켜 주고 적절한 서비스를 받을 수 있도록 관리하며 단절되지 않도록 해야 한다. 이를 위해 서비스 조직 간 또는 프로그램 간의 협조가 중요하다. 또한 지속성(연속성)

포괄성의 원칙

다양한 욕구나 문제를 동시에 또는 순서적으로 해결하기 위해서는 다양한 서비스가 필요함

• 포괄성을 보장하기 위한 방법

일반화 접근법	한 사람의 전문가가 여러 문제를 다룸 * 단점: 전문성이 약해질 수 있음
전문화 접근법	각각 다른 전문가가 한 사람이 가진 여러 문제를 다룸 * 단점: 문제 진단과 서비스 간의 통합조정의 어려움 발생
집단 접근법	여러 전문가가 한 팀이 되어 문제를 다룸 * 단점: 전문가 간의 갈등 발생

사례관리
접근법
	한 전문가가 책임지고 계속적으로 필요한 서비스와 전문가를 찾아 연결시켜 주고 적절한 서비스를 받을 수 있도록 관리
	* 단점
	  – 전문가 1인당 한정된 인원의 사례관리(많은 인원관리 불가)
	  – 집중사례관리로 많은 시간 소요

은 클라이언트에게 필요한 서비스가 서로 다른 여러 기관에서 제공되더라도 중단되지 않고 계속 유지되어야 하는 것을 의미한다. 서비스의 지속성을 위해서는 통합된 전달조직을 갖추고, 기관들 간의 의사소통을 통해서 협동을 증진하며, 기관 내 부서들 간의 상호 협력 관계를 개발하는 것이 중요하다(김영종, 2001: 384).

넷째, 평등성 또는 공평성(equality)은 욕구의 상대성을 반영하기 위한 것으로, 모든 클라이언트는 자신의 신분, 종교, 성별, 인종, 연령, 거주지역 등에 따라 차별받지 않고 동등한 서비스를 제공받아야 한다는 것을 의미한다(최성재, 남기민, 2006: 106).

그 외에도 재활 및 자활 지향, 가족 중심의 서비스 제공을 원칙으로 생각할 수 있다. 재활 및 자활 지향은 사회복지의 가장 중요한 목적을 클라이언트의 문제를 해결하여 사회생활이 가능하도록 복귀를 원조하는 것에 두는 원칙이

라고 할 수 있다.

가족 중심의 서비스 제공은 클라이언트의 문제가 각 개인이 고립된 상황에서 발생되는 것이 아니고 주변 환경과의 관계에서 기인할 수 있다고 보아 문제가 가족에게 파급효과를 줄 수 있다는 관점에서 서비스 제공의 기본단위를 가정으로 해야 한다는 의미이다.

이상과 같은 서비스 특성 또는 상태 평가기준들이 충족될 때 클라이언트의 만족도가 높아질 수 있고 서비스의 효과성 기준이 충족될 수 있다고 기대할 수 있다.

2) 효과적 서비스 제공을 위한 전달체계 운영원칙

클라이언트에게 만족을 주는 효과적인 서비스가 되기 위해서는 적절성, 포괄성, 연속성, 평등성 등이 충족되어야 한다. 그렇다면 이와 같은 서비스를 제공하기 위해서 전달체계를 어떻게 구축하고 운영하여야 할 것인가? 사회복지 전달체계는 정책을 서비스로 전환하는 과정에 있는 조직들의 연결장치이기 때문에 효과적 서비스를 위해서 조직 간 및 조직 내의 명령지휘체계(authority control), 인적 구성(who will carry) 그리고 시설 또는 프로그램 등을 각각 어떻게 운영할 것인가(composition)를 밝혀야 한다.

행정적 측면에서 효과적인 서비스 제공을 위해서는 다음과 같은 여섯 가지 원칙이 요구된다.

첫째, 명령지휘체계의 통합성으로, 클라이언트에게 서비스가 누락·중복되거나 단절되지 않도록 제공되기 위해서는 서비스와 관련된 의사소통이 원활하고 정보가 통합적으로 관리되어야 한다. 또한 서비스 제공 장소들이 공간적으로 서로 가까이 위치하거나 서비스 프로그램 간 또는 서비스 조직 간에 상호 유기적인 연계와 협조체제를 갖추어야 한다(최성재, 남기민, 2006: 107). 적절하고 포괄적인 서비스가 마련되었다 하더라도 서비스 간 연계와 조정이 되지 않으면 지속적인 서비스를 제공할 수 없고, 파편화(fragmentation)될 가능성이 있다. 서비스가 중복되거나 연속성이 떨어진다는 것은 통합성에 문제가 있는 것이다. 그러므로 서비스의 통합과 조정으로 서비스의 중복이나 누락을 방지할 수 있고, 이를 통해 이른바 원스톱 서비스(one-stop service)가 가능해지면 클라이언트가 이곳저곳을 찾아다녀야 하는 불편을 겪지 않게 될 것이다.

이와 관련된 내용을 다룰 때 일반적으로 '서비스의 통합'이라는 용어가 주로 쓰이고 있으나 조직구조 및 의사소통 구조와 관련하여서는 '명령지휘체계의 통합성'이라는 의미가 더 적합하다.

> **사회복지의 중복과 누락의 대표적 사례: 겨울철 독거노인 김장김치 나누기**
>
> A시에 가, 나, 다 세 개의 사회복지기관이 있다. 각 기관에서는 관리하고 있는 독거어르신이 있으나, 서로 정보를 교환하거나 사례관리를 하지 않았다. 따라서 'ㄱ' 어르신은 가, 나, 다 모든 기관에서 제공하는 김장김치를 받았지만, 'ㄴ' 어르신은 어떤 기관에서도 김장김치를 받지 못했다.

둘째, 기능분담의 체계성으로, 사회복지조직 내에 기능의 분담이 체계적으로 이루어져야 한다는 것이다. 이것은 중복과 누락을 방지하고 효율성을 높이기 위한 기준으로 볼 수 있다. 이 기준은 통합성과 같은 맥락에서 이해될 수 있으며, 조직 내의 업무분장과 관련되는 원칙이다.

셋째, 인력의 전문성으로, 적절하고 포괄적인 서비스를 제공하기 위해 업무분장에서 요구되는 것이다. 즉, 클라이언트의 개별적이고 구체적인 욕구를 식별하여 개입의 목표 및 방법을 선택하고, 개입결과를 측정하기 위해서는 전문적인 자격을 가진 사회복지사의 권위를 인정하여 재량권을 부여하고 그 결과에 대하여 스스로 책임질 수 있도록 하는 것이 전제되어야 한다.

그린우드(Greenwood, 1957)는 전문직의 특성을 다음과 같이 제시하였는데, 그중 사회적 위임이 중요한 요소 중 하나로 포함되었다.

> ### 전문직의 특성
>
> - systematic body of theory(이론체계)
> - professional authority(전문적 권위)
> - sanction of community(사회적 위임)
> - code of ethics(윤리강령)
> - professional culture(전문직 문화)

출처: Greenwood (1957).

　인력의 전문성은 사회복지서비스 업무 중 핵심적인 업무는 반드시 전문가가 담당해야 한다는 것을 의미한다. 여기서 핵심적 업무란 클라이언트에 대한 상담, 사례관리, 프로그램 개발과 평가 등을 의미한다고 볼 수 있다. 이러한 업무들이 전문가에 의해 이루어질 때 개별 클라이언트들에게 적절하고 포괄적인 서비스를 제공할 수 있다. 흔히 전문성이란 용어가 '서비스의 전문성', '프로그램의 전문성' 등으로 쓰이고 있으나 '인력의 전문성'이 가장 본래의 의미에 근접하는 표현이다.

　펄먼(Perlman, R.)은 전문화(특화)를 네 가지 분야(이른바 4P)에서 구분하였다(Perlman, 1975). 목적(purpose)의 전문화(건강, 주택, 빈곤 등 분야별 전문화), 과정(process)의 전문화(방법론적 기술에 따른 전문화), 장소(place)의 전문화(지리적 구분에 따라 이루어지는 전문화), 사람(person)의 전문화(노인, 장애인, 모자가정, 실직자, 노숙자 등 수혜대상별 전문화)가 그것이다. 여기서 펄먼이 말하는 전문성은 전문직(profession)의 의미보다는 특화(specialization)의 의미가 더 강하다.

　넷째, 접근성으로, 클라이언트가 자신의 소득 또는 신분 및 인종 등에 관계없이 평등한 서비스를 받을 수 있도록 요구되는 기준이다. 사회복지서비스를 필요로 하는 사람이면 누구나 쉽게 받을 수 있어야 하므로 클라이언트가 접근하기 쉽게 설치되거나 운영되어야 한다. 클라이언트가 서비스에 접근하는 데에는 여러 가지 장애요인이 있을 수 있다(김영종, 2001: 384; 최성재, 남기민, 2006: 108). 즉, 서비스 제공 장소와의 거리가 먼 경우에는 공간적 접근 제약, 서비스 제공시간이 제한된 경우에는 시간적 접근 제약, 접수 등의 절차가 까다롭고 문서 작성이 복잡한 경우에는 절차적, 기술적 접근 제약, 높은 이용료를 부담해야 경우에는 재정적 접근 제약이 나타나며, 클라이언트가 수치심(stigma)을 느끼게 되는 경우에는 심리적 접근 제약 등이 나타날 수 있다. 이 외에도 정보 부족에 의한 제약, 이른바 정보격차(digital divide)의 문제 등이 있을 수 있다. 사회복지서비스의 전달체계는 이러한 장애요인을 제거하여 클라이언트가 서비스에 쉽게 접근하여 서비스를 받을 수 있도록 설계되어야 한다. 시설이나 프로그램의 접근성을 높이는 것은 모든 클라이언트가 정당한 사유 없이 차별받지 않도록 하기 위함이며, 따라서 접근성은 사회복지시설 및 프로그램과 관련되는 원칙이다.

다섯째, 민주성으로, 지역참여 원칙을 통해 지역사회의 자원을 동원하고, 서비스의 제공에서 지역의 다양한 조직과 기관들의 참여와 욕구를 정확하게 파악하여 다양한 의견을 반영하여야 한다는 것이다. 이를 위해 비공식체계를 수용하고 적극적으로 활용해야 한다는 것을 의미한다. 민주성은 사회복지조직의 운영과 관련되는 원칙이다. 서비스 공급자(관료, 전문가) 등의 의사결정에 클라이언트의 욕구와 의사를 반영하기 위해 시민들이 참여해야 한다.

여섯째, 조사 및 연구 원칙으로, 개입의 필요성 및 방법에 대한 경험을 토대로 기존의 전문적 개입이론을 확인하거나 새로운 이론을 개발하기 위한 것으로 이해할 수 있다. 이것은 사회복지 프로그램의 관리와 관련되는 원칙이다.

3) 전달체계 구축 원칙들 간의 위계

지금까지의 논의를 종합하면, 사회복지조직은 사회로부터 위임받아 재량권을 행사하기 때문에 그에 상응하여 [그림 3-2]에서와 같이 책임성을 사회복지 전달체계의 최상위 평가기준으로 설정하고 그 하위기준으로 서비스 효과성과 비용 효율성을 배치할 수 있다. 전달체계 관점에서는 구축·운영원칙과 그 결과인 서비스 평가기준으로 구분된다. 전달체계의 구축·운영원칙에는 명령지휘체계의 통합성, 인력의 전문성, 시설 및 프로그램 접근성 등이 속하고, 서비스 평가기준에는 적절성(적합성, 충분성), 포괄성, 연속성(지속성), 평등성(공평성) 등이 포함된다.

사회복지 행정 및 전달체계에서의 책임성은 행정적·재정적 관점과 전문가적·재량권적 관점이 모두 고려되어야 한다. 책임성을 전문가적·재량권적 관점에서 보면 서비스 효과성도 중요한데, 이는 주로 클라이언트나 지역사회의 변화를 통해서 판단하게 되는 것이므로 클라이언트의 만족 여부가 중요한 기준이 된다. 클라이언트는 욕구가 충족될 때 서비스에 만족하므로 이를 고려하여 서비스의 성격도 다양하고 가변적이며 상대적인 욕구에 부합할 수 있도록 해야 할 것이다.

이러한 맥락에서 보면 사회복지 전달체계의 효과성에 대한 평가는 결과 측면에 있는 서비스 특성의 평가기준들을 파악함으로써 가능하다.

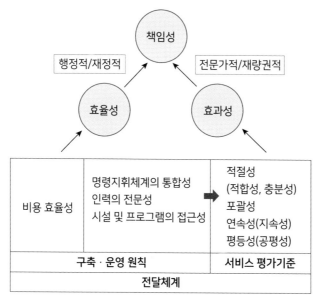

■ 그림 3-2 ■ **사회복지 전달체계 평가기준의 체계**

출처: 이준영(2010: 235).

> **사회복지 전달체계의 서비스 특성 평가기준**
>
> - 필요로 하는 것을 충분히 제공한다는 적절성
> - 여러 가지 욕구를 다양하게 고려하는 포괄성
> - 중단 없이 제공하는 연속성, 지속성
> - 다른 사람들과 차별되지 않아야 하는 평등성

한편, 효과적인 서비스가 제공되기 위해서는 전달체계의 운영이 제대로 되어야 할 것이다.

> **사회복지 전달체계 구축의 원칙**
>
> - **통합성**: 서비스가 중복되거나 누락되는 것을 방지하기 위해서는 명령지휘체계가 통합성을 갖추어야 한다.
> - **전문성**: 다양한 욕구에 적절한 서비스를 포괄적으로 제공할 수 있기 위해서는 전달체계의 인력이 전문성을 갖추어야 한다.
> - **접근성**: 서비스가 단절되지 않고 누구에게나 공평한 혜택을 주기 위해서는 시설이나 프로그램의 접근성이 보장되어야 한다.

이와 같은 맥락에서 전달체계의 구축 · 운영 원칙은 명령지휘체계의 통합성, 인력의 전문성 그리고 시설 및 프로그램의 접근성 등이 된다.

전달체계의 책임성은 효과성과 효율성으로 평가하고, 효과성은 클라이언트의 만족 여부로 판단하게 된다. 클라이언트의 만족 여부는 서비스의 적절성, 포괄성, 연속성(지속성), 평등성 등으로 평가할 수 있다. 그러나 이 평가기준들은 서비스의 특성 측면만을 보여 주는 것이기 때문에, 현실적으로 만족 또는 불만족의 원인이 무엇이며 구체적으로 무엇을 어떻게 개선해야 할 것인가는 운영 측면에 있는 평가기준들에서 찾아야 한다. 예를 들면, 클라이언트가 포괄적이지 못한 서비스로 인해 불만족한 경우, 인력의 전문성을 제고해야 할지, 통합성을 강화해야 할지 또는 시설이나 프로그램에 대한 접근가능성을 높여야 할 것인지가 전달체계 개선을 위한 관심사가 된다.

　한편, 책임성을 행정적 · 재정적 관점에서 볼 때 전달체계의 비용 효율성이 중요하지만, 일반적으로 사회복지 전달체계의 이론서나 연구보고서에서는 효율성에 많은 관심을 두지 않고 있다. 현실적으로는 이미 앞에서 밝힌 바와 같이 최근 진행되고 있는 전달체계의 개편 논의에서 비용의 효율성이 매우 중요한 기준으로 고려되고 있다. 따라서 클라이언트의 만족을 위한 다양한 전달체계 개선안이 제시되었지만, 추가적인 인력의 충원을 억제하며 재정비용을 통제하려는 정부의 입장이 지속적으로 유지되고 그로 인해 주목할 만한 개선은 이루어지기 어려운 상황이다.

4. 전달체계의 결함

　전달체계는 사회복지를 필요로 하는 사람들, 즉 클라이언트에게 적절한 서비스를 효과적 · 효율적으로 제공하기 위한 업무체계 또는 조직구조와 관련된다. 그런데 사회복지행정은 국가나 지방자치단체가 클라이언트에게 무상의 원조를 제공하는 것을 의미하므로 그 전달체계는 일반행정과는 다른 방식으로 설계되고 운영되어야 한다는 것이 일반적인 견해이다(Trecker, 1971: 18). 길버트와 스펙트(Gilbert, N. & Specht, H.)는 사회복지서비스 전달체계에서 흔히 발견되는 문제점으로 파편성, 단절성, 접근 제약 및 무책임성을 지적하였다(Gilbert & Specht, 1974: 108).

　파편성(fragmentation)은 조직의 특성 및 다른 조직과의 상호관계 등에서 기인하는 것으로, 특히 조직 간의 협동, 조직의 위치, 사회복지서비스의 전문화 또는 중복 등의 문제와 관련되어 있다. 파편성은 조직 구조상의 결함이라고 할 수 있으며, 파편성의 극복을 위해 '여러 서비스를 한 장소에서 받을 수 있는가?', '복지기관이 서비스를 서로 잘 연계하고 있는가?' 등의 문제에 관심을 갖게 된다.

단절성(discontinuity)은 한 전달체계 내에서 서비스 연계망이 제대로 작동되지 않고, 한 기관이 클라이언트의 욕구와 필요한 자원을 다른 기관과 연계하려 할 때 장애가 생긴 경우에 나타난다. 이것은 기능상의 결함이라고 할 수있으며, '기관 간 정보교환의 통로와 클라이언트의 의뢰체계가 충분한가?'라는 문제와 관련된다.

접근 제약(inaccessibility)은 수급자의 신분, 인종 또는 기타의 특성 때문에 서비스를 받을 수 없게 되는 것을 말한다. 접근 제약은 '관료제에 의한 형식주의, 사회적 계층, 인종, 성공가능성 그리고 기타 사실에 따라 특정한 사람의 서비스 수혜를 배제시키는가?'라는 문제와 관련된다(Gates, 1980: 148). 현실적으로 접근성을 제약하는 것으로는 수치심에 의한 심리적인 요인, 비용의 부담으로 인한 재정적 요인, 거리가 멀거나 교통수단의 부재로 인한 공간적 요인, 서비스 제공시간에 따른 시간적 요인 그리고 수혜대상자 선정과 관련된 절차상의 요인 등이 있다(김영종, 2001: 400-406). 그리고 최근에는 정보통신기술이 사회복지 분야에서도 널리 활용되고 있으나 이러한 기술을 제대로 활용할 수 없는 계층들은 수혜를 받을 수 없게 되는 일종의 기술적 제약이 점차 심각해지고 있다.

앞에서 제시된 결함들 중 하나가 나타나거나 모두 나타날 때(Gilbert & Terrell, 1995: 150) 무책임성(unaccountability)이 확인된다. 달리 말하면 무책임성은 국가로부터 사회복지서비스를 전달하도록 위임받은 조직이 서비스전달에 대하여 책임을 지지 못하는 경우를 말한다. 무책임성은 클라이언트가 자신의 고충을 해결하기 위한 실현 가능한 수단이 없을 때 경험하게 된다. 그리고 '의사결정권자가 클라이언트의 욕구와 관심사에 대하여 민감한가 또는 무감각한가?' 하는 의문을 갖게 된다.

따라서 사회복지서비스가 효과적이고 효율적으로 전달되기 위해서는 사회복지행정의 전달체계 내에서 이러한 문제들이 발생되지 않도록 전달체계를 구성해야 할 것이다.

5. 전달체계의 개편전략

전달체계를 구축하거나 개선해야 할 때 고려하게 되는 중요한 이슈를 살펴보면 다음과 같다.

1) 의사결정의 권위와 통제의 재구조화

의사결정의 권위와 통제방식은 조정체계와 참여체계로 구분되는데, 조정체계는 중앙집권화(integration)하여 접수(intake) 등의 단계에서 행정적 통일을 기하는 방식(single door, gate keeper)과, 연합화하여 자발적인 상호공조 체계를 통해 지역적으로 집권화하는 방식, 그리고 조직들이 독립성을 유지하면서 상황과 필요에 따라 그때그때 협력하는 협조(collaboration)가 있다(Gilbert & Specht, 1993: 129-136).

참여체계(participation)는 클라이언트를 대표할 수 있는 사람들의 참여를 보장하여 민주성과 책임성을 보장하는 시민참여제 방식이 있을 수 있다. 한편, 한국에서는 1995년 지방자치제도의 도입 이후 추진된 지방분권화와 관련하여 사회복지 업무의 지방이양 문제가 참여정부 이후 중요한 정책적 이슈

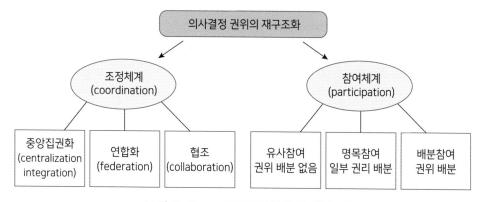

■ 그림 3-3 ■ 의사결정 권위의 재구조화

가 되었다. 이는 지방정부 차원에서 기존의 관료 중심으로 이루어지는 의사결정체계를 민간의 참여를 가능하게 하는 방식으로 전환하자는 이른바 협치(governance)의 논의가 사회복지업무의 지방이양으로 발전하였다.

2) 업무분담의 재조직화

업무분장의 방식은 두 가지로 구분할 수 있다(Gilbert & Specht, 1993: 136-139). 첫째는 전문가 역할 부여(role attachment)로, 비전문가에게 전문가의 역할을 부여하여 사회계급적 · 인종적 · 문화적 차이를 극복하는 방식으로 연결을 중계할 사람(토착인)에게 역할을 부여하는 방식이다.

둘째는 전문성 발휘를 제약하는 관료제 조직에서 전문가를 해방하는 방식(professional disengagement)으로, 전문가들이 개인사업자처럼 서비스를 제공하고 비용을 받는 것이다. 한국에서 논의되었던 사회복지전담조직의 독립(사회복지사무소, 보건복지사무소)도 전문가 분리 방식의 일종이라고 할 수 있으며, 그중 2004년 서울시가 복지여성국의 업무 중 사회복지시설 관리업무를 분리하기위해 '서울시복지재단'을 설립한 것도 유사한 맥락으로 이해될 수 있다.

업무분담의 재조직화

- 전문가 역할 부여(role attachment)
  - 비전문가에게 부분적으로 전문가의 역할 부여
  - 서비스 전달 전문가와 클라이언트의 중간에서 연결 · 중계해 줄 수 있는 사람에게 전문가의 역할 일부를 부여(예: 토착인)
- 전문가 해방(professional disengagement)
  - 전문가 역할의 자율성을 확보하기 위하여 조직 내에 있으면서도 통제를 벗어나게 하거나, 전문가 조직을 완전히 분리
  - 서비스 전달조직(체계)이 관료적인 특성이 강하여 전문가로서의 전문성 · 자율성 발휘를 속박 · 저해할 경우 조직적인 상황에서 벗어나 전문가로서의 전문성 · 자율성 발휘가 용이하도록 조건을 만드는 것

3) 전달체계 구성의 변경

전달체계의 구조문제로 접근성의 확보가 가장 중요한 이슈가 될 수 있다 (Gilbert & Specht, 1993: 139-141). 공간적, 시간적, 절차적, 재정적, 심리적 제약을 극복하고 접근 용이성을 높이기 위해 별도의 서비스(special access)를 마련(안내, 의뢰, 대변)하거나, 인근지역에 설치 또는 새로운 장소에 설치하거나 이동서비스를 제공하는 방안 등이 활용될 수 있다. 이로 인하여 서비스 전달체계의 의도적인 중복(purposive duplication)이 나타날 수도 있다. 또한 희소한 자원을 과다 투입하게 되는 문제가 나타날 수도 있다. 즉, 기존의 서비스 일부분 또는 전부를 재창조하기 위한 것으로 의도적인 중복은 경쟁과 분리 형태로 나타나기도 한다. 경쟁(competition)은 기존의 전달체계 안에서 각 기관들이 서로 경쟁하도록 서비스를 중복시키는 것을 말한다. 직접적인 방법으로 기존의 서비스를 확대하기보다 새로운 기관을 설립하여 전달체계를 구조화하는 것이다. 이와 같은 경쟁으로 기관과 전문가는 클라이언트에 대해 민감해지고 경쟁으로 클라이언트의 선택이 가능해지겠지만 상호파괴적 갈등을 초래할 수도 있다.

분리(separation)는 기존의 전달체계 외부에 새로운 기관을 조직하는 것이다. 즉, 서비스 네트워크 밖에 하나의 기관을 설립하여 서비스를 제공하는 데 있다. 예를 들면, 독립된 지역사회기반 서비스 네트워크로 폭력 피해 여성, 이민자 가정, AIDS 환자 등 특수한 취약계층을 위해 서비스를 제공하는 것이 해당된다. 이로 인해 전달체계가 더 파편화하여 클라이언트의 혼란을 가중시킬 가능성도 있다. 다른 기관들에게 부정적 영향을 주고 진단과 개입의 분리 등 부작용이 나타날 수도 있다.

> ## 전달체계 구조의 변경
>
> 클라이언트로 하여금 서비스에 쉽게 접근할 수 있도록 하는 전략
>
> - 서비스 접근촉진 구조(specialized access structure): 서비스에 접근을 촉진하고 그 자체를 하나의 특별한 서비스로 마련하는 것
> - 기존 서비스의 일부 또는 전부를 재창조하기 위해 의도적으로 같은 서비스 전달체계를 중복시키는 것(purposive duplication)
> - 경쟁(competition): 기존의 조직과 ct 또는 자원에 대해 경쟁하도록 하여 선택이 가능. 기관이나 직원이 ct의 욕구에 대해 좀 더 민감해져서 현실적, 창의적으로 반응

4) 서비스 합리화

전달체계의 효율성 제고와 관련하여 서비스 합리화(rationing)는 서비스의 배분방법에 관한 것으로 자원의 제약이라는 전제하에서 서비스를 어떻게 합리적으로 관리할 것인지에 관한 것이다. 합리화는 주로 절감을 의미하는데 서비스 합리화는 공급 억제 정책과 수요 억제 정책으로 구분할 수 있다(Gilbert & Specht, 1993: 150). 우선 공급을 억제하는 방식은 클라이언트에 대한 자격요건 강화, 서비스 시간 단축, 전문가의 질을 낮추는 것과 같이 서비스를 희석화하는 것 등이다. 건강보험의 진료비를 억제하기 위해 포괄수가제의 일종인 DRG(Diagnosis Related Group) 수가를 도입할 때 병원 측이 환자 1인당 진료강도를 낮추는 방식이 공급을 억제하는 대표적인 예라고 할 수 있다. 또 다른 방식은 수요를 억제하는 것으로 서비스 접근에 물리적 · 시간적 · 사회적 장애를 제거하지 않고 방치하여 대기 명단을 유지하거나 신청절차를 까다롭게 하고, 불편한 시간을 배정하는 것 등이다. 수치심을 유발하는 자격심사, 정보 제공하지 않기 등도 이에 해당된다.

서비스 배분방법		
• 공급 억제: 클라이언트에 대한 제한 강화와 서비스 희석화		
서비스 희석화	서비스의 양과 질을 감소시키는 것 예) 클라이언트 접촉시간의 단축, 사례 조기 종결, 전문가 질을 낮춤, 자원봉사자로 대치(국민기초생활보장의 부양의무자, 기초연금의 소득기준)	
자격요건 강화	수혜 자격요건(eligibility)을 강화하여 공급량 산출의 기초가 되는 클라이언트 수를 줄이는 것 예) 사회서비스 일자리 지원 자격의 요건 강화 및 추진절차의 복잡화로 서비스 이용률 하락, 공공부조에서 예산 산출의 근거가 될 수 있는 수급자의 수를 줄이기 위해 자격요건을 까다롭게 하는 것	
• 수요 억제: 서비스의 접근에 물리적 · 시간적 · 사회적 장애를 제거하지 않거나 장애를 생기게 하는 것		

5) 전달체계 운영주체의 선택

사회복지 전달체계는 클라이언트(수요자)에게 서비스를 제공하는 공급주체를 공적 조직으로 할 것인지 혹은 이윤 추구, 복지 향상, 서비스의 효과성, 효율성을 위해 사적 조직으로 할 것인지로 나눌 수 있다. 또한 서비스 이윤 추구에 따라 영리조직으로 할 것인지 혹은 비영리조직으로 할 것인지를 결정해야 한다. 운영주체의 결정에는 서비스의 표준화 정도, 클라이언트 집단의 능력, 서비스의 위험성, 감독의 강도, 지불 능력의 차이에 따른 차별화 우려, 선별적 서비스 등이 고려되어야 한다.

전달체계의 운영주체: 영리조직과 비영리조직

- 서비스 성격에 따른 구분
  - 공적 조직(사회보험, 공공부조)
  - 사적 조직(사회서비스)
- 서비스 이윤 추구에 따른 구분: 영리조직, 비영리조직
- 운영주체의 결정요인
  - 서비스 표준화 정도, 클라이언트 집단의 능력, 서비스의 강제성, 관련규정 준수
    에 대한 감독의 강력성 정도 등에 따라 선택

※ 무료 서비스는 비영리조직(공적 조직 또는 비영리법인) 제공이 당연함

---

6. 전달체계의 균형

전달체계를 개선할 때 고려해야 할 매우 중요한 사실은 전달체계 평가기
준들과 추구하는 가치들이 서로 갈등관계에 있을 수 있다는 점이다(Gilbert &
Specht, 1974: 111; 김영종, 2001: 386). 앞에서 설명한 전달체계 개선전략에서 나
타났듯이 접근성을 높이기 위해 다수의 시설을 중복적으로 설치하면 통합성
이 결여되거나 효율성이 저하될 수 있다. 전문성을 강조하여 전문가에게 지나
친 재량권을 부여하면 통제가 약화될 수 있고 전문가적 편의주의나 편견으로
클라이언트의 권익이 침해될 수도 있다. 또한 각 클라이언트에게 적합한 서비
스를 제공하는 적절성을 추구하는 과정에서 모든 사람을 평등하게 대우해야
한다는 원칙이 훼손될 수도 있다.

과거 보건복지사무소 시범사업에서 사회복지의 전문성 제고를 위해 각
읍·면·동사무소에서 담당하던 사회복지 업무를 보건소에 통합함으로써 서
비스 접근성이 낮아져 주민들의 불편을 초래한 사례가 있었다(이성기, 김성희,
박인아, 1995). 또한 정부가 효율성을 추구하는 과정에서 예산을 절감함으로써

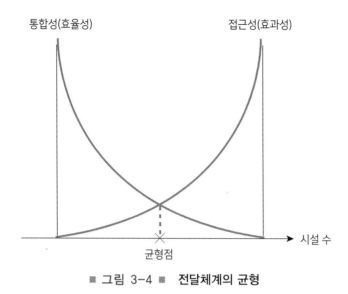

■ 그림 3-4 ■ 　전달체계의 균형

사회복지 전담인력을 충분히 확보할 수 없게 되어 업무수행의 전문성을 담보하지 않는 경우도 이에 해당된다.

　따라서 전달체계의 개편에는 추구되는 원칙들 간의 상충관계(trade off)가 나타난다. 현실적으로 보면 이와 같은 균형문제가 전달체계 개편의 불확실성을 높이고 개선전략의 선택을 어렵게 하는 원인으로 작용하고 있다고 볼 수 있다.

 참고문헌

강철희, 정무성(2002). 사회복지서비스 기관의 조직성과에 관한 연구. 한국사회복지, 49(5), 343-378.
김영종(2001). 사회복지행정. 서울: 학지사.
김영종(2010). 사회복지행정(3판). 서울: 학지사.

성규탁(1996). 사회복지행정론. 경기: 법문사.

이성기, 김성희, 박인아(1995). 보건복지사무소 모형개발 및 1차년도 운영평가. 서울: 한국
    보건사회연구원.

이준영(2010). 사회복지전달체계 평가기준의 체계화 가능성. 사회과학연구, 26(1),
    219-240.

최성재, 남기민(2006). 사회복지행정론. 경기: 나남.

Etzioni, A. (1964). *Modern organizations.* Englewood Cliffs, NJ: Prentice-Hall.

Gates, B. L. (1980). *Social program administration: The implementation of
    social policy.* Englewood Cliffs, NJ: Prentice-Hall.

Gilbert, N., & Specht, H. (1974). *Dimensions of social welfare policy.* Englewood
    Cliffs, NJ: Prentice-Hall.

Gilbert, N., & Specht, H. (1993). *Dimensions of social welfare policy.* Englewood
    Cliffs, NJ: Prentice-Hall.

Gilbert, N., & Terrell, P. (1995). *Dimensions of social welfare policy.* Englewood
    Cliffs, NJ: Prentice-Hall.

Greenwood, E. (1957). Attributes of a profession. *Social work, 2*(2), 45-55.

Kidneigh, J. (1950). Social Work Administration-An Area of Social Work Practice?
    Social Work Journal, 31(2), 57-60.

Patti, R. J. (1983). *Social welfare administration: Managing social programs in a
    developmental context.* Englewood Cliffs, NJ: Prentice-Hall.

Perlman, R. (1975). *Consumers and social service.* New York: Wiley.

Trecker, H. B. (1971). *Social work administration.* New York: Association Press.

Tsui, M. S., & Cheung, F. C. (2009). Social work administration revisited. *Journal
    of Social Work, 9*(2), 148-157.

공적 사회복지 전달체계

1. 개요

1) 공적 사회복지 전달체계의 개념

사회복지 전달체계는 주체에 따라 공적(공공) 사회복지 전달체계와 사적(민간) 사회복지 전달체계로 구분되며, 주체라는 의미는 규제자, 재원의 부담자 그리고 서비스 생산자라는 세 가지 관점에서 파악할 수 있다.

규제자는 정책의 대상과 목표를 설정하고 서비스의 품질에 대한 관리를 담당해야 한다. 재원의 부담자는 정책의 실행에 필요한 재정을 확보하여 지원하는 역할을 해야 한다. 그리고 서비스 생산자는 사회복지를 필요로 하는 클라이언트와 직접 대면하여 서비스를 제공하는 역할을 해야 한다. 공적 사회복지 전달체계는 규제, 재정 그리고 생산을 직접 정부나 공공기관에서 담당하는 경우를 의미한다.

사회복지 전달체계의 주체와 관련하여 공공과 민간을 구분하는 중요한 기준은 크게 세 가지이다.

- 조직의 형태가 공공기관인가 아니면 민간조직기관인가?
- 업무를 수행하는 인력의 신분이 공무원인가 아니면 민간인인가?
- 조직의 인건비 및 운영예산이 정부의 예산에 포함되는가?

공적 사회복지 전달체계는 종사하는 인력이 주로 공무원의 신분을 가지고 있으며, 재원의 대부분을 국가 예산에 의하여 조달하는 정부조직법상의 공공기관들로 구성된 체계를 의미한다.

2) 한국 공적 사회복지 전달체계의 현황

한국의 공적 사회복지 전달체계를 논하기 전에 우선적으로 어떠한 사회복지정책(제도)들이 존재하는가에 대해 이해해야 한다. 대상별로 받을 수 있는 혜택의 내용들로 구성된 사회복지정책이 실제로는 다양한 사회보장제도라는 수단을 통해 전달되는 것이기 때문에 사회보장제도의 실제를 파악하는 것이 중요하다. 한국의 공적 사회복지정책, 즉 사회보장제도의 기본 틀은 「사회보장기본법」(2012) 제3조[1]에 나타난 것처럼 사회보험, 공공부조, 사회서비스 그리고 평생사회안전망으로 구성되어 있다.

사회보험제도는 중앙정부의 책임하에 별도로 설립된 특수법인에 의하여 관리 · 운영되고 있다. 한국 사회보험의 종류에는 (국민)연금보험, 건강보험, 고용보험, 산재보험, 노인장기요양보험이 있다.

연금보험의 경우도 근로자와 자영자를 위한 국민연금, 특수한 직업을 가진 사람들을 위한 특수직역연금인 군인연금, 공무원연금, 사립학교교원연금 등이 있다. 연금보험은 종류에 따라 관리 · 운영의 주체가 달라지는데, 국민연금은 보건복지부가 관할하고 국민연금공단이 운영하고 있다. 군인연금은 국방

---

1) 제3조(정의) 이 법에서 사용하는 용어의 뜻은 다음과 같다.

1. "사회보장"이란 출산, 양육, 실업, 노령, 장애, 질병, 빈곤 및 사망 등의 사회적 위험으로부터 모든 국민을 보호하고 국민 삶의 질을 향상시키는 데 필요한 소득 · 서비스를 보장하는 사회보험, 공공부조, 사회서비스를 말한다.
2. "사회보험"이란 국민에게 발생하는 사회적 위험을 보험의 방식으로 대처함으로써 국민의 건강과 소득을 보장하는 제도를 말한다.
3. "공공부조(公共扶助)"란 국가와 지방자치단체의 책임하에 생활 유지 능력이 없거나 생활이 어려운 국민의 최저생활을 보장하고 자립을 지원하는 제도를 말한다.
4. "사회서비스"란 국가 · 지방자치단체 및 민간부문의 도움이 필요한 모든 국민에게 복지, 보건의료, 교육, 고용, 주거, 문화, 환경 등의 분야에서 인간다운 생활을 보장하고 상담, 재활, 돌봄, 정보의 제공, 관련 시설의 이용, 역량 개발, 사회참여 지원 등을 통하여 국민의 삶의 질이 향상되도록 지원하는 제도를 말한다.
5. "평생사회안전망"이란 생애주기에 걸쳐 보편적으로 충족되어야 하는 기본욕구와 특정한 사회위험에 의하여 발생하는 특수욕구를 동시에 고려하여 소득 · 서비스를 보장하는 맞춤형 사회보장제도를 말한다.

부(인사과)가 운영하고, 공무원연금의 경우는 인사혁신처가 관할하되 공무원연금공단이 운영하고 있으며, 사립학교교원연금의 경우는 교육부가 관장하고 사립학교교직원연금공단이 운영하고 있다.

　건강보험의 경우는 보건복지부가 관할하는데 2000년까지는 지역가입자와 직장가입자를 분리하여 관리해 왔다. 국민건강보험공단이 출범하면서 분산된 관리가 하나로 통합되었으나, 재정은 한동안 분리 운영되어 왔다. 그러다 2003년 출범한 노무현 정부가 그동안 연기되었던 재정의 통합을 추진하였다.

　고용보험과 산재보험은 고용노동부가 관할하고 근로복지공단이 운영을 담당하고 있다. 2008년 7월 노인의 수발을 위한 노인장기요양보험이 도입되어 다섯 가지 사회보험체계가 되었으나, 노인장기요양보험은 행정상으로 건강보험공단의 관리를 받고 있다.

　한때 이와 같이 분산·다기한 4대 사회보험의 관리·운영을 통합하자는 논의가 있었으나(김용하, 1999: 26-30), 실제로 각 보험의 성격이 매우 다르고 급여 및 보험료 부과체계 차이 등 기술적인 어려움이 있으며 기존의 조직을 관장하는 부처들의 합의가 어려워 실제로 시행되지는 못하였다. 다만, 2010년 1월 사회보험통합징수법안이 국회를 통과하여 모든 사회보험의 징수업무가

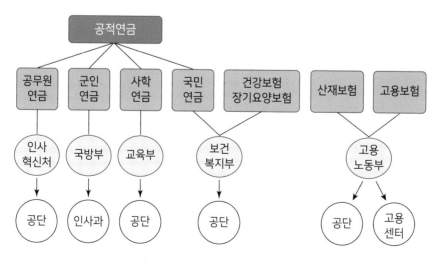

■ 그림 4-1 ■　**사회보험 관리·운영체계**

통합되고 2011년부터 국민건강보험공단이 통합징수를 전담하도록 결정되었다. 그리고 2008년에 도입된 노인장기요양보험도 국민건강보험공단에서 관리하게 되었다.

또 다른 사회보장제도인 공공부조와 사회복지서비스 제도는 보건복지부가 중앙에서 관할하며 시·군·구 및 읍·면·동의 지방행정조직을 통하여 전달되고 있다. 한편, 중앙정부 차원에서 여성가족부(2005)가 신설되어 여성, 가족 및 청소년 등의 분야에서 보건복지부와 역할을 분담하여 수행하였다. 그러나 이명박 정부 출범과 동시에 폐지되었다가 다시 부활되는 등 혼란이 계속되었다. 또한 청소년 분야에서는 여러 관련기관이 관할권을 주장하고 있어 가족청소년여성부의 신설이 제안되기도 하였다. 결국 사회복지서비스의 전달체계와 관련하여 중앙에서는 지금까지는 보건복지부가 거의 단독으

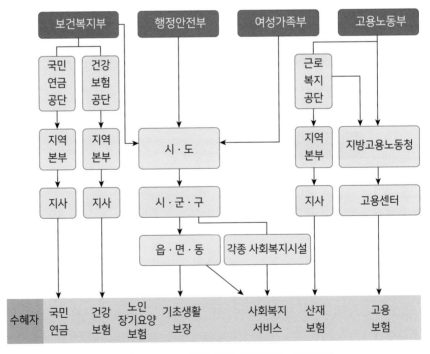

■ 그림 4-2 ■ 현행 한국 사회복지 전달체계

출처: 황성철 외(2015: 113)에서 재구성.

로 관할권을 행사해 왔으나 여성가족부가 설립된 후 이원체제로 전환하게 되었으며, 이로 인해 사회복지서비스의 전달체계에 새로운 양상이 전개되었다. 이 외에도 〈표 4-1〉에서 볼 수 있듯이 고용노동부, 교육부, 국토교통부 등도 사회서비스와 관련된 정책을 입안하여 지방정부를 통해 전달하고 있다.

또한 참여정부를 표방했던 노무현 정부에서는 지방분권화 전략을 적극적으로 추진하여 「지방분권특별법」(2003)을 제정하고 사회복지시설에 대한 개별보조금을 지방정부에 포괄적으로 이양하였다. 또한 2003년 「사회복지사업법」 개정으로 지역에서의 협치(governance)를 강조하여 지역사회복지협의체를 설립하고, 이를 통한 지역사회복지계획의 수립을 규정하였다. 이러한 시도는 한국 공적 사회복지 전달체계에 긍정적 변화를 초래할 것으로 기대하였으나, 아직 그 효과는 크게 드러나지 않고 있다.

● 표 4-1 ● 공공전달체계 현황: 주요 복지욕구 영역별 소관부처와 지방운영기관(2024년)

주요 욕구영역		중앙 (소관부처)	지방(운영기관)	
			공공(행정)	서비스
돌봄 · 요양 (성인)	• 노인장기요양 • 지역사회 돌봄 • 장애인활동보조 • 산모신생아도우미 등	• 보건복지부	• 건강보험공단 • 국민연금공단 • 지방자치단체 • 보건소	• 서비스 사업기관 • 주 · 야간보호센터 • 노인맞춤돌봄
돌봄 · 교육 (아동)	• 보육 • 방과 후 돌봄 • 교육관련 상담, 평가 • 특기적성교육 • 특수교육	• 보건복지부 • 여성가족부 • 교육부	• 지방자치단체 • 지방교육청	• 보육시설 • 지역아동센터 • 드림스타트(아동통합서비스 지원) • 가족센터 • 방과후 학교 • 특수학교
취업	• 취업알선 • 창업지원 • 능력개발, 직업훈련 • 일자리 창출	• 보건복지부 • 고용노동부	• 근로복지공단 • 고용지원센터 • 지자체 일자리센터 • 지자체 자활센터 • 장애인고용공단 • 노인인력개발원	• 지역자활센터 • 민간 사업기관 • 주거복지센터

주거	• 시설거주 • 임대주택 등 지원 • 주거 개선	• 보건복지부 • 국토교통부	• LH공사 • 지자체	• 사회복지시설 • 민간 집수리사업단 등
재활	• 장애진단, 판정 • 의료재활 • 직업재활	• 보건복지부	• 지방자치단체 • 보건소 • 장애인고용공단 • 국민연금공단	• 민간 사업기관 • 민간 의료기관
보건 의료	• 건강관리 지원 • 간병 • 질병치료 • 재활치료	• 보건복지부	• 지방자치단체 • 보건소	• 민간 의료기관 • 민간 복지기관

정신
건강 ·
심리
정서적
지원
	• 폭력 · 학대 관련 보호
	• 학교 부적응 위기
	  청소년 지원
	• 알코올, 약물 중독
	  치료 재활
	• 위기상담
		• 보건복지부
		• 여성가족부
		• 교육부
			• 지방자치단체
			• 보건소
			• 지방교육청
			• 국민건강보험공단
				• 정신보건센터
				• 민간 상담기관
				• 청소년상담지원센터
				• 알코올상담센터
				• 노인, 아동보호 전문
				  기관

여가	• 평생교육, 사회교육
	• 여가활동 지원
	• 문화활동, 체육활동
	  지원
	• 자원봉사 등 지역사회
	  참여
		• 문화체육관광부
		• 보건복지부
		• 행정안전부
		• 교육부
			• 지방자치단체	• 민간 사업기관
				• 평생교육기관
				• 도서관

일상 생활 지원	• 생계비 지원 • 식사 지원 • 아동 지원 • 공공요금 지원 • 법률구조 생활법률 상담	• 보건복지부 등	• 지방자치단체 • 법률구조공단 • 신용회복위원회	• 민간 사업기관

출처: 강혜규(2012: 19)를 기초로 재구성.

		돌봄요양 (성인)	돌봄요양 (아동)	취업	주거	재활	보건 의료	정신건강· 심리정서 지원	여가	일상생활 지원
중앙 부처	보건복지부	■	■				■	■		■
	여성가족부		■					■		
	고용노동부			■						
	교육부		■							
	국토교통부				■					
	문화체육관광부								■	
	행정안전부								■	
지방 공공 운영 기관	지자체	▨	▨		▨	▨	■	▨	■	▨
	보건소	■					▨	▨		
	고용지원센터			▨						
	지방교육청		▨					■		
	건강보험공단	▨					▨			
	국민연금공단	▨								
	LH공사				■					
	장애인고용공단			■						
	노인인력개발원			■						
	법률구조공단									
	신용회복위원회									■

* 각 욕구영역별로 소관부처와 지방 공공운영기관을 표시하였으며, 이중으로 표시하여 진한 영역은 보다 핵심적인 역할을 담당하는 기관을 의미함.

■ 그림 4-3 ■   주요 복지욕구 영역별 소관부처와 지방 공공운영기관 분포(2012년)

출처: 강혜규(2012: 19)에서 재구성.

● 표 4-2 ● **중앙부처 복지사업현황(21개 부처 360개 서비스)**

부처	사업명
보건복지부	국가암검진지원, 국가예방접종지원 등(143개)
여성가족부	다문화가정지원사업, 청소년치료재활센터운영 등(42개)
국가보훈처	무공영예수당, 국가유공자 등 생활조정수당 등(38개)
고용노동부	청년구직활동지원금, 직업능력개발훈련 등(30개)
교육부	평생교육바우처, 장애학생도우미지원 등(24개)
국토교통부	개발제한구역 내 거주민생활비용보조사업 등(14개)
통일부	북한이탈주민 교육비지원 등(11개)
과학기술정보통신부	사랑의 그린 PC 보급, 이동통신요금감면 등(10개)
농림축산식품부	농어업인 건강보험료지원, 취약농가 인력지원 등(7개)
중소벤처기업부	소상공인지원(융자), 창업기업지원(융자 투자) 등(8개)
산업통상자원부	에너지바우처, 사회복지시설신재생에너지보급 등(6개)
문화체육관광부	통합문화이용권, 스포츠강좌이용권 등(6개)
환경부	석면피해구제급여, 취약계층환경성질환예방사업 등(2개)
방송통신위원회	시청각장애인용 방송수신기 보급사업(1개)
산림청	공공산림가꾸기, 산림서비스도우미 등(4개)
행정안전부	지방세감면, 지역공동체일자리사업 등(3개)
해양수산부	어선원 및 어선 재해보상보험 등(3개)
경찰청	아동안전지킴이(1개)
금융위원회	버팀목대출보증, 주거안정월세대출보증 등(4개)
기획재정부	국세감면, 근로자녀장려금(2개)
대검찰청	범죄피해자에 대한 경제적 지원사업(1개)

출처: 한국사회보장정보원_중앙부처복지서비스(2019. 9.). www.data.go.kr

2. 공적 사회복지 전달체계의 개편과정

1) 사회복지전문요원 배치

1980년대 중반까지 공공부조인 생활보호사업은 사회복지 전문가가 아닌 일반행정 직원에 의해 수행되었다. 이로 인해 여러 가지 문제점이 발생하였는데, 우선 대상자의 선정이 초기면접이나 자산조사에 의거하지 않고 임의로 이루어졌다는 점이다. 그리고 제공되는 서비스도 단순 구호 중심의 현물 부조 전달에 그쳤고, 가정방문 등을 통한 사후관리는 이루어지지 못하였다. 마지막으로 공무원의 잦은 인사 교체로 서비스의 전문성과 지속성이 결여되었다(윤혜미, 김근식, 1991: 10).

이러한 문제점들을 개선하기 위해 사회복지전문요원제도(1987)를 도입하였다. 사회복지사 자격증 소지자들을 별정직 7급 공무원으로 채용하고 생활보호 업무를 담당하도록 하여 전문성과 지속성을 높일 수 있도록 하였다. 그러나 제한된 인원만을 채용하였기 때문에 업무가 과다하여 전문성을 발휘하기에는 제약이 있었다. 무엇보다도 심각한 문제점은 승진과 전보가 불가능한 별정직 신분이었기 때문에 시간이 흐를수록 전문요원들의 사기가 점차 저하되는 것이었다(성규탁, 1996: 425-428).

2) 보건복지사무소 시범사업

(1) 사업추진 경위

보건복지사무소 시범사업은 1994년 사회복지정책심의위원회에서 공공복지 전달체계의 개선방안으로 제시되어(사회복지정책심의위원회, 1994), 1995년 7월부터 시작하였고 1999년 12월까지 연장하여 운영한 후 종결되었다. 시범지역은 도시형 3개소(서울특별시 관악구와 대구광역시 달서구, 중소도시인 경기도

안산시), 농촌형 2개소(강원도 홍천군과 전북 완주군)였다(보건복지부, 1998). 보
건복지사무소 서비스 대상은 모든 지역주민으로 하고 있지만, 주요 대상은 생
활보호자, 노인, 장애인 등 취약계층이었다. 그 이유는 이들 계층 대부분이 복
지 욕구와 보건의료 욕구를 동시에 지니고 있었기 때문이다.

따라서 이 사업은 그동안 별도로 도입·발전되어 온 각종 보건·의료·복
지 서비스 제도를 서로 연계하여 운영할 필요성이 있음을 감안하여 기존의
보건소 조직에 복지사업부서를 추가로 신설하여 운영하게 된 것이다(선우덕,
1998: 126).

(2) 기본방침

보건복지사무소 시범사업은 복지행정조직의 핵심단위인 시·군·구와
읍·면·동의 각종 보건 및 복지 담당기구와 인력을 통합하여 종합적인 서비
스를 제공할 수 있는 기구로 개편한다는 계획을 하였다. 그리고 우선 대상지
역을 선정하여 일정 기간 시범사업을 실시한 후(5개 지역 2년간) 그 평가결과
를 토대로 단계적·전국적으로 확대 설치한다는 계획을 하였다(보건복지부,
1995).

(3) 세부 추진계획

당시 시범보건복지사무소의 설치계획을 구체적으로 살펴보면 다음과 같
다(보건복지부, 1995). 조직은 현재의 보건소 조직에 시·군·구 단위의 각종
복지담당기구를 통합하여 '보건복지사무소'로 개편하며, 군지역 중 병원화 추
진에 따라 보건의료원으로 개편된 보건소는 제외한다. 군지역은 기존 보건지
소를 '보건복지지소'로 개편하여 통합적 복지서비스를 제공한다.

관장업무는 기존 보건소 업무와 공적부조 및 각종 사회복지서비스 업무를
통합하여 관장하는 것이었다. 당시 보건소의 통합 보건서비스 업무를 활성화
하기 위해 보건인력과 사회복지 전문인력과의 업무 공동수행체계를 구축하
여 서비스의 질 및 효과를 극대화하고자 하였다. 그리고 생활보호대상자 등의

가정방문을 통한 건강관리 및 생활지도와 지역자원 연계 등을 실시하여 가구별 제반문제를 포괄적으로 접근하여 해결하고자 노력하였다. 이는 읍·면·동에 배치된 사회복지전문요원, 시·군·구의 아동복지지도원 및 부녀복지상담원을 일부 흡수한다는 계획이었다.

(4) 보건복지사무소 시범사업의 평가

보건복지사무소 사업은 기본적으로 실패할 수밖에 없는 상태로 시작되었다고 할 수 있다. 시범사업을 실시하면서도 정부가 조직과 인력 및 재정을 추가적으로 지원하지 않고 추진하였다. 또한 두 개의 서로 다른 조직을 통합하면서, 서로 다른 전문직 영역 간의 업무 및 역할 분담에 대한 규정도 제대로 마련하지 않은 상태로 추진하여, 결국 사업은 실패하게 되었다. 그럼에도 현장의 방문간호사나 사회복지사들 사이에서 업무의 연계와 상호 협력의 필요성을 현실적으로 인식시키는 긍정적 효과를 거두었으며, 서울특별시 은평구 등 일부 지역에서는 자발적으로 이를 추진한 사례도 있었다.

3) 사회복지전담공무원 직렬의 신설

1997년 IMF 사태와 1999년 「국민기초생활보장법」의 시행으로 공공부조의 대상자가 대폭 증가한 상황에서, 업무인력은 절대적으로 부족하였고 별정직 신분의 사회복지전문요원으로는 그러한 업무를 감당하기 어려웠다.

2000년에는 별정직 신분이었던 사회복지전문요원이 일반직 공무원으로 전환되었다. 즉, 사회복지직렬이 신설되어 승진 및 전보가 가능해졌다. 일반직 전환 과정에서 기존 별정직 7급에서 8, 9급으로 강등되는 경우도 있었으나, 이러한 과정은 전반적으로 수용되었다.

4) 지방행정기구 개편과 사회복지 일선 행정조직

(1) 지방행정기구의 현황

1999년을 기준으로 지역단위 행정조직의 현황을 살펴보면 전국적으로 읍사무소가 195개, 면사무소가 1,230개 그리고 동사무소가 2,293개였으며, 평균인구는 읍이 1만 9천 명, 면이 5천 명 그리고 동이 1만 6천 명이었다. 이들 기초 자치행정 단위에 근무하는 총 공무원 수는 7만 4,920명이었다(임승빈, 1998: 1).

동사무소의 경우 고유사무는 36%인데 대부분 주민등록 및 인감 등의 단순업무이며, 나머지 64%가 보조업무인데 여기에는 국민기초생활수급권자 관리, 불법건축물 단속, 지방세원 조사, 호적 및 병무 등이 포함된 것이었다.

시간이 지남에 따라 이러한 지방행정 조직체계의 여건은 변화하였다. 즉, 행정정보화의 결과로 주민카드제 또는 자동민원서류발급제가 가능해져 읍·면·동사무소의 업무가 점차 줄어들고 있다. 아울러 신도시의 형성과 교통·통신의 발달로 생활권·경제권이 확대되어 기존의 읍·면·동 중심의 지역공동체 생활과는 다른 양상을 보였다.

(2) 동사무소의 기능 개편과 주민자치센터 설립

그동안 읍·면·동 제도에 대해 지방행정 계층구조 축소 등 행정개혁의 차원에서 그 개편의 필요성이 꾸준히 제기되어 왔다. 특히 IMF 이후 출범한 김대중 정부에서 추진한 '작은 정부'의 구현과, 고비용·저효율의 지방행정 구조조정의 차원에서 읍·면·동 폐지 또는 기능전환 문제를 본격적으로 검토하게 되었다. 그리하여 지방행정조직의 감축·개편방안으로 '시·도, 시·군·구, 읍·면·동' 3단계 중 '읍·면·동'을 폐지하고 주민자치센터로 기능을 전환한다는 계획을 확인하였다. 이에 따라 2000년까지 동과 군청 소재지의 읍사무소를 폐지하였고, 2001년까지 읍·면사무소를 폐지하였다.

이 당시 지방행정조직 개편의 방향은 크게 두 가지로 축약된다. 첫째, 읍·

면·동사무소의 일선종합행정기관의 지위를 폐지한다는 것이며, 둘째, 더 나
아가 이들 조직을 주민자치의식 고양 및 지역공동체 형성을 위한 주민자치센
터의 기능으로 전환한다는 것이다(행정자치부, 1998). 그리고 운영재원은 자치
단체 보조금, 자체사업수익금 및 회비 등으로 하며 단계적으로는 민간에게 위
탁하도록 하였다.

기능전환을 위한 기본방향은 문화활동, 생애교육지원, 생활정보 복지시설
등에 중점을 둔다고 하였다. 또한 주민들의 불편을 최소화한다는 취지에서 주
민등록, 인감, 호적 등의 민원사무와 사회복지 사무를 그대로 유지시켰다(행
정자치부, 1998).

이러한 지방행정조직의 개편에서 주민자치센터의 복지기능에 대한 별도
의 계획은 없었기 때문에 사회복지전담기구의 설치나 사회복지 기능의 강화
라는 목표는 달성되지 못하였다.

5) 지방화와 공적 사회복지 전달체계

(1) 지역사회복지협의체의 설치

참여정부는 '지방분권 로드맵'에 따라 중앙-지방 정부 간 권한 재배분, 획
기적인 재정분권의 추진, 지방정부의 자치역량강화 등을 기본방향으로 제시
하고, 2005년부터 분권교부세 제도를 통해 67개 사업을 지방에 이양하고, 개
별적으로 지원되던 국고보조금을 포괄보조금으로 전환하였다. 이로써 지방
정부의 자율성이 향상되어 지역주민의 욕구에 부합하는 복지정책을 수립하
고 시행할 수 있는 여건이 조성되었다.

지방에서의 재량권의 오·남용으로 인한 부작용을 막고 주어진 재량권을
제대로 활용하기 위해서는 지방정부의 역량을 제고하고 책임성을 확보하는
것이 매우 중요해졌다. 이를 위해서는 지방자치단체장의 사회복지에 대한 의
지와 사회복지 관련 공무원들의 전문성이 가장 중요한 전제가 된다. 하지만
우리의 현실에서 이러한 전제조건이 충족되었다고 보기 어렵기 때문에, 지역

사회의 다양한 계층의 참여를 통하여 이를 보완하고 견제하는 장치의 필요성이 제기되었다.

이러한 취지에서 2003년 7월 「사회복지사업법」이 개정되었다. 주요 내용으로는 지역사회복지계획의 수립, 지역사회복지협의체의 구성 및 운영, 사회복지서비스의 실시 등에 있어 시·군·구의 역할을 강화하는 것 등이 포함되어 있다. 이는 지방자치단체의 기획력 강화, 각 사업의 기획-실행-예산 집행 과정에서 지역단위의 공공, 민간 복지공급자, 수요자로서 주민이 함께 협의하고 상호 견제할 수 있는 여건을 마련하기 위한 것이었다.

지역사회복지협의체[2]의 기능은 크게 기획과 조정연계로 구분되었다. 기획기능은 대표협의체에 의해 이루어졌는데, 지역사회복지계획의 심의자문이 대표적인 기능이다. 조정연계 기능은 실무협의체의 각 분과별로 이루어졌다. 이것이 이른바 로컬 거버넌스(local governance), 즉 지역에서의 민과 관의 협치라고 할 수 있는데, 대표협의체에 의한 거버넌스(governance)와 실무협의체에 의한 네트워크(network)가 주요 콘셉트라고 할 수 있다.

민관 파트너십

- 거버넌스(governance): 대표협의체를 통한 지역사회복지계획의 심의
- 네트워크(network): 실무협의를 통한 지역사회복지자원의 연계 및 조정

---

2) 2015년 「사회보장급여법」이 시행되면서 지역 내 사각지대 발굴 및 사회보장급여의 효과적, 통합적인 시행 기반을 구축하기 위해 명칭을 '지역사회보장협의체'로 변경하고 기능 또한 일부 수정하였다.

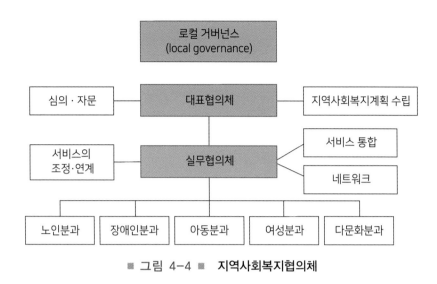

■ 그림 4-4 ■ **지역사회복지협의체**

(2) 희망한국 21과 주민생활지원체계의 출범

2005년 참여정부는 '희망한국 21-함께하는 복지' 대책으로 향후 4년간
(2006~2009년) 사회안전망의 개선 보완을 위해 8조 원을 투자하기로 결정하
였다(김병국, 김필두, 2007). 이와 함께 사회안전망 확충에 따른 복지예산의 효
율적 집행 및 국민의 복지 체감도를 높이는 맞춤서비스 제공이 가능하도록
시·군·구에 주민생활지원 담당부서('국' 또는 '과')를 설치하여 주민생활지원
관련 기획, 자원관리 및 연계, 통합조사 기능을 강화하는 계획을 수립하였다.

그리하여 생활복지국을 주민생활지원국으로 개편하고, 거기에 주민생활
지원과, 주민행정지원과, 주민서비스과 등을 신설하였다. 또한 사회복지 관련
과를 확대·개편하여 주민생활지원과에 총괄기획팀, 서비스연계팀, 통합조사
팀, 자원봉사팀을 신설하였다.

읍·면·동사무소는 '주민복지·문화센터'로 전환하여 일선창구(branch)
로서 복지, 보건, 고용, 주거, 평생교육, 문화, 관광, 생활체육의 8대 서비스를
제공하도록 계획하였다. 아울러 그동안 지속적으로 요구되어 왔던 사회복지
상담실을 설치하도록 하였다.

(3) '희망복지 129' 주민생활지원국 및 희망복지센터

2008년 1월부터 '희망복지 129센터'를 통합 원스톱 서비스센터로 운영하였다. 시·군·구에 설치되어 있는 주민생활지원국(과)을 유비쿼터스 원스톱 서비스센터로 개편하여 '희망복지 129센터'로 명명하고 기존의 사회복지 전담공무원, 민간부문 조직(인력)과의 연계서비스망 등을 활용, 전문인력을 배치하였다. 더불어 센터 내 복지·보건·노동 등 지역복지 통합정보체계를 구축하여 공공 및 민간 부문과의 연계하에 통합서비스를 제공하였다. 이를 위해, 첫째, 사례관리 접근을 통한 복지서비스 제공으로 중복과 누락을 철저히 방지하고, 둘째, 서비스 상담 및 처리 결과를 데이터베이스화하여 통합정보망에 수록하고자 하였다.

'희망복지 129센터'에서는 보건복지부 콜센터의 기존 기능을 흡수하여 개인이나 가정의 위기개입은 물론 생활사건에 맞춘 각종 사회복지서비스를 이용할 수 있도록 안내해 주는 연결망을 구축함으로써 '사회복지 영역에서의 119'와 같은 기능을 수행하도록 계획하였다. 그리고 이러한 사업을 위해 폐쇄된 동사무소 시설을 이용하는 등 추가적인 공간을 확보하고자 하였다.

(4) 사회복지공무원의 확충

2011년 7월 정부는 당시 읍·면·동당 1.6명인 사회복지공무원을 2014년까지 7,000명 충원하여 읍·면·동당 3명 수준으로 확충한다는 계획을 발표하였다. 그중 1,800명은 행정직에서 사회복지직으로 전환하고, 행정직에서의 자연 결원 800명을 사회복지직으로 전환·배정하기 때문에 순수하게 신규로 채용된 사회복지직은 3,340명이었다(보건복지부, 2011b). 이후 2013년 동 복지허브화가 추진되면서 2014년부터 2017년까지 사회복지공무원을 6,000명 확충하였으며, 2017년 찾아가는 보건복지서비스 추진으로 복지공무원 1.2만 명을 충원하였다. 사회복지전담공무원은 2007년에 비해 2017년에 2배 이상 증가하였다(보건복지부, 2017).

● 표 4-3 ●   사회복지전담공무원 충원현황

	2014	2015	2016	2017	2022
정원	16,475	17,717	20,307	22,711	28,639
현원	16,269	17,371	19,263	20,989	27,913

출처: 보건복지부(2022).

(5) 희망복지지원단의 설치

2008년 기존 시·군·구 서비스연계팀을 확대·개편, '희망나눔지원단(가칭)'을 설치·운영하여 복지종합상담 및 통합사례관리를 강화한다는 취지로 설립한다는 계획을 수립하였다. 희망나눔지원단은 복합적인 문제를 가진 복지대상자에게 복지-보건-고용-주거-교육 등의 통합서비스를 제공하기 위해 지역 내 공공 및 민간 자원을 연계·조정하는 조직이다(보건복지부, 2011a). 2012년에 희망나눔지원단에서 '희망복지지원단'으로 명칭을 변경하였고 지역

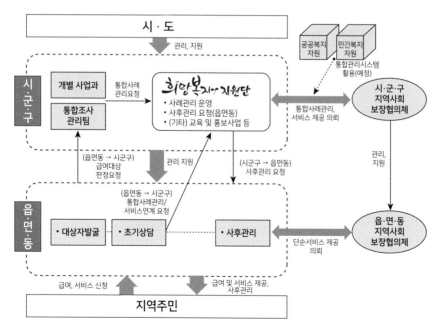

■ 그림 4-5 ■   희망복지지원단

출처: 보건복지부(2022).

단위 수요자 중심의 통합조사, 사례관리 및 방문복지의 강화 등을 주요 사업으로 시행하고 있다.

6) 사회복지통합관리망 구축

사회복지통합관리망(행복이음)은 지자체 공무원들의 업무처리를 지원하기 위한 정보시스템으로 2010년부터 운영되고 있다. 지자체에서 집행하는 약 120여 개의 복지급여 및 서비스 이력을 개인별·가구별로 통합 관리하게 된다. 이에 따라 복지대상자 선정의 정확성과 효율성이 높아지고, 서비스 누락이 방지될 것으로 기대되었다(보건복지부, 2009).

각 사업별로 별도로 조사하던 소득과 자산조사를 통일하여 여러 사업에서 공동 활용할 수 있게 함으로써 가장 큰 부담이 되던 조사업무를 효율화하였다. 27개 기관 215종의 소득·재산자료, 서비스 인력, 인적 변동사항 등을 연계하여 제공함으로써 복지대상자의 정확한 선정 및 사후관리가 가능해졌다. 공적자료 조회에 걸리는 시간도 그동안 최대 14일에서 3일 이내로 단축시켜 보장결정은 더욱 신속하게 처리한다. 복지서비스도 가구의 상황에 맞추어 한 번에 신청이 가능하고 각종 서식도 37종에서 6종으로 통합하여 주민들이 제출해야 하는 서류도 줄게 되었다.

일선 공무원은 행정 업무를 줄여 주민을 직접 찾아가서 상담하고 서비스를 제공하는 본연의 업무에 집중할 수 있는 여력을 확보할 수 있게 되었으며, 공공서비스뿐 아니라 민간서비스도 연계하여 제공하는 사례관리도 지원한다. 국민 누구나 필요한 복지서비스를 맞춤형으로 제공받게 될 것으로 기대되었다.

무엇보다도 중요한 효과는 복지급여 지급과정에서 지급내역의 임의 수정을 통한 부정 소지를 차단하고 실명 확인을 통해 입금함으로써 재정의 투명성을 제고하는 것이다.

7) 읍·면·동 복지기능 강화

지방행정조직을 활용한 복지기능의 강화는 크게 네 가지로 진행되었다(남찬섭, 2017). ① 사례관리기능의 강화, ② 온라인 전달체계의 강화, ③ 사회서비스의 '신청-조사-결정' 절차의 공식화, ④ 분권화와 중앙화의 동시적 진행이다.

2006년 주민생활지원기능 강화라는 공공복지전달체계 강화가 시도되면서 사례관리기능에 관심을 갖게 되었다. 현재 통합사례관리[3]는 복합적 욕구를 가진 소수의 사람들을 대상으로 한 다양한 서비스의 연계·제공을 의미하면서, 동시에 일반적인 복지대상자를 대상으로 한 네트워크 강화를 의미하기도 한다. 2006년 도입된 주민생활지원체계에서는 읍·면·동에서 사례관리를 담당하였으나, 사회복지전담공무원의 추가적인 증원을 억제한 이명박 정부에서는 시·군·구로 이관하여 희망복지지원단 등에서 담당하였다. 박근혜 정부에서 다시 읍·면·동 사례관리 시범사업을 거쳐 읍·면·동 복지허브화 사업(2016)이 본격적으로 추진되었다. 이처럼 정부의 사례관리 기능이 확대됨에 따라 민간기관은 기존 사례관리기능을 재조정해야 할 상황에 놓이게 되었고 정부와 민간 간의 관계를 완전히 다른 차원에서 새롭게 정립할 필요성이 제기되고 있다.

공공과 민간에서 부분적으로 진행되어 온 복지업무 전산화작업이 2010년 사회복지통합관리망(사통망, 행복이음)의 개통으로 기존의 전산화를 뛰어넘는 온라인 전달체계가 구축되었다. 이에 따라 사각지대의 발굴과 사회복지 급여 관련 정보의 통합적 관리가 가능하게 되었다.

지방행정조직을 활용한 복지기능 강화의 또 다른 측면은 사회서비스 신

---

3) 정부는, 통합사례관리를 지역사회의 공공 및 민간자원에 대한 체계적인 관리·지원체계를 토대로 복합적이고 다양한 욕구를 가진 대상자에게 복지·보건·고용·주거·교육·신용·법률 등 필요한 서비스를 통합적으로 연계·제공하고, 이를 지속적으로 상담·모니터링해 나가는 사업으로 규정하고 있다(보건복지부, 2015).

청-조사-결정 절차, 즉 단순화된 서비스 결정절차의 공식화이다. 2003년 사회복지사업법에 서비스 결정절차가 규정되었으나 사문화되었고 「사회보장급여법(2015)」에 다시 규정되어 실시되고 있다.

2015년 「사회보장급여법」이 시행되면서 지역내 복지사각지대 발굴 및 사회보장급여의 효과적인 제공, 그리고 사회보장제도가 지역사회에서 통합적으로 시행될 수 있는 기반을 구축하기 위해 기존 지역사회복지협의체의 명칭을 지역사회보장협의체로 변경하였다. 또한 협의체 참여의 범주가 보건의료, 사회복지서비스 중심에서 고용, 주거, 교육, 문화, 환경 등 사회보장 영역으로 확대되었다.

지방행정조직을 통한 복지기능의 강화는 분권화와 중앙화를 동시에 진행하고 있어 오늘날 사회서비스 전달체계의 파편화를 초래한 원인으로 지적되었다. 특히 2006년 도입되기 시작한 사회서비스 바우처는 상당 부분 중앙화되었고, 2008년 도입된 노인장기요양보험(국민건강보험공단), 장애인활동지원서비스(국민연금공단) 등도 중앙화된 사회보험공단에 의해 관리·운영되고 있다. 그리하여 현재 사회서비스는 ① 지방이양된 사회서비스, ② 국고보조방식에 의한 전통적인 사회서비스, ③ 중앙화된 바우처 방식에 의한 시장화된 사회서비스, ④ 사회보험공단에 의해 관리·운영되는 사회서비스의 네 부문으로 분절되어 있다(남찬섭, 2017).

서울시에서 2014년부터 추진해 오던 '찾아가는 동복지(찾동)' 사업이 2018년부터 전국적으로 확대되어 '찾아가는 보건복지서비스' 사업으로 추진되고 있다. 그러나 공공과 민간 간 새로운 관계의 정립이 필요하고, 매우 분절적이고 파편화된 그리고 대면접촉이 상당 부분 감소하고 있는 상황에서 사각지대 발견과 서비스 연계는 많은 어려움이 있을 것이다.

또한 공공이 하지 않거나 하지 못하던 사회복지사업을 위해 나름의 전달체계를 구축해 왔던 민간복지관 등 민간부문이 기능을 어떻게 조정할 것인가에 대한 논의는 여전히 미흡하다.

8) 사회서비스원 설립과 커뮤니티케어 추진

사회서비스가 확대되는 과정에서 적극적으로 민간자원을 동원하고 민간부문의 역량을 활용하여 서비스 제공 확대에 기여하였으나 지나친 민간부문의 확대는 서비스 질 경쟁보다는 수익 추구가 더 일반적이었다. 소규모 영세한 민간들의 과도한 경쟁은 서비스 질 저하, 저임금 근로와 고용불안으로 이어졌고, 보육시설의 경우 97%가 민간에 위탁되고 있어 공공서비스에 대한 욕구가 증대하였다. 문재인 정부는 이러한 문제의 해결을 위해 국가가 직접 서비스 제공시설을 운영하고 직원을 채용하여 서비스를 생산·전달하려는 계획을 발표하였다(김호중, 2018). 공공어린이집, 공공요양시설 등을 대폭 확충하고, 확충된 시설을 사회서비스공단에서 직영한다는 것이었다. 2021년에는 사회서비스원법이 제정되고 중앙사회서비스원이 설립되었다.

이와 동시에 정부는 지역사회통합돌봄(커뮤니티케어)을 추진하였다(보건복지부, 2019). 커뮤니티케어에서는 공식적 서비스 제공의 획일성과 공식성으로 인한 결함을 발견하고, 추가적인 자원의 동원을 위해 지역사회 다양한 주체들의 관여가 필요하다(Wolfenden Committee, 1978). 따라서 사회서비스원을 통해 국가가 직접 서비스를 제공하려는 시도와 커뮤니티케어는 서로 어울리지 않아 혼란이 초래될 수도 있다.

커뮤니티케어

케어가 필요한 주민(노인, 장애인 등)이 살던 곳(자기 집, 그룹홈 등)에서 개개인의 욕구에 맞는 서비스를 누리고 지역사회와 함께 어울려 살아갈 수 있도록 주거보건의료, 요양, 돌봄, 독립생활 지원이 통합적으로 확보되는 지역주도형 사회서비스 정책(보건복지부, 2019)

● 표 4-4 ● 한국 공공 복지전달체계 개편 과정

재편안	주요 내용
사회복지서비스(안)(1980년)	사회복지전담조직의 필요성이 제기됨
사회복지전문요원(1988년)	별정직 7급 채용
보건복지사무소 시범사업(1995~1999년)	보건복지연계 보건소에 사회복지전문요원 파견
사회복지전담공무원 도입(1999년)	별정직에서 일반직으로(사회복지직렬 설치)
읍·면·동 주민자치센터(2000~2001년)	주민자치기능
사회복지사무소 시범사업(2004~2006년)	기능별 분담체계(통합조사, 서비스 연계)
지역사회복지협의체(2006년)	포괄보조금의 도입에 따른 Local Governance
주민생활지원체제(2006년)	8대 서비스 독립된 상담실 설치
희망복지지원단(2008년)	
사회복지통합관리망(2010년)	행복이음 사회복지통합업무(2015년)
찾동(2014년) 동복지 기능강화(2015년) 동복지 허브화(2015년)	방문서비스 강화 일반행정업무 구청 이관(청소, 주차 등) 복지 동장 및 복지코디네이터
커뮤니티케어(2018년)	지역사회에서 보건과 복지를 연계·통합하여 제공(지역사회 통합돌봄)
사회서비스원법 제정(2021년)	시도 단위 사회서비스 지원

3. 한국 공적 사회복지 전달체계의 문제점 및 개선전략

1) 한국 공적 사회복지 전달체계의 문제점

　한국 사회복지행정의 전달체계를 살펴보면 국가와 지방조직으로 크게 나뉘어 있으며, 지방조직 내에서도 본청과 읍·면·동으로 계층화되어 있다. 즉, 시·군·구 내의 사회복지 담당과와 읍·면·동의 사회계로 이분화되어 있으며, 실제 업무는 읍·면·동의 사회계에서 수행하고 있다. 이와 같이 일선 사회복지 업무가 일반 종합행정체계 내에서 획일적으로 수행됨에 따라 사회복지행정의 전달체계에서 다음과 같은 문제점이 나타난다.

첫째, 상의하달식의 수직적 체계로 인해 지역 특성과 욕구를 반영한 복지서비스를 제공할 여건이 마련되지 않았다. 즉, 전달체계의 경직적이고 획일적인 특성으로 지역사회에서 사회복지 문제를 종합적으로 총괄하고 자원을 동원하는 기능이 미흡하다.

둘째, 보건복지부와 여성가족부가 중앙에서 복지업무를 주로 관할하지만, 두 부처 외에도 교육부, 법무부, 고용노동부 등 여러 다른 부처가 복지 관련 업무를 가지고 있다. 그로 인해 분산된 전달체계의 모습을 보이고 있으며, 명령지휘체계가 통합되지 않아 서비스가 중복되는 현상이 발생되기도 한다. 또한 관련부처들이 경쟁적으로 사업을 확대하고, 그 결과 지방에서는 업무가 과중하게 집중되어 이른바 '깔때기' 현상이 나타나고 있다.

셋째, 지방행정조직을 통해 사회복지 업무가 전달되기 때문에 일반행정체계의 지휘감독을 받게 됨으로써 사회복지 업무수행에서 전문성의 발휘가 제

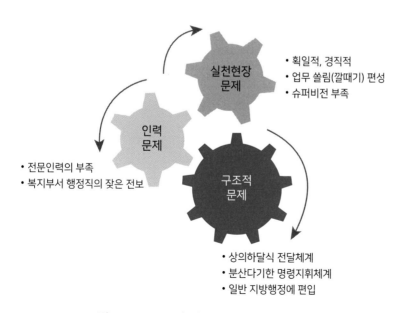

■ 그림 4-6 ■　**공적 사회복지 전달체계의 문제점**

약을 받고 있다. 1988년부터 각 읍·면·동에 배치된 사회복지전담공무원은 2016년에 약 2만여 명에 달하고 이들을 통해 사회복지 전달기능이 많이 개선되었다. 하지만 이들이 읍·면·동에 배치됨에 따라 전문적인 역할을 발휘하지 못하고 있으며, 일반행정의 다른 업무에 보조적인 역할을 수행하고 있다. 또한 일선행정체계의 특성인 획일성으로 인해 사회복지 담당자가 전문성을 발휘하여 자율적으로 업무를 수행하기 어려운 것이 현실이다.

넷째, 구청 등 상급기관의 관리자가 일반행정직 공무원으로 사회복지 분야에 대한 이해가 부족하여 전문적인 지도·감독을 할 수 없고, 동료 사회복지전담공무원 간의 사례연구회의 등을 통한 업무의 질적 향상을 기대하기 어려운 실정이다.

다섯째, 취약계층의 자립·자활을 가능하게 하려면 상담 등의 전문적인 대인서비스가 필요하고 사후관리가 반드시 이루어져야 하나, 현재 배치된 사회복지전담공무원들의 업무 과중과 주변 여건의 미비로 이를 실행하기는 어려운 형편이다. 사회복지전담공무원은 1인당 평균 100가구를 담당하기 때문에 1년에 약 두 번 정도의 가정방문도 어려운 상황으로, 이러한 여건에서 클라이언트에게 다가가는 서비스를 제공하는 것은 불가능에 가깝다고 할 수 있다.

여섯째, 시·군·구 단위에서 사회복지행정 전달기능이 일반행정공무원에 의해 수행될 경우 잦은 전보로 인하여 전문성·지속성이 결여되고 상급자에 의한 슈퍼비전이 어려운 문제를 낳고 있다. 그리고 동일한 업무를 두 개 이상의 기관에서 중복적으로 처리하여 행정비용이 많이 소요되고 있다.

2) 한국 공적 사회복지 전달체계의 개선전략

사회복지 전달체계의 개편을 위해서는 길버트와 스펙트(Gilbert & Specht, 1974: 110)가 지적한 문제점들이 발생되지 않도록 다음과 같은 전략에 따라 추진하여야 한다.

(1) 통합성의 강화

① 명령지휘체계의 단일화

한국 사회복지행정 전달체계에서는 전문성 제약, 중복성, 통합성 부재 등의 문제가 제기되었다. 이는 서비스의 단편성을 초래하게 되는데 이를 극복하기 위해서는 명령지휘체계의 통합성이 확보되어야 한다.

일본과 영국 등 다른 여러 나라에서도 보건과 복지를 연계하려는 움직임이 나타나고 있으며 한국도 예전에 '보건복지사무소 시범사업'을 추진하며 보건과 복지를 연계한 시도가 있었다. 지금까지 보건소는 의료 인력을 중심으로 구성되어 복지에 대한 관심이 상대적으로 미약하고 상호 연계가 어려운 실정이었다. 행정적으로 연계가 가능하기 위해서는 읍·면·동을 '복지센터' 중심으로 재편하여 지역의 복지업무를 담당하여야 한다.

최근 추진되고 있는 커뮤니티케어(지역사회통합돌봄)는 통합성을 강화하기 위한 시도로 이해할 수 있다.

② 연계와 협력의 강화

조직이 통합할 경우 복지업무를 수행하는 데 있어 행정적인 연계의 가능성을 갖게 되지만 반드시 서비스의 연계로 이어지지 않을 수도 있다. 실제로 서비스를 제공하는 주체는 복지관을 비롯한 다양한 민간시설이며, 더욱 다양한 서비스 주체가 생겨날 것이기에 이들과의 연계가 쉽지 않기 때문이다.

클라이언트가 동주민센터를 방문하여 상담한 후 서비스를 접수하면 그 욕구에 따라 적절한 시설로 이관시켜 주도록 하여야 한다. 만약 해당 지역 내에 서비스 제공시설이 없는 경우 다른 읍·면·동의 시설을 활용할 수 있어야 한다. 이를 통하여 일회방문처리(one stop service)가 가능해질 것이다.

여러 중앙부처들의 분산다기한 프로그램들을 지역사회에서 수요자 중심으로 포괄할 필요가 있다. 사례관리(case management)를 통하여 한 클라이언트의 의뢰과정을 지속적으로 추적하여 클라이언트가 여러 시설들에서 중복으로 서비스를 받거나 프로그램 혜택으로부터 누락되는 것을 방지할 수 있다.

또한 읍·면·동에 배치될 전담공무원은 서비스 대상자를 세대별로 할당하여 각종 복지서비스를 포괄적으로 지원하는 것이 적절하다고 본다. 이를 위해서는 서비스 대상자관리를 전산화하여 타 기관에 의뢰할 때 활용하는 것도 필요한데, 이것은 2010년 개통된 사회보장정보시스템으로 가능하게 되었다.

(2) 접근성 제고

한국의 경우 인종이나 신분상의 이유로 복지서비스의 접근을 제약받는 경우는 거의 없다. 그러나 서비스의 지리적 접근성을 향상시키기 위해 각 읍·면·동 단위에서 복지기능을 강화하고 사회복지전담공무원을 배치하여 각종 서비스를 지원하는 것은 바람직하다고 본다. 이는 보건복지사무소 시범사업의 단점이었던 접근성을 제고하기 위한 방안이다.

거동불편 등의 이유로 직접 방문하여 상담하기 어려운 사람에 대한 접근성을 제고하기 위해서 여러 가지 방안을 시도해 볼 수 있다. 첫째, 지역순환버스를 구청단위로 운영한다. 둘째, 대상자와의 화상통화 및 인터넷 등의 통신수단을 확보하여 접수와 기초적인 상담을 전산화한다. 셋째, 이미 실시되고 있는 방문간호서비스와 같은 방문서비스를 확대한다. 이를 위한 인력이 부족한 경우에는 지역 내의 자원봉사인력을 최대한 활용한다. 그리고 집 밖이나 심야 시간에도 상담이나 접수가 가능하도록 하는 사회복지 정보단말기(kiosk)를 공공장소에 설치한다.

(3) 전문성 제고

책임성의 확보를 위해 서비스에 대한 불만을 클라이언트가 직접 토로할 수 있고 그 시정을 요구할 수 있어야 한다.

클라이언트에 대한 책임성은 인력의 전문성을 통해 이행할 수 있는데, 중요한 것은 복지업무를 담당할 공무원과 운영직원은 사회복지에 대한 전문성을 갖춘 사람으로 충원되어야 한다는 것이다. 또한 각 동별로 사회복지전담공무원을 일정한 수의 수급권자 수에 따라 배치하도록 하여야 한다. 기존의 구청 및 주민센터의 행정직 직원 중 희망하는 경우 전문교육과정을 거쳐 사회복지 직렬로 전환하고 신규 채용의 경우는 사회복지직렬의 일반 공무원으로 해야 할 것이다.

장기적으로 사회복지전담공무원을 현재의 수준보다 2배 이상 증원하여야 하지만 이에 소요되는 예산을 확보하기에는 어려움이 있으므로 현직 사회복 지공무원의 업무를 줄이거나 수월하게 처리할 수 있도록 지원하여야 한다. 이 에 대한 대안의 하나로 정보기술의 도입을 고려해 볼 수 있다. 문서 작성과 관 리를 디지털화하여 반복적인 수작업을 줄이고 이를 이용하여 보고하는 등 자 료를 공동 활용할 수 있도록 하여야 한다.

또한 근본적인 논의로서 사회복지전담공무원의 업무 중 사회복지 전문가 가 반드시 담당해야 할 업무와 그렇지 않은 업무를 구분하여 사회복지직이 아 닌 일반공무원도 사회복지 관련업무를 담당하도록 하여 사회복지직 공무원 의 업무부담을 경감시키는 방안이 모색되어야 할 것이다.

4. 외국의 사회복지행정 전달체계

한국의 사회복지행정 전달체계의 현황을 비교하기 위해 다른 나라에서의 지역단위 복지행정 전달체계를 살펴보고 특징을 파악하고자 한다.

1) 일본 사례

우선, 일본에서 복지사무소는 도·도·부·현(都·道·府·縣), 시 및 특별 구에 설치하며, 정·촌의 경우 임의로 설치할 수 있다. 이와 같은 설치단위를 결정하는 데에는 사무 배분, 지방자치단체의 인구수, 전문인력의 배출 가능 성, 정부의 재정적 상황이 고려되었다. 그 이유는 사회복지가 단체위임 사무 에서 도·도·부·현의 기관위임 사무로 전환되었고, 인구 10만 명당 복지기구의 설치가능 조건에 비해 시·정·촌이 훨씬 적은 인구수를 가졌기 때문이었다. 또한 시·정·촌 단위로 복지사무소를 설치할 경우 복지사무소 수가 많아져야 하는데, 복지사무소 도입 당시 패전으로 인해 담당기구 신설이나 신규인원은 억제되어야 할 상황이었다. 따라서 배출된 전문인력의 수는 물론 전문인력의 배출 가능성도 적은 상황이었기 때문에 시·정·촌보다 도·도·부·현이 설치단위가 될 수밖에 없었다(정영순, 1995: 229).

복지사무소는 공적부조인 「생활보호법」 그리고 사회복지 관련법인 「아동복지법」과 「신체장애자복지법」을 취급하는 기관이 되었다. 사회복지서비스가 공적부조에서 분화될 만큼 발전되지 못하여 아동복지서비스 또는 신체장애자복지 대상자도 생활보호대상자와 큰 차이가 없었으며 서비스 내용도 주로 시설보호뿐이었다. 복지사무소는 생활보호대상자의 결정과 실시에 관한 업무 그리고 사회복지시설에의 입소 조치와 그를 위한 조사 등에 국한된 업무만을 수행하였다(정영순, 1995: 230).

복지사무소는 도·도·부·현 혹은 시의 민생국 사회부에 위치하게 되었고, 복지사무소의 지도감독은 후생성의 사회국 내 서무과가 담당하였다. 복지사무소의 내부조직을 보면 생활보호 업무와 아동복지 및 신체장애자 업무 간에 큰 차이가 없어 업무를 분리할 필요성이 적었기 때문에 복지사무소의 내부구조는 1과(보호과)체제로 조직되었다. 따라서 보호과에서는 「생활보호법」에 근거한 업무와 「아동복지법」에 근거한 사회복지서비스 업무를 함께 수행하게 되었다.

앞서 설명한 일본의 복지사무소와 관련하여 몇 가지 문제점이 지적되었다(정영순, 1995: 230).

첫째, 복지사무소가 현업기관이면서도 주민과 직결되는 제일선 행정단위인 시·정·촌에 설치되지 않고 도·도·부·현에 위치하기 때문에 각 지역의 특성을 살리기 어려워 서비스의 접근성이 저해되었다.

둘째, 사회복지서비스가 생활보호로부터 분화되지 않은 상황에서 복지사무소가 설치되었기 때문에 복지사무소가 생활보호사무소화되었는데, 이러한 역할이 오랫동안 지속되어 사회복지서비스의 발전을 저해하였다.

셋째, 복지업무가 분화되지 않아 1과체제로 업무를 처리했기 때문에 사회복지서비스 업무에 주력하기 어려웠고, 그 전문성을 높이기도 어려웠다. 더욱이 자격을 갖춘 전문인력을 채용하지 못한 것은 후에 종사자의 전문성을 향상시키는 데 제약요인으로 작용하게 되었다.

이를 종합해 볼 때 일본의 경우 복지사무소가 서비스의 접근성, 포괄성, 전문성 등에서 약점을 가졌다고 볼 수 있다. 그리하여 일본에서는 지역행정 단위의 변화가 있었는데, 복지 및 보건 행정기구를 통합 일원화한 후 네트워크화, 시스템화하여 운영을 공동으로 추진하였다(선우덕, 1998: 129).

2005년 「개호보험법」 개정으로 시·정·촌(기초자치단체)에 1차 상담을 담당하는 지역포괄센터의 설립근거를 마련하였고, 2014년에는 24시간 돌봄을 추가하여 접근성을 제고하였다. 2017년에는 여러 서비스 간의 분절을 극복하기 위해 31개 관련 법률을 개정하는 「지역포괄시스템강화법률」을 제정하였다. 도쿄시의 경우, 지역포괄센터가 사회복지협의회와 마을만들기센터 등과 함께 원스톱 통합창구를 설치하여, 노인 외에 장애인, 아동 그리고 생활곤궁자에게 권리옹호, 긴급지원 등을 통해 주거, 의료, 개호, 예방 및 생활 서비스를 포괄적으로 제공하는 것을 목표로 하였다.

한편, 여전히 노인중심의 서비스가 이루어지고, 인력이 절대적으로 부족하며 사회복지 전문인력이 의료용어를 이해하지 못하는 등 포괄적인 전문성을 가진 인력이 부족한 것 등이 한계로 지적되었다.

2) 영국 사례

1960년대까지 영국 지자체의 대인서비스는 아동복지국, 위생국 등 각 부서에서 개별적으로 제공되고 있었다. Seebohm 보고서(1968)는 커뮤니티 기반으로 가족을 단위로 대인서비스를 통합적으로 제공하는 부서를 설치하도록 권고하였다. 이 보고서를 근거로 1970년 「지방정부사회서비스법」이 제정되고 지역사회서비스국(LASSD)이 신설되었다. Seebohm 개혁은 행정부서를 통합하여 공식적 네트워크를 강화하면서, 지역사회 관여를 통해 동시에 서비스의 결함을 지적하고 새로운 자원을 동원할 수 있는 비공식적 네트워크를 요구하였다. Wolfenden 보고서(1978)는 Voluntary 부문의 역할을 중시하여 이익단체, 새로운 서비스의 개척자, 공적 서비스의 보충, 부가, 대안 그리고 단독 서비스의 관점에서 보았다.

그러나 사회복지행정의 대규모화가 실현되었으며, 그것은 동시에 분권화와 주민참가의 실현을 저해하는 요인도 되었던 것이다. Seebohm 개혁에서 대규모 관료기구와 Social Work의 Specialism과 Generalism이 사회복지의 현안이 되었다. Barclay 보고서(1978)에 참여한 다수는 Community Social Work라는 새로운 기법을 통해 세분화된 Social Work의 문제점에 대응해야 한다고 보았다(정상양, 1995: 238). 이는 전문성 제고와 관련된다.

Griffiths 보고서(1988)는 NHS의 효율적 관리를 위한 개혁을 제안하였다. 공적자원의 사용방법에 관한 자문, NHS에 효율이 우선되는 기업경영의 원리를 도입하여 비용절약의 관리혁명을 가져왔다. 영리부분의 발전을 장려한다는 측면이 특이한데 이는 효율성 제고를 위한 서비스 공급의 민영화로의 이행을 의미한다.

1993년 이후로 지방사회서비스국은 지역사회보호의 중심 기관의 기능을 살려 건강 및 주택 관련기관과 협력하여 주민의 개별적 욕구를 파악하였다. 그리고 파악한 욕구의 충족을 위한 서비스 및 재원 조달방안을 수립하였으며 마련된 방안이 적절하고 효과적으로 추진될 수 있도록 관련규정들을 재검토하고 정비하였다.

이러한 업무들이 지방사회서비스국에 의하여 지역사회보호계획(Community Care Plan)으로 입안되고 공포되었다. 계획의 실시를 위해 지방사회서비스국(LASSD)은 건강 및 주택 관청, 자원봉사조직 그리고 사회복지시설 대표자들과 긴밀하게 협력하게 되었다.

영국의 경우는 사회복지서비스가 독자적인 제도로 운영되어 전문성을 기할 수 있었고, 지역사회와 긴밀하게 연계되어 접근성을 높일 수 있었다. 또한 보건과 복지를 긴밀하게 연계시키려는 시도를 하였는데 이를 통하여 전달체계의 지속성 및 통합성이 제고될 것을 기대하였다.

3) 호주 사례

호주에서는 중앙정부가 국민들에게 제공하는 거의 모든 종류의 대민서비스들이 센터링크(Centerlink)에 의해 통합적으로 관리된다. 개별부처가 제공하는 각각의 공공서비스를 받기 위해 여러 기관을 찾아다닐 필요 없이 단 한 곳만 찾아가면 모든 문제를 해결할 수 있도록 하기 위해 1997년 최초로 설립되었다. 연방정부 10개 부처와 25개 공공기관이 제공하는 140가지의 서비스들이 통합적으로 관리된다. 전국적으로 25천명의 직원 중 17,600명이 대민서비스 업무를 담당하며, 콜센터에 4,340명, IT관련 직원과 중앙지원조직에 3,470명이 있다. 1,000개의 센터 중 직원이 배치되어 대민서비스를 제공하는 고객서비스 센터는 321개뿐이다. 재정은 가족부, 노동부를 비롯한 10개 부처와 다른 정부기관들로부터 서비스전달을 의뢰하는 계약으로 할당받은 예산으로 운영된다.

센터링크는 급여나 수당을 지급하는 업무를 제외하면, 개인에게 직접적으로 서비스를 제공하는 기관이기보다는 다양한 에이전트에게 서비스를 할당하는 역할만을 담당하는 기관이다. 따라서 공공부문이 직접 공공 및 사회서비스를 제공할 필요가 없어서 수년 사이에 이 분야에서 공공부문의 비중은 매우 낮아졌다. 호주 정부는 센터링크를 통해서 연결되고 시장에서 제공되는 공공 및 사회서비스의 질을 유지하기 위해서 정교한 재정지원 인센티브를 설계하고 민간기관에 대한 강력한 통제를 하고 있다.

서비스 공급을 민간에게 맡겨서 당장은 비용이 적게 들어간다고 해도 장기적으로도 낮은 비용으로 유지될 것인지를 두고 볼 일이다. 민간이 설치한 시설이라 해도 모든 시설은 센터링크의 전산네트워크에 직접적으로 연결되어 있을 뿐 아니라 자신들이 서비스 이용자에게 얼마를 받고 어떤 서비스를 제공하였는지를 매우 구체적으로 보고한다. 이런 정도로 서비스 제공과정을 모니터링할 수 있어서 개별 서비스 비용을 정부가 지불하는 것을 전제로 한 민영화방식이 효과적으로 운영될 수 있다(장지연, 2005: 55).

4) 독일 사례

독일 복지행정은 일반행정조직이 아니라 청소년복지사무소와 같은 별도의 전담조직(Fachverwaltung)에 의해 운영되는 전통이 유지되고 있다(Dahme & Wohlfart, 2013: 60). 지방정부 사회복지행정은 국(Dezernat), 사무소(Amt) 그리고 과(Abteilung)의 3차원으로 이루어진다. 국은 지방정부 복지행정의 최고 기관이며 다양한 사무소로 구성된다. 사무소는 지방복지 전달체계의 핵심으로 최일선 행정기관이라고 할 수 있다(이준영, 2014: 223-248).

청소년복지사무소(Jugendamt)는 아동 및 청소년 보호 및 지원 업무가 전체의 80% 이상을 차지한다. 그리고 이 외에도 성인, 노인 그리고 의료 등과 관련된 업무를 수행한다(김주일, 2004: 116). 사회복지사무소(Sozialamt)는 생계비 지원 및 의료지원을 포함하는 기초보장 업무를 담당한다(이정우, 2012: 447). 또한 양로원, 주간보호시설 및 경로당 등을 관할하며 시설운영자들을 조정하고 사회복지 인프라 확충 계획을 수립한다. 독일의 기초보장제도는 한국의 공공부조와 복지서비스에 해당하는 제도들을 포함한다(원소연, 2012: 456). 보건소(Gesundheitsamt)는 공중보건서비스의 중요한 요소이다. 보건소는 주민의 건강상태를 직접 조사하여 지속적으로 관리하며 건강 위해 요소를 확인하고 제거하는 등 전반적인 건강증진을 위해 노력한다.

일반복지서비스(Allgemeiner Sozialer Dienst: ASD)는 지방정부의 가장 광범위한 복지서비스인데, 업무범위가 가정의 모든 문제와 그 주변까지 관련되어 있기 때문이다. 또한 모든 청소년복지사무소에는 일반복지서비스(ASD) 업무부서를 두고 있다. 일반복지서비스는 청소년 지원 및 사회부조 분야에서 문제 및 위기 상황에 대한 첫 번째 접촉 창구가 된다. 이른바 하르츠 개혁IV로 2005년 사회부조와 실업부조가 통합되자 기존 노동사무소(Arbeitsamt)의 운영형태가 일자리센터(jobcenter)로 전환되었다(정재훈, 2013: 60). 이 개혁의 목표는 실업자에게 일자리를 알선하여 자활할 수 있도록 하는 것이었다. 일자리센터의 업무는 고용공단(Arbeitsagentur)과 지방정부가 구성한 업무공동체(Arbeitsgemeinschaften: ARGE)가 수행하도록 되었다(김상철, 2011: 212).

독일의 경우 분권화 및 전문성 강화를 목표로 지방정부 복지행정개혁이 추진되었다. 일반복지서비스(ASD)의 전단계로서, 가정보호와 유사한 분권화된 팀이 지역별로 여러 분야를 연계하여 조사에서 결정까지 통합적으로 업무를 처리했다. 지방행정간소화협의체(Kommunale Gemeinschaftsstelle für Verwaltungsmanagement: KGSt)의 권고 및 사회교육 강화 경향으로 인해 일반복지서비스(ASD) 업무의 약 80%가 청소년복지사무소를 통해 수행되었다(Kreft & Weigel, 2011: 16). 그와 함께 복지 관련 사무소들의 분화와 전문화가 진행되었다.

지역사회에서 사례관리를 통한 서비스 통합을 위해 설치된 장기요양지원센터(Pflegestützpunkt)는 지역에서 장기요양대상자와 그 가족들을 위해 안내와 상담 기능을 한다. 이 센터는 연방주정부들의 제안으로 질병금고와 장기요양금고에 의해 설치되었다. 센터에서는 사례관리의 일환으로 「장기요양발전법」에 의한 상담을 제공한다. 이 법은 다음과 같은 센터의 업무를 규정하였다. ① 사회법전에 의한 권리와 의무, 서비스의 선택과 이용, 포괄적이고 독자적인 자문과 상담, ② 거주지 인근에서의 보호와 돌봄을 위해 필요한 건강증진, 예방, 치료, 재활, 의료, 요양 그리고 사회적 지원의 조정, ③ 요양적 및 사회적 보호와 돌봄의 연계 등이다. 이를 위해 장기요양지원센터는 장기요양금고와 질병금고의 직원 그리고 노인복지서비스 및 공공부조 담당 인력들이 한 지붕 아래에서 협력하여 도움을 필요로 하는 사람들에게 사회 서비스에 대해 설명하고 중개한다(Wikipedia, https://de.wikipedia.org/wiki/Pflegest%C3%BCtzpunkt).

　　외국의 사례를 통하여 본 바와 같이 각 나라마다 지역의 일선행정조직들에서 사회복지 기능이 상당히 큰 비중을 차지하고 있음을 알 수 있다. 조직의 구성 및 운영에 있어서 각 나라마다 중점을 두는 원칙은 차이를 보인다. 한편, 다양한 서비스를 통합적으로 관리하여 제공하려는 정책에 여러 나라에서 추진되고 있다.

　　지금까지 일선행정기구의 개편계획과 사회복지 전달체계의 개편을 위해 선택할 수 있는 전략들을 간략히 살펴보았다. 이러한 전략들을 통하여 사회복지 전달체계와 관련된 문제점들의 해결에 필요한 시사점을 도출할 수 있을 것으로 생각된다.

 참고문헌

강영기(1998). 주민복지센터의 기능과 운영체제: 동사무소의 기능전환을 중심으로. 자치행정, 124, 49-71.
강혜규(1995). 보건복지사무소와 공공복지전달체계의 개편. 대전사회복지, 겨울호.
강혜규(2012). 차기 정부의 복지정책 과제: 사회복지제도 운영체계를 중심으로. 한국행정학회 하계학술대회 발표자료, 19.
경향신문(1998). 지방공무원 30% 감축. 1998년 6월 10일자 보도자료.
국무총리실(2011a). 수요자 중심의 맞춤형 복지실현을 위한 '복지전달체계 개선대책' 마련. 2011년 7월 12일자 보도자료.
국무총리실(2011b). 복지전달체계 개선 대책. 2011년 7월 13일자 보도자료.
관계부처합동(2013). 국민중심의 맞춤형 복지를 위한 복지전달체계 구축방안.
기획예산위원회(1998). 국가경영혁신기본전략.
김병국, 김필두(2007). 지방자치단체의 주민생활지원행정체계의 정비방안. 강원: 한국지방행정연구원.
김상철(2011). 독일의 하르츠(Hartz) 개혁과 재정연방주의의 방향. 재정정책논집, 13(4), 180-222.

김성근(2015). 사회복지전담 공무원의 업무부당 합리화 방안 연구. 서울: 한국행정연구원.

김용하(1999). 사회보험통합 추진 동향. 복지동향, 11, 26-30.

김주일(2004). 독일의 청소년보호활동에 관한 연구. 사회복지정책, 18, 105-131.

김호중(2018). (가칭) 사회서비스진흥원 설립 방안. '사회서비스진흥원설립 어떻게 볼 것인가' 토론회 자료집. 서울: 보건복지부.

남찬섭(2017). 사회복지 전달체계의 문제점과 과제. 복지동향, 2017년 9월호. https://www.peoplepower21.org/Welfare/1524950

박용찬(1997). 서울시 복지전달체계의 효율화방안. 서울시립대학교 논문집, 31, 75-102.

변재관(1999). 공공 보건·복지 전달체계 개선방안. 한국보건사회연구원 정책토론회.

보건복지부(1995). 보건복지사무소 시범 설치·운영 계획.

보건복지부(1998). 시범보건복지사무소의 운영평가 및 개선방안.

보건복지부(2004). 사회복지사무소 시범사업 기본계획.

보건복지부(2007). 지역사회복지협의체 운영 매뉴얼.

보건복지부(2009). 행복e음 사회복지통합관리망 본격운영. 2009년 12월 31일자 보도자료.

보건복지부(2011a). 2011년 7월 12일자 보도자료.

보건복지부(2011b). 복지담당공무원 7,000명 확충 관련. 2011년 7월 15일자 보도자료.

보건복지부(2014a). 2014 보건복지백서.

보건복지부(2014b). 사회보장사업 현황 및 관리방안.

보건복지부(2015). 2015 희망복지지원단 사업안내.

보건복지부(2017). 2017 보건복지백서.

보건복지부(2018). 보건복지 통계연보.

보건복지부(2019). 지역사회 통합돌봄(커뮤니티케어) 선도사업 추진계획.

보건복지부(2022). 희망복지지원단 업무안내(p. 22).

사회복지정책심의위원회(1994). 21세기를 대비하는 사회복지정책의 과제와 발전방향.

선우덕(1998). 지역보건복지체계의 효율적 운영방안. 사회복지정책, 6, 118-135.

성규탁(1996). 사회복지행정론. 경기: 법문사.

심재호(1998). 일선행정기구의 개편과 사회복지 전달체계의 정립방안. IMF지원체제하의 국가정책관리, 301-314.

안혜영(2010). 사회복지통합관리망 출범과 공공 전달체계 개편. 복지동향, 135, 45-50.

원소연(2012). 복지다원주의와 보충성의 원칙-독일의 노인요양서비스 사례를 중심으로. 한국정책학, 21(3), 441-461.

윤혜미, 김근식(1991). 사회복지전문요원제의 발전방향에 관한 연구: 문제점과 개선방안. 서울: 한국보건사회연구원.

이성기, 김성희, 박인아(1995). 보건복지사무소 모형개발 및 1차년도 운영평가. 서울: 한국보건사회연구원.

이재완, 황성준(2016). 사회복지전담공무원의 소명의식이 전문성에 미치는 영향. 한국사회복지행정, 18(4), 169-196.

이정우(2012). 주요국의 사회보장제도-독일. 서울: 한국보건사회연구원.

이준영(2014). 복지전달체계 관점에서 본 독일의 지방복지행정. 한국사회복지행정, 16(4), 223-248.

임승빈(1998). 읍·면·동사무소의 커뮤니티센터로의 기능전환과 운영방식. 지방자치, 118, 35-39.

임정미(2018). 일본의 지역포괄케어 시스템: 지역포괄센터를 중심으로. 국제사회보장리뷰, 여름호, 66-77.

장지연(2005). 호주의 통합 공공서비스 전달체계(Centerlink, 센터링크). 노동리뷰, 50-57.

정상양(1995). 영국 커뮤니티케어의 발전: 시봄보고서에서 1989년 커뮤니티케어 백서까지. 사회과학연구, 5, 221-250.

정영순(1995). 한국에서의 일본 복지사무소 모델의 적합성과 실현가능성 분석. 한국사회복지학, 27, 225-251.

정재훈(2013). 가족을 우선하는 활성화정책(activation policy)-독일사례를 중심으로. 여성연구, 85(2), 45-80.

지방행정연구소(1998). 읍·면·동을 주민복지센터로 기능전환.

행정자치부(1998). 읍·면·동의 기능전환 기본계획(안).

Bills, D. (1981). Reforming welfare bureaucracies: The Seebohm report outcome. *Policy Studies Journal, Summer*, 1250-1261.

Dahme, H. J., & Wohlfart, N. (2013). *Lehrbuch kommunale sozialverwlaltung und soziale dienste*. Weinheim: Beltz Juventa.

Gates, B. L. (1980). *Social program administration: The implementation of social policy*. Englewood Cliffs, NJ: Prentice-Hall.

Gilbert, N., & Specht, H. (1974). *Dimensions of social welfare policy*. Englewood Cliffs, NJ: Prentice-Hall.

Kreft, D., & Weigel, D. H. (2011). Einführung: Was bedeutet eigentlich allgemeiner sozialer dienst. *Die allgemeine sozialer dienst-aufgaben. zielgruppen, standards.* Institut für sozialarbeit und sozialpädgogik e.V(ISS). Ernst reihardt verlag münchen, 12-17.

Trecker, H. B. (1971). *Social work administration.* New York: Association Press.

Wolfenden Committee (1978). *The future of voluntary organizations.* London: Croom Helm.

보건복지부 홈페이지. http://team.mw.go.kr/blss/_data/htmlView.jsp?menu_cd=B_02_04_01

사회보장위원회 홈페이지. http://www.ssc.go.kr

한국사회보장정보원_중앙부처복지서비스(2019. 9.). www.data.go.kr

민간 사회복지 전달체계

1. 사회복지 전달체계의 개요

1) 민간 사회복지 전달체계의 개념

민간 사회복지 전달체계는 민간이 자체적으로 자원을 마련하고 주도적으로 프로그램을 기획하고 서비스를 제공하는 조직구조를 말한다. 여기서 말하는 민간 사회복지조직에는 서비스 제공을 위한 시설, 시설 운영을 위한 조직, 협의 · 조정을 위한 각종 협회 및 단체, 기업 및 사회적 기업 등이 포함된다([그림 5-1] 참조). 원칙적으로 민간 사회복지 전달체계는 의사결정을 하는 행정체계와 서비스를 제공하는 집행체계가 민간에 의해 이루어진다는 것을 의미한다.

초기의 사회복지는 민간의 자발적인 자선으로부터 시작되었다. 그 후 전쟁이나 경제위기로 인해 사회복지를 필요로 하는 사람들이 대폭적으로 증가하면서 민간이 중심이 되는 비공식적이고 자발적인 사회복지로는 자원이 충분히 공급되지 못하는 상황이 종종 발생하였으며, 이에 따라 국가의 개입을 통한 공적 사회복지가 확대되었다. 그러나 국가에 의한 사회복지 개입이 민간의 사회복지활동을 완전히 대체할 수 있는 것은 아니며, 실제로 민간부분은 삶의 질 향상을 위해 중요한 역할을 담당하고 있다. 따라서 민간 사회복지

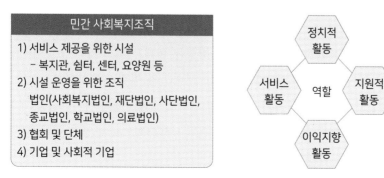

■ 그림 5-1 ■ 민간 사회복지의 개념과 역할

전달체계가 오늘날에도 여전히 필요하다는 것이 일반적인 견해이다. 민간 복지활동은 사회복지를 필요로 하는 사람들에 대한 서비스 제공 및 지원적 활동뿐 아니라 그들을 위한 이익지향 활동 또는 정치적 활동 등을 포함한다.

2) 민간 사회복지 전달체계의 기능

한편, 사회복지 분야에서 민간참여가 필요한 이유는 주로 공적 사회복지 전달체계에서 나타날 수 있는 문제점들을 민간 사회복지 전달체계로 극복할 수 있을 것이라는 기대가 있기 때문이다. 복지에 개입하는 주체는 보충적 재원조달 기능, 규제 기능, 생산 기능의 세 가지 기능을 수행해야 한다. 이 세 가지 기능을 중심으로 민간참여의 이점을 살펴보면 다음과 같다(최성재, 남기민, 2006: 126-128).

첫째, 보충적 재원조달 기능인데 이는 민간의 참여를 통해 사회복지를 보충적으로 수행할 수 있다는 관점이다. 특히 민영화가 국가의 사회복지 비용을 절약하고 이른바 '작은 정부'를 구현하는 데 도움을 줄 수 있다는 것이다. 사회복지를 필요로 하는 사람들은 정부의 서비스를 받기 위해서는 엄격한 자격요건을 충족하여야 한다. 정부의 서비스 수혜 자격요건에 해당되지 않는 계층을 위해 민간영역이 보충적으로 서비스에 개입하는 것이다. 민간은 자발적 기여(후원금), 기업복지재원, 비공식부문의 재원, 이용자 부담 등을 통해 복지재원을 마련한다.

둘째, 규제 기능은 국가가 독점적으로 제공하던 서비스 영역에 여러 민간의 참여를 보장하게 되면 그들 간의 경쟁을 통해 서비스 가격이 낮아지고 소비자인 클라이언트가 선택할 수 있는 서비스의 범위가 확대된다는 것이다. 즉, 다수의 서비스 제공자가 나타나면 서비스 수혜자들이 서비스를 선택할 수 있는 기회가 확대되고, 이에 따라 공간적·시간적으로 다양한 클라이언트의 욕구나 선호를 반영할 수 있다.

셋째, 생산 기능에서는 민간 전달체계가 공적 전달체계보다 유연성을 많이 발휘할 수 있다고 설명한다. 공식적인 복지행정의 경우 관료제에 기초하고 있어 변화하는 욕구에 신속하고 유연하게 대응하지 못하기 때문에 효과적인 서비스를 제공하기 어렵다. 또한 공적 전달체계는 조직, 인력 및 재원이 법에 기초하여 운용된다. 법의 제정은 현실적으로 정치적 상황에 따라 몇 년이 걸릴 수도 있는데, 그 결과 법이 제정되어 실행하려고 할 때 그것을 필요로 했던 사회문제가 이미 해소되었을 수도 있다. 따라서 개별적이고 구체적으로 욕구를 충족하기 위해서는 유연하고 창의적인 성격을 지닌 민간이 참여하는 것이 더 적절하다고 볼 수 있다.

생산 기능을 또 다른 차원에서 설명하면, 민간의 경우 시범적이고 선도적인 서비스의 개발이 가능하여 환경의 변화와 클라이언트의 새로운 욕구에 민감하게 대응할 수 있고 창의성을 활용할 수 있다. 이에 반해 공적 전달체계는 새로운 사업을 시도하는 데 있어 많은 시간과 비용이 소요되고, 사업이 실행된다고 하더라도 실패할 경우 매몰[1]비용이 크다.

더 나아가 생산 기능을 통해 민간의 참여욕구를 충족시킬 수 있다. 즉, 자원봉사자나 후원자로서 참여하여 연대의식을 고취하고 사회통합에 기여할 수 있다. 또한 사회복지시설을 운영하여 수입을 얻으려는 경우도 있을 것이다. 실버산업과 사회보험의 민영화 등이 그 대표적인 예이다. 노인장기요양보험제도의 도입(2008년)이나 각종 바우처(voucher) 제도의 실시 등으로 복지 분야에서도 민간의 수입활동 기회가 더욱 확대되고 있다. 또한 사회복지 제공에 대한 통제, 감시, 서비스의 발굴 등이 민간참여를 통해 활성화될 수 있다.

그러나 민간참여가 확대될 경우 이에 따르는 문제점도 적지 않다. 무엇보다 임의로 조직되고 재원 확보가 불확실하여 안정적 · 지속적 서비스 제공을 담보하기 어려울 수 있다. 또한 영리를 목적으로 한 민간참여의 경우 수익자 부담 원리를 적용하게 되고 지불능력에 따른 차별화(two class society)가 나타난다. 그리고 통일된 기준을 적용하는 것이 용이하지 않아 지역, 상황, 주체

[1] 사업을 중단하려고 할 때 이미 투자된 비용 중 다시 회수할 수 없는 부분을 의미한다.

그리고 대상별로 차별적인 복지수준을 초래하게 된다.

또한 민간의 참여가 소규모 단위로 이루어지게 될 경우 이른바 규모의 경제(economy of scale)로 인한 이점을 살리지 못하게 된다.

민간 사회복지 전달체계의 필요성

- 공공사각지대 개입(정부서비스 보충적 역할)
- 서비스 선택의 기회 제공
- 정부가 제공할 수 없는 서비스 제공
- 서비스의 선도적 개발 및 보급
- 정부에 대한 압력단체 역할
- 다양한 민간참여 유도
- 국가의 사회복지 비용 절약

민간 사회복지 전달체계의 문제점

- 수익자 비용부담 원리를 적용하면 지불능력에 따른 서비스의 차별화 가능성
- 불규칙성(지역, 상황, 주제, 대상)
- 단절성(지속성을 담보하기 어려움)
- 규모의 경제효과를 살리지 못함(소규모 시설 위주)

---

2. 사회복지 전달체계에 있어 국가와 민간의 역할 구분

사회복지활동에 있어 어떤 때에 공적인(국가) 서비스 제공이 적합할 것인지 혹은 민간의 서비스 제공이 적합할 것인지에 대한 검토가 필요하다. 즉, 국가와 민간의 역할분담의 기준에 대해 살펴보아야 한다. 공적 사회복지 전달체계와 민간 사회복지 전달체계의 역할분담의 기준은 다음과 같다.

첫째, 욕구의 유형에 따라 구분하면 기본적 욕구의 경우에는 국가가 서비

스를 제공하는 것이 바람직하고, 그 이상의 욕구에 대해서는 민간이 제공하는 것이 적절하다고 할 수 있다. 기초소득보장과 같은 가장 기초적이고 기본적인 욕구의 충족을 위해 서비스를 제공받는 데 있어 차별이 나타나지 않아야 하므로 국가가 주도적으로 서비스를 균등하게 제공하는 것이 필요하다. 그 외에 상담, 돌봄, 재활 등의 비금전적 욕구의 서비스는 민간에서 제공하는 것이 더 적절하다.

둘째, 사회구조적 원인에 기인하거나 보편적인 문제는 국가가 개입하고, 문제의 범위가 개인이나 지역으로 제한되는 경우 민간이 제공하는 것이 적절하다.

셋째, 추구하는 가치에 따라 보편적 시행을 강조하는 평등(equality)은 국가에 의해서, 서로 다른 상황들 간의 균형을 고려한 형평(equity)은 민간에 의해서 제공되는 것이 적절하다.

넷째, 대응방식과 관련하여 보았을 때 유연하고 신속한 대응이 필요한 경우에는 민간이 서비스를 제공하고, 서비스를 안정적으로 제공해야 하는 경우에는 국가가 제공하는 것이 적절할 것이다.

다섯째, 서비스 조직의 규모나 재원에 따라 큰 규모를 요구하는 경우에는 국가적인 개입이 유리하다고 할 수 있으며, 작은 규모가 요구되는 경우에는 민간의 개입이 유리할 것이다.

여섯째, 통제의 필요성에 따라서 중앙집중적 통제와 기획이 요구되는 경우는 국가가 개입하고, 그렇지 않은 경우는 민간이 개입하는 것이 적절할 것이다.

일곱째, 제공자들 간의 경쟁과 클라이언트의 선택이 가능하고 필요한 경우는 민간이 담당하고 그렇지 않은 경우는 국가가 하는 것이 더 적절하다.

● 표 5-1 ● **역할분담의 기준**

구분	국가	민간
욕구유형	기본적 욕구	그 이상의 욕구
문제의 원인 및 범위	구조적 · 보편적	개인적 원인과 범위
대응방식	안정적 개입	유연하고 신속한 대응
조직규모	대규모 조직	소규모 조직
통제의 필요성	강한 경우	그렇지 않은 경우
재원의 규모	대규모 재원	소규모 재원

3. 사회복지 민관협력의 유형

1) 개요

최근에는 국가부문과 함께 비공식부문, 자원부문 및 사업부문 등이 사회복지 활동을 수행하는 이른바 복지다원주의(welfare pluralism) 현상이 나타나고 있다(정경배, 1998: 10; Johnson, 1987). 한국에서도 ① 기업, ② 종교단체, ③ 복지사업민간기금, ④ 시민단체(NGO, NPO) 등에서 사회복지에 대한 관심이 높아지고 있다. 특히 전경련은 2001년에 소위 '1% 클럽'을 발족하였는데, 그 기본취지는 회원 기업 수익금의 1%를 공익사업에 제공한다는 것이다. 이러한 공익사업에서 사회복지의 비중이 얼마나 차지할 것인지 문제이지만, 사회복지 분야에도 사업의 상당한 부분이 투입될 것으로 기대되었다.

한편, 사회보험 분야에서는 가끔 민영화의 필요성이 주장되기도 한다. 정부역할 축소와 효율성을 강조하는 정부에서는 민간의료보험의 확대나 산재보험의 민영화를 검토하기도 한다.

'사회복지 영역에 민간 사회복지 전달체계는 왜 필요하고 어떤 이점이 있을까?'는 흥미로운 문제이다. 여기서는 국가의 책임을 민간에게 떠넘기려는 시도(복지다원주의)인가 또는 국가의 책임을 확대하고 민간의 활동을 위한 여건

을 조성해야 한다는 입장(조성주의)인가의 문제가 관심사가 될 것이며, 또한
국가가 민간을 단순 대행자(vendor)로 볼 것인가 또는 동등한 협력자(partner)
로 볼 것인가가 중요한 이슈가 된다(백종만, 1995: 129-132).

민간이 사회복지활동에 참여하는 방식은 다양하다. 바우처, MSA(의료저축
계정), 연금업무 민간 위탁, 자격관리 및 기금운용(국가 책임 대 서비스 직접 제
공) 등 여러 가지 방식이 존재한다. 정부부문과 민간부문 간의 서비스 분담 유
형과 관련하여 국유화 모형, 정부주도 모형, 실용적 동반자 모형, 민간강화 모
형, 민영화 모형으로 구분한 사례도 있다(김영종, 2003: 163-188).

국유화 모형(nationalization model)

정부주도 모형(government operation model)

실용적 동반자 모형(pragmatic partnership model)

민간강화 모형(empowerment voluntary organization model)

민영화 모형(privatization model)

■ 그림 5-2 ■ **사회복지서비스 역할분담 유형**
출처: Kramer (1981: Ch. 14).

민간이 사회복지에 참여하는 정도 및 국가의 책임범위에 따라 〈표 5-2〉와
같은 형태가 있을 수 있다.

● 표 5-2 ● **민간참여의 유형과 국가의 책임**

	직영 (direct system)	민영화			
		위탁운영 (management contract)	서비스 구매 계약 (POS, MSA)	이용권 (voucher/ food stamp)	시장화
재정 (재원부담)	공	공	공	공	영리 민간
생산 시설	공	공	민	민	
생산 인력	공	민	민	민	
서비스 관리 (규제자)	공	공	공	민	
민간의 역할		vendor	partner	producer	provider

※ 공: 국가, 공공기관 / 민: 민간
  POS: Purchase of Service(서비스 구매)
  MSA: Medical Savings Accounts(의료저축계정)

〈표 5-2〉에 나타난 모든 참여유형 방식에서 국가는 직접 재정적인 책임을 지고 관리한다. 또한 시설의 설치와 관련해 직영이나 위탁운영의 경우는 국가가 전반적인 계획을 가지고 관리한다. 인력에 관하여서는 직영의 경우에 국가는 담당 공무원에 대해서 통제하지만, 나머지 다른 방식에서는 직접적인 통제를 하기 힘들다. 서비스와 관련하여 직영의 경우는 국가가 직접 통제하지만, 위탁운영의 경우는 정기점검 및 평가 등을 통하여 간접 통제를 하고, 서비스 구매계약은 계약의 시점에 포괄적으로 판단하게 된다. 바우처의 경우 앞서 설명한 방식과는 다른 특이한 방식인데, 이 경우는 클라이언트가 개별적으로 서비스의 질에 대한 판단을 내리고 선택권을 행사하게 된다. 위탁운영에서 민간의 역할은 단순한 대행자의 역할이고, 서비스 구매계약의 경우 동등한 협력자(partner)로 볼 수 있다.

이 외에도 순수한 민영화의 방식이 있는데, 일반적으로 민영화라고 하면 주로 유료화, 상업화, 시장화 등과 같이 수익을 추구하는 기업(profit organization)에 의한 민영화만을 생각하는 경향이 있다. 그러나 앞에서 제시

한 민영화의 기대효과가 반드시 수익을 추구하는 기업에 의해서만 나타난다
고 보기 어렵다. 즉, 다양한 비영리단체(NPO)는 시장기구를 통하지 않고서도
자원봉사나 시민운동 차원에서 무료로 사회복지활동을 효과적·효율적으로
수행할 수 있다. 민영화 논의와 관련해 국가기구(GO)도 아니고 이익을 추구
하는 조직(PO)도 아닌 비정부(NGO)와 비영리(NPO)들로 구성된 시민사회의
장점을 살릴 수 있는 방안들이 모색되어야 한다.

2) 한국의 사회복지 민관협력

공공과 민간의 전달체계를 구분하는 기준은 조직, 인력 그리고 재원이다.
국가가 책임을 지는 공적 사회복지 전달체계와는 별도로 민간이 자발적으로
사회복지 기관 또는 시설을 설립하고 운영하는 민간의 사회복지 전달체계가
있다. 이와 관련하여 '한국에 순수한 의미의 민간 사회복지 전달체계가 있을
까?' 하는 문제를 제기할 수 있다. 즉, '자체적으로 재원을 마련하고 독자적으
로 복지서비스 제공계획을 수립하고 이를 실천하는 조직이나 기관이 존재하
는가?' 그리고 '민간 사회복지 전달체계의 구조에서 공적 사회복지에서와 같
이 행정체계와 집행체계로 구분이 가능한가?'와 같은 질문을 던질 수 있다.

민간 사회복지 전달체계에는 집행체계로 기능하는 사회복지시설이 있고,
그 시설을 운영하는 주체로서 법인이 있다.[2] 법인은 자원을 동원하여 사회복
지시설에 자체부담(법인전입금)의 형태로 자금을 제공하게 된다. [그림 5-3]에
서 나타나듯이 지역사회에서 민간의 자원을 동원하여 법인이나 시설에 충분
한 자원을 제공할 수 있다면 순수한 민간 사회복지 전달체계가 존재할 수 있
을 것이다.

그러나 민간의 사회복지활동을 지원하고 조정하기 위해 설립된 한국사회

---

2) 1997년 「사회복지사업법」의 개정에서는 민간의 참여를 활성화하기 위해 법인이 아닌 개인도 신
　고에 의해서 사회복지사업을 할 수 있게 하였다. 법 개정 이후 시민단체, 민간단체, 사랑의 전화
　복지재단 등에서도 사회복지사업을 운영하고 있다.

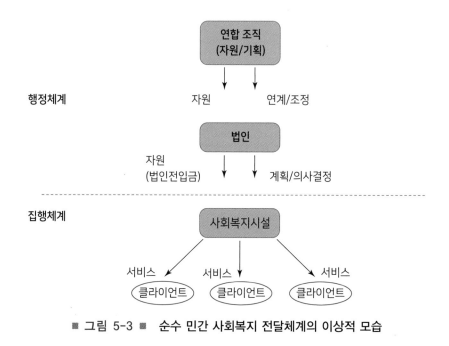

■ 그림 5-3 ■ 순수 민간 사회복지 전달체계의 이상적 모습

복지협의회가 제대로 기능을 수행하지 못하고 있으며, 개별 모금활동의 문제점을 극복하기 위해 설립된 사회복지공동모금회의 경우에도 전체 민간사회복지사업을 지원하기에는 자원이 부족한 상황이다. 따라서 거의 대부분의 사회복지사업은 정부의 지원에 의존하게 되고 순수한 의미의 민간 사회복지 전달체계는 발견하기 어렵다. 현재는 [그림 5-4]에서 나타나듯이 정부(지방 정부 포함)가 사회복지시설을 설립하고 사회복지법인 등 비영리법인인 민간에게 위탁하여 보조금을 지원하는 형태인 관립민영(官立民營)이 대부분이다. 한국의 민간 복지기관(시설)들은 정부의 산하기관처럼 지방자치단체의 지휘·감독을 받도록 구조화되어 있으며 재원의 많은 부분을 정부(중앙·광역·지방)보조금에 의존하고 있는 상황이므로 정부의 정책과 계획을 단순히 수행하는 대행자(vendor)의 역할에 머물고 있다. 따라서 민간 사회복지 전달체계에 대한 체계적 논의를 위해서는 많은 노력이 필요하다.

이는 민간 사회복지 전달체계의 실체가 불분명하다는 것을 뜻한다. 이러한

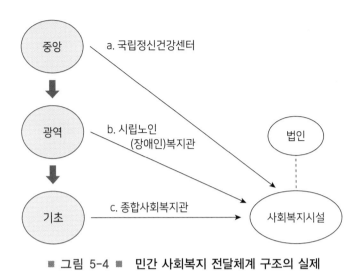

■ 그림 5-4 ■ **민간 사회복지 전달체계 구조의 실제**

문제를 해결하기 위해서는 민간의 기금을 중심으로 재원을 조달하고, 독자적인 조직과 관리체계가 있어야 할 것이다. 하지만 한국의 민간 사회복지기관(법인·단체)의 재원 조달 규모와 방법은 상당히 제한적이어서 순수한 민간 사회복지 전달체계로서의 역할에 대한 고민이 많은 것이 현실이다.

4. 한국 민간 사회복지 전달체계의 현황과 문제점

1) 한국 민간 사회복지 전달체계의 현황

민간 사회복지 전달체계에서 사회복지서비스는 주로 사회복지시설이 제공하고 있다. 사회복지시설이란 사회복지사업을 행할 목적으로 설치된 시설을 의미한다(「사회복지사업법」 제2조 제4항). 국가, 지방자치단체, 사회복지법인, 기타 비영리법인, 개인 등이 사회복지시설을 설립할 수 있다.

시설의 종류는 운영주체, 서비스 이용방법 그리고 이용요금의 부과 여부에 따라 분류할 수 있다. 먼저, 시설의 설립 및 운영체제에 따라 사회복지시설을 공립공영시설, 사립공영시설, 공립민영시설 그리고 사립민영시설로 구분할 수 있다.

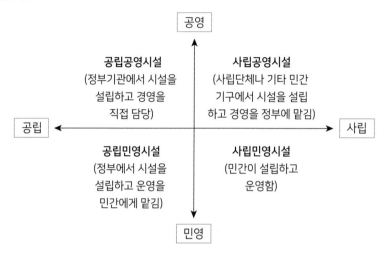

■ 그림 5-5 ■ **시설 설립 및 운영주체에 따른 시설유형**

시설이용방법에 따라서는 생활시설과 이용시설로 구분할 수 있다. 생활시설은 요보호대상자에 대한 일상생활의 의식주 전반에 대한 서비스를 제공하는 시설을 의미하고, 이용시설은 서비스가 필요한 지역주민들이 방문하여 이용하는 시설을 말한다. 장애인 생활시설은 2009년 법 개정으로 장애인 거주시설로 명칭과 기능이 개편되었다.

■ 그림 5-6 ■ **이용방법에 따른 사회복지시설의 유형**

이용자에게 서비스 이용의 요금을 부과하는지 여부에 따라 사회복지시설은 무료시설, 실비시설, 유료시설, 영리시설 등으로 구분된다.

무료시설	전액 무료로 서비스 제공
실비시설	시설이용자에게 직접 투입된 비용 부담
유료시설	실비 외에 시설의 유지관리 비용까지 부담
영리시설	고급의 다양한 서비스 제공에 따른 비용부담

■ 그림 5-7 ■ 이용자에 대한 요금의 수납 여부에 따른 사회복지시설의 유형

「사회복지사업법」에 의한 사회복지시설의 종류는 〈표 5-3〉과 같이 요약할
수 있다.

● 표 5-3 ● 사회복지시설의 종류

소관 부처	시설종류	세부종류		관련법
		생활시설	이용시설	
보건 복지부	노인복지시설	• 노인주거복지시설 • 노인의료복지시설 • 학대피해노인전용쉼터	• 재가노인복지시설 • 노인여가복지시설 • 노인보호전문기관 • 노인일자리지원기관	「노인복지법」
	복합노인복지 시설	• 농어촌의 지역에 한해 「노인복지법」 제31조 노인 복지시설을 종합적으로 배치한 복합노인복지시 설을 설치 · 운영 가능		「농어촌주민의 보건복지 증진을 위한 특별법」
	아동복지시설	• 아동양육시설 • 아동일시보호시설 • 아동보호치료시설 • 자립지원시설 • 공동생활가정	• 아동상담소 • 아동전용시설 • 지역아동센터 • 아동보호전문기관 • 가정위탁지원센터 • 자립지원전담기관	「아동복지법」

	장애인복지시설	• 장애유형별 거주시설 • 중증장애인 거주시설 • 장애영유아 거주시설 • 장애인단기 거주시설 • 장애인공동생활가정 • 피해장애인쉼터 • 피해장애아동쉼터	• 장애인지역사회재활 시설 • 장애인직업재활시설 • 장애인의료재활시설 • 장애인생산품판매시설	「장애인복지법」
	어린이집		• 어린이집	「영유아보육법」

	정신보건시설	• 정신요양시설
		• 정신재활시설 중 생활
		  시설
			• 정신재활시설 중 이용
			  시설
				「정신건강증진 및
				정신질환자
				복지서비스 지원에
				관한 법률」

	노숙인시설	• 노숙인자활시설 • 노숙인재활시설 • 노숙인요양시설	• 노숙인종합지원센터 • 노숙인일시보호시설 • 노숙인급식시설 • 노숙인진료시설 • 쪽방상담소	「노숙인 등의 복지 및 자립지원에 관한 법률」
	사회복지관		• 사회복지관	「사회복지사업법」
	지역자활센터		• 지역자활센터	「국민기초생활보장법」
	다함께돌봄센터		• 다함께돌봄센터 (학교돌봄터 포함)	「아동복지법」
질병 관리청	결핵·한센시설	• 결핵·한센시설		「사회복지사업법」
여성 가족부	성매매피해지원 시설	• 일반지원시설 • 청소년지원시설 • 외국인지원시설 • 자립지원공동생활시설	• 자활지원센터 • 성매매피해상담소	「성매매방지 및 피해자보호 등에 관한 법률」
	성폭력피해보호 시설	• 성폭력피해자보호시설	• 성폭력피해상담소	「성폭력방지 및 피해자보호 등에 관한 법률」
	가정폭력보호 시설	• 가정폭력피해자보호 시설	• 가정폭력상담소 • 긴급전화센터디지털	「가정폭력방지 및 피해자보호 등에 관한 법률」

한부모가족복지 시설	• 모자가족복지시설(기본, 공동, 자립) • 부자가족복지시설(기본, 공동, 자립) • 미혼모자가족복지시설(기본, 공동) • 일시지원복지시설	• 한부모가족복지상담소	「한부모가족지원법」
다문화가족지원 센터		• 다문화가족지원센터	「다문화가족지원법」
건강가정지원 센터		• 건강가정지원센터	「건강가정기본법」
청소년복지시설	• 청소년쉼터 • 청소년자립지원관 • 청소년치료재활센터 • 청소년회복지원시설		「청소년복지지원법」

출처: 보건복지부(2023).

전국의 사회복지 (생활)시설의 현황은 〈표 5-4〉와 같다.

● 표 5-4 ● 전국 사회복지 생활시설 현황

구분	시설 수(개소)			생활인원(명)		
	2019. 7.	2023. 4.	2021	2019. 7.	2023. 4.	2021
합계	21,081	9,136	8,511	244,524	232,778	251,429
아동복지	5,326	898	379	15,755	13,203	11,196
노인복지	9,355	6,114	6,178	165,290	173,129	194,321
장애인복지	3,918	1,432	1,554	37,770	25,935	28,612
정신질환자요양	428	252	288	10,098	8,486	10,390
부랑인	150	99	106	8,443	6,751	6,655
결핵 및 한센인	7	5	6	300	237	255
한부모가족		121			2,826	
여성		181			2,025	
청소년		34			186	

출처: 사회복지시설정보시스템 내 시설현황-입소자현황-생활시설(2023. 4. 기준).

* ▨ 음영 부분 출처: 2022 보건복지 통계연보(p. 266).

이용시설 중에서 핵심적인 역할을 하고 있는 시설은 사회복지관이다. 사회복지관은 지역사회를 기반으로 일정한 시설과 전문인력을 갖추고 지역주민의 참여와 협력을 통한 지역사회 복지문제의 예방 및 해결을 위한 종합적인 복지서비스를 제공한다.

> 지역사회 기반으로 일정한 시설과 전문인력을 갖추고 지역주민의 참여와 협력을 통한 지역사회 복지문제 예방 및 해결을 위한 종합적인 복지서비스를 제공함 →
> 사회복지관 사업의 대상은 사회복지서비스 욕구를 가지고 있는 모든 지역주민으로 하나, 다음의 주민을 우선적 사업대상으로 하여야 함

| 「국민기초생활 보장법」에 따른 수급자 및 차상위계층 | 장애인, 노인, 한부모가족, 다문화가족 | 보호와 교육이 필요한 유아, 아동, 청소년 | 기타 사회복지관의 사회복지서비스 우선제공 필요가 인정되는 사람 |

■ 그림 5-8 ■ **지역사회복지관의 기능**

지역사회복지관 사업은 사례관리기능, 서비스 제공기능 그리고 지역조직화기능이라는 3대 기능으로 재편되었다. 사례관리기능은 사례를 발굴하고 개입하며 서비스를 연계하기 위해 지역사회자원을 개발하고 모니터링 체계를 구축하는 사업이다. 서비스 제공기능은 가족기능강화, 지역사회보호, 교육문화 그리고 자활지원 등의 사업을 포함한다. 지역조직화기능은 복지 네트워크를 구축하거나 주민을 조직화하는 사업이다. 최근 지역밀착형 사회복지관 사

사례관리사업	서비스 제공사업	지역조직화사업
사례발굴 · 개입, 서비스연계, 지역사회자원 개발, 모니터링체계 구축 및 운영 실무자 역량 강화 신규 사업	가족기능강화, 지역사회보호, 교육문화, 자활지원 등 기타	복지 네트워크 구축, 주민 조직화, 자원개발 및 관리

■ 그림 5-9 ■ **지역사회복지관의 3대 기능**

업으로 기존 3대 기능을 확장하여 지역주민과의 협력을 통해 복지문제를 해결하려고 하고 있다. 가장 큰 특징은 동별 담당제를 도입하고 있는 점이다.

지역사회복지관은 지속적으로 증가 추세에 있다. 연도별 지역사회복지관의 수와 운영주체별 지역사회복지관의 수는 〈표 5-5〉에 나타난 바와 같다.

● 표 5-5 ● **사회복지관 현황**

• 연도별 사회복지관 현황

구분	2010	2011	2012	2013	2014	2015	2016	2017	2018	2019	2020	2021
수	425	433	437	439	440	452	459	464	463	468	473	475

• 운영주체별 사회복지관 현황

구분	사회복지법인	비영리법인	학교법인	지방자치단체	계
수	329	93	21	32	475

출처: 보건복지 통계연보(2022: 320).

여러 계층에 종합적 서비스를 제공하는 지역(종합) 사회복지관 외에도 노인들만을 위한 노인복지관(357개), 장애인들을 위한 장애인복지관(250개) 등이 있다.

2) 민간 사회복지 연계 · 조정 기구

(1) 한국사회복지협의회

한국사회복지협의회는 서비스를 직접 제공하는 기관이 아니라 서비스를 제공하는 시설들을 간접적으로 지원하는 3차 기관이다. 주민의 관심과 전문가의 기술을 결합시키는 지역주민과 사회기관들 간의 연합체(Dunham, 1970)라고 볼 수 있다. 한국사회복지협의회는 1952년 한국사회사업연합회로 출범하였고, 1961년에 한국사회복지사업연합회로 명칭을 변경하였으며 현재 한국사회복지협의회라는 명칭은 1975년부터 사용하였다. 한국사회복지협의회는

1983년 「사회복지사업법」 개정에 의해 법정단체가 되었다(서상목 외, 1989: 109).

한국사회복지협의회의 설립 근거는 「사회복지사업법」 제33조의 사회복지 관련 기관·단체 간의 연계·협력·조정하기 위함이라는 규정이다.

한국사회복지협의회의 그동안 성과는 의료보험제도 도입에 주도적 역할을 담당하였다는 점, 사회복지사의 자격관리 업무를 수행하였다는 점이다. 또한 시설종사자 임금 상승 요구 등의 정책을 건의하였고, 현재는 사회복지자원봉사인증관리센터(www.vms.or.kr)를 운영하고 있다.

그러나 현재 한국사회복지협의회는 민간 사회복지 영역에서 행정체계로서의 기능을 제대로 하지 못하고 있다. 그 원인을 살펴보면 다음과 같다(최성재, 남기민, 2006: 131).

- 순수한 민간단체로서의 기능과 역할을 다하기보다는 법정 단체로서 복지부의 지시와 감독 아래에서 운영비를 지원받기 때문에 자율성과 창의성을 발휘하지 못하고 있다.
- 협의회의 폐쇄적 회원 자격으로 인해 회원의 범위가 협소하다.
- 협의회의 본질적인 역할인 사회복지 관련기관 간의 협의조정 역할을 제대로 수행하지 못하고 있다.
- 협의회 직원의 전문성이 높지 않아 민간 사회복지에 대한 지도력 발휘가 미흡하다.
- 지역적·전국적 민간 사회복지의 욕구 대변이 미흡하다.
- 중앙협의회와 시·도 협의회는 독립적인 법인체로, 지방 조직과의 협조성이 부족하다.

(2) 기타 법인

그 외에 민간 사회복지 전달체계에서 협의와 조정 기능을 할 수 있는 조직으로 한국사회복지사협회, 한국사회복지관협회, 한국사회복지공동모금회 등이 있다. 또한 사회복지 관련자원은 사회복지사업기금, 재해의연금, 적십자회비 등의 형태로 모금될 수 있다.

(3) 지역사회 네트워크와 사회자본에 대한 관심 증가

2007년부터 사회복지공동모금회의 지원으로 지역사회네트워크 구축사업이 시작되었다(사회복지공동모금회, 2009). 이 사업은 2007년부터 2009년까지 3년간 진행된 사업으로 전국 10개 지역에서 추진되었다. 그 이전에도 네트워크에 대한 다양한 이론적 논의와 네트워크 구축을 위한 노력들이 있어 왔으나, 가시적인 성과를 거둔 사례는 많지 않았다. 그에 비해 공동모금회의 지역사회 네트워크 구축 사업은 과거의 추진방식들과 상당히 다른 방식을 적용하여 상당히 의미 있는 성과를 거두었다고 평가되고 있다. 지역사회 네트워크의 구축을 위해 한국사회복지행정학회 소속 교수들을 중심으로 관리지원단을 구성하여 현장과 사회복지공동모금회 사이의 중재와 전문적 자문을 효과적으로 수행하였다. 그리고 각 지역에 네트워크 업무만을 전담하는 3~4명의 직원으로 구성된 독립적인 사무국을 운영하였다. 이러한 기구들이 지역사회 네트워크의 구축에 필수불가결한 신뢰를 형성하는 데 결정적인 역할을 하였다고 볼 수 있다.

그리하여 2009년에 1차 사업이 성공리에 종결되었으며, 그중 일부 사업단에서는 그동안 형성된 지역사회의 지지 기반을 기초로 독자적인 사업을 추진할 수 있게 되었다. 또한 기존 사업에 참여한 일부 지역에서는 다시 공동모금회의 지원으로 이 사업과 유사한 후속사업을 통해 네트워크 활용을 통한 지역사회 문제해결사업을 지속적으로 추진하였다.

3) 민관 협의체

(1) 참여정부의 분권화 전략

참여정부를 표방한 노무현 정부는 중앙정부에 집중된 권한을 분권화하고 민간의 참여를 활성화하는 이른바 협치(governance)를 정책의 기본방향으로 설정하였다. 우선 중앙에 집중된 권한을 지방으로 대폭 이양하는 수직적 분권화 정책을 추진하는 한편, 국가(정부)가 주도하던 사회복지에 민간의 참여를 통해 공적 사회복지 전달체계의 결함을 보완하려는 시도를 하였다.

(2) 사회복지재정의 지방 이양

그동안 중앙정부가 사회복지와 관련된 보조금을 지방에 지급할 때는 각 영역별로 구분된 이른바 개별보조금의 형태로 제공하였으나 「지방자치분권 및 지방행정체제개편에 관한 특별법」(2004)에 의거하여 포괄보조금제도[3]로 전환하도록 하였다. 이로써 지방자치단체는 주어진 총보조금의 한도 내에서 자율적으로 사회복지서비스를 제공할 수 있는 재량권(local governance)을 갖게 되었다. 이는 수직적 분권화의 형태로 사회복지시설에 중대한 영향을 미칠 수 있는 사회복지 여건의 변화라고 할 수 있다.

(3) 사회복지에서의 민관 협치

중앙의 권한이 지방에 이양되면 여러 가지 이점이 있을 수 있다. 그러나 이러한 이점은 지방자치단체장이 사회복지에 대한 의지가 확실해야 하고, 담당 직원들의 전문적 역량이 전제되어야 기대할 수 있다. 만약 그렇지 못할 경우 오히려 지역에서의 민간복지에 대한 심각한 왜곡이 나타날 수 있다. 지방자치단체에 대한 견제 기제의 일환으로 민간의 참여를 통한 협치(governance)가 선택되었다.

2003년 「사회복지사업법」 개정을 통해 지역사회에서 사회복지를 연계하고 조정하기 위한 지역사회복지계획을 수립하였고, 그 계획에 대한 심의를 민간이 참여하는 지역사회복지협의체가 할 수 있도록 규정하였다. 지역사회복지협의체는 지역사회 단위에서 기존의 사회복지위원회를 폐지하고 설립된 기

---

3) 중앙정부가 사업의 기본적인 지침만 제시하고 지방자치단체가 지역 특성에 맞게 사업 운영상의 재량을 가지고 자율적으로 기획·시행할 수 있도록 재원을 배분하는 제도

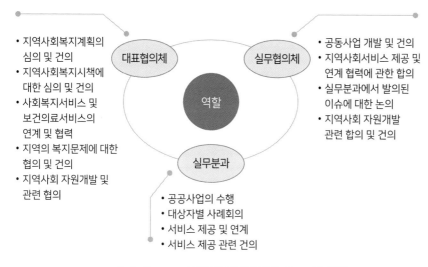

• 지역사회복지계획의
  심의 및 건의
• 지역사회복지시책에
  대한 심의 및 건의
• 사회복지서비스 및
  보건의료서비스의
  연계 및 협력
• 지역의 복지문제에 대한
  협의 및 건의
• 지역사회 자원개발 및
  관련 협의

대표협의체   실무협의체

역할

실무분과

• 공동사업 개발 및 건의
• 지역사회서비스 제공 및
  연계 협력에 관한 합의
• 실무분과에서 발의된
  이슈에 대한 논의
• 지역사회 자원개발
  관련 합의 및 건의

• 공공사업의 수행
• 대상자별 사례회의
• 서비스 제공 및 연계
• 서비스 제공 관련 건의

■ 그림 5-10 ■   **지역사회보장협의체 구조 및 역할**

구로서 공공과 민간의 협력을 지역사회 단위에서 활성화하기 위해 2002년부터 각 지방자치단체별로 구성하였다. 2015년 「사회보장급여법」이 시행되면서 '지역사회복지협의체'가 '지역사회보장협의체'로 명칭이 변경되었다. 지역사회보장협의체는 협치기능, 통합기능 및 연계기능을 수행하도록 되어 있다. 대표협의체에서는 지역사회보장계획을 심의하고, 실무협의체에서는 지역사회보장계획의 이행을 위한 자원의 동원 및 연계를 하도록 되어 있다. 그리고 대표협의체와 실무협의체에는 실무분과위원회를 두고 전문분야별로 관련 사안들을 구체적으로 토론하고 연계하도록 되어 있다. 이를 통해 수직적 분권에서 나타날 수 있는 결함이 수평적 분권을 통해 보완될 것으로 기대할 수 있다.

  협의체의 참여 범위가 기존 보건의료와 사회복지서비스 중심에서 고용·주거·교육·문화·환경 등의 영역으로 확대되었으며, 시·군·구 단위에만 설치·운영되었던 것이 읍·면·동 단위로까지 확대되고 재정 지원의 법적 근거가 마련되었다. 또한 협의체의 위원 수가 확대되었으며, 심의 기능 강화를 위해 전문위원회를 구성할 수 있는 것 등이 과거 지역사회복지협의체와 다르다.

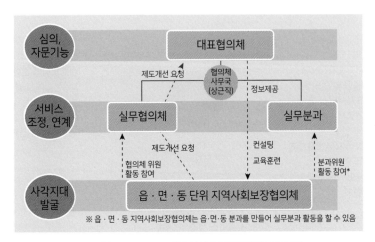

■ 그림 5-11 ■   지역사회보장협의체 구성도

출처: 보건복지부(2017: 156).

2017년 말 전국 229개 시·군·구, 3,488개 읍·면·동에 지역사회보장협의체가 설치되었다. 그리하여 대표협의체와 실무협의체가 운영되고 있으며 실무협의체 내에 복지대상자별·기능별·지역별 실무분과가 운영되고 있다. 지역사회보장계획의 심의와 복지자원의 발굴·연계 등의 업무를 전담하는 민간 전문인력을 배치하는 것이 일반적이다.

4) 사회복지 공급체계의 변화

(1) 지역복지재단의 설립

각 지방자치단체에서 재산을 출연하는 방식으로 자체적인 복지재단을 설립하고 있다. 서울시의 경우 2004년 사회복지 관련업무의 전문화를 위해 출연기관으로 서울시복지재단을 설립하였다. 광역자치단체인 서울시에 설립된 서울시복지재단의 주요 업무는 사회복지시설에 대한 지원, 사회복지시설 평가 그리고 민·관 사회복지 협력체계의 구축 등이다.

지역(광역·지자체)복지재단들의 설립 당시에는 행정기관의 역할과 차별성

이 없다는 비판을 받아 왔다. 하지만 광역이나 지방자치단체의 복지재단 설립
은 지속적으로 이어져 오고 있다.

(2) 사회적 기업의 인증

최근 비영리단체들이 그들의 사회적 목적을 수행하는 데 필요한 재원을 조
달하기 위한 방안으로 기업이 수익을 창출하는 방식을 접목하려는 시도가 사
회적 기업(social enterprise)의 형태로 나타나고 있어 그 발전 방향에 주목할 필
요가 있다.

과거에 자활공동체나 지역자활센터 등이 추진해 온 자활사업의 활성화
를 위해 상품 및 서비스 개발과 시장의 개척 그리고 경영 등에 기업의 노하
우(knowhow)를 접목해야 한다는 주장이 제기되었고, 이에 따라 기존 기업들
의 경영기법들이 자활사업에 활용되기 시작하였다. 이러한 시도는 노동부가
2007년부터 사회적 기업 인증사업을 시작하면서 더욱 가속화되었고 최근에
이르러 매우 활성화되고 있다.[4]

사회적 기업은 취약계층 일자리 만들기 및 사회서비스 제공을 주요 목적으
로 추진되어 왔는데, 이로 인해 사회복지를 위한 재원의 조달과 전달체계라
는 관점에서 국가와 민간의 역할에 관한 새로운 이해가 요구되고 있다. 또한
2012년 「협동조합 기본법」이 제정된 이후 사회적 협동조합들이 사회복지시설
의 위탁 등을 통해 사회서비스 제공의 새로운 주체로 참여하고 있다.

5) 한국 민간 사회복지 전달체계의 문제점

아울러 민간참여의 이점을 충분히 살리지 못하고 오히려 공적 사회복지 전
달체계에서 나타날 수 있는 경직성이나 비전문성과 같은 문제들이 그대로 민
간 사회복지 전달체계에서 반복되는 상황도 빈번하다(최성재, 남기민, 2006:

---

4) 2019년 9월 기준으로 인증 사회적 기업 수는 2,249개이다(한국사회적기업진흥원, 2019).

135). 한국 민간 사회복지 전달체계의 문제점을 살펴보면 다음과 같다.

첫째, 민간 사회복지 기관 및 시설은 재정의 상당 부분을 정부의 보조에 의존하고 있다. 특히 사회복지시설의 경우 직원의 인건비를 주로 정부의 보조에 의존하고 있다. 그럼에도 시설종사자들에 대한 처우가 지나치게 낮고, 장시간의 근무 등 열악한 근무환경으로 인해 종사자의 전문성을 충분히 발휘하기 어렵고, 일선 현장에서 봉사와 희생정신만을 요구하기에는 한계가 있다.

둘째, 운영에 있어서도 정부의 지휘감독을 받는다. 따라서 시설이 설치된 지역사회주민의 요구보다는 정부의 '지시'에 따르는 경향이 있으며, 그 결과 민간부문의 자율성과 전문성이 크게 제약을 받고 있다. 그러나 정부의 엄격한 감독은 민간복지와 정부의 유착가능성에 대한 일반 국민의 의혹과 민간 사회복지기관에 대한 일반 국민의 무관심 내지는 배타적인 감정과 관련된다고 볼 수 있다.

조직구조상의 문제점
재정의 정부의존과 구속

관리 · 운영상의 문제점
협의기구들의 조정자로서의 역할과 기능 미약, 만성적인 재정난

전달인력의 문제점
전문 사회복지사 확보 미흡, 종사자의 처우와 신분 불안정

■ 그림 5-12 ■ **민간 사회복지 전달체계의 문제점**

셋째, 총괄하고 조정하는 역할과 기능이 미흡하다. 민간 사회복지 전달체계는 행정체계로서 기능해야 할 조직이 부재하다. 지역사회의 문제와 욕구를 파악하고 이에 근거한 적절한 서비스를 개발하며 서비스의 중복, 누락 현상을 방지하기 위해 상호 업무조정을 해야 한다.

넷째, 생활시설의 경우 낮은 비율의 전문가 배치, 직원 대비 이용자(생활인)

민간 사회복지의 현황	■ 민간 사회복지 기관 및 시설이 재정의 상당 부분을 정부의 보조에 의존 ■ 운영에 있어서도 정부의 지도·감독을 받음 ■ 총괄조정 기능이 부재 ■ 생활시설 　- 낮은 비율의 전문가 배치 　- 서비스의 연계 부족, 효과성, 효율성 평가 부재 　- 시설의 비리와 인권침해 문제 ■ 이용시설 　- 학문적·실천적 지식과 기술의 부족 　- 서비스의 연계 미흡, 평가 인식 부족, 홍보 부족(투명성)

■ 그림 5-13 ■ **민간 사회복지의 현황과 과제**

의 과다 등으로 인해 전문적 서비스를 제공할 수 없는 현실이다. 또한 사회복지시설의 서비스 효과성과 효율성을 측정할 수 있는 평가가 미흡하다. 한편, 1998년 「사회복지사업법」의 개정으로 3년마다 실시되고 있는 시설평가는 사회복지서비스의 효과성과 효율성의 향상을 가져오고 있다.

다섯째, 시설의 설립 근거 및 전문성에 기반한 서비스 실천에 여러 어려움이 나타나고 있다. 특히 사회복지종사자에 대한 처우 개선이 여전히 미루어지는 점은 사회복지 전문지식과 기술을 실천하는 데 제약 요인이 되고 있다.

6) 민간 사회복지 전달체계 개선을 위한 과제

우선적으로 기부 및 후원 등을 활성화하여 민간의 사회복지자원이 충분히 모금되어 민간복지조직들이 자율적으로 사업을 추진할 수 있어야 한다.

그리고 민간 사회복지 전달체계 영역에서 행정체계가 확립되어야 한다. 이에 따라 사회복지시설과 기관들 간에 서비스 및 업무의 연계·조정이 가능해야 하고, 동원된 민간자원을 효과적·효율적으로 배분해야 한다(최성재, 남기민, 2006: 136). 이를 위해 민간 사회복지 전달체계에서 협의와 조정도 검토해야 한다.

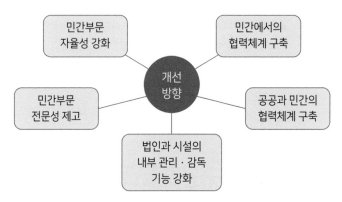

■ 그림 5-14 ■ 민간 사회복지 전달체계 개선방향

마지막으로, 사회복지시설 및 법인의 책임성을 강화하여야 한다. 그리하여 사회복지시설의 운영을 민주화하고, 전문가의 자율성이 최대한 발휘될 수 있도록 해야 한다.

 참고문헌

강혜규, 김형용, 박세경, 최현수, 김은지, 최은영, 황덕순, 김보영, 박수지(2007). 사회서비스 공급의 역할분담 모형개발과 정책과제. 세종: 한국보건사회연구원.

김영종(2003). 한국 사회복지에서의 공공과 민간 부문의 협력체계. 한국사회복지학회 2003년도 춘계학술대회 자료집, 163-188.

김영종(2009). 휴먼서비스 산업체계 모형에 의한 사회복지서비스 동향 분석. 한국사회복지행정학, 11(2), 35-74.

김진욱(2007). 한국 사회서비스의 공사역할분담 개혁방안에 관한 연구-공공책임성 강화를 전제로 한 공사혼합 모델을 중심으로. 사회복지정책, 31, 177-210.

남찬섭(2009). 공공의 역할. 사회복지서비스 시장제도의 혼돈과 복지경영Ⅱ, 47-68.

백종만(1995). 국가와 민간의 사회복지 역할분담. 남세진 편. 한국사회복지의 선택.

보건복지부(2014). 사회복지관운영관련 업무처리 안내.

보건복지부(2015). 사회복지시설관리안내.

보건복지부(2018). 보건복지통계연보.

보건복지부(2022a). 보건복지통계연보.

보건복지부(2022b). 희망복지지원단 업무안내.

보건복지부(2023). 사회복지시설관리안내.

사회복지공동모금회(2009). 지역사회네트워크 구축 지원사업 보고서.

서상목, 최일섭, 김상균(1989). 사회복지 전달체계의 개선과 전문인력 활용방안. 서울: 한국
　개발연구원.

양난주(2010). 한국 사회복지서비스의 변화-행위자 간 관계의 분석. 한국사회복지학,
　62(4), 79-102.

양난주(2011). 사회서비스 공급특성 분석: 보조금과 바우처 방식의 검토. 사회복지정
　책, 38(3), 191-220.

정경배(1998). IMF 시대의 정부와 민간의 사회복지 역할 분담. 계간 사회복지, 139.

정지웅, 이준우(2010). 사적 영역의 상업화 · 합리화로서 사회서비스 비판-Andre
　Gorz의 논의를 중심으로. 사회복지연구, 41(1), 227-250.

정홍원, 이영범, 이한나(2012). 저출산 · 고령화에 따른 사회복지 공적전달체계 개편 방안.
　세종: 한국보건사회연구원.

최성재, 남기민(2006). 사회복지행정론. 경기: 나남.

한국사회적기업진흥원(2019). 2019년 현재 사회적 기업 인증 현황.

Dunham, A. (1970). *The new community organization*. New York: Thomas Y.
　Crowell Co.

Johnson, N. (1987). *The welfare state in transition: The theory and practice of
　welfare pluralism*. Amherst: University of Massachusetts Press.

Kramer, R. M. (1981). *Voluntary agencies in the welfare state*. Berkely: University
　of California Press.

보건복지부 사회복지시설정보시스템 홈페이지 內 사회복지시설현황. http://www.
　w4c.go.kr/intro/introFaciCurrent.do

사회복지조직에 관한 이론

1. 개요

1) 사회복지행정과 조직이론

조직이란 무엇인가? 특정한 목표를 추구하기 위하여 다수의 사람이 만든 모임이라고 할 수 있다.

"우리는 조직에 둘러싸여 있다. 조직 속에서 태어나고 조직 속에서 죽는다. 출생과 사망 사이 우리 삶의 공간은 조직으로 채워져 있다. 조직으로부터 벗어나기란 거의 불가능하며 죽음이나 세금처럼 피할 수 없다." 이것은 조직이 우리의 삶에 얼마나 깊숙이 침투해 있는지에 대한 리처드 홀(Hall, R. H.)의 이해이다(Hall, 1977).

조직은 공동의 목표를 달성하기 위해 체계화된 구조에 따라 구성원들이 상호작용하며, 다른 조직과는 구별되는 경계를 가지고 외부 환경에 적응하는 인간의 사회집단이라고 정리해 볼 수 있다.

공익을 추구하면 공조직이고 사익을 추구하면 사조직이라고 할 수 있다. 하젠펠트(Hasenfeld, Y.)는 사회복지를 위해 서비스를 제공하는 조직을 인간봉사조직(human service organization)이라고 하였다(성규탁, 1996: 4).

우리는 왜 사회복지행정을 이야기하면서 조직이론을 생각해야 하는가? 이미 앞에서 밝혔듯이 사회복지행정은 조직을 통해 사회복지적인 개입이 이루어져야 하는 상황에서 탄생되었다. 개인적 차원에서 이루어지는 자선은 동원되는 자원이 제약되고 자의적으로 결정되기 때문에 예측이 불가능하며 중복과 누락의 문제 발생으로 비효율적이다. 또한 대규모의 사회복지문제가 발생하는 경우 체계적이고 안정적으로 대응하기 어렵다. 따라서 사회복지행정은 서비스를 제공하는 인간봉사조직에서 수행하는 활동들을 관리하는 것이라고 할 수 있다. 그러므로 인간봉사라는 목적을 추구하는 조직의 활동을 효과적 · 효율적으로 관리하기 위해서는 먼저 인간봉사조직의 특성을 이해해야 한다.

2) 조직이론의 비교

조직에 관한 이론들은 매우 다양하다. 일반적으로 알려진 사회조직이론들은 주로 사회학이나 행정학에서 발전된 것들이라고 할 수 있다. 고전이론, 인간관계이론, 구조이론 등은 서로 다른 관점에서 조직을 이해하고 있다.

우리가 여기서 주목해야 할 조직이론들의 관심사는 크게 세 가지이며, 조직이론들은 이 세 가지 관점에서 기본적인 입장 차이를 보인다.

첫째, 조직의 구성원인 인간의 성향에 관한 가정이다.

고전이론이나 인간관계이론은 조직의 구성원이 단순히 수동적으로 조직(리더)에 의해 주어진 목표를 잘 수행하려는 태도를 가지고 있는 것으로 보고 있다. 즉, 조직구성원을 양떼처럼 몰아갈 수 있다고 전제한다. 이에 반해 구조주의이론에서는 조직의 구성원을 각자의 의지와 욕구가 있는 능동적 인간으로 보아 조직원들이 단순히 주어진 목표를 수행하는 것뿐만 아니라 조직의 목표설정에 더 관여하고자 한다고 전제한다. 조직구성원의 성향에 대한 가정은 다시 조직 목표와 개별 구성원의 이해관계가 조화를 이룰 수 있을 것인가의 문제와 연결된다. 고전이론과 인간관계이론에서는 조화를 이룰 수 있다고 보지만, 이에 반해 구조주의이론은 조직의 목표와 구성원의 이해관계에서 갈등이 불가피하다고 본다.

둘째, 인간이 무엇에 의해 동기부여를 받는가에 관한 것이다.

고전이론과 인간관계이론은 인간을 외부에서 주어지는 동기에 의해 자극을 받아 움직이는 수동적 인간으로 보는 점, 조직의 목표와 구성원의 이해관계가 조화로울 수 있다고 보는 점에서 공통점이 있다. 인간관계이론을 신고전이론이라고 부르는 이유가 바로 이러한 공통점 때문이다. 하지만 이해관계를 어떻게 조화롭게 할 것인가에 대해서는 두 이론에 견해 차이가 있다. 견해의 차이는 조직의 목표와 구성원의 이해관계를 일치시키는 역할을 하는 동기부여 방식에서 발생한다. 고전이론은 물질적 보상을 통해 구성원이 조직의 과업을 잘 수행하도록 동기를 부여할 수 있다고 본다. 고전이론에서는 인간이 매우 합리적이고 타산적이며 물질적인(경제적인) 이익을 추구한다고 보기 때문이다. 반면, 인간관계이론에서는 비물질적 보상을 동기부여의 중요한 수단으로 본다. 인간은 비합리적이며 정서적인 만족을 추구한다고 보기 때문이다.

구조주의이론은 고전이론과 인간관계이론, 특히 인간관계이론에 대한 비판에서 출발한다. 구조주의이론은 개인과 조직은 목표가 일치하지 않을 수 있고, 여기에서 발생된 갈등은 불가피하며, 오히려 갈등이 문제를 노출시키고 그에 따른 해결책을 제시함으로써 조직에 순기능으로 작용한다고 보고 있다. 구조주의이론에서 갈등은 공식적 · 비공식적 요소, 물질적 · 비물질적 요소, 조직과 환경과의 상호작용 등의 관계에서 발생할 수 있다고 보고, 갈등을 인위적으로 은폐하는 것을 반대한다. 감추어진 갈등은 이후 구성원의 이탈과 사고 증대를 유발하여 조직과 구성원 모두에게 불리하게 작용한다. 그러므로 갈등 발생 시 기존 권력을 재검토하고 조직체계를 현실상황에 적응하도록 유도하고 있다.

셋째, 조직과 환경과의 관계이다.

일반적으로 조직은 환경의 영향을 받는 것으로 인식된다. 하지만 조직이론에서는 조직과 환경의 관계에 주목하여 조직이 환경에 영향을 미칠 수 있는가에도 관심을 가진다. 폐쇄체계 관점에서는 조직의 목표가 일방적으로 환경에 의해서 주어진 것이라고 가정한다. 따라서 이 관점에서 목표란 외생변수이기 때문에 조직의 활동을 통해 변화시키거나 관리할 수 있는 대상이 아니다. 조직의 관점에서 볼 때 목표는 고정된 상수인 것이다. 외부에서 주어진 목표를 효과적 · 효율적으로 관리하는 것만이 조직의 중요한 과업이 된다. 반면, 개방체계 관점에서는 환경이 고정되지 않고 변화한다는 것을 전제하기 때문에 조직의 목표도 가변적인 것으로 본다. 그리고 조직이 일방적으로 환경의 요구를 받아들이는 것이 아니라, 오히려 조직이 환경에 영향을 미쳐서 조직이 스스로 조직의 목표를 설정하는 데 개입할 수 있다고 본다. 고전이론이나 인간관계이론은 폐쇄체계를 가정하기 때문에 두 이론에서는 조직의 목표란 이미 주어진 것으로 보고 환경에 대한 관심은 없다. 이에 반해 구조주의이론은 조직을 개방체계로 보고 조직의 목표를 제공하는 환경의 변화에 의해 영향을 받을 수 있다고 본다. 시간이 고정된 정태적 분석에서는 환경이 불변이지만, 시간의 흐름을 반영하는 동태적 분석에서는 환경의 변화에 대해 관심을 갖는다.

● 표 6-1 ● **조직이론의 비교 관점**

	고전이론	인간관계이론 (신고전이론)	구조주의이론
인간의 성향과 의지	수동적(과업수행)		능동적(목표설정)
조직(리더)과 구성원	조화		갈등
동기부여	물질적	비물질적	혼합
개방/폐쇄(환경 요구)	폐쇄		개방
시간에 대한 고려	정태적(정지)		동태적(흐름)

3) 조직에 관한 다양한 접근방식

조직이론의 발달을 간단히 살펴보면 다음과 같다.

먼저, 고전이론은 여러 갈래의 연구 경향과 다양한 배경을 가진 연구자들의 활동을 한 가지로 묶은 집합적인 개념으로, 세상을 '기계화'의 방식으로 바라보는 시대의 사고방식을 반영하여 조직을 하나의 기계와 같이 이해하였다. 고전이론은 조직에 참여하는 인간이 수동적인 기계의 부속품처럼 행동한다고 전제하였으며 생산활동의 능률성 추구를 가장 중요한 것으로 인식하였다. 고전이론의 일반적인 특성으로는 단일가치 기준으로서 능률주의, 공식적인 구조 중시, 폐쇄체계적인 관점, 합리적·경제적 인간이론에 입각한 연구, 과학성 추구 등을 들 수 있다. 과학적 관리이론, 공공행정학파 그리고 관료제이론 등이 대표적인 고전이론에 속한다.

다음으로, 인간관계이론 또는 신고전이론은 기존 고전이론에 대한 반발로서 고전이론의 기본 입장과 주요 논점을 비판하고 그에 대조되는 대안을 제시하며 등장하였다. 당시 기계 중심의 편협한 생산주의에 맹점이 노출되기 시작하였고, 기계에 덮여 있던 인간의 의지와 욕구가 중대한 문제로서 사람들의 관심을 끌기 시작하면서 인간관계이론이 등장하게 되었다. 인간관계이론의 특성은 조직 내 사회적 능률의 강조, 비공식적 요인의 중시, 환경 연관적인 입장, 사회적 인간모형에 입각한 연구, 경험주의의 제창 등을 들 수 있다.

고전이론의 반발에서 출발하였음에도 불구하고, 인간관계이론이 고전이론의 새로운 형태로서 '신고전이론'이라고 명명되는 것은 고전이론과 동일한 입장을 취하기 때문이다. 즉, 조직의 목표가 주어진 것이라고 보는 폐쇄체계 관점으로 조직을 바라보고 있으며, 비록 비물질적이지만 보상을 통해 동기를 부여함으로써 조직의 구성원을 '조작화'할 수 있는 수동적·기계적 인간으로 보고 있는 점에서 고전이론과 맥을 같이한다고 볼 수 있다.

여기서는 조직관리의 이론을 살펴보고, 이 이론들이 사회복지조직에 어떻게 적용될 수 있는지 생각해 보고자 한다. 앞에서 소개한 각 조직이론은 그 이론이 발달하게 된 시대적 배경 및 그 시대의 일반적인 인간상과 상당히 밀접한 관련성이 있다. 따라서 그 이론들을 좀 더 깊이 이해하기 위해서는 그 이론들이 발달된 시대적 배경에 대한 이해가 필요할 것이다.

2. 고전이론

고전이론은 주어진 과업을 구성원들에게 어떻게 능률적으로 수행하게 할 것인가에 주로 관심을 갖는다. 또한 고전이론에서는 조직의 목표와 구성원 개개인의 목표 간에 불일치는 발생되지 않는다고 가정한다. 고전이론의 기본가정은 조직을 구성하고 있는 인간은 경제적 보상(과학적 관리론)이나 통제(공공행정학파), 그리고 합리적 규칙(관료제이론)에 의해 기계처럼 조작될 수 있다는 것이다.

1) 과학적 관리이론

테일러(Taylor, F. W.)가 개발한 과학적 관리이론(Taylor, 1911)은 경영학 분야에서 발전된 조직이론이라고 할 수 있다.

(1) 시대적 배경

1860년 남북전쟁을 계기로 시장 규모의 확대 및 과학기술의 급속한 발달로 기업의 규모가 커지기 시작하였으며, 1880년에는 공장제도가 본격적으로 보급되었다. 대량생산을 통해 분업화를 철저히 추진한 결과, 인간이 기계에 예속되는 사태에 이르게 되었고, 임금제도와 관리방법에 반발하는 노동자들의 조직적인 태업이 자주 발생하였다. 이와 같은 문제를 해결하기 위해 능률증진운동이 전개되었으며, 능률증진운동의 영향으로 조직을 '관리 과학화'하는 방향으로 전개되었다.

(2) 테일러리즘의 인간관 및 과학적 관리의 내용

이 이론은 근대 자본주의적인 사고를 바탕으로 한 합리적 인간관이다. 즉, 기업에서의 인간 혹은 조직 내에서 노동자의 가장 큰 관심사는 높은 보수이며, 사용자의 가장 큰 관심사는 높은 생산성을 통한 최대 이익의 창출이라고 전제한다.

따라서 능률을 높이기 위해서는 인간의 동작을 시간 단위(time and motion)로 관찰하여 과업의 성과를 측정하고 이러한 성과에 따라 경제적 보상의 크기를 달리한다면 조직이 원하는 목표를 달성하는 데 필요한 동기를 부여할 수 있다고 보았다.

(3) 과학적 관리이론의 장단점

과학적 관리이론의 장점은 기업조직의 문제를 연구·분석하고 해결함에 있어 과학적 방법을 광범위하게 적용한 것이다. 또한 단순한 메커니즘과 기법을 사용하여 생산성의 향상 및 조직의 능률을 개선하였다는 점이다. 단점은 인간이 임금이라는 금전적인 요인에 의해서 동기부여된다는 측면을 지나치게 강조하였으며, 조직을 폐쇄적으로 바라보았기 때문에 환경의 변화에 대처할 대안을 마련하는 데 소홀히 하였다는 것이다.

(4) 사회복지조직에의 적용

과학적 관리이론은 사회복지조직의 업무분담과 과업분석의 영역에 적용해 볼 수 있다. 업무부담이 많은 공공복지기관에서 과학적 관리이론에 입각하여 직원의 능력, 과업기대, 보상체계를 검토하여 보는 것은 조직을 관리하는 데 효과가 있을 수 있다(최성재, 남기민, 2006: 77).

과학적 관리이론에 따르면 경제적 보상을 통하여 인간의 행동을 효율적으로 통제할 수 있는 것은 사실이지만, 사회복지를 위한 서비스의 제공은 단지 계량화된 측정지표로서 그 성과를 판단하기 어렵다는 문제가 있다. 또한 사회복지가 만들어 내는 가치는 경제적 가치, 즉 화폐적 가치로만 측정하기는 어렵다.

과학적 관리이론

1. 과학적 관리이론의 특성(Taylor, 1911)
- 조직에서 육체적 능력의 중요성을 강조
- 기본동작 형태 및 소요시간, 적정 일일 작업량 표준화 → 성과와 임금을 연계
- 경제적 · 합리적 인간 전제: 경제적 보상으로 동기부여
  - 업무부담이 많은 공공기관의 직원능력, 보상체계 검토에 효과적
- 사회복지조직에 적용 분야: 업무분담, 과업분석, 보상체계

2. 과학적 관리이론의 문제점
- 과학적 관리방법 채택 → 규범적 선택이 모호해짐

사회복지조직에 과학적 관리이론을 적용하고자 할 때 나타날 수 있는 문제점은 사회복지조직이 행하는 모든 활동에서 규범적 선택이 모호해질 수 있다는 점이다. 즉, 효율성을 추구할 것인지 또는 클라이언트의 만족을 최대한의 가치로 보고 어떠한 비용을 들여서라도 효과성을 추구해야 할 것인지에 대한 판단이 불분명해진다. 사회복지 분야에서 경영 마인드의 도입이나 효율성을 일차적 목표라고 생각하는 방식은 적절하다고 보기 어렵다.

2) 공공행정학파

공공행정학파는 능률을 높이기 위해서는 업무를 고도로 세분화하는 분업이 중요하다는 입장이다. 또한 과업의 세분화 정도에 따라 통제의 범위(span of control)가 달라진다고 보았다(Etzioni, 1964: 22). 즉, 과업의 단위를 소규모로 유지할 때 담당자들을 통제할 수 있는 가능성이 높아진다는 것이다. 공공행정학파는 전문화(specialization)와 통제를 통해 조직의 목표달성이 가능하다고 보는 입장이다.

(1) 공공행정학파의 특성

공공행정학파도 분업과 가장 단순한 형태로의 과업 분류가 중요하다고 강조하였으며 그 밖에 통제의 통일(unity of control)도 강조하였다. 한 명의 하급자에 대한 권한과 책임은 한 명의 상급자가 가져야 하는 것이다. 과업은 소단위로 분류될 필요가 있으며 성과를 감독하고 조정하기 위해 중앙집중적 통제(pyramid of control)가 필요하다는 것도 주장하였다. 공공행정학파에서 통제의 통일은 한 사람의 상관이 지도·감독할 수 있는 부하의 수의 제한을 가지고 왔는데, 이를 '통제의 범위(span of control)'라고 한다. 그 밖에 공공행정학파는 목적, 과정, 수혜자 그리고 지리적 영역에 따른 조직단위 간의 전문화도 강조하였다.

굴릭(Gulick, L.)은 최고관리자의 기능으로 POSDCoRB(Planning, Organizing, Staffing, Directing, Coordinating, Reporting, Budgeting)의 일곱 가지 관리행위를 제시하였다(Gulick & Urwick, 1937).

POSDCoRB

1. Planning(기획): 조직의 목표 달성을 위해 구체적인 윤곽을 세움
2. Organizing(조직화): 계획에 따라 업무를 수행할 수 있도록 구체적인 직무, 권한 배분
3. Staffing(충원): 신규 직원 채용, 훈련
4. Directing(지휘): 부하들로 하여금 명령이나 지시에 따르도록 함
5. Coordinating(조정): 조직 내 여러 부서 간에 협력하고 원만한 관계 유지
6. Reporting(보고): 업무의 진행과정이나 결과 등을 보고
7. Budgeting(예산): 목표수행을 위해 재정기획

---

(2) 사회복지조직과의 관련성

사회복지조직에서 통제 및 조정의 필요성은 오랫동안 쟁점이 되어 왔다. 그리고 일반업무자(generalist)와 전문가(specialist)에 관한 논쟁도 있었다. 사회복지조직에서 통제 범위의 개념은 얼마나 많은 슈퍼비전(supervision)이 요구되는가의 문제와 연관된다. 통제 범위가 넓을수록 슈퍼비전을 덜하게 되고, 통제의 범위가 좁아 슈퍼비전을 자주 할 경우 상급자에 대한 의존성이 높아져 생산성이 낮아지고 창의성이 떨어진다(Blau & Scott, 1962).

한편, 이미 주지한 바와 같이 사회복지서비스는 매우 주관적이고 측정하기 어려운 것이기 때문에 객관적인 통제의 지표를 갖기 어렵고 사회복지사의 재량권이 어느 정도는 인정되어야 한다. 오늘날 한국에서 일반행정과 사회복지행정 간의 갈등은 일반적 통제와 전문적 재량권 간의 문제라고 할 수 있다.

> **공공행정학파**
>
> **1. 공공행정학파의 특성(Gulick & Urwick, 1937)**
> - 통제의 통일과 통제의 범위 강조
> - 소단위로 분류된 과업의 성과를 감독·조정하기 위한 집권화된 통제 필요(통제의 통일)
> - 계선상의 일대일 책임 강조(통제의 범위)
> - 목적, 과정, 수혜자, 지리적 영역 등에 따른 조직단위 간의 전문화 강조
> - 수혜층에 따른 전문화
>
> **2. 사회복지에서의 적용**
> - 공공행정학파는 구성원에 대한 통제를 강조
> - 그러나 사회복지조직에 있어서 통제 및 조정과 슈퍼비전의 지나친 강조는 불필요

3) 관료제이론

베버(Weber, M.)는 인간이 다른 사람이 원하는 일을 통제나 보상이 없어도 스스로 수행하는 권위(authority)에 대해 관심을 가졌다. 권위는 불이익이나 처벌을 수반하는 권력(power)과는 다른 것인데, 전통적 권위, 카리스마적 권위를 거쳐 현대에는 합리적 권위가 관료제를 통해 작용하고 있다고 보았다. 전통적 권위는 예전부터 그렇게 해 왔기 때문에 그 권위를 인정하는 것인데, 복종의 근거가 전통이 된다. 예를 들면, 장자가 왕위를 계승하는 것 등이다. 카리스마적 권위는 '신의 은총'이라는 의미의 카리스마가 추종자들의 믿음을 근거로 작동한다. 지도자가 본인의 차별적인 능력, 비범한 자질을 가진 것이 복종의 근거가 된다. 합법적 권위에서는 법과 규칙, 규정이 복종의 근거가 된다.

베버가 주장한 관료제는 합리적이며 합법적인 규칙과 최대한의 효율성을 목적으로 한 조직구조에 관한 이론이다. 관료제는 종종 실제 존재하는 공공행정조직의 구성원리를 의미하는 것으로 이해된다. 그러므로 이것이 마치 공공

조직에서만 나타나는 특수한 현상이라고 생각하기 쉽다. 그러나 어떤 조직이든지 조직의 규모가 커지면 관료적인 조직운영을 채택하는 것이 불가피하게 된다. 심지어 이윤을 추구하는 기업도 그 규모가 커짐에 따라 관료제 방식으로 운영되고, 대규모의 친목단체나 종교집단도 조직의 관리에 관료제가 적용되는 것이 현실이다.

　관료제는 조직관리를 위한 합리적인 규칙을 의미하는 것으로 의사결정의 계층화와 고도의 전문화 또는 특화(specialization)가 특징이라고 할 수 있다 (최성재, 남기민, 2006: 78). 합리성이 지식에 기초하고 그러한 지식과 경험을 갖춘 사람이 명령하는 것은 합리적이므로 따르게 된다. 관료제이론에서는 한 번 정해진 규칙은 조직의 안정성을 보장하고 효율적인 의사결정을 가능하게 한다고 믿는다. 그러나 관료제는 정해진 규칙에 집착하는 관행을 만들게 되고, 조직운영의 경직성을 초래하여 조직이 새롭게 변화하는 것을 어렵게 만들어, 조직이 보수적인 형태로 변할 가능성이 크다.

　한편, 전문화 또는 특화(specialization)는 개별 조직단위의 자율성을 요구하기 때문에 관료제의 또 다른 요소인 의사결정 권한이 계층화와 불일치 (inconsistency)되는 경우가 발생한다(Lewis et al., 2001: 76). 따라서 전문성에 기초한 재량권 요구와 의사결정의 계층화에 기초한 중앙집중적 통제 간의 갈등이 관료제 내에서 발생될 수 있다. 특히 한국에서는 사회복지전문가의 재량권과 일반행정의 중앙통제 간 갈등이 전달체계 개편의 필요성으로 대두되어 왔다.

　이와 같은 갈등은 변화하는 인간의 욕구를 충족하기 위해 조직의 목표 설정이나 운영에 상당한 유연성을 요하는 사회복지 분야에서 심각한 문제를 초래할 수 있다. 아울러 상의하달식(top down)으로 계층화된 관료제의 의사결정 구조는 클라이언트의 욕구를 상호작용(interaction)에 기초하여 충족시키는 사회복지의 기본적 접근방식과 다르다.

　이러한 관료제의 여러 가지 문제에도 불구하고, 조직의 규모가 커지고 기능이 많아질수록 일상적이고 정형화된 작업도 늘어나게 되는데, 이러한 상황에서 관료제는 불가피하게 적용할 수밖에 없는 절충적 차선책이라고 할 수 있다. 이러한 현상은 분업으로 이해되는데 업무 수행은 수평적 분업을 통해 전문화하고, 의사결정은 수직적 분업을 통해 계층화될 수 있다.

관료제이론

1. 관료제이론의 특성

- 베버(Weber, M.)가 제시한 이상적 관료제형
  - 계층적 권한구조
  - 실적과 기술적 지식에 따른 관리임명
  - 정책과 행정 결정의 분리
  - 고도의 전문화
  - 직무권한의 사전명시
  - 그 밖의 제반 과제를 지배하는 규칙
  - 조직구성원 간의 비정의적 관계

2. 사회복지에의 적용

- 최대 효율 달성을 위해 전반적인 조직의 구조와 과정을 조정하기 위한 합리적 규칙 강조
- 전문성에 기초한 재량권 요구와 계층화에 기초한 중앙집중적 통제 간의 갈등
- 클라이언트 소외

---

4) 고전이론에 대한 비판

고전이론은 인간의 정서적·감성적 욕구를 경시하고 인간의 수동적인 측면을 강조하였다. 이에 대한 비판은 여러 가지가 있다(성규탁, 1996: 27-28; 최성재, 남기민, 2006: 80). 고전이론에 대해 머튼(Merton, R. K.)은 규칙 이행, 통제를 강조할 경우 조직이 경직되고, 직원의 자발성과 창의성에 제약을 가져온다고 비판하였고(Merton, 1940: 560-568), 굴드너(Gouldner, J. W.)는 통제가 직원의 성과수준을 떨어뜨린다고 비판하였다(Gouldner, 1965: 20-26). 마치와

사이먼(March, J. G. & Simon, H. A.)은 고전이론이 조직에 미치는 환경의 중요성을 간과하였고 조직 내의 인간적 요소 또는 하위체계 및 비공식적 체계를 고려하지 않았다고 비판하였다(March & Simon, 1958).

고전이론의 문제

- 규칙에 의존 → 조직의 경직화 초래
- 통제 → 직원평가의 비인간화, 직원의 자발성 및 창의성 제약
- 조직에 미치는 환경의 중요성 간과
- 인간적인 요소, 비공식적 체계 무시(인간 없는 조직)

---

3. 인간관계이론

인간관계이론은 조직의 목표와 구성원의 목표를 일치시킬 수 있다고 믿었다는 점에서 고전이론과 유사하다. 그러나 개별 구성원이 조직의 목표를 추구하도록 동기를 부여하는 방식에 있어서 고전이론과 차이가 있다. 고전이론에서는 합리적이며 물질적인 보상에 민감한 이른바 '경제적 인간(homo economicus)'을 가정하므로 경제적 보상을 통해 동기를 부여하는 것이 가능하다고 본다. 이와는 반대로 인간관계이론에서는 감정적이며 비물질적 보상에 더 민감하게 반응하는 정서적인 인간을 가정한다. 따라서 상사나 동료와의 유대감, 소속감 그리고 조직과의 일체감 등을 훨씬 더 중시한다. 구성원에게 동기를 부여하기 위해서는 구성원들의 소속감을 높일 수 있는 소규모 비공식 조직을 장려하고 조직의 의사결정에 구성원의 참여를 보장해야 한다는 것이다. 그러나 인간관계이론은 공식조직의 맥락을 무시한 채 지나치게 비공식적인 맥락을 강조함으로써 '조직 없는 인간(people without organization)'이라는 비판을 받는다. 그럼에도 인간관계이론은 인간의 특성을 고려하는 것에 대한 중요성을 깨닫게 해 주었다.

인간관계이론의 특성

- 고전이론의 결함을 보충
- 인간적 · 비계획적 · 비합리적 요소 중시
- 인간의 사회적 · 심리적 · 정서적 욕구 강조
- 작업장을 하나의 사회적 장으로 파악
  - 조직 내의 비공식적 조직 장려
  - 의사결정에 구성원의 참여 강조
  - 비일률적 과업
- 개인의 목표와 조직의 목표가 동일시될 수 있음을 가정
  - 개인 욕구에 대한 관심
- 사회복지에의 적용
  - 인간의 인간에 대한 서비스

1) 형성 배경

과학적 관리이론에서는 노동자를 오로지 임금 획득이라는 경제적 동기를 위해서 일하는 기계로 보고 인간의 감정적 · 정서적 요소를 무시하였다. 그 결과 장기적으로 노동자의 노동의욕이 감퇴되고 목표 지향적인 협력체계의 확립이 어려워져 결국 능률이 저하된다는 문제점이 발생했다. 따라서 인간상호 간의 관계와 인간 행동 및 욕구에 부합되는 동기를 고려하고 개인의 차이를 전제로 상호 이해를 합리적으로 조정하며, 근본적으로 인간의 존엄성을 인정함으로써 인간의 목표 지향적인 협력체계를 확립하는 인간관계이론적 접근의 필요성이 대두되었다.

메리파커 폴렛(Follet, M. P., 1868~1933)은 인간관계와 민주적 조직분야를 개척한 선구자로 인정되는데, 1900년대 초 과학적 관리론과 명확하게 대조되는 주장을 펼쳤다. 조직이론에서 그 당시로서는 새로운 아이디어를 제안하였다. 갈등을 푸는 win-win 해법의 추구, 인간 다양성의 위력 그리고 상황적 리더십 등이 그것이다. 그녀는 과학적 관리나 시스템적인 통제가 추구하는 효율

은 인간 정신이 가진 가능성보다는 유약한 것으로 보았다. 그리고 인간의 바라보는 비전, 인간이 생각하는 노동의 의미, 연대와 협력 등을 통해 조직이라는 장치에서 조직과 개인 모두 목적을 달성하는 통합(integration)이 가능하고 의미 있다고 생각하였다.

인간관계이론은 그후 메이요(Mayo, G. E.)에 의해 미국 시카고 교외에 있는 서부전기회사의 호손(Hawthorne)공장 실험을 통해 전개되었다. 실험의 본 목적은 테일러 등이 주장한 과학적 관리이론의 입장을 전제하고 작업여건 조성과 동작 연구를 통해 능률을 향상해 보고자 한 것이다.[1] 하지만 애초 의도한 과학적 관리이론의 입장과는 반대의 결과가 나오게 되었으며, 이를 통해 사회학적 방법을 통해 인간성에 대한 연구가 시작되었다.

2) 메이요의 호손공장 실험

호손(Hawthorne)공장 실험에서 얻은 중요한 발견을 요약하면 다음과 같다(최성재, 남기민, 2006: 81). 첫째, 비공식집단을 발견했다. 실험을 통해 고전이론의 지지자들이 인식하지 못했던 비공식집단이 집단규범을 만들어 구성원의 태도와 작업행동에 결정적인 영향을 미치며 생산성을 좌우한다는 사실을 발견하였다. 둘째, 생산능률은 종업원의 태도나 감정, 즉 인간적 반응에 크게 의존한다. 셋째, 이와 같은 태도나 감정은 그들이 소속하고 있는 집단 내 분위기와 밀접히 관련이 있다. 그리고 생산성은 집단의 팀 워크와 협동의 정도에 직접적으로 관련되어 있으며, 생산성의 수준은 감독자의 집단에 대한 관심 등에도 관련되는 것으로 나타났다.

호손공장 실험은 인간관계에 대한 새로운 관심을 불러일으키는 계기가 되었지만, 여러 가지 한계도 가지고 있었다. 조사연구 방법이 비과학적이었고, 실험결과가 과학적·객관적인 자료에 의해 충분히 뒷받침되지 못하였으며,

---

1) http://www.bl.uk/people/elton-mayo

또한 연구자들이 자신들의 실험결과를 지나치게 일반화한 경향이 있었다. 환경적인 요인들을 충분히 고려하지 못했다는 한계를 가지며, 인간의 일면성을 지나치게 강조하였다. 특히 '경제인'의 인간관에 대한 부정이 지나쳤다. 그리고 비공식조직을 지나치게 강조한 나머지 공식조직에 대한 관심이 희박하여 공식조직을 경시하였다. 또한 인간관계이론의 접근은 조직과 환경의 조화 및 변화 관계를 다루지 않고 조직 및 조직구성원의 내재적인 면만을 연구하였다. 조직의 목표달성 또한 전적으로 내적 요인에 의해서 추구된다고 보았기 때문에 조직 외적인 환경적응과 그에 대한 변화전략을 수립할 수 없었다.

호손공장의 실험결과
– 조명실험(1924~1926년)과 계전기 조립작업 종사 여직원에 대한 실험 (1927~1932년) –

- 미국 전화기 회사 웨스턴 일렉트릭(Western Electric)사가 호손공장에서 실시
- 2만 1,000명 종업원들의 불만 조사 및 감독자 훈련
  → 조명실험을 통해 물리적 환경의 영향을 검증하려는 초기 시도, 그 후 여공들을 소집단으로 분류, 비공식집단 생성

- 작업능률, 생산성: 인간관계, 감독방식, 작업자의 개개인의 노동의욕에 따라 달라짐
- 고충 청취에 따른 의사소통 개발 필요
- 직원의 기능 향상성은 작업반 내 동료와 인간관계에 의해 좌우
- 조직 내 비공식적 집단이 존재하며, 이는 개인의 태도와 생산성에 영향을 미침
- 조직에서 개인은 합리적 행동보다 비경제적 요인에 따라 행동

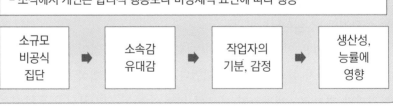

소규모 비공식 집단 ➡ 소속감 유대감 ➡ 작업자의 기분, 감정 ➡ 생산성, 능률에 영향

3) 맥그리거의 X이론과 Y이론

맥그리거(McGregor, D.)는 조직 내에서 개인과 직무를 보는 태도성향과 직무수행 자세에 따라 인간을 X이론과 Y이론으로 구분하였다(McGregor, 1960). 인간은 게으르고 나태하여 감독과 통제를 받아야 한다는 입장이 X이론이며, 인간은 창의적이고 자발적이기 때문에 통제가 필요하지 않다는 관점이 Y이론이다.

윌리엄 오우치(William Ouchi)는 맥그리거의 X이론과 Y이론에 착안하여 미국식 경영과 일본식 경영 접근 방식을 혼합하여 이른바 Z이론을 제안하였다(Ouchi, W. 1981). 1970년대~1980년대에 일본 기업들이 세계적 기업들로 부상하면서 그들의 경영기법에 대한 관심이 고조되었다. 이 이론에서는 근로자들의 경영 참여가 제대로 이루어지기 위해서는 경영진의 신뢰도가 높아야 하고, 근로자들은 조직의 다양한 문제를 파악하고 있어야 하며, 의사결정을 내

● 표 6-2 ● **맥그리거의 X · Y이론**

	X이론	Y이론
특징	• 일은 고통스러운 것으로 사람들은 하기 싫어한다. • 대부분의 사람은 야망이 없고 책임지지 않으며 지휘받기 좋아한다. • 대부분의 사람은 조직문제의 해결에 창의적이지 못하다. • 동기부여는 생리적 욕구 영역과 안정의 욕구 영역에만 적용된다. • 대부분의 사람은 엄격이 통제되어야 하고, 목표달성을 위해서 강제되어야 한다.	• 일이란 작업조건만 잘 정비되면 놀이와 같이 자연스러운 것이다. • 조직목표를 달성하기 위한 자기통제가 가능하다. • 조직문제 해결을 위한 창의성은 다 가지고 있다. • 동기부여는 모든 영역에 적용된다. • 사람은 적절한 동기부여가 되면 자율적으로 일한다.
관리	• 구조화 • 통제 • 엄격한 감독 → 피동성, 저항성, 무책임성의 결과	• 적절한 동기부여 • 자율적 조직운영 • 개방적 조직운영

릴 수 있는 능력을 갖추어야 한다고 보았다. Z이론은 인간을 근본적으로 긍정적인 존재로 전제하는 Y이론의 변형으로 볼 수 있다.

한편, 이면우 교수의 W이론(신바람경영이론)도 인간관계이론의 입장을 지지하는 것으로 볼 수 있다(이면우, 1992). 사회복지조직에서 클라이언트의 문제해결을 위해 중간관리층이나 최고관리층이 구성원들과 함께 고생하고 솔선수범하는 모습을 보이게 되면 조직구성원들의 유대감이 형성되어 사회복지서비스를 신바람나게 계획하고 전달할 수 있을 것이다. 이를 통해 클라이언트에 대한 깊은 인간적인 이해와 관심으로 클라이언트의 문제를 더 잘 해결할 가능성이 높아질 것이다.

4) 사회복지조직에의 적용

사회복지사와 클라이언트의 인간적인 관계를 기본으로 하는 사회복지서비스 제공에서는 인간관계이론이 좀 더 적합하다고 할 수 있다. 사회복지사가 자신의 상사나 동료와 인간적인 관계를 제대로 갖지 못하면서 클라이언트와는 그런 관계를 맺을 수 있다고 생각하기 어렵기 때문이다. 조직 내 의사결정 과정에의 참여를 보장하는 것은 사회복지사의 유대감과 일체감을 강화하고 클라이언트의 소외를 방지한다는 의미에서 매우 중요하다. 소외란 자신과 관련된 중요한 의사결정에 당사자가 참여할 수 없게 되는 현상을 말한다. 최근 사회복지 분야에서도 전문가에 의한 클라이언트의 소외에 대한 관심이 높아지고 이른바 '클라이언트의 역량강화(empowerment)'도 중요한 이슈로 다루어지고 있다.

인간관계이론의 이러한 여러 가지 장점에도 인간을 지나치게 비합리적이고 통제 불가능한 존재로 파악하는 점은 현실적으로 모든 인간에게 적용하기 어렵다(최성재, 남기민, 2006: 81). 그리고 고전이론과 마찬가지로 환경에 대한 고려를 하지 못하여 조직의 목표나 자원의 동원과 같은 문제를 다루는 데 제약이 있다.

인간관계이론의 적용과 문제점

1. 인간관계이론의 사회복지조직에의 적용

- 조직 내 개인 행동을 이해하는 데 기여, 인간관계, 민주적 의사소통, 리더십 중시
- 의사전달의 중요성 인정
- 조직구조와 과정의 중요성을 강조, 자아개입 중시
- 대인관계 기술, 노력과 동기부여의 상대적 중요성, 직원 간의 상호작용의 질
  → 서비스에 영향, 서비스 기술의 기초
- 계층적 분화를 최소화, 의사소통 극대화, 집단을 통해 문제해결 촉진
  예) 심층적 심리치료, 학대부모의 치료, 알코올 중독자의 집단상담

2. 인간관계이론의 문제점

- 편협한 인간관 → 인간의 비합리적 · 정서적 측면만 강조
- 조직에 미치는 환경의 중요성 간과
- 개인과 집단 간의 관계에만 치중, 조직 전체 문제에 소홀
- 사회심리적 요인 외에 자원, 조직의 목표, 조직의 크기, 클라이언트의 욕구 및
  속성, 서비스, 기술, 직원능력, 봉급 등 고려하지 못함

---

4. 구조주의이론

구조주의는 언어학에서부터 출발하였다고 볼 수 있는데 개별적인 것이 아니라 요소들 사이에 상호관계 구조가 형성되고 그 위에 개인이나 문화의 의미가 생성된다는 것이다.

구조주의이론에서는 조직의 목표와 구성원의 목표가 항상 일치할 수는 없다고 전제한다는 점에서 앞서 소개한 두 모형과 차이가 있다(최성재, 남기민, 2006: 85). 즉, 조직의 구성원이 조직 전체가 추구하는 목표와는 다른 목표를 가질 수 있고, 따라서 목표를 추구하는 과정에서 갈등이 발생하는 경우도 있다는 것이다. 이에 따라 구조주의이론은 내재된 갈등이 조직의 와해를 가져올 수 있다고 보아 조직 내 갈등을 감추기보다는 표출해서 갈등을 해결할 수

있는 방식을 공식화하는 것이 필요하다고 본다.

또한 구조주의이론은 앞서 소개한 이론들과는 달리 환경에 대한 관심을 보이고 있다(최성재, 남기민, 2006: 85). 조직이 처한 환경이 변화하고 있기 때문에 조직의 목표나 자원의 동원에 있어 이에 대한 적절한 대응이 필요하다는 것이다.

1) 구조주의이론의 개요

이 이론은 고전이론과 인간관계이론의 종합으로 볼 수 있다. 구조주의 이론은 인간관계이론에 대하여 제기한 비판으로부터 출발한 것으로, 개인과 조직의 목표가 당연히 일치한다고 가정하지 않는다. 오히려 조직에서는 갈등이 불가피하다고 보고 있다(최성재, 남기민, 2006: 85). 이 모형은 경험적 연구의 결과로 나타났다는 점에서 규범적(normative)이기보다는 기술적(descriptive)이고 실증적(positive)이다. 그리고 구조주의에 대한 많은 경험적 연구가 사회복지조직에서 이루어졌다.

2) 구조주의이론의 특성

구조주의이론가인 에치오니(Etzioni, A.)는 다음과 같은 관계들에 의해 갈등의 가능성이 있다는 점을 강조했다(Etzioni, 1964). 조직의 공식적 요인과 비공식적 요인, 비공식적 집단의 범위, 조직 내 비공식적 집단들 간의 관계, 하위자와 상위자, 사회적 보수와 물질적 보수 및 그 상호 간의 영향, 조직과 환경 간의 상호작용 그리고 업무조직과 비업무조직 등이다.

구조주의자들은 조직을 사회집단들이 상호작용하는 크고 복잡한 사회적 단위라고 보고 있다. 이 집단들은 어떤 이해관계를 공유하기도 하나 한편으로는 양립할 수 없는 이해관계를 가지기도 한다(Etzioni, 1964: 41). 또한 갈등을 역기능적인 것이라기보다는 순기능적인 것으로 보았다. 갈등이 문제를 노출시키고 그에 따라 해결책을 찾게 함으로써 사회적 기능을 달성할 수 있다는 것이다(Coser, 1956). 그러므로 구조주의자들은 갈등을 인위적으로 은폐하는 것을 반대한다. 갈등이 감추어진다면 갈등과 그에 따르는 잠재적 소외로 인하여 조직으로부터의 이탈 또는 사고의 증대와 같은 다른 현상들이 나타나고 결국은 구성원과 조직 모두에 불리하게 된다고 보고 있다. 반대로 갈등이 나타나게 되면 기존의 권력을 재검토하고 조직체계를 현실적 상황에 적응하도록 유도하여 궁극적으로는 조직의 평화를 가져온다고 본다.

구조주의이론의 특성

- 고전이론과 인간관계이론을 절충, 인간을 이면적인 존재로 파악
- 개인과 조직의 목표가 일치하지 않을 수 있고, 이로 인한 갈등이 불가피함을 전제
  - 공식적 요인/비공식적 요인: 비공식적 집단의 범위
  - 상위자/하위자: 조직 내 비공식적 집단 간의 관계
  - 사회적 보수/물질적 보수 및 상호 간의 영향
  - 조직/환경의 상호작용: 업무조직/비업무조직
- 환경에 대한 영향을 강조(특히 사회복지조직)
  - 일반환경: 경제적, 사회 · 인구통계적, 정치적, 법적, 기술적 환경
  - 과업환경: 재정자원 제공자, 정당성, 권한 제공자, 보조서비스, 제공자, 수혜자, 경쟁조직
- 조직 없는 인간(people without organization)+인간 없는 조직(organization without people)

---

3) 구조주의이론에 대한 비판

인간관계론자들은 구조주의이론이 인간적인 요소를 충분히 고려하지 않는다고 비판하며, 구조주의이론의 가정은 자기표현, 창의성 그리고 독립성과 같은 인간의 욕구를 충족시킬 여지를 충분히 주지 않기 때문에 결국은 비효율을 초래하고 조직을 건조하게 만든다고 비판하였다(최성재, 남기민, 2006: 87).

구조주의이론의 관심분야 및 문제점

1. 주요 관심분야

- 예산의 획득
- 홍보, 마케팅, 후원
- 옹호, 권한 부여
  - → 서비스에 영향, 서비스 기술의 기초

2. 구조주의이론의 문제점

- 인간의 욕구와 성격 무시 → 비효율적
- 갈등 시 인간의 의사소통과 신뢰로서 해결됨을 무시
- 자기표현, 창의성, 독립성 등의 인간 욕구를 충족시키지 못함 → 경직

---

4) 사회복지조직에의 적용

갈등을 사회복지 분야에서 문제해결을 위한 전략으로 사용하는 것에 대해서는 상당한 저항이 있을 수 있다. 따라서 사회복지 행정조직의 관리에 대폭적으로 갈등을 적용하는 것은 무리가 있다. 비록 구조주의가 갈등의 긍정적인 측면을 주장하고 있기는 하지만 다른 전문직과 달리 사회복지서비스 실천가들은 일반적으로 갈등을 성격상의 문제나 일종의 병리현상으로 보고 있다(Neugeboren, 1985).

구조주의자들은 조직에 대한 환경의 영향을 강조하고 있다. 사회복지조직에서도 최근 환경에 대한 강조가 점차 중요해지고 있다. 사회복지조직들의 서비스 전달형태에 미치는 환경의 영향을 과소평가할 수 없기 때문이다.

고전이론 및 인간관계이론(신고전이론) 그리고 구조주의이론을 비교하여 보면 〈표 6-3〉과 같이 정리할 수 있다.

● 표 6-3 ●   각 사회조직이론의 비교

	환경	시간 흐름
고전이론	무시	정태적
인간관계이론		
구조이론	고려	동태적

5. 체계이론

1) 체계이론의 개요

체계이론은 본래 생물학과 같은 자연과학 분야에서 연구하는 체계에 대한 개념을 사회에 적용하면서 발달된 이론이다. 이 이론에 따르면 사회도 하나의 체계로 볼 수 있으며 체계는 다시 다수의 하위체계로 구성된다. 하위체계들은 전체 체계가 필요로 하는 다양한 기능을 수행하는데 이들이 상호 의존적인 관계에 있다고 본다. 하나의 체계가 다수의 하위체계로 구성된다는 생각은 여러 가지 서로 다른 목표나 접근방식을 하나의 틀에 통합하려는 시도에 매우 적절하게 적용될 수 있다.

앞에서 소개된 조직이론들은 각각 장점도 있지만 단점도 있다. 그것은 각 이론들이 발전될 당시의 시대 상황을 반영한 결과로 조직이 처한 상황이 시대마다 달랐기 때문일 것이다. 이와 같이 다양한 조직의 상이한 여건을 모두 포괄적으로 설명할 수 있는 모형이 바로 체계이론이라고 할 수 있다.

본래 체계이론은 어떤 특수한 인과관계를 밝혀 주는 내용에 관한 이론이라기보다는 다양한 내용을 다루기 위한 틀에 관한 이론이라고 할 수 있다. 그러므로 여러 학문분야에서 갖고 있는 고유한 내용을 체계이론의 틀에 입각하여 설명하려는 시도가 있어 왔다. 처음에는 생물학적 체계이론에서 시작하여 공학적 체계이론, 사회학적 체계이론 그리고 정치학적 체계이론 등으로 발전하였다.

2) 체계이론의 특성

체계이론은 조직의 다양한 역동성과 기제를 기초로 두고 구체적 기능을 수행하는 많은 하위체계로 구성된 복합체로 보고 있다(Katz & Kahn, 1978: 69-120). 체계이론은 관리자에게 조직의 문제를 분석하고 진단하기 위한 방법을 제공해 준다. 이 모형은 조직의 어느 부분이 잘못 기능하고 있는가를 찾아내어 개선할 때 활용될 수 있다. 즉, 조직 내 각각의 하위체계들의 기능과 역동성 및 기제를 수행하는가의 표준을 제시하여 특정한 조직의 성과를 그 표준과 비교하거나 평가해 볼 수 있다.

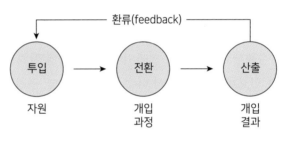

■ 그림 6-1 ■ 체계 순환 과정

3) 각 하위체계의 특성

체계이론은 앞에서 논의한 고전이론, 인간관계이론 그리고 구조주의이론의 세 가지 이론이 하나의 이론으로 통합될 수 있다는 가정에 기초하고 있다(최성재, 남기민, 2006: 87). 체계이론에 따르면 조직은 다섯 가지의 하위체계를 갖는다. 생산 하위체계, 유지 하위체계, 경계 하위체계, 적응 하위체계 그리고 관리 하위체계로 이루어져 있다. 각각의 하위체계는 생존과 발전을 위한 경쟁의 역동성 때문에 부단히 활동하고 있는 한편, 하위체계 간에 갈등과 모순은 불가피하다는 것을 가정한다. 사회복지조직을 관리하는 데 있어 체계이론을 적용할 때 사회복지조직의 문제점을 진단하는 포괄적인 도구를 제공한다는 점에서 한때 이 이론은 사회복지학계에서 관심의 대상이 되었다.

체계이론은 조직이 처한 다양한 상황과 조직이 수행하는 여러 기능을 다수의 하위체계로 설명하고 있어 가장 현실에 가까운 조직이론이라고 할 수 있다. 이러한 이론들을 종합해 볼 때 인간봉사조직에서 부서와 업무를 어떠한 이론적 관점에서 관리할 것인지에 대한 새로운 문제를 생각해 볼 수 있다. 예를 들면, 어떤 부서나 과업에서 관료제를 적용할 것인지 또는 인간관계이론을 적용할 것인지를 결정하는 것이다.

(1) 생산 하위체계

생산 하위체계(production subsystem)의 기본적인 특징은 고전이론의 가정에 기초를 두고 있다. 생산 하위체계는 주어진 목표에 따라 생산하는 체계이다. 생산 하위체계의 핵심은 효율적인 산출이며, 과학적 관리나 관료제적 조직의 운영방식이 적용될 수 있다. 따라서 이 하위체계는 고전이론에 부합한다고 볼 수 있다.

모든 조직은 그 조직의 생산과 관련된 과업을 수행해야 하는데, 이 과업은 생산 하위체계 안에서 달성한다. 또한 조직의 역할과 과업을 설계하는 데 있어 숙련과 합리성의 중요성을 강조한다.

사회복지조직에서의 생산 하위체계의 기능은 클라이언트에게 서비스를 제공하는 것이다. 즉, 재원이나 인력과 같은 자원을 투입하여 서비스로 변형한다. 서비스의 전달과업은 직무기술과 분업의 확립을 통하여 이루어진다(최성재, 남기민, 2006: 89). 생산 하위체계는 숙련과 기술을 강조하는데, 따라서 전문화의 원리가 중요하다. 그러나 전문화를 추구하는 과정에서 기술을 지나치게 강조하여 기술이 클라이언트의 욕구를 대치하면 수단과 목적이 바뀌는 부정적인 결과가 초래될 수 있다(Neugeboren, 1985: 75-76).

(2) 유지 하위체계

유지 하위체계(maintenance subsystem)의 기본철학은 조직의 목표와 개인의 욕구를 일치시키는 것을 강조한 인간관계이론으로부터 나온 것이다

(Neugeboren, 1985: 50). 유지 하위체계의 주요 목표는 조직을 현재 상태로 유지하여 계속성을 확보하는 것이다. 유지 하위체계의 주요한 기능은 조직 내 안정상태의 유지이다(Cameron, 1996: 39). 목표를 달성하기 위해 사용하는 메커니즘은 보상체계의 확립, 새로운 구성원의 사회화, 직원 선발과 훈련 등이다. 이를 위해 구성원을 적절히 보상하고 구성원 간의 유대감과 소속감을 강화하는 것이 중요한 기능이 된다.

사회복지조직에서 유지 하위체계의 기능은 직원 개개인의 목표를 조직의 목표에 통합되도록 촉진해 주는 것이다. 유지 하위체계는 직원을 선발하고 훈련하며 보상하는 체계를 확립함으로써 개별 직원들의 목표를 조직의 목표에 통합시키는 기능을 수행한다.

한편, 유지 하위체계가 그 주요한 목적으로서 현재 상태의 계속성을 확보하고 안정 상태를 유지하는 과정에서 클라이언트의 욕구보다는 직원들의 욕구충족을 더 강조한다면, 이는 인간봉사조직에 대하여 역기능적이 될 것이다 (최성재, 남기민, 2006: 90).

(3) 경계 하위체계

경계 하위체계(boundary subsystem)는 조직의 존립을 위하여 환경과의 관계를 맺는 것과 관련된다. 따라서 경계 하위체계의 주요 기능은 환경으로부터 지지를 받고 다른 조직들과의 관계를 유지하는 것이다. 경계 하위체계는 구조주의이론의 기본과정에 기초를 두고 있다.

여기에서는 조직을 둘러싼 환경과 조직에서 환경에 영향을 미치기 위한 장치를 마련하는 것을 강조하고 있다. 사회복지조직에서 경계 하위체제의 기본적인 목적은 조직 외부 환경에 영향을 미치는 것이다. 사회복지조직이 생존하고 발전하기 위해서는 부단히 외부 환경에서 일어나는 변화를 알 필요가 있고 반응할 수 있어야 한다(Hasenfeld & English, 1973: 98-101). 이와 같은 필요성은 오늘날 사회복지 분야가 정치·경제적 환경으로부터 그 압력을 더욱 크게 받고 있기 때문에 중요하다고 할 수 있다. 사회복지조직의 경계 하위체계는 생산적 지지체계와 제도적 체계라는 두 가지 구성요소를 통해 외부 환경에 반응한다(최성재, 남기민, 2006: 91).

(4) 적응 하위체계

적응 하위체계(adaptive subsystem)는 환경의 변화에 대응하여 조직의 변화를 추구하는 것이 주요기능이라고 할 수 있다. 조직에서 이루어지는 과업들이 조직의 목표를 제대로 추구하고 있는지 그리고 환경의 변화를 제대로 반영하고 있는지를 판단하고 변화를 모색하는 것이다.

적응 하위체계는 연구와 계획을 강조한다는 점에서는 합리성과 숙련을 강조하는 고전이론에 기초를 두고 있으며, 환경을 강조한다는 점에서는 구조주의이론에 기초를 둔다(Neugeboren, 1985: 51). 산업조직체와 대조하여 볼 때, 사회복지조직은 일반적으로 연구와 계획에 자원을 할당하는 것을 핵심적인 것으로 여기지 않기 때문에 예산이 부족할 때 가장 먼저 이 부분을 삭감하게 된다. 그러나 사회복지조직에 대한 책임성이 요구되면서 사회복지조직들은 자신들의 프로그램의 효율성과 효과성을 체계적으로 평가할 수밖에 없었다. 효과적인 적응 하위체계의 확립과 관련된 문제 중의 하나가 내부 평가의 객관성 결여인데 객관적인 평가를 위해 외부의 전문가가 필요할 수도 있다(최성재, 남기민, 2006: 92).

(5) 관리 하위체계

앞서 소개한 체계이론의 여러 하위체계는 서로 상이한 기능을 하고 있기 때문에 갈등관계에 놓일 수 있다. 이러한 다수의 하위체계 간의 갈등을 관리하기 위한 하위체계가 관리 하위체계(managerial subsystem)이다. 관리 하위체계에서는 조직의 통제를 위해 타협과 조정을 통하여 갈등의 해결을 시도하게 되므로 고전이론, 인간관계이론, 구조주의이론 등을 모두 포괄하고 있다고 볼 수 있다.

관리 하위체계는 통제를 강조한다는 점에서 고전이론의 특징을 가지며, 외

부 환경을 강조한다는 점에서는 구조주의이론의 특징을 가지고, 타협을 강조
한다는 점에서는 인간관계이론의 특징을 가지고 있다(Neugeboren, 1985: 51).
관리 하위체계의 목적은 다른 네 가지 하위체계를 조정하고 통합하기 위해 리
더십을 제공하는 것이다. 주요 기능으로는 권한의 활용을 통해 계층 간에 생
겨나는 갈등을 해결하며, 타협과 심의를 통해 하위체계들을 조정하는 것이다.
또한 자원을 증진시키고 필요한 경우 조직을 재구조화하기 위해 체계적인 관
점을 제공하는 것이다.

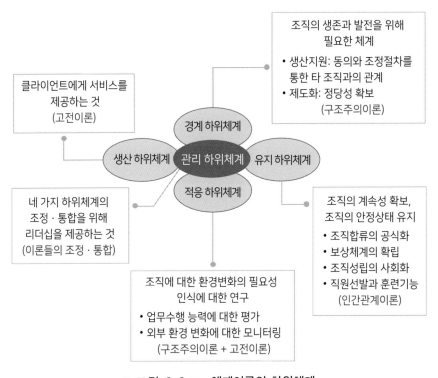

■ 그림 6-2 ■ **체계이론의 하위체계**

> **체계이론**
>
> - 세 이론(고전이론, 인간관계이론, 구조주의이론)이 하나로 통합될 수 있다는 가정에 기초
>   - → 다양한 하위체계(생산·유지·경계·적응·관리 체계)로 구성된 복합체(기능적)
> - 조직의 문제를 분석, 진단방법을 제공, 하위체계의 기능, 역동성, 기제의 표준을 제시
>   - → 특정한 조직의 성과를 표준과 비교·평가
> - 하위체계 간의 갈등과 모순은 불가피
>   - – 조직의 최적기능: 목표에 따른 하위체계 적용 가능
> - 조직에 대한 포괄적 이해, 현실 적용에 유용

6. 조직이론의 종합

조직이론은 각 이론들이 서로 대립하고, 인정하며 발전을 이루어 왔다. 우선 고전이론과 인간관계이론(신고전이론)은 인간에 대해서 수동적인 인간을 가정하고 환경의 존재를 고려하지 않는다는 점에서 공통점을 갖는다. 수동적 인간이란 조직의 목표가 주어지고 적절한 동기부여가 있다면 조직의 목표수행을 위해 헌신할 수 있다는 것이다. 다만, 고전이론에서는 인간을 경제적이고 타산적인 것으로 보기 때문에 물질적인 보상을 통해 동기를 부여할 수 있다고 보는 반면에, 인간관계이론(신고전이론)에서는 인간을 정서적이고 감정적인 것으로 보기 때문에 정서적 보상을 통해 동기부여가 가능하다고 보는 점에서 차이가 있다.

환경을 고려하지 않는다는 것은 조직의 목표를 이미 주어진 것으로 전제하는 것이다. 시간의 흐름에 따라 환경이 변하고 조직의 목표도 달라질 수 있다는 점은 고려되지 않는다. 즉, 정태적이고 폐쇄적인 관점을 갖는다.

고전이론과 인간관계이론이 공통점으로 가정하고 있는 수동적 인간과 폐쇄적인 관점에 대한 비판이 구조주의이론에서 이루어졌다. 즉, 구조주의이론

은 능동적 인간을 가정하고 환경에 대해 고려한다. 따라서 구조주의이론은 동태적이고 개방적인 관점을 갖는다. 능동적 인간이란 자신의 주체적인 생각을 가지고 있어 경우에 따라서는 조직의 목표와 다른 목표를 가질 수도 있기에 어떤 동기부여를 통해서 구성원이 조직의 목표에 헌신하게 할 수 없고 조직과 구성원 간에 갈등관계가 발생할 수도 있다는 것을 의미한다.

7. 조직과 환경에 관한 현대조직이론

지금까지 소개된 이론은 전통적인 조직이론들이었는데, 최근에 조직(구조)과 환경 간의 관계를 새롭게 이해하려는 시도들이 나타나고 있다.

1) 구조적 상황 이론

이 이론은 개방체계이론에 기초하여 조직이 유기체처럼 환경으로부터 에너지를 받아들여 변환하고 다시 산출물을 외부로 방출한다고 본다. 체계는 환경과의 교류 속에서 자기규제능력에 의거하여 순환적인 안정상태를 유지한다. 따라서 조직은 환경에서 나타나는 상황(contingency)에 적합한 구조를 가지고 있을 때 성과를 높일 수 있다. 상황별로 다른 조직구조, 즉 위계의 수, 집권화, 공식화 등이 성과를 결정한다. 이 이론은 환경의 상황에 의해 조직구조가 결정된다는 입장이다. 다시 말해 조직이 보유한 자원이 달라도 같은 상황에 있으면 같은 조직구조를 갖게 된다는 것이다.

2) 전략적 선택이론

이 이론은 특정한 상황에 적합한 최적의 조직구조가 단일하게 존재하는 것으로 보는 환경결정론을 비판한다. 그리하여 경영자가 상황을 주관적으로 판단하고 자신의 권력을 강화하기 위해 전략적으로 여러 대안들 중에서 상이한 조직구조를 임의로 선택할 수 있다고 본다. 따라서 조직의 구조는 경영정책(Candler), 산업조직(Porter) 그리고 보유한 자원에 의하여 영향을 받는 것으로 볼 수 있다.

3) 자원의존이론

조직의 생존에서 핵심은 외부 자원을 획득하고 유지할 수 있는 능력이다. 조직은 외부조직(환경)과의 상호의존적 권력관계를 형성하게 되는데 외부조직에 대한 의존성을 낮추기 위한 노력이 조직 내의 권력 배분 및 조직구조에 영향을 미치게 된다는 것이다. 따라서 조직 간 네트워크 및 사회적 자본 등에 의해 조직구조가 결정될 수 있다고 보는 입장이다.

4) 조직군 생태학

이 이론은 특정한 환경에 존재하는 조직들의 구조를 거시적으로 설명하려는 것이다. 개별 조직은 조직구조에 거의 영향을 미치지 못하고 환경이 환경에 가장 적합한 조직군을 선택한다는 입장이다. 환경이 요구하는 조직구조를 갖추는 조직은 생존하고 그렇지 못한 조직은 도태된다는 것이다. 환경 선택의 결과 조직구조는 환경과 구조적 동형성(isomorphism)을 갖게 된다.

5) 시장과 위계이론

이 이론에서는 개인들이 거래하는 시장에서 왜 기업이라는 조직이 필요한 것인지를 설명하려고 하였다. 시장에서는 정보가 불완전하여 정보탐색 및 협상에 비용이 발생한다. 기업은 위계적으로 조직화된 정보체계를 통해 그러한 거래 비용(transaction cost)을 줄여서 경쟁에서 유리한 위치를 차지하기 위한 것으로 본다. 즉, 거래비용을 줄이기 위해 위계적 조직구조가 만들어진다는 이론이다.

6) 신제도이론(디마지오, 포웰)

이 이론에서는 왜 조직이 특정 구조를 가지게 되었느냐를 조직과 환경의 상호작용으로 설명한다. 조직은 환경에서 나타나는 제도와 상호작용을 하게 되는데, 제도에는 강압(정부의 규제), 모방(우수사례, 플랫폼) 및 규범(ESG) 등이 포함된다. 제도에 의해 구성되는 조직들의 구조는 유사한 형태(제도적 동형화)를 갖게 된다고 보았다.

 참고문헌

강영걸(2001). 조직이론과 사회복지행정. 한국사회복지학회 2001년도 추계학술대회 발표
    자료집, 291-316.
권지성, 이미림(2009). 사회복지조직 관리자의 갈등관리전략에 관한 질적 사례연구.
    한국사회복지행정학, 11(3), 215-246.
김영종(2001). 사회복지행정론. 서울: 학지사.
성규탁(1996). 사회복지행정론. 경기: 법문사.
신준섭(2000). 사회복지기관의 기관혁신활동과 기관생산성에 관한 실증적 연구. 한국
    사회정책, 7(2), 70-98.
이면우(1992). 신바람경영이론. 서울: 랜덤하우스코리아.
이현주(1998). 사회복지조직 구성원의 조직간 관계. 상황과 복지, 4, 229-239.
최성재, 남기민(2006). 사회복지행정론. 경기: 나남.

Blau, P., & Scott, R. (1962). *Formal organizations*. New York: Chandler.
Cameron, J. G. (1996). *Defining and measuring organizational effectiveness*

for the personal social services. Unpublished Doctoral Dissertation, Columbia University.

Coser, L. (1956). *The functions of social conflict.* New York: The Free Press.

Etzioni, A. (1964). *Modern organizations.* Englewood Cliffs, NJ: Prentice-Hall.

Guldner, J. W. (1965). How to prevent dorganization Dry-Rot. *Happers Margazine*, 20-26.

Gulick, L., & Urwick, L. (1937). *Papers on the science of administration.* New York: Institute of Public Administrators.

Gummer, B. (1990). Managing organization cultures: Management science or management ideology? *Administration in Social Work, 14*(1), 135-153.

Hall, R. H. (1977). *Organizations: Structure and process* (2nd ed.). Englewood Cliffs, NJ: Prentice-Hall.

Hasenfeld, Y., & English, R. A. (1973). *Human service organizations.* Ann Arbor: The University of Michigan Press.

Holland, Th. (1995). Organization: Context for social service delivery. *Encyclopedia of Social Work*, 1788-1790.

Katz, D., & Kahn, R. (1978). *Social psychology of organizations* (rev. ed.). New York: Wiley.

Lewis, J. et al. (2001). *Management of human social service program* (3th ed.). Boston: Wadsworth Publishing.

Lorsch, J. W., & Lawrence, P. R. (1969). *Organization and environment: Managing differentiation and integration.* Boston: Harvard Business School.

March, J. G., & Simon, H. A. (1958). *Organizations.* New York: Wiley.

McGregor, D. (1960). *The human side of enterprise.* New York: McGraw-Hill.

Merton, R. K. (1940). Bureaucratic structure and personality. *Social Forces, 18*, 560-568.

Merton, R. K. (1957). *Social theory and social structure* (rev. ed.). New York: The Free Press.

Neugeboren, B. (1985). *Organization, policy and practice in the human services.* New York: Longman.

Ouchi, W. G. (1981). *Theory Z: How American business can meet the Japanese challenge.* Boston: Addison Wesley.

Taylor, F. W. (1911). *The principles of scientific management.* New York:

Harper.

Weinbach, R. W. (1990). *The social worker as manager: Theory and practice.*
New York: Longman.

사회복지조직의 관리

이 장에서는 앞 장에서 소개된 조직이론의 연장선상에서 실제로 조직을 관리하는 데 있어 당면하게 되는 여러 가지 문제에 대하여 좀 더 구체적으로 살펴보려고 한다. 앞에서 제시한 각 이론은 각자 다른 시각을 가지고 있으며 이에 따라 관심을 가지는 문제들이 서로 다르다. 이 장에서는 언급되는 조직 관리의 문제를 사회복지조직과 연관시켜 생각해 보는 것이 중요하다.

1. 조직의 개념 및 이론체계

에치오니(Etzioni, 1964: 4)는 조직을 "특정 목표를 달성할 목적으로 의도적으로 구조화된 계획적 단위"라고 정의하였으며, 스콧(Scott, 1987: 15-20)은 조직의 구성요소를 목표, 참여자, 조직구조, 기술, 환경의 다섯 가지 요소로 설명하였다. 따라서 조직은 주어진 환경 내에서 목표달성을 위해 기술, 참여자를 적절하게 구조화하는 것으로 볼 수 있다.

조직이론은 조직체 전체 그리고 내부구조와의 과정을 설명하기 위한 이론으로, 크게 미시조직이론과 거시조직이론으로 구분할 수 있다.

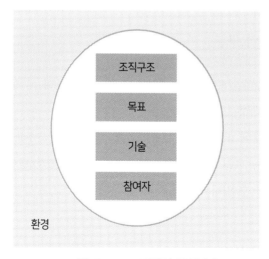

■ 그림 7-1 ■ 조직의 구성요소

미시조직이론은 구성원의 동기, 관리자의 리더십 등에 관심을 갖는다. 거시조직이론은 조직의 구조, 조직의 문화, 조직의 기술, 조직의 환경 등에 대해 관심을 갖는다. 조직체의 동학(dynamic), 서비스 기술을 규정하고 형성하는 과정 설명, 조직체와 환경(갈등), 조직체와 클라이언트와의 관계 등(목표의 일치 여부)이 주요 관심대상이다.

● 표 7-1 ● **미시조직이론과 거시조직이론**

미시조직이론	구성원의 동기	동기부여의 원인 동기부여 인지과정
	관리자의 리더십	조직의 유지와 효과적인 관리를 위한 리더십 형태와 적용과정
거시조직이론	조직구조/조직문화	조직체의 동학 조직체와 클라이언트의 관계
	조직기술/조직환경	조직체와 환경 서비스 기술 형성과정

2. 사회복지조직의 유형

1) 사회조직의 구분

사회조직의 유형을 구분하는 기준은 크게 권력 형태, 수혜자 그리고 업무 통제 등 세 가지이다(Smith, 1984: 51-53).

첫째, 권력형태에 따라 강제적 조직(수용정신병원, 강제수용소, 형무소), 공리적 조직(산업조직) 그리고 규범적 조직(종교조직, 정치조직, 병원, 학교, 사회복지조직)으로 구분할 수 있다.

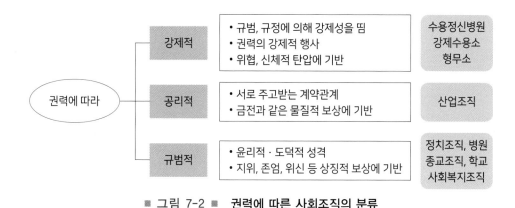

■ 그림 7-2 ■ **권력에 따른 사회조직의 분류**

둘째, 수혜자의 종류에 따라 상호수혜조직(정당, 종교단체), 사업조직(회사, 은행), 서비스조직(사회복지) 그리고 공공조직(행정기관, 군대)으로 구분할 수 있다(Blau & Scott, 1962: 장인협, 이정호, 1993: 128에서 재인용).

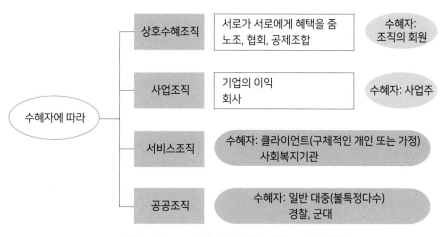

■ 그림 7-3 ■ **수혜자에 따른 사회조직의 분류**

출처: 장인협(1992)에서 재구성.

셋째, 업무의 통제성에 따라 전면통제조직, 관료조직, 일선조직 그리고 투과성 조직으로 구분할 수 있다(장인협 역, 1984: 51-53).

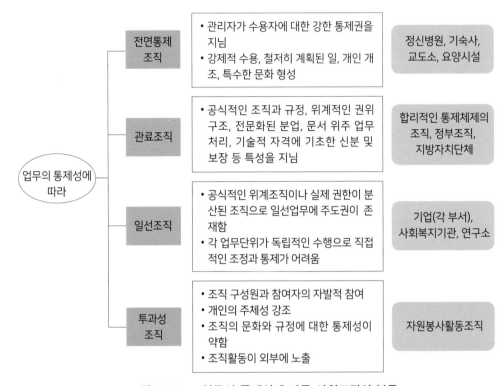

출처: 장인협 역(1984)에서 재구성.

2) 사회복지조직의 구분

하젠펠트(Hasenfeld, 1983: 4-7)는 클라이언트에 대한 기술과 기능을 중심으로 여섯 가지 조직의 유형을 구분하였다. 클라이언트를 정상기능 클라이언트, 비정상기능 클라이언트로 구분하고, 클라이언트에게 사용하는 기술의 유형을 인간식별 기술, 인간유지 기술, 인간변화 기술로 나누었다. 인간식별 기술은 인간이 가진 자격이나 문제에 대해 판단하고 구분하는 기술이다. 인간유지 기술은 소득보장 등 정기적인 개입을 통해 일상적인 생활이 가능하도록 하는 기술이다. 인간변화 기술은 지식의 증가 또는 질병의 호전 등과 같이 기존의 상황보다 더 나은 상황으로 발전시키기 위해 개입하는 기술이다.

● 표 7-2 ● 하젠펠트의 사회복지(인간봉사)조직의 유형

기능 \ 기술	인간식별 기술	인간유지 기술	인간변화 기술
정상	대학 신용카드 회사	사회보험관리기구	공립학교
비정상	소년법원 진료소	공공부조사무소 요양시설	병원 수용치료시설

출처: 최성재, 남기민(2006)에서 재구성.

3) 사회복지조직의 특성

인간봉사를 목적으로 하는 사회복지조직은 다음과 같은 특성이 있다(최성재, 남기민, 2006: 22-25).

첫째, 사회복지조직의 원료는 사회적 · 도덕적 정체성을 지니고 있는 인간이다. 또한 사회복지조직이 사용하는 서비스 기술은 그 사회의 지배적 가치에 의해 제약을 받을 뿐만 아니라 도덕적으로도 정당화되어야 한다. 사회복지조직의 클라이언트들은 분명한 사회적 배경을 가지고 있어 조직의 활동으로 인해 영향을 받을 수 있기 때문이다.

둘째, 사회복지조직에서의 핵심적 활동은 직원과 클라이언트의 관계로 구성되어 있다. 직원과 클라이언트의 관계는 조직이 클라이언트를 다루고 욕구를 평가하고 결정하며 클라이언트를 변화시키기 위해서 일하고 바람직한 결과를 달성하는 수단이 된다.

셋째, 사회복지조직의 목표는 불확실하며 애매모호하다. 사회복지조직에서는 인간봉사(human service)라는 목적은 명확하지만 구체적, 개별적 사례에서 목표와 관련한 과업환경 및 직원들의 합의를 찾기가 쉽지 않다. 과업환경은 사회복지조직의 클라이언트와 이해관계가 있는 다양한 조직으로 구성되어 있으며, 그들은 사회복지조직에 대한 다양한 기대를 가지고 있어 그들의 기대를 모두 수용하려다 보면 조직의 목표가 애매모호해지기 쉽다. 또한 내부적으로 각기 다른 전문적 · 사회적 배경을 가지고 있는 직원들 간의 합의를 이

끌어 내기도 쉽지 않다.

넷째, 사회복지조직의 기술은 불확실하다. 이는 인간은 복잡하며 변화가 심하고 인간을 변화시키는 기술에 대한 지식이 불완전하며, 인간의 속성 중에 관찰 또는 측정이 불가능한 것이 많기 때문이다.

다섯째, 사회복지조직에는 그 효과성을 측정할 신뢰성 있는 척도가 부족하다. 이는 조직의 목표가 다양하고 서비스 기술이 불확실하며 인간의 속성은 관찰과 측정이 어렵기 때문이다.

여섯째, 사회복지조직은 전문성을 가지고 있는 직원들에게 의존한다. 사회복지조직이 다루어야 할 인간문제들의 성격과 복잡성 때문에 과학적이고 이론적이며 실천적인 전문성이 필요하다. 또한 사회복지조직의 서비스 임무, 클라이언트의 복지증진을 위해 이상적인 서비스에 투철한 사명감과 책임감이 있는 직원이 필요하다.

3. 고전이론의 관심사

1) 조직의 구조적 요소

조직의 분업은 수직적·수평적으로 가능하다. 수직적 분업은 계층화로 이루어지고 수평적 분업은 전문화(특화)로 이루어진다. 수평적 분업은 업무의 추진에 관한 것이고 수직적 분업은 의사결정의 권위의 배분과 관련된다고 볼 수 있다.

● 표 7-3 ● 조직의 구조적 요소

조직의 구조적 요소		
분업	수평적	전문화(특화)
	수직적	계층화(집권화)

2) 관료제와 사회복지조직

(1) 관료제의 발전과정

이 문제는 고전이론과 관련된다고 볼 수 있다. 관료제를 이론적으로 처음 다룬 사람은 막스 베버(Weber, M.)이다. 그는 '권위(authority)'의 개념에 대하여 관심을 가졌으며, 권위는 한 사람이 본인이 원하는 것을 다른 사람이 자발적으로 하게 하는 영향력으로 규정하였다. 자발성을 강조한다는 점에서 권위는 강제적·일방적 영향력을 의미하는 '권력(power)'의 개념과는 차이가 있다.

인간과 사회는 끊임없이 의사결정을 해야만 하는 상황 속에 놓여 있다. 베버는 의사결정에서 누가 결정권을 갖는가에 관심을 가졌다. 그는 권위가 시간의 흐름에 따라 전통적인 권위로부터 카리스마적 권위 그리고 합리적 권위로 변화된다고 보았다. 사회의 발전에 따라 전통적 권위나 카리스마적 권위가 빛을 잃게 되고 새로운 권위의 필요성이 제기됨에 따라 합리적 권위가 등장하게 된 것이다(성규탁, 1996: 27-28). 합리적 권위, 즉 인간이 합리적으로 정한 규칙을 잘 따르면 조직 내 효율성을 도모할 수 있으며 사회질서가 안정적으로 유지될 것으로 보았다(York, 1986: 3-13).

(2) 관료제의 특징

관료제란 최대한의 효율성을 목적으로 전반적인 조직의 구조와 과정을 조정하기 위해 기술적 지식을 바탕으로 설정된 합리적 규칙에 기초한 통치체계이다.

관료제는 공식적 조직과 규정, 위계적 권위구조, 명확하고 전문화된 분업, 문서에 의한 업무처리, 기술적 자격에 의한 신분보장을 특징으로 한다.

- 합법적 권위에 기초, 전형적인 조직으로 표현
- 특정 목적의 합리적 추구를 위한 조직 내의 사회규범들의 실체
- 제도화된 비인간적 질서로 명령과 복종의 계층화

베버는 관료조직의 생성 및 사회에 미치는 영향에 관하여 분석하였다. 베버에 따르면 관료제는 산업사회체계 내에서 자원과 권력을 동원하는 데 가장 효율적인 도구이며 기술적으로도 우수하다. 특히 관료제는 조직의 규모가 크고 일상적인 업무를 대량으로 처리해야 하는 경우에 매우 효율적일 수 있다.

관료제의 개념 및 특성

1. 관료제의 개념
- 최대한의 효율성을 목적으로 전반적인 조직의 구조와 과정을 조정하기 위해 기술적 지식을 바탕으로 하여 설정된 합리적 규칙에 기초한 통제체계

2. 관료제의 특성
- 공식적 조직과 규정
- 위계적 권위구조
- 명확하고 전문화된 분업
- 기술적 자격에 의한 신분보장(실적에 따른 관료 임명)
- 문서에 의한 업무처리

---

(3) 관료제의 역기능

관료조직도 몇 가지 문제를 가진다(성규탁, 1996: 27-28). 관료제가 갖는 역기능은 관리자의 입장, 직원의 입장, 클라이언트의 입장에서 파악할 수 있다.

① 머튼

머튼(Merton, R. K.)은 관료제가 규칙(규제) 그 자체로 상징이 되거나 목적으로 잘못 인식될 수 있다고 보았다(Merton, 1940: 성규탁, 1996: 27에서 재인용). 그리하여 변화에 무관심하고 과거의 결정을 반복적으로 수행하게 될 경우 레드테이프와 같은 형식주의(mannerism)에 빠질 위험이 있고 융통성이 결여된다는 것이다. 합리적인 규칙이 지속적으로 유지되어 이것이 관행으로 굳어지면 변화가 어렵게 된다.

관료적 조직의 한 구성원의 입장에서는 혁신적인 아이디어를 가졌다 해도 지금까지 합리적으로 여겨졌던 기존의 규칙보다 자신의 생각이 더 효율적일 수 있다는 점을 증명하여야 새로운 규칙을 적용할 수 있을 것이다. 그러나 각 개인의 입장에서 그것을 증명하는 데 막대한 시간과 노력이 필요하며, 그러한 노력으로부터 얻게 되는 개인의 이익은 투입되어야 할 비용보다 크지 않은 것이 일반적이다. 그러므로 기존의 규칙을 답습하는 것이 각 개인의 입장에서 가장 편한 선택이 된다. 결국 조직의 변화는 용이하지 않게 되고 경직적인 모습을 띠게 된다. 이와 같은 복지 부동의 태도는 조직 혁신의 걸림돌로 작용할 수 있다.

② 셀즈닉

셀즈닉(Selznick, P.)은 관료제의 전문화에 따른 문제점을 지적하였다 (Selznick, 1949). 관료제의 특징 중 하나가 바로 고도의 전문화(specialization) 인데, 이것은 업무를 여러 부서로 분화하여 추진하는 것을 의미하며 각 부서의 역량을 강화하는 것을 전제로 한다. 이 경우 각 부서가 각자의 목표와 문제에만 관심을 집중하게 되면 담당 업무에는 해박한 지식과 경험을 갖추지만 타 분야에는 전혀 조망하지 못하는 훈련된 무능(trained incapacity)이 나타나거나 다른 부서와 갈등관계를 갖게 되는 경우 이른바 할거주의 또는 기관이기주의와 같은 문제가 나타나게 된다. 또한 그는 관료제의 경우 하위부서에 권한을 위임함으로써 부서이기주의를 조장할 가능성이 있다고 보았다.

③ 굴드너

굴드너(Gouldner, A. W.)는 관료제의 기준에 대한 강조가 가져올 수 있는 문제점에 대해 지적하였다(Gouldner, 1954). 관료제는 통제의 편리를 위해 권한과 책임에 관하여 사전에 최소한 기준을 명시하게 된다. 그런데 이러한 기준만 만족하면 그 이상은 하지 않아도 되는 것처럼 받아들여진다. 이와 같은 행위를 기준행위라고 하며 이것이 현실에서 이른바 무사안일의 태도로 나타나게 되면 비난의 대상이 되기도 한다. 구성원에게 기준이 되는 임무가 제시되었을 때 최소한 수준만 충족시키면 상부의 통제나 제재를 받지 않기 때문에 무관심한 태도를 조장할 수 있다(성규탁, 1996: 28).

한편, 실적이 승진과 보상에 중요한 기준이 되는 경우 성공 가능성이 높은 케이스를 선호하고 어려울 것으로 예상되는 케이스를 배척하는 크리밍(creaming) 현상이 나타날 수도 있다.

④ 모젤리스와 맥닐

모젤리스(Mouzelis, M. P.)와 맥닐(McNeil, K.)은 관료제의 전문성에 대한 강조로 발생될 수 있는 문제점으로 서비스를 제공하는 사람들의 전문성을 인정하면 그에 기초한 권한이 그들에게 집중되어 클라이언트의 소외나 인권의 침해를 초래할 가능성이 있다고 지적하였다(성규탁, 1996: 30). 그들의 지적은 사회복지실천현장에서 충분히 발생할 수 있는 가능성이 있다.

관료제의 역기능

머튼(Merton, R. K.)
- 규칙(규제) 그 자체의 상징화 · 목적화
- 변화에 무관심, 과거의 결정, 반복수행 → 형식주의, 융통성 결여 → 비효과적
※ 혁신적인 아이디어 제시하려면 기존의 규칙보다 합리적인 근거도 제시해야 함
     → 시간과 비용이 필요

셀즈닉(Selznick, P.)
- 세분화(전문화) → 하위부서에 권한 위임 → 부서이기주의, 갈등

굴드너(Gouldner, A. W.)
- 구성원이 수행할 최저한의 기준 제시 → 최저수준에 머무름 → 무사안일, 무관심

모젤리스(Mouzelis, M. P.)와 맥닐(McNeil, K.)
- 서비스 제공자의 전문화에 기초한 권한 집중 → 클라이언트의 소외를 초래

(4) 평가

실제로는 다양한 조직에서 베버가 제시한 권위가 통용되고 있으며, 실제 조직의 효율성을 제고하는 데 기여하고 있다. 그러나 이는 관료, 경영 엘리트 또는 사회복지 전문가에게 권력이 집중되어 비인간화 및 소외 현상을 초래함으로써 조직의 효과성을 저해할 수도 있다.

3) 집권화와 분권화

(1) 개요

집권화와 분권화는 정책수립이나 기획에 관한 의사결정에 참여하는 권한이 한 곳에 집중되어 있는지 또는 분산되어 있는지에 관한 것을 의미한다. 이는 복지정책을 중앙집중형으로 운영할 것인가 또는 지방에 권한을 위임할 것인가의 문제와도 긴밀한 관련이 있다.

행정적인 의미에서 집권화는 하나의 행정조직 내에서 권한이 상위계층에 집중되어 있는 경우를 말하고, 분권화란 권한이 하위계층에 분산 또는 하위조직에 분산되어 있는 경우를 의미한다.

이 문제는 고전이론과 관련된다고 할 수 있는데, 한 조직 내에서 의사결정의 권한이 어떻게 배분되어 있는가에 따라 집중형과 분산형으로 구분할 수 있다. 집중형은 의사결정의 권위가 중앙에 집중되어 있고 주로 상의하달식(top down)으로 운영되며, 이에 반해 분산형은 권위가 각 부서에 분산되어 있으며 주로 하의상달식(bottom up)으로 운영된다(성규탁, 1996: 33). 한 조직에서 의사결정 구조를 결정할 때에는 고려해야 할 여러 가지 요소가 있기 때문에 어떤 의사결정 구조가 조직의 운영에 더 효율적인지에 대해 간단하게 말하기 어렵다. 즉, 조직의 의사결정 시 조직이 처한 상황, 관련된 문제의 복잡성, 조직의 문화, 조직의 규모, 그리고 지도자의 리더십, 하부조직의 능력 등 다양한 요소를 고려해야 한다.

고전이론에서는 계층화의 원리에 따라 의사결정 구조를 수직적으로 구축하거나, 전문가에게 권한을 부여하면서 의사결정 구조를 분산형으로 구축하기도 한다. 의사결정 구조를 집중형으로 하느냐 또는 분산형으로 하느냐에 따른 장단점이 있을 수 있다(김영종, 2001: 137-139; 성규탁, 1996: 39-40).

중앙정부-지방정부 / 관장(감독자)-사회복지사 / 본부-지부

(2) 집권화와 분권화의 장단점

의사결정의 권한을 집권화하면 여러 가지 이점이 있을 수 있다. 우선, 정책의 통일성을 기할 수 있다. 예를 들면, 지리적·신분적·계급적 차이와 소득수준의 차이를 고려하지 않고 균등한 급여를 보장할 수 있다. 그 외에도 통제와 지도감독이 용이하고 중복과 분열을 억제할 수 있으며, 대량의 업무 처리가 가능하여 비용을 절감할 수 있다. 또한 자원동원이 용이하며 갈등의 신속한 해결이 가능하여 조직의 (전반적) 위기에 신속히 대응하고 혁신·개혁에 용이하다는 것 등이 있다.

반면, 단점으로는 관료주의적이고 권위주의적인 성격을 띠게 되며, 형식주의에 빠져 행정의 실효성을 거두지 못할 수 있다는 것과 조직 내의 창의성과 자발성을 저해하고 획일화함으로써 부서 또는 지역의 특수성을 고려하지 못한다는 것이 있다.

의사결정의 권한을 분권화할 경우 대규모 조직에서 효율성이 크며, 최고관리자의 업무를 감소시킬 수 있다. 또한 의사결정자의 결정시간 단축으로 신속한 업무처리를 할 수 있으며, 직원들의 참여의식을 높이고 자발적 협조를 유도할 수 있다는 장점이 있다. 더불어 부서나 지역실정에 맞는 행정업무를 수행할 수 있게 되어 업무의 융통성과 창의력이 증진되고, 행정업무에 대한 책임감을 증진시킬 수 있다. 특히 하위부서 간의 횡적인 협조관계가 잘 이루어지게 된다.

반면, 하위계층에 재량권을 강화하는 효과가 있어 통제가능성이 약화되는

모순이 발생하며, 업무의 중복을 초래하게 됨으로써 업무 처리가 산만해지고 행정력이 분산될 수 있다는 단점이 있다. 또한 전문적인 기술의 활용이 어려워지기도 한다.

이처럼 집권화와 분권화의 두 개념은 상대적인 것으로 실무현장에서 하나의 개념을 강조하다 보면 다른 하나의 개념은 약화되는 것으로 볼 수 있다. 하지만 집권화와 분권화는 대립되기만 하는 것이라기보다는 오히려 상호보완적이어서 현장에서는 두 개념이 동시 적용될 수 있다. 예를 들면, 조직의 장기계획 수립, 기획 등은 상위층에서 결정하고 그에 따르는 업무의 집행은 하위조직이나 하급자에게 적절히 권한을 배분하여 행정조직의 집권화와 분권화가 갖는 장점을 동시에 추구할 수 있다(성규탁, 1996: 40).

(3) 집권화와 분권화의 결정요인

집권화와 분권화를 결정하는 요인은 다양하다(성규탁, 1996: 33-37).

첫째, 조직의 문화, 환경이 권위주의인가 혹은 다원주의인가?

권의주의적 문화가 지배적인 환경, 즉 인간관계나 조직 간의 관계에서 상하 간의 위계질서가 강조되는 사회에서는 집권화가 나타나기 마련이다. 그러나 인간관계나 조직 간의 관계가 다원주의와 평등주의의 영향을 받는 환경에서는 분권화가 촉진된다. 한국의 경우 전통적으로 사회전반에 걸쳐 집권화의 경향이 강했기 때문에 정치적 집권화는 물론 행정적 집권화가 두드러지게 나타난다.

둘째, 조직의 크기와 역사는 어떠한가?

조직의 규모는 집권화와 분권화에 상당한 영향을 미치는데, 소규모 조직일수록 업무내용이 다양하지 않고, 업무량도 많지 않으며, 의사소통이 신속하고 활발하게 이루어질 수 있고, 책임자가 업무전반에 대하여 정확히 파악할 수 있어 집권화되는 경향이 있다. 이와 대조적으로 대규모 조직은 분권화를 지향하는 경향이 있다. 역사가 짧은 신설조직은 업무처리에 관한 선례가 없이 상급자의 지시를 따름으로써 집권화되는 경향이 있는 반면, 역사가 오래된 조직은 분권화하는 경향이 있다. 물론 대규모의 역사가 긴 조직이 반드시 분권화되는 것은 아니며, 동일 업무를 수행하는 조직이라면 역사가 오래되고 대규모인 조직일수록 소규모의 신설조직보다 분권화할 가능성이 높다는 것이다.

셋째, 하위조직이 전문성을 갖는가?

동일한 조직 내에서도 하위조직에 속한 요원들이 전문성이 낮은 경우, 즉 무능하거나 판단능력이 없고 기술이 부족한 경우에는 자연히 집권화가 강하게 나타난다. 반대로 하위조직 요원들의 전문성이 높을 경우에는 권한위임 또는 배분이 이루어지는 분권화의 성향을 띠게 된다. 이러한 권한위임 양상은 특히 전문성이 높은 치료자(의사, 가족상담 사회사업가, 심리분석가 등)를 가진 인간봉사조직에서 흔히 볼 수 있다.

넷째, 조직의 상황이 일반상황인가 혹은 위기상황인가?

조직은 평상시에는 분권화를 지향하지만 위기나 비상사태가 발생하면 집권화되는 경향이 있다. 조직의 존립이 좌우되는 위기상황에서는 강력한 지도체계를 필요로 하는데, 이를 위해서는 행정적 권한의 집중이 필수적이기 때문에 조직구조는 집권화될 수밖에 없다.

다섯째, 조직의 리더십 또는 지도자의 능력이 어떠한가?

조직 내 리더십의 형태에 따라 집권화 정도는 달라진다. 조직 내 특정인이 유능한 인물인 경우에는 신속한 의사결정이 이루어지고, 탄력성 있는 관리 활동이 가능하여 타조직과의 경쟁에서 우위를 점할 수 있게 되므로 집권화의 경향이 높아진다. 반면에 민주적 지도력을 추구하는 조직에서는 각 개인의 인격을 존중하고, 민주적 참여와 활동을 인정하며, 하급자의 창의성 개발을 위하여 분권화의 성향을 띠게 된다. 그리고 개인적 지도력에 의존하는 집권화된 조직은 그 개인이 사망하거나 퇴임할 때 지도력의 승계에 문제가 야기될 수 있으나, 분권화된 조직에서는 자주적 의사결정을 행하는 과정에서 자연스럽게 지도력을 갖춘 관리자를 선출할 수 있으므로 지도력의 계승에 따른 공백이 나타나지 않게 된다.

여섯째, 업무의 내용이 단순하고 획일적인가 또는 복잡하고 다기한가?

업무가 동시에 동일한 방법, 똑같은 내용으로 수행되는 경우에는 조직이 집권화하는 경향이 있다. 즉, 업무의 내용이 단순하고 획일적일 경우에는 효과적인 업무추진을 위해서 활동의 획일성이 요구되므로 행정적 집권화가 이루어지게 된다. 그리고 공공의 관심사이거나 상위조직에서 중요하다고 생각하는 특정업무의 경우에 그와 관련된 행정업무는 집권화되기 쉽다. 이와 반대로 업무내용이 다양하고 복잡한 경우에는 분권화하는 경향이 있다. 인간봉사조직에서와 같이 다양하고 복잡하며 유동적인 사람의 문제를 다루면서 전문적인 판단과 치료를 해야 하는 상황에서는 분권화를 하지 않으면 업무의 효과를 달성할 수가 없게 된다. 집권화된 조직에서는 행정업무가 소수의 상급자에게 집중되므로, 상급관리자는 업무분담이 과중하여 본연의 행정기능을 충분히 수행하지 못하는 경우가 발생한다. 조직의 상급자가 세부적이고 일상적인 행정업무에서 벗어나 조직의 장기계획수립, 정책결정 그리고 조정과 통제의 업무를 수행하기 위해서는 시간적 여유를 가질 수 있도록 권한의 위임 또는 분권화가 있어야 한다.

일곱째, 의사소통의 방법과 가능성, 정보의 접근에 따른 기술발달 수준은 어떠한가?

과학과 기술의 발달은 조직구조의 집권화와 분권화에 영향을 미친다. 통신과 교통의 발달이나 컴퓨터의 활용은 신속한 의사소통을 가능하게 하고 정보에 대한 접근성을 증진시킴으로써 집권화를 촉진시키는 요인으로 작용하고 있다. 그러나 과학과 기술의 발달은 행정의 영역을 확대하고, 전문적 기술을 요구하는 경향이 있으므로 동시에 분권화에도 지대한 영향을 미친다. 지식 외의 기술 발달로 인하여 상위관리자가 전문화된 분야의 지식과 기술을 갖추지 못하는 경우가 있는데 이런 경우 상부로부터의 업무에 대한 간섭이나 통제의 범위가 줄어들게 됨으로써 분권화가 현저해질 수밖에 없는 것이다.

여덟째, 환경의 불확실성과 변화가능성은 어떠한가?

항상 변동하는 조직의 환경은 일관성, 안전성, 확실성을 유지하기가 어렵다. 이러한 조직환경의 불확실성이나 가변성은 분권화를 촉진시키는데, 불확실성과 가변성의 이유는 바뀔 수 있고, 이런 불확실한 환경의 요구에 신속히 적절하게 반응하기 위해서는 레드테이프(red tape)[1] 등과 같은 복잡한 절차를 간소화하여 업무처리를 가능케 하는 분권화가 필수적이다.

아홉째, 관리자의 인간관이 X이론(권위주의) 또는 Y이론(민주적 지도력) 중 어떠한 이론에 기초하는가?

조직의 관리에 있어 인간인 구성원을 어떻게 보느냐에 따라 조직의 관리 전략이 달라진다. 인간에 대한 종래의 이론을 X이론과 Y이론으로 구분한 맥그리거에 의하면, X이론에 근거한 관리자는 권위주의적 지도력, 엄격한 통제, 상부책임제 강화를 관리전략으로 활용하므로 집권화와 관련된 전략을 선호하는 경향이 있고, Y이론에 근거한 관리자는 민주적 지도력의 확립, 권한의 위임, 자기평가제도의 활성화 등 분권화와 관련된 전략을 선호하는 경향이 있다.

집권화와 분권화의 결정요인

- 조직의 문화, 환경: 권위주의/다원주의
- 조직의 크기, 역사
- 하위조직의 능력: 전문성 여부
- 조직의 상황: 일반상황/위기상황
- 조직의 리더십, 지도자의 능력
- 업무의 내용: 단순, 획일/복잡, 다기
- 의사소통의 방법과 가능성, 정보의 접근에 따른 기술발달 수준
- 환경의 불확실성과 변화가능성
- 관리자의 인간관: X이론/Y이론

---

[1] 방대한 양의 공문을 묶어서 저장할 때 썼던 붉은 띠, 의미 없는 형식주의

(4) 대안적 방법

　의사결정의 계층화와 업무의 세분화 간의 긴장관계(trade-off)를 해소하기 위한 절충적 방법도 있다(김영종, 2001: 140-142). 조직구조 및 업무의 세분화에 따른 중복누락 및 통제의 어려움 등의 문제점은 조직의 통합으로 해결할 수 있지만 그 역시 획일성 등 또 다른 관점에서의 문제를 초래하게 된다. 따라서 그 절충방식에 따른 조직의 분화를 유지하면서도 업무 간 조정가능성을 높이려는 접근방식이 이른바 연계(linkage)방식이다. 연계방식에 따라 세분화된 조직구조에서 사례관리자가 조정과 통합을 하는 사례관리(case management), 사례관리의 한 기능인 사례옹호(case advocacy), 그리고 공동참여를 통해 조정과 통합을 하는 치료팀(treatment team) 등 다양한 대안적 방법이 제시되고 있다.

　또 다른 접근방식으로는 서로 다른 부서(하부조직) 간 직원의 타 부서업무에 대한 상호 이해를 높여 조정을 가능하도록 하는 직무확대(job enlargement) 또는 직무순환(job rotation) 등이 있으며, 조직 내에서 대안적 방식으로 실시되기도 한다.

대안적 방법

- 연계(linkage)방식
  - 사례관리(case management)
  - 사례옹호(case advocacy)
  - 치료팀(treatment team)
- 직무확대(job enlargement): 한 사람이 기존에 맡은 업무 이외에 다른 업무도 담당하도록
- 직무순환(job rotation): 부서를 옮기거나 담당 업무를 교환
- 행렬조직(matrix)
  - 분과와 프로그램에 대한 이중적 책임
  - 집권화와 분권화가 동시에 가능하도록
- 태스크포스(task force)
  - 특수한 임무만을 수행하기 위해 구성

이른바 행렬조직(matrix)은 특이한 조직구조를 가지고 있는데, 이는 장기적인 업무를 수행하는 계층적 조직에 소속됨과 동시에 단기적인 과업을 수행하는 수평적 팀의 업무도 하는 방식이다. 분과와 프로그램에 대한 이중적 책임을 지도록 함으로써 집권화와 분권화가 동시에 가능하다.

그 외에도 전문직을 중심으로 구성되는 전담조직이나 단기적으로 기존의 조직을 떠나서 특수한 임무만을 수행하기 위해 구성하는 태스크포스(task force) 방식 등이 있다.

4) 사회복지조직의 조직화 방법

(1) 사회복지조직의 모형

사회복지조직은 조직의 서비스 성격에 따라 세 가지 모형으로 구분할 수 있다(Weinbach, 1990: 205-208: 최성재, 남기민, 2006: 151-152에서 재인용).

① 생산일선조직

생산일선조직(production line organization)은 각각의 업무단위를 병렬식으로 나열하여 조직하는 것이다. 생산일선조직은 업무가 표준화된 조직에서 가능하다. 하지만 대부분의 사회복지서비스는 서비스의 특성상 표준화할 수 있는 여지가 많지 않고, 서비스에 대한 합의를 이루기 어려우므로 생산일선조직모형을 적용하는 데 한계를 가진다. 그러나 사회복지학분야의 과학화가 점차 발전함에 따라 향후 생산일선조직모형이 적용될 수 있는 여지는 크다고 할 수 있다.

② 연계조직

연계조직(linkage organization)은 조직의 1차적 기능이 중개자의 역할인 조직을 말한다. 연계조직 내 구성원의 역할은 지역사회 자원을 수집하고, 클라이언트와 서비스가 잘 연결되도록 하는 것이다. 사회복지조직에서 연계조직의 대표적인 예는 입양기관, 사회복지서비스 안내기관 등이다.

③ 고객서비스 조직

고객서비스 조직(custom service organization)은 클라이언트의 특성과 욕구, 문제에 맞춰 개별화된 서비스를 제공하는 것을 주역할로 하는 조직으로, 사회복지조직에서 가장 일반적인 형태의 조직이라고 할 수 있다.

(2) 조직화 방법

앞에서 제시된 조직의 모형들에 와인바흐(Weinbach, R. W.)가 제시한 부문화(departmentation) 방법을 사회복지조직에 적용하여 살펴보면 다음과 같다(최성재, 남기민, 2006: 152-155; Weinbach, 1990: 205-208).

- 수 기준 조직화: 1인당 대상자 수[2]
- 시간 기준 조직화: 야간-주간, 2교대
- 기능 기준 조직화: 총무/기획/홍보/사업
- 지리적 영역 기준 조직화: 거주지역
- 서비스 기준 조직화: 개별사회사업/지역사회조직/집단사회사업
- 고객 기준 조직화: 아동/장애인/노인 등
- 서비스 접근통로 기준 조직화: 유료/무료

---

[2] 사회복지전담공무원 1인당 약 600명(민주정책연구원, 2013)

4. 인간관계이론의 관심사

1) 비공식조직의 활용

(1) 개요

비공식조직의 문제는 인간관계이론에서 특히 관심을 갖는 문제라고 할 수 있다. 비공식적 보상체계를 통해 작업의 동기와 업무성과에 영향을 줄 수 있기 때문이다. 공식적 권위가 법적 명령권에 기초하는 데 비해 비공식적 권위는 사실상의 영향력을 의미하는 것으로 실제적 권력에 기초한다고 볼 수 있다. 공식조직은 의도적으로 조직되며, 사회나 국가가 일정한 역할을 기대하는 조직으로 일반적으로 규모가 크고 안정성을 갖는다는 점이 특징이다. 비공식조직은 혈연, 지연, 학연 등에 의해 자연적으로 생성된 소규모 조직으로, 의사소통이 원활하고 조직구성원의 소속감과 구성원 간의 유대감이 강하다고 할 수 있다. 하지만 파벌이나 정실 등의 부작용이 나타날 수 있다는 단점이 있다.

(2) 비공식조직의 특성

자연발생적(현실상의 조직)·내재적 존재이며, 문서화된 존재가 아닌 공식적인 조직 내에서 개인적 관심 또는 취미에 따라 형성된다. 공식조직에서는 능률의 논리가 지배하는 것과는 달리, 비공식조직에서는 감정의 논리가 중요한 역할을 하게 된다(유종해, 1992: 367-371). 공식조직은 전체 질서를 추구하지만 비공식조직은 부분 질서를 갖는다. 대부분의 비공식조직은 공식조직의 하부조직인 경우가 일반적이므로 규모가 상대적으로 작다고 할 수 있다.

(3) 비공식조직의 순기능

비공식조직의 순기능은 다음과 같다. 첫째, 공식조직에 비해 비공식조직에서는 구성원들이 소속감 및 안정감을 갖기 쉬워 조직의 응집력이 강하다. 이것은 조직구성원의 수가 적어 익명성(anonymity)이 높지 않고 상호 결속을 위한 통제가 용이하기 때문이다. 둘째, 공식적으로 거론될 수 없는 문제나 사안들에 대한 의사소통의 경로가 될 수 있으며 심리적 불만에 대한 배출구가 될 수 있다. 따라서 그러한 과정을 통해 조직이 안고 있는 문제점 등을 파악할 수 있을 것이다(성규탁, 1996: 44).

(4) 비공식조직의 역기능

비공식조직의 역기능은 파벌을 형성하게 되거나 업무의 처리나 인사 등에서 자신이 속한 비공식조직의 구성원에게 유리한 결정을 내리는 이른바 정실행위 등이 나타날 수 있다는 점이며, 이는 조직 내의 갈등을 고조시키고 결과적으로 조직의 해체를 초래할 수 있다.

- 비공식적 보상체계를 통해 직업의 동기와 업무성과에 영향
- 실제 권력에 기초한 사실상의 영향력(←→ 법적 명령에 기초한 공식적 권위)

비공식조직의 특성	비공식조직의 순기능
• 자연발생적(현실상의 조직) • 내재적 존재 • 개인관심 또는 취미에 의해 생성된 조직 • 감정의 논리(←→ 능률의 논리) • 부분질서(←→ 전체질서) • 소규모 집단(←→ 대규모 집단) • 유형: 공식적 조직 내 각종 동호회	• 귀속감, 안정감(응집력) → 공식조직에서의 소외감 극복 • 의사소통의 경로 • 심리적 불만에 대한 배출구 • 조직의 병리를 알려 줌
	비공식조직의 역기능 • 파벌 • 정실 • 조직 해체

■ 그림 7-5 ■ 비공식조직

2) 의사소통

(1) 일반적 중요성

의사소통(communication)은 사회적 상호작용의 근간이며, 정보교환의 기본적 수단이다. 조직 내 구성원은 의사소통하는 데 가장 많은 시간을 할애하며(70~90%), 정보와 의사소통은 조직 내에서 권력을 상징한다.

(2) 사회복지에서의 중요성

사회복지에서도 의사소통은 매우 중요하며, 효과적 서비스의 전달을 위해 감정을 전달하거나 정보를 요구할 수 있다. 기관의 운영에 중요한 사기도 의사소통에 의하여 높아질 수 있다.

3) 사회복지조직의 위원회와 이사회

(1) 위원회

자문기관으로 정보수집에 도움을 주거나 이해관계의 대표로 구성되기도 한다(최성재, 남기민, 2006: 160-165). 자문기관은 조직의 정식 집행기관도 아니고 의결기관도 아니기 때문에 위원회의 결정은 구속력을 갖지 않는다.

(2) 이사회

사회복지기관들은 지역사회에 서비스를 제공하기 때문에 기관의 목표설정 그리고 실행방안의 수립 등에 관한 의사결정을 하기 위해 시민들로 구성된 이사회를 가진다(성규탁, 1996: 76). 이사회의 결정은 구속력을 갖게 되며, 사회복지시설에서는 운영위원회가 이사회의 기능을 한다.

위원회와 이사회

1. 위원회

- 조직의 목표달성을 위해 전문가, 업무 관련자들로 구성된 활동기구
- 위원회 운영의 장단점

장점	단점
• 조직성원 전반에 관계되는 문제에 관한 협조와 관련된 정보를 계속 제공하는 데 효율적임 • 제안을 평가하고 전문가의 의견을 듣는 방법 • 관련 여러 사람의 의견수렴 • 참여자 관리수단 • 관련자들의 헌신적인 참여	• 많은 비용 소모 • 문제의 처리 또는 해결에 많은 시간 소요 • 타협으로 결정 • 위원 간 책임성이 희박 • 이해관계가 얽힌 대표의 참여로 인해 위원회의 시야가 좁아짐

2. 이사회

- 조직의 목표달성을 위한 책임을 지는 정책결정 기구
- 사회복지조직의 필요성과 존재에 대한 철학적·사회적 근거법인의 상설적 기구

* 위원회와 이사회는 비슷한 점도 많지만 구성원, 집행기관과의 관계, 영향력 등에서 차이가 있음

---

5. 구조주의이론의 관심사

1) 갈등의 관리

(1) 개요

조직 내의 갈등문제는 구조주의이론에서 관심을 가지는 문제이다. 갈등은 여러 가지 차원에서 나타날 수 있는데 조직의 목표에 관한 것, 권한에 관한 것, 자원에 관한 것 그리고 클라이언트와 사회복지사 간의 관계 등에서 나타

날 수 있다.

특히 조직이나 사회복지사는 자신들의 업무상 편의를 위하여 클라이언트에게 영향력을 행사하려고 하는데, 이것이 이른바 특정화(typification)의 문제를 야기할 수 있다(성규탁, 1996: 81). 즉, 클라이언트를 시설에서 제공하는 전문 프로그램의 유형별로 미리 구분하여 클라이언트의 의지와 상관없이 그 틀에 맞추려고 하는 것이다. 이러한 경우 클라이언트와 조직 간에 갈등이 발생한다. 최근 전문가들의 권한 행사에 대하여 클라이언트의 권리를 강화하기 위해 어떻게 클라이언트의 역량을 강화(empowerment)할 것인가가 사회복지실천의 중요한 이슈가 되고 있다.

(2) 갈등의 연속체

갈등이 조직을 위하여 좋을지 나쁠지를 간단히 결정할 수는 없다. 오히려 갈등을 하나의 연속체로 파악하면 좀 더 현실을 설명하는 데 적합하다고 할 수 있다(Ackoff, 1996: 성규탁, 1996: 48에서 재인용). 갈등이 지나치면 조직이 와해되는 상황이 발생하고, 조직이 완전히 고정되어 경직적이라면 갈등을 전혀 인정하지 않는 경우이다. 선용(善用)은 갈등을 적절히 활용하는 경우이다.

● 표 7-4 ●   **갈등의 연속체**

고정화된 결정론적 조직	→	협동 질서적 기능적	→	선용 협동 선호	→	경쟁 규칙적 갈등	→	갈등 해결기제	→	악용 불평등한 결과	→	무질서 조직
갈등부재(조화)		▷				기능적			▷			완전 갈등

(3) 사회복지조직 내의 갈등

다른 사회조직들과 마찬가지로 사회복지조직 내에도 다양한 형태의 갈등이 나타날 수 있다. 사회복지조직 내에서 발견되는 갈등 상황은 다음과 같다(Steiner, 1977: 성규탁, 1996: 50에서 재인용).

관념적 갈등은 설정한 목표와 실제로 수행하는 목표 간에 나타날 수 있으며, 구조적 갈등은 직원에 대한 통제를 위주로 하는 질서와 직원의 재량권 및 선택권을 인정하려는 질서 간에 나타날 수 있다. 기능적 갈등은 다양한 하위 단위들 간에 나타날 수 있는 갈등이다. 마지막으로, 관할권 갈등은 서비스의 영역, 클라이언트 및 자원에 관하여 나타날 수 있는데, 예를 들면 과거 자원봉사 또는 청소년 업무를 둘러싼 여러 부처들 간 관할권 갈등, 취약계층의 고용을 둘러싼 고용노동부와 보건복지부의 관할권 갈등 등이다.

(4) 클라이언트와 사회복지조직의 관계
① 클라이언트
구조주의이론의 관점에서 보면 클라이언트는 일반적으로 서비스의 수혜자로 규정되지만 한편으로는 협조 및 순응해야 하는 조직체의 준구성원이다 (성규탁, 1996: 79). 또 다른 한편으로 클라이언트는 조직의 생존과 효과성에 영향을 미치며, 이에 따라 조직에서 사용하는 서비스 기술을 변화시키고 조직의 자원을 동원하며 정당화하는 근거가 되기도 한다.

② 조직과의 관계
클라이언트는 조직과의 상호작용을 통해 자원과 서비스를 클라이언트의 욕구와 교환하는 관계를 맺게 되는데 클라이언트의 관심사는 조직의 관심사와 다를 수 있다.

③ 클라이언트가 우위를 확보하는 전략
클라이언트와 조직의 관계에서 클라이언트가 우위를 확보하기 위해 조직의 서비스에 대한 의존도를 감소시키거나(활동영역의 확대), 다른 서비스 제공자를 모색하거나, 그가 가진 자원(이용료)을 활용할 수 있다. 그리고 사회정의에 호소하는 방법도 있을 것이다(Hasenfeld, 1983). 그와는 반대로 조직은 클라이언트로부터 의존도를 감소시키기 위해 기준을 완화하거나, 인기프로그램을 개발하고 이용료를 거부하거나, 서비스를 독점하는 방법 등을 시도할 수 있다(성규탁, 1996: 80).

④ 특정화

클라이언트와 조직의 관계에서 흔히 나타날 수 있는 문제로서 이른바 특정화(typification)가 있다. 이는 클라이언트에 대한 진단적 낙인과 예측(labelling)으로서(Scheff, 1965: 성규탁, 1996: 81에서 재인용), 조직 내에 대기시키거나 서비스 수혜과정을 선별하는 전략이다. 다양하고 복합적인 클라이언트의 욕구를 조직의 서비스와 연계함으로써 불확실성을 감소시키고 예측능력을 증대시키는 효과가 있어 서비스 제공자의 작업조건 조정 및 결과에는 긍정적일 수 있다. 이는 결국 질 높은 서비스를 가능케 한다. 그러나 이러한 특정화가 경우에 따라서는 조직의 이익을 위해 선택되거나 구분됨으로써(cream skimming) 불공평하고 비윤리적인 서비스를 제공하게 되거나 클라이언트를 예속 또는 통제하는 결과를 초래하게 될 수도 있다.

2) 사회복지조직과 환경

(1) 이론적 관점

사회복지조직과 환경의 관계에 관한 이론은 사회체계이론과 교환이론의 두 가지로 구분할 수 있다. 사회체계이론의 관점에서 사회복지조직은 개방체계로서 환경과의 끊임없는 상호작용이 불가피하다는 것이며, 교환이론의 관점은 교환관계는 반드시 균형적인 교환(대등한 교환)이 되지 못함으로써 권력과 의존관계가 형성된다는 것이다.

(2) 환경적 요인

다른 사회조직과 마찬가지로 사회복지조직이 처한 환경은 크게 일반환경과 과업환경으로 구분할 수 있다(최성재, 남기민, 2006: 171-176). 일반환경은 조직의 활동으로 변화시킬 수 없는 환경으로 경제적 조건, 사회·인구통계학

적 조건, 문화적 조건, 정치적 조건, 법적 조건 및 기술적 조건 등이 이에 속한
다. 조직의 활동을 통해 영향을 미칠 수 있는 환경을 과업환경 또는 업무수행
환경(Lauffer, 1978)이라고 한다. 과업환경에는 재정자원 제공자, 정당성과 권
위의 제공자, 클라이언트 및 클라이언트 제공자, 보충적 서비스 제공자, 조직
산출물의 소비 · 인수자 그리고 관련된 조직들이 속한다.

● 표 7-5 ● 환경의존에 대한 대응

의존강화 조건	의존상쇄 조건
• 외부에서의 정책적 강요	• 외부 세력에 의해 허용된 자유
• 조직의 서비스 사용 시 외부의 재량권 행사	• 주요 자원의 소유
• 외부조직 서비스가 크게 필요	• 대체적 서비스의 가용성
• 필요목표를 외부에서 인가	• 자체승인의 이념개발
• 대안에 대한 부정확한 정보	• 대안에 대한 효과적인 정보

(3) 환경의존성 탈피를 위한 전략

조직은 환경에 대한 의존성을 탈피하기 위해 여러 전략을 사용할 수 있다
(최성재, 남기민, 2006: 177-183). 거기에는 보상하지 않고 권위를 사용하는 권
위주의 전략, 경쟁으로 세력의 증가를 시도하는 경쟁적 전략, 계약, 연합 및
제휴 등을 통해 서비스에 대한 보답으로 권력을 부여하는 협동적 전략, 방해
전략 등이 있다.

의존-권력관계를 변화시키기 위한 전략

• 권위주의 전략: 사회복지조직이 자금과 권위를 관장, 우세한 위치에 있음
• 경쟁적 전략: 다른 사회복지조직과 경쟁을 통하여 세력을 증가
• 협동적 전략: 조직이 과업환경 내의 다른 조직에 필요한 서비스를 제공하여 그
  조직이 그러한 서비스를 획득하는 데 대한 불안감을 해소시키는 전략

6. 체계이론의 관심사

체계이론에서는 조직(개인)이 목적달성에 가장 효과적인 방안을 선택한다고 전제하며 조직(개인)의 문제해결(불만족 해소)을 위한 대안을 모색한다.

조직(개인)의 문제해결(불만족 해소) 대안을 모색하기 위한 의사결정의 단계는 일반적으로 다음과 같이 구분한다.

① 문제점 및 욕구 확인: 목표와 현황(격차), 문제의 심각성, 피해계층, 원인과 결과
② 관련정보의 확보: 과거의 결정, 타 조직의 정보 및 기록, 자료의 분류 및 정리, 대안선택의 기준마련, 제약요인 파악(시간, 인력, 자금)
③ 대안의 개발 및 평가: 대안적 행동 방침 개발, 영역별 분류, 장단점 파악, 성공가능성 예측
④ 최적의 선택: 문제를 해결하기 위한 최적의 대안을 모색
⑤ 대안의 실행: 이용 가능한 자원의 배분, 자원의 조직화, 성공적 해결에 필요한 활동
⑥ 환류: 평가 → 과정에 대한 평가(자원의 효율적 사용) → 결과에 대한 평가(선택된 행동 방침과 목표달성도)

하지만 합리적 의사결정을 위한 제약이 있을 수 있으며, 제약의 요인은 다양하다. 결정자의 주관, 결과 예측의 곤란성, 자원의 제한성, 정보부족, 기술의 종류 및 발달 정도 등이 합리적 의사결정의 제약요인으로 작용한다.

 참고문헌

권지성, 이미림(2009). 사회복지조직 관리자의 갈등관리전략에 관한 질적 사례연구. 한국사회복지행정학, 11(3), 215-246.

김영종(2001). 사회복지행정. 서울: 학지사.

김이배(2009). 립스키(M. Lipsky)의 일선관료제 모형에 근거한 국민기초생활보장제도의 집행에 관한 연구. 한국사회복지행정학, 12(3), 149-181.

민주정책연구원(2013). 지방선거대비 사회복지전달체계 개선방안 간담회 자료, 9.

성규탁 역(1985). 사회복지행정조직론[*Human service organizations*]. Y. Hasenfeld 저. 서울: 박영사. (원저는 1978년에 출판).

성규탁(1996). 사회복지행정론. 경기: 법문사.

유종해(1992). 현대행정학. 서울: 박영사.

이형하(2005). 자활후견기관의 조직관련 특성이 조직성원의 근무지향에 미치는 영향. 한국사회복지행정학, 7(3), 1-28.

장인협(1992). 사회복지행정. 서울: 서울대학교출판부.

장인협 역(1984). 사회복지조직론[*Social work and the sociology of organizations*]. G. Smith 저. 서울: 집문당. (원저는 1979년에 출판).

장인협, 이정호(1993). 사회복지행정. 서울: 서울대학교출판부.

조미형(2011). 제도적 환경변화에 대한 사회복지관의 인식과 대응에 관한 연구. 한국사회복지행정학, 13(1), 103-132.

최성재, 남기민(2006). 사회복지행정론. 경기: 나남.

Abels, P., & Murphy, M. J. (1981). *Administration in human service: A normative system approach*. NJ: Prentice-Hall.

Ackoff, R. (1996). Structural conflicts within organization. In J. R. Lawrence (Ed.), *Research and the social sciences*. New York: Tavistock.

Blau, P., & Scott, R. (1962). *Formal organizations*. New York: Chandler.

Etzioni, A. (1964). *Modern organizations*. Englewood Cliffs, NJ: Prentice-Hall.

Gouldner, A. W. (1954). *Patterns of industrial democracy*. New York: The Free Press.

Hasenfeld, Y. (1983). *Human service organiztions*. Englewood Cliffs, NJ:

Prentice-Hall.

Henderson, A., & Parsons, T. (2009). *The theory of social and economic organization*. New York: The Free Press.

Lauffer, A. (1978). *Social planning at the community level*. Englewood Cliffs, NJ: Prentice-Hall.

McNeil, K. (1978). Understanding Organizational power: Building on weberian legacy. *Administrative Science Quarterly, 23*, 65-90.

Merton, R. K. (1940). Bureaucratic structure and personality. *Social Forces, 18*.

Mouzelis, M. P. (1968). *Organization and bureaucracy*. Chicago: Adline.

Mouzelis, M. P. (1979). *Organization and bureaucracy* (2nd ed.). London: Roudlege & Kegan Paul.

Scheff, T. J. (1965). Typification in the diagnostic practices of rehabilitation agencies. In M. Sussman (Ed.), *Sociology and rehabilitation*. Washington, DC: American Sociological Association.

Scott, W. R. (1987). *Organizations: Rational, natural, and open systems* (2nd ed.). Englewood Cliffs, NJ: Prentice Hall.

Selznick, P. (1949). *TVA and the grass roots: A study in the sociology of formal organizations*. Berkerley, CA: University of California Press.

Steiner, R. (1977). *Managing the human service organization from survival to achievement*. Beverly Hills, CA: Sage.

Thompson, V. A. (1961). *Modern organizations*. New York: Knopf.

Weinbach, R. W. (1990). *The social worker as manager: Theory and practice*. New York: Longman.

York, O. R. (1986). Perception of bureaucracy. *AISW, 10*, 3-13.

CHAPTER

08

사회복지 인적자원관리

1. 인적자원관리의 개념 및 내용

2. 채용

3. 직무활동 평가

4. 직원개발

5. 동기부여를 위한 보상관리

6. 인적자원관리의 최근 경향

7. 사회복지사의 직무

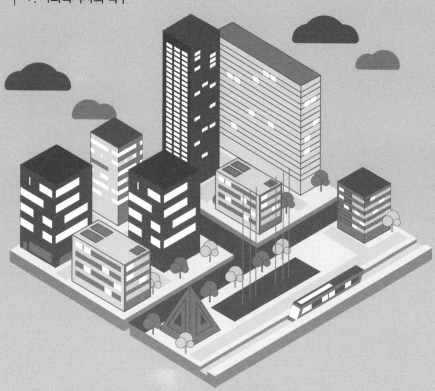

1. 인적자원관리의 개념 및 내용

인적자원관리는 인력관리(최성재, 김영종), 인사관리 또는 요원개발(성규탁) 등과 같은 의미로 사용되고 있다. 인적자원관리는 조직유지를 위해 조직이 필요로 하는 인사를 채용, 개발, 유지, 활용하는 일련의 관리활동체계를 말한다.

인사관리는 정태적(static) 관점에서 직원이 이미 가지고 있는 역량을 최대한 조직에 헌신하도록 하기 위해 합리성, 통제 및 보상을 통해 관리하는 것을 의미한다. 그것에 비해 인적자원관리는 동태적(dynamic) 관점에서 직원의 잠재력과 역량을 개발하기 위해 슈퍼비전, 멘토링 그리고 컨설팅 등을 통해 관리하는 것을 의미한다. 여기서는 최근의 경향을 반영하여 인적자원관리라는 용어를 사용한다.

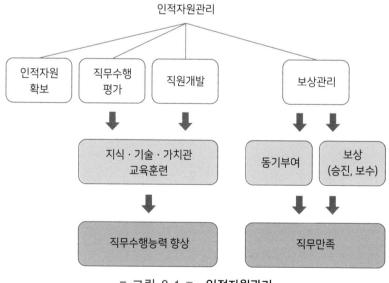

■ 그림 8-1 ■ 인적자원관리

사회복지행정에서 인적자원관리의 주된 목적은 직원의 능력 향상과 향상된 직원의 능력을 통해 서비스 프로그램의 효과성과 효율성을 증대시키고, 클라이언트의 복지증진에 이바지하는 것이다.

인적자원관리는 조직의 목표(욕구)와 개인의 욕구(목표)를 혼화(混和, blending)하는 것이므로, 인적자원관리 기술의 출발점은 직무를 통해서 조직과 개인을 연결(유인-기여이론)하는 것이다(김영종, 2001: 173).

인적자원관리는 인적자원의 획득, 직무활동 분석 및 수행에 대한 평가, 직원개발 그리고 보상관리 등으로 구성되는 것으로 볼 수 있다(황성철 외, 2014: 261). 이것이 중요한 이유는 서비스를 제공하는 복지인력의 능력과 자질은 서비스의 질과 사회복지조직의 책임성 이행에 중대한 영향을 미치기 때문이다.

2. 채용

채용은 사회복지조직의 직원으로서 적절한 인물을 신규로 충원하는 것을 의미하며, 그 과정은 모집, 선발 그리고 임명으로 나뉜다.

1) 모집

모집은 자격 있는 지원자들을 공석 중인 직위에 유치하는 과정이다(김영종, 2001: 175). 모집의 목적은 전문적이고 유능하며 클라이언트 및 다른 직원들과 원만한 대인관계를 맺을 수 있는 능력을 지닌 직원을 고용하는 데 있다.

모집의 절차는 충원계획 수립, 직위에 대한 직무분석, 직무 종류 및 내용 등의 직무기술서와 직무명세서를 작성하는 것이다. 직무분석은 어떤 지위에서 어떠한 일을 하는가를 분석하고 업무에 따른 의무와 자격을 명확히 하여 지원자가 그 업무에 적합한지를 판단하는 기준으로 쓰인다. 직무분석은 인적자원관리에서 가장 필수적인 과정인데, 과학적 관리이론에서 주로 다루어지는 내

최근 국가가 산업별·부문별로 직무를 수행하기 위해 필요로 하는 기술, 지식, 소양 등을 체계화하고자 이른바 국가직무능력표준(National Competency Standards: NCS)을 개발하여 사회복지 현장에서도 적용하고 있다.

용이다.

직무기술서와 직무명세서는 직무분석이 이루어진 후에 작성되어야 한다. 직무기술서는 직무의 성격, 내용, 수행방법 및 직무에서 기대되는 결과 등을 간략히 정리해 놓은 문서이다. 반면, 직무명세서는 특정한 직무를 만족스럽게 수행하는 데 필요한 수행자의 지식, 기능, 능력, 기타 특성 등을 명시해 놓은 문서를 말한다. 즉, 직무기술서는 직무 자체에 관한 기술이고, 직무명세서는 직무수행자의 요건과 관련된 사항이다(신복기 외, 2010: 280).

다음으로 「채용절차의 공정화에 관한 법률」(2015)에 의해 복지기관의 시설장과 종사자의 신규채용은 모두 공개모집을 해야 한다. 해당 법인과 시설 그리고 지자체의 홈페이지, 워크넷, 복지넷, 사회복지시설 정보시스템 중 두 곳 이상의 사이트에 채용 관련 사항을 15일 이상 공고해야 한다. 자격을 갖춘 누구나 지원할 수 있으며 경쟁을 통해 능력 있는 자를 임용해야 하고, 특정인 채용을 위한 법인과 시설의 채용내규 그리고 응모자격을 특정인으로 제한하는 행위는 금지된다. 모집공고문에는 직무명, 직무분류 및 보수, 근무지역 및 직무부서, 직무명세서, 자격요건, 시험 및 면접일시, 신청절차, 지원신청 마감일시 등을 포함해야 한다(최성재, 남기민, 2006: 273).

2) 선발

직원을 선발할 때는, 첫째, 조직의 요구와 기대, 둘째, 채용될 사람의 요구를 고려해야 한다. 특히 모집과정의 초기 단계에 직무에 대한 조직의 요구와 기대에 대한 세심한 배려가 있어야 하며, 이는 앞서 언급한 직무명세서에 나타나게 된다(Skidmore, 1990: 193).

직원 선발의 방법으로서 시험이 부과되는데, 시험과정은 객관도, 타당도 그리고 신뢰도가 있어야 한다. 표준화된 시험방법으로는 필기시험, 실기시험, 면접시험 등이 있다.

필기시험은 관리가 용이하고 시간과 경비를 절약할 수 있으며 객관도와 타당도를 높일 수 있다는 점에서 많이 이용되고 있다. 필기시험은 주관식 시험과 객관식 시험으로 나눌 수 있다(안해균, 1982: 445-446).

실기시험은 필기나 면접 이외의 방법으로 시험을 치르는 것으로 실제 근무하는 경우와 같은 조건으로 도구나 기구를 써서 일을 해 보는 것이다(박동서, 1989: 325).

면접시험은 필기시험에서 알아보기 힘든 사람의 태도, 성격, 창의성, 협조성 등을 파악하기 위해 절대적으로 필요하다. 특히 사회복지조직에서의 직원 선발은 개별적인 면접이 매우 중요하며, 무엇보다도 조직에서의 충성심을 포함하는 조직의 요구에 기초하여 이루어져야 한다. 뿐만 아니라 전문적인 직원들과 원만한 인간관계를 맺을 수 있는 능력, 클라이언트 및 직원들을 보호할 수 있는 능력이 충분히 고려되어야 한다(최성재, 남기민, 2006: 274).

3) 임명

사회복지조직에서의 직원 임명은 관리자에게 조직을 해석하고 설명할 기회를 제공한다. 직원에게 조직의 목표, 조직 구성, 조직의 직원들, 이사회 그리고 환경으로서의 지역사회에 관한 정보가 제공되어야 하며, 직원의 구체적인 직무와 책임, 보수(급여), 보수(급여) 지불 일자, 특별급여, 일하는 시간, 휴가정책, 직원모임, 여행규정, 위원회구조, 직원개발 계획, 다른 조직과의 관계, 서비스를 받는 지역사회 사람들과의 관계를 밝힐 필요가 있다(최성재, 남기민, 2006: 276).

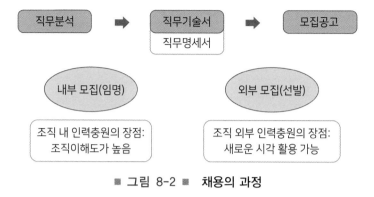

3. 직무활동 평가

1) 직무수행평가

(1) 직무수행능력

직무수행능력은 직원들이 개인적 · 집단적으로 나타내는 직무행동을 말한다. 직무수행능력은 생산성, 효율성, 서비스의 질, 서비스의 효과성 등의 기준을 통해 측정될 수 있다(김영종, 2001: 184-187).

- 생산성: 주로 서비스의 산출량을 기준으로 나타낸다. 업무자의 생산성을 나타내는 지표들에는 서비스를 제공한 클라이언트의 수, 인터뷰의 실행 건수, 프로그램에 대한 지원자의 수, 서비스 실천 건수 등이 포함된다. 업무자의 직무수행력을 생산성으로 파악하는 것은 서비스 제공자의 관점에 따른 기준을 사용하는 것이다.
- 서비스의 효과성: 클라이언트에게 나타나는 효과를 기준으로 업무자의 클라이언트에 대한 활동들이 서비스의 목적성취에 기여했는지를 인과론적으로 나타내는 것이다. 효과성 평가에는 크게 두 부분이 있는데, 의도된 서비스의 목적이 얼마나 성취되었는지를 확인하는 것과 그러한 목적성

취의 결과가 업무자의 활동 때문인지를 확인하는 것이다.

- 효율성: 업무자의 활동 혹은 활동으로 인해 나타나는 결과가 투입된 비용에 비해 얼마나 경제적인지를 평가하는 것이다. 동일한 비용투입이라면 어떤 활동이 더 많은 산출을 가져왔는지 또는 동일한 산출이라면 어떤 활동의 비용이 더 적게 투입되는지를 비교하는 것이다.

- 서비스의 질: 서비스의 목적성취를 위해 가장 우수하다고 일반적으로 인정되는 방법이나 기법, 절차들을 업무자가 얼마나 적절히 활용하고 있는지를 나타내는 것이다. 서비스의 질을 판단하는 기준은 이전 프로그램들로부터의 경험이나 전문적인 판단에 비추어 만들어진다. 이러한 기준에 의거해서 개별 업무자들을 평가하는데, 주어진 업무 상황에서 서비스의 방법이나 절차들이 기준에 어느 정도 부합되는지를 판단한다. 그러나 직무수행의 질과 관련된 기준들이 대부분 명확하게 조작화되기 어렵고, 평가에 직접 적용되기도 쉽지 않기 때문에 대부분의 프로그램은 서비스의 질을 측정하는 데 보다 포괄적이거나 주관적인 판단들에 의존하게 된다. 슈퍼바이저나 동료, 클라이언트들로부터 나오는 서비스 평가들도 서비스 질을 사정하기 위한 중요한 참고자료로서 활용된다.

① 직무수행평가의 단계

직무수행(performance)평가는 일반적으로 조직의 장을 비롯한 상급자들이 수행하는 것으로 승진, 직원개발, 서비스 전달 등에 활용할 목적으로 한다(최성재, 남기민, 2006: 291). 직무수행평가의 단계는 다음과 같다.

첫째, 직무수행 기준을 확립한다. 이 단계에서는 직무명세서의 개발을 필요로 하는데, 직무명세서에는 직무에 대한 기대치, 직무책임자, 평가시기, 직무와 관련된 기타 사항들이 나타나 있다.

둘째, 직원에게 직무수행의 기대치를 전달한다. 직원들이 하는 일이 조직의 목표에 부합되는지를 확인할 수 있는 유일한 방법은 문서화된 직무명세서를 만들어 정기적으로 직원과 상관이 함께 이를 검토해 보는 것이다.

셋째, 실제로 직무수행을 측정해 본다. 직무수행을 측정하기 위해서는 다양한 도구를 사용하게 된다.

넷째, 실제의 직무수행을 직무수행 기준과 비교해 본다. 이 단계는 앞의 세 단계가 성공적으로 이행되었을 때 이루어질 수 있다.

다섯째, 평가의 결과를 직원과 토의한다. 이 단계는 평가회의를 말하는 것으로서 직원의 직무수행에 대한 평가뿐만 아니라 현재의 직무수행 기준 척도에 대한 평가, 직원의 직무수행이 직무수행 기준과 비교되는 방식에 대한 평가도 이루어진다.

여섯째, 필요한 경우 직무수행 기대치 및 직무수행 기준 등에 관한 수정은 건설적이고 구체적이어야 하며, 시간상의 제한을 갖고 이루어져야 한다(최성재, 2003: 242-243).

② 직무수행의 측정

일반적으로 여러 사회복지조직에서 직무수행의 측정에 사용되는 공통적인 측정도구는 다음과 같다(최성재, 남기민, 2006: 292).

- 도표평정식: 가장 공통적인 측정도구로서 한쪽에는 바람직한 평정요소를 나열하고, 다른 쪽에는 이들 요소와 관련된 직무수행 등급을 나타내는 척도를 제시하여 평가자가 각각의 요소에 대하여 직무수행의 등급을 표시하는 것이다. 이 방법은 평정표의 작성과 평정이 손쉬운 반면, 여러 직위 간에 직무 차이를 구별하지 못하며 평정요소가 아주 일반적이어서 직무 기대와 관련된 직무수행을 평가하는 데 한계가 있다.
- 개조서열식: 평가자가 각각의 평정요소에 대하여 모든 직원에게 최상부터 최하까지 등급을 매긴다. 이 기법의 특징은 경쟁적인 상황 속으로 직원들을 몰아넣는다는 점과 도표평정식의 단점을 그대로 가지고 있다는 점이다.
- 이분비교식: 각각의 요소에 대해 직원 개개인이 자신을 제외한 다른 모

든 사람을 비교하는 것으로 주어진 직위 내에서 그 밖의 다른 사람들과 비교하여 평가하는 것이다. 이 기법은 직원에게 기대되는 직무에 대해 좀 더 구체적으로 살펴볼 수 있다는 점이 특징이다.

- 강제배분식: 많은 사람의 직무수행을 공정하게 평가하는 경우 대체로 소수가 최고와 최하의 점수를 받게 되고 대부분의 사람은 중간에 집중하게 되므로 이것을 곡선으로 표시하면 종 모양인 정규분포곡선이 된다고 가정한다. 따라서 평정을 하는 데 있어서 정규분포곡선이 되도록 강제로 분산시킨다면 어느 정도 사실에 가까운 평정이 될 것으로 보는 것이 강제배분식의 근본적인 생각이다. 이 기법은 도표평정식에서 나타나는 집중현상이나 관대화 경향 등의 결점을 배제하기 위한 것이 특징이다.

- 중요사건 평가식: 슈퍼바이저로 하여금 직원들의 직무수행에 관하여 특별히 좋은 사건과 특별히 바람직하지 못한 사건을 기록하고 이를 유지하게끔 한다. 그리고 좋은 사건은 강화하고 바람직하지 못한 사건은 교정하려는 목적을 가지고 직원과 함께 기록된 사건들을 3개월 또는 반년에 한 번씩 검토해 본다. 이와 같은 검토는 직원들에게 계속적인 평가와 환류를 제공한다.

- 행동계류 평정식: 중요한 사건들을 전문가들이 델파이 기법을 사용해서 등급을 매긴다. 델파이 기법은 사건들이 그 사건들과 관련된 행동의 효과성에 대해 평정이 되도록 평가가 이루어진다. 가장 높은 점수를 받은 사건과 관련된 행동이 바로 직무수행의 기대치가 된다. 이 기법은 시간이 많이 소요되고 값이 비싸다는 단점을 가지고 있으나, 사회복지의 직무수행을 평가하기 위한 도구로서 타당성이 가장 높은 기법이다.

● 표 8-1 ●　**직무수행평가도구의 유형**

종류	내용
도표평정식 (graphic rating scale)	• 바람직한 평정요소와 각 요소에 대한 수행등급을 표시 • 특징: 평정표 작성 및 평정이 용이하나, 평정요소가 직무기대와 관련된 직무수행을 평가 시 한계
개조서열식 (alteration ranking)	• 평가자가 모든 직원을 최상에서 최하까지 등급 부여 • 특징: 지나친 경쟁 유도, 평가요소가 구체적이지 못함
이분비교식 (paired comparison)	• 각 평가요소에 대해 자신을 제외한 다른 사람과 비교 • 특징: 평가요소가 다소 구체적임
강제배분식 (forced distribution)	• 다수를 중간에 집중토록 강제 분산, 사실에 가까운 평가 • 특징: 도표평정식의 집중현상이나 관대화 경향의 결점을 보완
중요사건 평가식 (critical incident)	• 특별히 좋은 사건과 바람직하지 못한 사건을 기록하여 결과가 좋은 업무는 강화시키고, 바람직하지 못한 업무는 교정 • 특징: 직원들에게 지속적인 평가와 환류 제공 가능
행동계류 평가식 (behaviorally anchored rating scale)	• 중요한 사건에 대해 전문가들이 델파이 기법을 사용하여 효과성을 평가 • 특징: 시간과 노력이 많이 소요되지만, 가장 타당성이 높음

(2) 직무만족도

직무만족도(job satisfaction)는 직원들이 일과 직무환경에 대해 갖는 태도 및 인지를 말한다. 직무만족도는 대개 직원들의 직무와 조직 상황에 대한 주관적인 느낌들을 측정하며, 급여, 승진 기회, 동료와의 관계, 슈퍼비전, 의사결정에의 참여, 조직에 대한 소속감 등과 같이 직장이나 일에 대한 직원들의 기분을 묻는 것을 포함한다(김영종, 2001: 187-188).

근로조건, 임금, 승진, 업무, 상사, 동료 등 외부 환경과 관련된 근무조건은 사회복지사의 직무만족에 긍정적인 영향을 미치며, 사회복지사의 역할 갈등 및 모호성과 같은 소진(burn out) 등을 불러일으키는 요인은 직무만족과는 부정적 상관관계를 가진다(신복기 외, 2010: 305).

소진은 인간관계와 관련된 직무 스트레스가 많은 직종의 종사자들에게서 나타나는 부정적인 현상이며, 이러한 현상은 단순히 개인의 문제에 머물지 않고 클라이언트에 대한 서비스와 기관에 영향을 미친다(Maslach et al., 2001).

소진은 직무불만족에 처한 직원은 궁극적으로 감정의 고갈, 소외, 업무와 클라이언트에 대한 관심 상실 등과 같은 부정적인 경험을 겪게 된다는 것을 뜻한다(김영종, 2001: 188). 직원은 업무 요구 정도가 자신의 능력과 인내로 감내하기 어려울 때 직장으로부터의 압박감과 스트레스에 압도당한다고 느끼게 된다. 이런 느낌들이 한계점에 도달하여 신체적·정신적 고갈상태에 처할 때 결국 자신과 자신의 환경을 부정하는 일련의 증상을 소진증후군(burn out syndrome)이라고 한다(Aylala & Ditsa, 1978: 499-510). 소진이 사회복지종사자의 이직에 주요 원인이라는 다수의 연구들이 있다.

이러한 소진이 발생하는 원인으로는 사회복지사의 성격이나 개성 등의 개인적 요인과 클라이언트 요인, 직무요인 및 슈퍼비전 요인 등이 있다. 소진을 예방하고 적절히 대응하는 것은 개인의 책임이기도 하지만, 소진의 주요 원인이 직무관련 스트레스임을 고려할 때 조직과 슈퍼비전의 역할도 매우 중요하다(신복기 외, 2010: 306).

2) 승진

승진(promotion)은 보다 높은 직위로의 상향이동을 의미한다. 건전하고 합리적인 인사관리를 위해서는 승진을 위한 절차와 기준을 정의해 놓는 것이 바람직하다(최성재, 남기민, 2006: 295; Skidmore, 1990: 197). 승진기준의 성격은 주관적인 것과 객관적인 것으로 구별할 수 있다. 주관적인 것으로는 면접 시험, 근무성적평정 등을 들 수 있으며, 객관적인 것으로는 필기시험, 경력 평정, 훈련 성적 등을 들 수 있다(박동서, 1989: 461).

승진기준의 내용은 보통 경력과 실적으로 구분한다. 경력에는 학력, 근무연한, 경험 등이 속하며, 실적에는 인사권자 개인의 판단, 승진심사위원회의 결정, 근무성적평정, 시험 등이 속한다. 일반적으로 승진을 결정하는 데는 경력이나 실적 가운데 어느 한쪽에 의존하는 것이 아니라 양자를 혼합하여 결정

직무수행력(performance)
• 생산성(산출) • 서비스의 효과성 • 효율성 • 서비스의 질

직무만족도(job satisfaction)

• 업무자들이 일과 직무환경에 대해 갖는 태도 및 인지를 말하는 것
• 개인 특성/역할관련 특성/직무 자체의 특성/인간관계 특성/조직 특성
• 급여, 승진 기회, 동료와의 관계, 슈퍼비전, 의사결정에의 참여, 조직에 대한 소속감, 직장이나 일에 대한 업무자들의 기분
 	
※ 소진증후군(burn out syndrome)
  • 업무의 요구가 자신의 인내와 능력으로 감내하기 어려울 때
  • 직장으로부터의 압박감과 스트레스에 압도당한다고 느낄 때
  • 위의 느낌들이 한계점에 도달하여 신체적 · 정서적 고갈상태에 처할 때
  • 자신과 자신의 환경을 부정하는 등 일련의 증상이 나타남
  • 자신과 클라이언트에 대한 부정적 태도나 감정이 나타남

■ 그림 8-3 ■ 직무수행력과 직무만족도

하며, 실적이 동일한 경우 경력에 따라 승진을 결정한다(박동서, 1989: 462; 안해균, 1982: 464; 최성재, 남기민, 2006: 295).

4. 직원개발

1) 직원개발의 개념 및 목적

직원개발(staff development)은 사회복지조직에서 활동하는 직원들의 소양과 능력을 개발하고 직무수행에 필요한 지식과 기술을 향상시키며, 가치관

■ 그림 8-4 ■ 직원개발의 개요

과 태도를 바람직한 방향으로 변화시키기 위한 교육 및 훈련 활동이다(성규탁, 1996: 303).

직원개발의 1차적 목적은 직원들로 하여금 새로운 지식과 기술 및 전문적 태도를 향상시켜 사회복지조직이 제공하는 서비스의 효과성을 높이는 데 있다. 2차적 목적은 같이 토론하고, 감정을 공유하며, 함께 활동하는 것과 같은 직원들과의 상호작용을 통해 서로 더 잘 이해하고 연대감을 높임으로써 직간접적으로 조직 효과성을 높이는 데 있다(최성재, 남기민, 2006: 276).

■ 그림 8-5 ■ 직원개발의 목적

2) 직원개발의 종류

(1) 신규채용자 훈련

신규채용자 훈련은 적응훈련 또는 기초훈련이라고도 하며, 새로운 직원에게 조직과 조직의 서비스 및 지역사회를 소개하는 과정이다(Skidmore, 1990: 196). 또한 신규채용자로서 갖추어야 할 소양 및 직무수행에 필요한 기초적 지식을 습득시키고 조직체의 적응능력을 배양시키는 훈련이기도 하다(성규탁, 1996: 306). 직무수행에 필요한 기초지식은 문서의 작성처리, 담당업무의 구체적인 내용 등을 말한다. 조직체에 대한 적응은, 예를 들면 인사관리의 방침, 고용조건, 근무시간 등을 비롯한 근무에 필요한 여러 규정을 이해하고 준수할 수 있도록 하는 것이다(성규탁, 1996: 307). 신규채용자 훈련에서는 조직의 역사와 서비스, 기본정책, 규정 및 절차, 조직구조, 봉급, 작업시간, 휴가, 병가 등에 관한 기본적인 정보, 직원을 위한 사무실 배열, 특별급여, 승진, 봉급인상과 같은 제반 기회와 도전 등의 사항들이 소개된다(최성재, 남기민, 2006: 277).

(2) 일반직원 훈련

일반직원 훈련은 직무수행의 개선을 위한 교육 · 훈련으로 일반 직원들에게 필요한 새로운 기법을 습득하게 하는 등의 직무수행 능력 향상을 목적으로 하며, 주로 현직훈련의 형태로 이루어진다(성규탁, 1996: 307). 더불어 사회복지조직의 직원으로서 지녀야 할 가치관과 태도를 위한 교육을 병행하기도 한다.

(3) 감독자 훈련

감독자 훈련은 1인 이상의 부하를 통솔하고 감독할 책임을 가진 감독자(supervisor)들에 대한 훈련을 말한다. 이들에 대한 훈련의 내용은 업무수행에 필요한 지식은 물론, 사기, 리더십, 의사전달, 인간관계, 인사관리 등 전 분야에 걸쳐 있으며, 훈련방법으로는 강의, 회의, 토의방법, 사례발표 등이 이용되고 있다(안해균, 1982: 453-454).

(4) 관리자 훈련

관리자 훈련은 슈퍼바이저보다 높은 계층에 속한 중급 또는 고급 관리자에 대한 훈련을 의미한다. 초급, 중급 및 고급 관리자에게 요구되는 능력의 유형은 정책수립 및 리더십에 관한 것이다. 정책수립에 필요한 능력이란 조직체 목표의 설정, 정치적 · 행정적 · 사회적 변화에 대한 체계적 사고와 신속한 판단 그리고 목표와 정책 및 계획 등의 보다 합리적인 선택 · 결정을 의미한다.

지도력이란 조직체의 발전을 유도·촉진하고, 인간관계를 조성하며 동기부여를 행하는 것을 말한다(성규탁, 1996: 307). 관리자 훈련내용은 일반적으로 정책수립에 관한 것과 리더십에 관한 것으로 구성되어 있으며, 훈련 방법으로는 사례발표, 회의, 토의, 신디케이트(syndicate)가 널리 이용되고 있다(최성재, 남기민, 2006: 278).

직원개발의 종류와 방법

1. 직원개발의 종류
- 신규채용자 훈련: 조직체의 발전을 유도·촉진하고 인간관계를 조성하며 동기부여를 행하는 것
- 일반직원 훈련: 새로운 기법에 관한 현직훈련의 형태
- 감독자 훈련: 사기, 리더십, 의사전달, 인간관계, 인사관리
- 관리자 훈련: 정책수립 및 리더십에 관한 것

2. 직원개발의 방법
(1) 강의   (2) 회의   (3) 토의   (4) 계속교육   (5) 슈퍼비전(supervision)
(6) 사례발표(30~45분)   (7) 역할연기   (8) 집단행동
(9) 기타: 시찰, 시청각교육, 전직, 순환보직, 실습, 멘토링, 컨설테이션 등

---

3) 직원개발의 방법

(1) 강의

강의는 직원개발을 위한 가장 공통적인 도구로서 일정한 장소에 직원들을 모아 놓고 사회복지에 관한 전문적 지식과 기술 및 태도를 전달하는 방법이다. 강의는 짧은 시간에 많은 사람을 대상으로 교육내용을 체계적으로 전달할 수 있으며, 경비를 절약할 수 있다는 장점이 있으나 일방적 커뮤니케이션이 되기 쉽고 수강자의 지식수준이 일정하지 않을 때 교육의 효과를 거두기

어려우며 실무 적용에 구체화시킬 수 없다는 단점이 있다(성규탁, 1996: 308).

(2) 회의

회의는 어떤 주제에 관한 논의 또는 토의가 이루어지는 공식적 모임이다. 집단을 대상으로 1명 혹은 그 이상의 연사가 발표 또는 토론을 하거나 구성원 간의 상호 의견교환을 통해서 학습이 촉진된다. 이 방법은 상호 간의 토의가 강조되기 때문에 회의 참여자들은 회의에 임하기 전에 토의될 주제에 관해 어느 정도의 지식을 갖고 있어야 하며, 소규모 집단에만 적용할 수 있고, 그 과정이 느리다는 결함이 있다(성규탁, 1996: 308).

(3) 토의

한 주제에 대하여 소수의 사람이 먼저 주제 발표를 한 다음 여러 사람이 토론을 벌이는 방법을 말한다. 이 방법의 장점은 자유롭고 공개적인 분위기에서 집단적 방법으로 의견을 모을 수 있다. 그러나 많은 사람이 각자 자기 의견을 개진할 기회를 갖기 힘들며, 결론 없이 끝나거나 토의의 초점을 잃을 염려가 있다. 토의방법은 근소한 차이에 따라 자유토의, 포럼, 패널 및 심포지엄 등으로 나눌 수 있다(안해균, 1982: 457). 그 외에도 신디케이트는 10명씩 분임토의 후 다시 모여 전체적으로 결정하는 방식이다.

(4) 계속교육

계속교육은 평생교육이라고도 하는데 학교교육이 끝난 사회복지조직의 직원들을 대상으로 그들의 전문성을 유지하고 향상시키기 위해 계속적으로 필요에 맞게 교육하는 것을 의미한다. 계속교육은 지역사회의 필요 및 직원들의 욕구에 따라 융통성 있게 실시할 수 있다는 장점이 있으나 철저한 계획이 마련되어 있지 않다면 일시적일 가능성이 크고, 교육기관과 일선 사회복지조직 간에 협조가 이루어지지 않는다면 큰 실효를 거두기 힘들다는 단점이 있다(성규탁, 1996: 309). 사회복지법인 또는 사회복지시설에 종사하는 사회복지사는 인권에 관한 내용이 포함된 보수교육을 정기적으로 받도록 「사회복지사업법」
(제13조)에 규정되어 있다.

(5) 슈퍼비전
① 슈퍼비전의 개념
슈퍼비전(supervision)은 'Training on Job'이라고도 하며, 직원(supervisee)
이 업무를 하는 중에 교육을 받는 것을 의미하는데 실제 직무를 수행하면서
바로 윗사람(supervisor)으로부터 직무에 관하여 지도감독을 받는 것을 말한
다. 특히 슈퍼비전은 사회복지 분야에서 중요한 의미를 갖는다. 사회복지 전
문직에 있어 슈퍼비전은 사회복지조직에서의 직원이 서비스를 효과적이고
효율적으로 전달하기 위하여 지식과 기술을 잘 사용할 수 있도록 도움을 주
는 활동을 말한다. 슈퍼비전을 주는 슈퍼바이저의 역할은 주로 슈퍼비전을 받
는 직원을 지지하고, 용기를 돋워 주며, 정보를 제공하고, 상대방의 말을 듣는
것이다(Skidmore, 1990: 206).

슈퍼비전의 장점은 직무를 수행하면서 직무와 관련된 훈련을 받는다는 것
이며, 단점은 다수를 동시에 훈련할 수 없고, 슈퍼바이저가 많은 시간을 투입
해야 한다는 것이다(최성재, 남기민, 2006: 404).

② 슈퍼비전의 기능
슈퍼비전은 행정기능, 교육기능 및 상담기능을 갖는다(Kadushin, 1992). 슈
퍼비전의 기능을 자세히 살펴보면 다음과 같다.

- 행정기능: 직원개발의 역할과 더불어 하급자의 일을 조직하며, 모니터링
하고, 평가하는 전형적인 행정 책임이 포함된다.
- 교육기능: 업무와 관련된 지식과 기술의 전수가 이루어지며, 직무를 좀
더 효과적·효율적으로 수행할 수 있는 방안이 제시된다.
- 상담기능: 슈퍼비전은 정서적이고 사회적인 지지를 제공하며, 직원의 전

문성 개발에 기여할 수 있도록 단순한 사기 진작의 수준에 머물지 않고 업무로 인한 정신적 · 심리적 부담을 최소화하며, 직원의 창의력을 발휘할 수 있는 직원 개발의 기회를 제공한다.

③ 슈퍼바이저의 조건

슈퍼바이저(supervisor)는 최상위에 있는 최고관리자(leader, CEO)가 아니라 바로 직접적인 상관을 의미한다. 슈퍼바이저는 다음과 같은 요건을 갖추어야 한다(최성재, 남기민, 2006: 491-492).

- 풍부한 지식: 서비스에 대한 전문적인 지식, 태도, 실천 기술뿐만 아니라 조직에 대한 이해와 기관이 제공하는 서비스들에 대한 지식의 습득을 의미한다.
- 실천기술: 사회사업실천 기술에 대한 전반적인 이해와 함께 특정한 전문 분야에 대한 독자적인 실천기술을 보유하고 있어야 한다.
- 접근 용이성: 슈퍼바이저는 하급자들이 복잡하고 다양한 문제 상황과 의문점에 대해 쉽게 문의하고 접근할 수 있어야 한다.
- 진지한 자세: 슈퍼비전 활동에 대해 진심으로 관심을 가져야 한다. 슈퍼비전에 대한 슈퍼바이저의 진지한 자세는 슈퍼비전을 받는 하급자들이 업무를 습득하는 데 긍정적인 요인으로 작용한다.
- 솔직성: 슈퍼바이저는 실천기술에 대한 지식이 완전하지 못할 수 있음을 솔직하게 시인해야 하며, 때로는 실수할 수도 있다는 것을 보여 줄 수 있어야 한다. 인간적인 한계를 솔직히 드러내는 슈퍼바이저는 슈퍼비전을 받는 측에게 보다 진솔하게 받아들여져 슈퍼비전의 효과를 증대시킬 수 있다.
- 긍정적인 보상: 슈퍼바이저는 칭찬과 인정을 아끼지 말아야 한다. 이러한 긍정적인 보상은 하급자의 동기나 전문성의 개발을 가져오는 데 필수적인 요소라고 할 수 있다.

④ 슈퍼비전의 모델

슈퍼비전의 모델은 개인교습모형, 케이스 상담, 집단 슈퍼비전, 동료집단 슈퍼비전, 직렬 슈퍼비전, 팀 슈퍼비전의 여섯 가지로 구분할 수 있다(김영종, 2001: 194-195; Watson, 1973: 83-86).

- 개인교습모형: 슈퍼바이저와 하급자가 마치 개인교사와 학생의 관계처럼 일대일 관계를 통해 슈퍼비전을 주고받는다.
- 케이스 상담: 업무자와 상담인의 체계로 형성되며, 케이스에 대해 일대일 의 관계 혹은 여러 사람을 포함시켜서 상담을 해 주는 것이다.
- 집단 슈퍼비전: 한 명의 슈퍼바이저와 한 집단의 하급자들로 구성된다. 개 인교습모형이 확대된 형태이다.
- 동료집단 슈퍼비전: 특정한 슈퍼바이저가 지정되지 않으며, 모든 집단 구 성원이 동등한 자격으로 참여한다.
- 직렬 슈퍼비전: 일종의 동료집단 슈퍼비전으로, 두 명의 업무자가 동등한 자격으로 서로에게 슈퍼비전을 제공한다.
- 팀 슈퍼비전: 가능한 한 다양한 성격을 가진 구성원들로 팀을 이루도록 의 도하며, 구성원들에 의해서 어젠다가 사전에 제안되고, 한 케이스에 대 한 결정은 동료 상호작용을 통해서 도달된다.

이 외에도 직접 슈퍼비전, 간접 슈퍼비전, 공식적 · 비공식적 슈퍼비전, 자원봉사자에 대한 슈퍼비전이 있다.

- 직접 슈퍼비전: 사회복지사가 행하는 것을 직접 관찰, 즉시 주는 슈퍼비 전이다.
- 간접 슈퍼비전: 하급 직원이 행한 것에 대한 설명을 듣고 실시하는 슈퍼 비전이다.
- 공식적 슈퍼비전: 정기적 성격, 시간제한, 기록 등과 같은 구조를 갖추고

```
┌─────────────────────────────────────────────────┐
│                  세 가지 기능                      │
├─────────────────────────────────────────────────┤
│ ① 행정기능: 상급자의 지휘·감독                    │
│ ② 교육 기능: 노하우의 전수                        │
│ ③ 상담기능: 정서적 지지                           │
└─────────────────────────────────────────────────┘

┌─────────────────────────────────────────────────┐
│                     조건                          │
├─────────────────────────────────────────────────┤
│ ① 풍부한 지식      ② 실천기술      ③ 접근 용이성  │
│ ④ 진지한 자세      ⑤ 솔직성        ⑥ 긍정적 보상  │
└─────────────────────────────────────────────────┘

┌─────────────────────────────────────────────────┐
│                    부작용                         │
├─────────────────────────────────────────────────┤
│ • 전문직의 자율성 저해/관료주의적 발상            │
│  - 전문적 훈련이 선행되면 슈퍼비전이 불필요       │
│  - 슈퍼바이저의 슈퍼비전 시간 소요로 인한 업무 부담 증가 │
└─────────────────────────────────────────────────┘
```

■ 그림 8-6 ■　**슈퍼비전**

특정 장소에서 이루어진다.

- 비공식적 슈퍼비전: 사전에 시간제약과 토의할 사항에 대한 준비 없이 진행되는 슈퍼비전이다.
- 자원봉사자에 대한 슈퍼비전: 자원봉사자를 대상으로 진행하는 슈퍼비전으로 일 대 다수의 집단 슈퍼비전이 적합하다.

⑤ 슈퍼비전의 부작용

슈퍼비전의 부작용은 여러 가지가 있다. 먼저, 슈퍼바이저의 업무가 과도하게 많은 경우 슈퍼비전의 기능 중 행정기능만 수행하게 되어 슈퍼비전은 관료주의적 발상으로 이어져 전문직의 자율성을 해치게 된다. 또한 사회복지사는 일정한 전문적 훈련을 받고 일정 기간 동안 전문직에 종사하면 서비스를 잘 전달할 수 있는 능력이 갖추어지므로 슈퍼비전을 받지 않아도 된다는 것이다. 그리고 슈퍼바이저는 슈퍼비전에 대한 시간이 많이 소요되어 업무부담이 증가하는 문제가 나타날 수도 있다(최성재, 남기민, 2006: 280).

(6) 사례발표

사례발표는 직원개발의 공통적인 방법으로, 직원들의 이해와 능력의 개선을 돕는 것 외에도 사례를 계획하고 개입기법을 배우는 데 있어 도움을 준다. 사례발표 시 발표시간은 보통 30~45분이 허용되며, 발표 후 개입대안들을 비롯한 평가와 토의에 몇 분이 주어진다. 사례발표의 장점은 분석적 사고능력과 문제해결 능력의 개발에 도움을 준다는 점이나, 사례선정을 잘못하여 흥미와 관심을 끌지 못할 경우 비효과적일 수 있다는 단점을 가진다(최성재, 남기민, 2006: 281).

(7) 역할연기

역할연기는 어떤 사례를 어떤 직원들 앞에서 2인 또는 그 이상의 직원들이 실제로 연기한 후 여러 직원이 이 연기를 평가 · 토론하고, 사회자가 결론적인 설명을 하는 것이다(성규탁, 1996: 310). 이 방법은 인간관계 훈련에 효과적이며, 좋은 경험을 몸소 얻을 수 있다는 장점이 있으나 연기에 소질 없는 사람은 직접 역할연기를 하기 힘들며, 사전 준비가 많이 요구된다는 단점이 있다(최성재, 남기민, 2006: 281).

(8) 집단행동(감수성 훈련)

직원개발을 위한 집단적 접근방법 중의 하나가 감수성 훈련이다. 감수성 훈련은 소집단의 구성원들이 어떻게 생각하고 느끼고 행동하며, 다른 사람들의 행위에 어떻게 반응하고 있는지를 알 수 있도록 수용적이고 열린 분위기를 제공하려고 노력한다. 성인의 태도와 행동의 변화를 기하는 데 가장 효과적인 방법이나, 자칫 잘못 인도되는 경우 상호 간의 감정이 상하게 되는 역효과를 가져올 수도 있다(최성재, 남기민, 2006: 283).

(9) 기타 방법

그 밖에 직원개발의 방법으로 멘토링과 컨설테이션이 있다.

① 멘토링

멘토링(mentoring)은 법적·권력적 관계에 기초하지 않고 비공식적 관계에 기초하여 이루어지는데, 멘토(mentor)는 조직의 연장자로서 멘티(mentee)에 게 역할모델을 제공하고, 도덕적 직무를 부여하며, 상담 및 조직에 대한 지식 을 제공하고, 대인관계를 개발하거나 경력관리에 도움을 줌으로써 조직의 사 회화에 기여한다. 멘토링은 그리스 시대의 율리시스라는 장군이 전장에 나가 면서 자신의 아들을 멘토라는 사람에게 의탁하여 성장과정에서 조언과 도움 을 받도록 하였다는 것에서 유래하였다.

② 컨설테이션

컨설테이션(consultation)은 주로 외부 전문가에게 업무에 필요로 하는 자 문을 받는 것이다. 받기를 원하는 측의 요청으로 이루어지며 행정적 권력관 계에 기초하지 않는다. 따라서 동료나 상급자를 구분하지 않고 이루어질 수 있으며 특화된 지식이나 기술의 전수가 주목적이다.

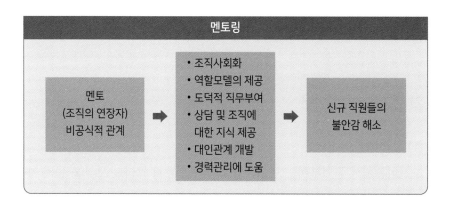

■ 그림 8-7 ■ 멘토링과 컨설테이션

5. 동기부여를 위한 보상관리

1) 동기부여의 개념

인적자원관리에 있어 보상이 중요한 이유는 직원의 노력에 대한 대가를 지불하는 역할을 하고, 이를 통해 업무에 대한 직원의 동기부여에 따른 헌신을 고취시킬 수 있기 때문이다. 사회복지행정에서 동기는 사회복지사와 클라이언트들에게 구체적이고도 바람직한 행동을 하게 하고 이를 지속화시킬 수 있도록 하는 힘을 말하며, 동기부여는 인간이 가지는 욕구에서 출발하는 것으로서 욕구와 관련된 행동을 유발시키는 개념이라고 파악할 수 있다(신복기 외, 2010: 292).

> **동기부여(motivation)**
> 근무 의욕을 북돋아 사기를 진작시켜 업무의 생산성을 향상시키며 나아가 사회복지 서비스 제공에 있어 효과성과 능률성을 높이기 위한 요소

2) 동기부여의 이론

(1) 고전이론

고전이론에서 동기부여는 합리적 규칙(권위), 통제 그리고 보상을 통해 가능한 것으로 보았다. 그중 관료제이론은 권위를 통한 동기부여에, 공공행정학파는 통제에, 과학적 관리이론은 경제적 보상을 통한 동기부여에 관심을 가졌다.

테일러(Taylor, F. W.)는 경영 및 관리에서 동기부여의 중요성을 인식하고, 열심히 일하고 생산성을 높이는 사람에게 보상을 주어야 한다고 주장했다(최성재, 남기민, 2006: 281; Taylor, 1923). 그는 스톱워치의 사용과 일한 양에 따라

보수를 주는 상여금제도를 소개하였다. 스톱워치는 주어진 과업을 수행하는 데 얼마나 오래 걸리는가를 정확히 측정하고 기록하기 위해 사용되었고, 상여금제도의 도입을 통해 열심히 일하는 근로자에게는 기대 이상의 일한 양에 대해 응분의 화폐적 보상을 주어야 한다는 것을 강조하였다. 고전이론은 금전 및 소득의 증가가 생산에 있어 주요한 동기부여의 요소라는 생각에 기초를 두고 이루어진 것이다.

(2) 매슬로 욕구이론

동기부여에 관한 학문적 이론의 기본적 틀을 형성하는 데 있어서 가장 광범위하게 취급된 이론 가운데 하나는 매슬로(Maslow, A. H.)가 설명한 '욕구단계이론'이다(Maslow, 1943: 370-396). 매슬로는 인간의 욕구를 생리적인 욕구, 안전의 욕구, 사회적 욕구 및 사랑의 욕구, 자존의 욕구, 자아실현의 욕구의 다섯 가지로 분류하였다(성규탁, 1996: 145). 욕구는 가장 낮은 수준의 생리적 욕구에서 가장 높은 수준의 자아실현의 욕구로 올라가는 계층의 형태로 보고, 어떤 욕구가 만족되면 그 욕구는 더 이상 동기유발 요인이 되지 않는다고 결론지었다(신복기 외, 2010: 293).

매슬로에 의하면 개인들은 서로 다르기 때문에 각각 다르게 취급되고 대우받아야 한다. 따라서 생산성을 증가시키고 동기부여를 하기 위해서는 직원들의 욕구가 무엇인지를 이해하고 작업 기회를 통해서 그들의 욕구를 충족시킬 수 있도록 도움을 제공해야 한다(최성재, 남기민, 2006: 284).

(3) 인간관계이론

인간관계이론은 인간 및 인간관계의 중요성을 강조한다. 리커트(Likert, R.)는 행정가 또는 관리자는 동기부여자가 되는 것이 당연하고, 작업의 개발과 생산성을 높이는 데 핵심적인 인물이 되어야 함을 지적하고 있다(Likert, 1961: 최성재, 남기민, 2006: 284에서 재인용).

인간관계이론에서는 생산성이 높은 조직의 부서는 부서의 구성원들 각자가 서로 간에 호의적인 태도를 갖고 있으며, 서로를 좋아하고 도울 수 있는 사람들끼리는 서로에게 동기를 부여하고, 그 결과 바람직한 생산수준을 달성한다고 본다. 이 이론은 의사결정 및 기획과정에 직원들을 관여시키고 직원들의 광범위한 참여를 강조한다. 직원들은 자신들이 조직의 일부라고 느끼며 조직을 통제하고 운영하는 데 일조를 한다고 느낄 때, 조직에 최선을 다하도록 동기부여가 된다는 것이다(최성재, 남기민, 2006: 284).

(4) 행동수정이론

행동수정이론에 의하면 개별적인 그리고 집단에서의 인간행동은 보상과 처벌 기대에 의하여 영향을 받는다. 즉, 행동은 지속적인 처벌 또는 지속적인 보상을 통해서 변화될 수 있다는 것이다. 행동수정이론은 보상이 일반적으로 처벌보다 더 바람직하다고 강조한다. 직장의 업무에서도 마찬가지로 봉급인상과 승진과 같은 보상이 직무성과 관련하여 상당한 기간 지속적으로 제공될 경우, 그렇지 않은 경우와 비교해 볼 때 엄청난 차이를 가져올 것이다(최성재, 남기민, 2006: 285).

(5) X이론, Y이론 그리고 Z이론

맥그리거(McGregor, D.)는 동기부여의 X이론과 Y이론을 제시하였다(McGregor, 1960: 33-57). X이론은 고전적 접근법을 의미하고 Y이론은 인간관계적 접근법을 의미한다. X이론에 의하면 직원에게 민주적 참여 기회를 최소화해야 하며, 직원에게는 집권적이고 권위적인 지시와 통제가 필요하다. 보통 인간은 본질적으로 일하기를 싫어하고 가능하면 일을 피하려고 한다. 따라서 직원들이 일을 수행하도록 하기 위해서는 강제하고 통제하여야 하며, 일하지 않을 경우 처벌의 위협을 가할 필요가 있다는 것이다. 이에 반해 Y이론은 직원들을 의사결정에 광범위하게 참여시킴으로써 덜 집권화할 것과 최소한의 통제와 지시를 강조한다. Y이론의 기본적 가정은 일을 위한 육체적·정신적 노력은 오락이나 휴식처럼 자연스러운 것이며, 따라서 외부 통제의 필요성과 처벌에의 위협을 최소화시켜야 한다는 것이다.

런스테드(Lundstedt, S.)는 Z이론을 제시하였는데 관리자들이 주어진 시점에서 존재하는 특수한 상황에 따라 변화를 가지고 중간적 접근을 사용할 것을 강조하고 있다(Lundstedt, 1972: 328-333; 최성재, 남기민, 2006: 286에서 재인용). 각자 자유 의지에 따라 행동하도록 분위기만을 조성할 뿐 인위적 동기 부여는 가능한 한 억제하자는 것이다(최성재, 남기민, 2006: 286).

(6) 동기위생이론

허즈버그(Herzberg, F.)는 동기위생이론을 제시하였다(Herzberg, 1976: 최성재, 남기민, 2006: 287에서 재인용). 이 이론에 의하면 일은 두 가지 기본적인 인간의 욕구를 만족시켜야 하는데, 하나는 급여·작업조건, 작업의 안정성, 지위, 그리고 부가급여 등의 외적 위생요소이고, 다른 하나는 실제 업무, 성장 그리고 책임 등의 내적 요소이다(Brody & Nair, 2013: 132). 이 이론에서는 직원들을 만족시키는 요소들은 그들이 무엇을 하느냐 하는 것과 관련되어 있다고 보고, 일의 내용과 심리적 만족이 중요하다고 보았다. 한편, 불만은 고통에 의해 생겨나는데, 고통은 작업환경 속의 위생적인 문제들이 원인이 된다. 위생적인 문제란 부적절한 봉급, 노동 착취적 작업환경, 동료 및 윗사람들과의 불편한 관계 등을 말한다.

(7) 성취동기이론

맥클리랜드(McClelland, D. C.)는 기본적으로 동기를 부여시키는 욕구를 권력욕구, 친화욕구, 성취욕구의 세 가지 형태로 파악하였다(McClelland, 1961: 7-8; 신복기 외, 2010: 296에서 재인용). 권력욕구는 다른 구성원에게 통제력을 행사하거나 행동에 영향을 미치는 욕구 또는 다른 구성원에 대한 책임을 지거나 그들 위에 권위로 군림하려는 욕구를 말한다. 친화욕구는 다른 사람과 우호적이고 따뜻한 관계를 유지하려는 욕구를 말한다. 성취욕구는 우수한 결과를 얻기 위해서 높은 기준을 설정하고 이를 달성하고자 하는 욕구를 말한다. 즉, 어려운 과제를 달성하고, 어려운 문제를 풀고, 일을 보다 효율적으로 처리하고 복잡한 직무를 숙달하고자 하는 욕구이다(신복기 외, 2010: 296).

(8) 기대이론

브룸(Vroom, V. H.)의 기대이론에서는 어떤 일을 하게 되는 사람의 동기는 적극적이든 소극적이든 간에 자신의 노력과 결과에 대해 스스로 부여하는 가치에 따라 결정되는 것이라 말한다(Vroom, 1964). 따라서 자신의 노력이 목표를 성취하는 데 실질적으로 도움을 줄 것이라는 확신을 갖게 될 때 더욱 크게 동기부여를 받는다는 것이다. 즉, 기대이론에서 동기부여란 활동에 거는 기대가치와 목표가 성취될 수 있다고 믿는 인지된 확률의 산물이다(신복기 외, 2010: 297).

(9) 공정성이론

애덤스(Adams, J. S.)의 공정성이론은 동기부여과정이론에 속하는데 (Adams, 1963a), 과정이론이란 행동을 일으키는 요인뿐만 아니라 행동유형의 과정, 방향 또는 선택에도 관심을 가지는 것이다. 동기부여에 있어서 중요한 요소는 구성원 개인이 보상체계를 공정하다고 인식하고 있는지의 여부이다(신복기 외, 2010: 297).

이상의 동기부여와 관련된 이론 및 동기부여의 요소들을 다시 정리해 보면 〈표 8-2〉와 같다.

● 표 8-2 ● **동기부여이론**

고전이론	매슬로 욕구 이론	인간관계 이론	행동수정 이론	X · Y이론	동기위생 이론	성취동기 이론	기대이론	공정성 이론
경제적 요소 (돈)	직원 개인의 욕구	인간관계와 상호작용	조작적 조건화 보상, 처벌	규제와 지시/ 인간의 자율성	일의 내용과 심리적 만족	복잡한 직무숙달	노력을 통해 목표성취 기대	보상체계의 공정성

3) 동기부여의 공통적 요소

지금까지 살펴본 동기부여에 관한 이론들은 정도 차이가 있기는 하지만, 몇 가지 공통요소를 가지고 있다(최성재, 남기민, 2006: 288-291).

(1) 개인적 관심

조직 및 과업에 대한 개인적 관심은 동기부여와 양질의 사회서비스 제공에서 아주 중요하다. 관심은 조직에서 사례와 경험을 함께 나누어 보거나 조직의 운영에서 중요한 기획 및 의사결정 과정에 직원들을 참여시킴으로써 개발될 수 있다. 민주적이고 참여적인 분위기는 개인적 관심을 불러일으키는 데 도움이 된다.

(2) 시간관리

조직에서는 일반적으로 시간과 관련하여 두 가지를 고려해야 한다. 하나는 행정가들이 조직이 틀 내에서 시간을 효과적으로 사용하는 것을 중시하는 것이다. 다른 하나는 직원들 스스로 창의적이 되기 위해 그리고 그들이 제공하는 서비스를 계획하고 개선하기 위해 일정한 시간을 갖는 것이다.

행정가들은 최소의 시간을 들여 최대의 결과를 발생시키기 위해 위원회 운영과 의사결정 과정을 조직화한다. 또한 조직의 목표, 조직의 문제, 조직의 결정을 고려하기 위해 시간을 적절히 배분하며, 모임에 상정할 의제를 준비한다.

(3) 행정적 지지

행정가란 공동의 목표를 달성하기 위해 함께 일하면서 조직의 생산성을 높이고 직원들의 사기를 진작시키기 위해 도움을 주는 사람을 말한다. 모든 직원은 인정을 받고 싶고, 성취감 및 가치감을 갖고 싶어 한다. 따라서 그런 감정을 충족시켜 줌으로써 직원들이 다른 직원들과 더불어 일할 의욕을 높여 줄 수 있다.

(4) 책임 및 권한의 명확화

직원들은 자신들의 특수한 책임을 이해하고 그 책임을 수행하기 위한 권한을 갖고 있다고 느낄 때 긍정적인 감정을 갖게 되며, 조직의 이익과 서비스를 높이기 위해 그들이 할 수 있는 최선을 다하도록 동기부여가 된다.

(5) 승인과 칭찬

직원들은 상관으로부터 항상 환류를 필요로 한다. 직원들은 그들이 한 일이 조직의 목표와 제공해야 할 서비스의 관점에서 만족할 만한 것인지 아닌지에 대해 알 필요가 있다. 현명한 행정가는 종종 환류를 제공하면서 직원들에게 그들의 행위가 제대로 이루어졌다는 것을 알려 주며, 직원들이 직무를 잘 수행했을 경우 칭찬을 아끼지 않는다.

(6) 성취 기회

가치 있는 무엇인가를 할 수 있는 기회는 직원의 동기부여와 조직의 사기를 위해 아주 중요하다. 사람들은 가치 있는 어떤 일을 성취하는 것으로부터 진정한 만족과 긍정적 감정을 얻는다. 그러한 성취 기회는 모두 공개되어 개인 및 집단의 만족을 가져오도록 해야 한다.

동기부여의 공통적 요소

- 개인적 관심
- 행정적 지지
- 승인과 칭찬
- 시간관리
- 책임 및 권한의 명확화
- 성취 기회

---

4) 사회복지조직에서의 동기부여

사회복지조직에서는 다양한 측면에서의 동기부여 방식이 있을 수 있다(신복기 외, 2010: 301-302).

(1) 업무상의 동기부여

첫째, 기술의 다양성과 전문성을 발휘할 수 있는 기회를 제공한다. 즉, 직무를 구성하고 있는 많은 과업이 다양한 기술과 전문성을 발휘하고 행동할 수 있는 기회를 제공하도록 구성되어야 할 것이다.

둘째, 과업의 완결성을 추구한다. 과업이 전체 업무처리 과정의 일부분에 해당하는 것이 아니라, 전체를 수행할 기회를 부여함으로써 일을 완성하고 거기에서 성취감을 느낄 수 있다.

셋째, 과업의 의미, 공헌, 중요성을 인식시켜 주어야 한다. 중요하지 않은 과업이거나 중요성을 모르는 상태에서 과업을 수행하는 경우 일에 대한 적극성을 유도해 내기 힘들 것이다.

넷째, 과업의 자율성이 보장될 수 있어야 한다. 과업을 수행함에 있어 법·규정이나 명령에 따르는 의무만 있는 것이 아니라 책임감이 따르는 재량권이 부여되어야 한다.

다섯째, 과업수행에 대한 결과가 어느 정도의 목표를 달성했는지, 잘했는지 못했는지 등에 대한 피드백이 반드시 있어야 한다.

(2) 과업환경상의 동기부여

첫째, 물리적 환경의 개선이 요망된다. 사회복지조직에서 물리적 환경의 개선을 위해서는 충분한 기자재의 제공과 정보화, 상담실 공간 확보, 직원 휴게실 마련 등이 요청된다.

둘째, 사회적 환경에서는 인간관계가 중요하다. 구체적으로 상관과 동료가 어떤 인간관계를 형성하고 있는지, 특히 상관이 어떠한 스타일로 리더십을 행사하는지가 동기부여에 중요한 작용을 한다.

셋째, 문화적 환경도 고려해야 한다. 개인은 집단뿐만 아니라 조직 전체의 문화 또는 조직풍토의 영향을 받는다.

(3) 인사관리상의 동기부여

첫째, 신분보장이 이루어져야 한다. 그러나 신분보장이 지나치면 태만하거나 무능한 직무수행에 대한 적절한 제재가 불가능하므로 조직의 생산성을 약화시키는 역기능을 낳을 수 있다.

둘째, 보수가 고려되어야 한다. 생계비와 형평성의 관점에서 보수를 적정 수준으로 유지시켜 주는 것은 불만 예방에 매우 중요한 역할을 하게 될 것이다. 또한 동료 간 그리고 기타 부문과의 보수 형평성도 동기부여에 영향을 미칠 것이다.

셋째, 적재적소의 배치가 요청된다. 각 사회복지사가 지니고 있는 적성과 능력 및 기술에 적합한 업무를 할당받고 부서에 배치되어 근무할 때 자신의 능력과 기술을 충분히 발휘할 수 있을 것이다. 또한 환경이 급속하게 변화되고 있으므로 사회복지사들에게 새로운 기술이나 전문성을 학습할 수 있는 교육·훈련의 기회도 다양하게 부여해야 할 것이다.

(4) 개인적 특성상의 동기부여

첫째, 가정환경이 고려되어야 한다. 가정과 직장은 서로 분리될 수 없기 때문이다.

둘째, 개인이 직장 밖에서 취미생활이나 여가활동을 하고 있다면 이들의 취미와 여가가 직무와 어떠한 관계가 있는가도 동기부여에 중요한 영향을 미친다.

셋째, 직무가 요구하는 지적 수준과 실제 개인의 능력 간의 일치는 상당히 중요한 의미를 갖는다. 직무 요구수준에 비해 개인의 능력이 월등히 앞서는 경우 불만의 원인이 되며, 이러한 사회복지사에게는 보다 도전적이고 창의적인 업무를 맡기는 것이 동기부여의 효과를 불러온다.

넷째, 성격유형 또한 동기부여와 밀접한 관계가 있다. 외향적이고 사교적인 사회복지사에게는 현장에서의 민원업무나 감독업무가 훨씬 적합하고, 조심성 있고 분석적인 성격의 사회복지사에게는 정확성을 요구하는 직무에서 더 큰 동기가 부여될 것이다.

다섯째, 동기부여는 단순히 욕구 하나만의 충족으로 이루어지는 것이 아니기 때문에 다른 개인적 특성과 동기요인을 동시에 고려하는 지혜가 요구된다.

(5) 보수

봉급수준은 생활비의 변화, 생활수준의 변화, 국민생산성의 증가, 교육과 경험을 필요로 하는 직위에 지불되는 봉급의 변화, 형평에 맞고 달성 가능한 최저 수준의 보장, 지역적 봉급형태에 기초한 변화 등을 고려한다.

사회복지조직의 직원들이 봉급에서 공평한 처우를 받고 사회복지조직의 효율적인 행정을 보장받기 위해 각 직위 분류에 따른 봉급범위를 설정하는 보수계획이 세워져야 한다. 보수계획은 직위분류 계획에 각각의 직위집단을 포함하며, 각각의 직위등급에 대한 봉급범위와 봉급인상의 양과 횟수를 나타내야 한다. 또한 보수계획에서는 봉급인상이 정기적인 것인지 그렇지 않으면 실적에 기초를 두고 있는지를 정하고, 교육, 훈련, 경험과 같은 요구조건을 반영하기 위해 직무수준 내에서 그리고 직무수준 간에 적절한 봉급의 차이를 내야 한다. 한편, 1년에 한 번씩 직원과 함께 보수계획에 대한 검토와 협상을 하고, 조직의 자원이 허락되는 한 매년 충분한 생활비 조정을 한다(최성재, 남기민, 2006: 296; Slavin, 1985: 213).

6. 인적자원관리의 최근 경향

1) 직업경력의 개발

사회복지조직에서는 전문직 중심의 조직구성원의 속성을 감안하여 개인적이고 전문적인 관심과 역량에 대한 개발 등의 요소들을 강화할 필요가 있다.

이를 위해서는 직원들이 갖고 있는 전문직의 가치와 이상 그리고 개인적인 열망 등이 조직활동을 통해 실현될 수 있도록 조직환경을 조성하는 것이 필요하다. 직원들이 관심을 갖는 각종 교육이나 사업에의 참관 기회를 확대하는 것은 물론 조직구성원들의 개인적·가족적 문제들에 대해 조직이 관심을 갖는 것도 필요하다(김영종, 2001: 196).

2) 업무환경의 질 개선

(1) 참여적 자기관리

효과적인 조직관리를 위해서는 자기관리 업무집단이 결정적으로 중요함을 강조한다. 조직의 모든 구성원이 조직의 방향에 관한 결정들에 참가하고, 그러한 방향을 실행하는 수단들의 결정에도 참여한다. 구체적인 기법들에는 QC, 클라이언트-성과 모니터링 시스템 등이 있다.

QC(Quality Circle)는 일선 업무자들의 문제해결 소집단으로, 여기에서 직원들은 업무의 운영과 관리에 필요한 개선목표를 설정하고 달성하려는 노력을 한다. 클라이언트-성과 모니터링(client-outcome monitoring) 시스템은 클라이언트를 서비스 과정에서 중요한 자원으로 재규정하고, 클라이언트의 피드백에 높은 중요도를 부여하는데, 그것은 직원들이 클라이언트에 대한 성과나 영향 수행을 모니터링하는 데 도움을 주는 것으로 간주한다(김영종, 2001: 198).

(2) 업무의 재구조화

직원과 업무 간의 최적화를 위해서 사람들을 업무에 적응토록 하는 것이 아니라, 업무를 사람에 맞도록 구조화한다. 여기에는 직무확충이나 직무확대 방안 등과 같이 직원들이 조직 내 다양한 측면의 업무에 대해 관심을 유도하기 위한 노력들과 업무에 대한 흥미를 지속적으로 유지할 수 있도록 하는 직무순환이나 직무공유의 방안들이 포함된다(김영종, 2001: 198-199).

- **직무확충**: 동일한 직무에 각기 다른 과업들을 병합하는 것으로, 다른 사람들이 수행하는 과업들도 포함한다.
- **직무확대**: 재량권이나 의사결정권을 확대하여 하급자들이 상급자들이 갖던 의무들의 일부를 취할 수 있게 하는 것이다.
- **직무공유**: 특별한 유형의 시간제 근무로서, 하나의 전일제 직무를 두 명의 업무자들 간에 나누는 것이다.

(3) 혁신적 보상급여체계

혁신적인 보상급여체계에서는 개인들 간의 선호의 차이를 보상급여에 보다 적극적으로 반영함으로써 효율성을 높일 수 있다(김영종, 2001: 199).

- **유연급여 시스템**: 일종의 카페테리아 스타일의 접근방식으로, 급여 항목들을 늘어놓고 개인별 한도의 총액 내에서 직원들이 자신의 욕구에 따라 스스로 선택할 수 있도록 하는 것이다. 그로 인해 조직으로서는 한정된 급여 총액의 한도 내에서 직원들의 각자의 효용성을 극대화할 수 있게 하고, 그렇게 극대화된 개별 효용성들의 합에 의해 조직 전체의 자원 활용에 대한 효용성도 극대화할 수 있다.
- **이익 공유**: 직원이나 업무집단이 비용절약 노력이나 아이디어를 내고, 그로 인해 발생하는 추가적인 이득은 되돌려 받도록 하는 것이다.
- **직원지원 프로그램**: 첨단의 인적자원개발 시스템에서는 직원과 그 가족들을 대상으로 인간적인 이슈와 서비스들에 대한 모든 영역을 24시간 지원한다. 이것은 단순히 시혜적인 차원의 프로그램이라기보다는 간접적이긴 하지만 직원들의 삶의 질을 향상시켜 서비스와 조직의 효과성을 높이고자 하는 전략이다.

유연급여 시스템의 한 예로, 서울시에서는 2017년부터 사회복지시설 종사자들의 처우개선과 사기진작을 위해 공공기관에서 적용되던 복지포인트제도를 사회복지시설 종사자들까지 확대하여 적용하고 있다.

(4) 업무장소의 개선

물리적인 업무장소의 개선 또한 매우 중요하다. 사무실의 구조를 인체공학적인 설계를 통해 배치하거나 사무실 가구와 집기들도 색상이나 기능면에서 매력적인 것으로 갖추는 것이 필요하며, 건강관리를 위한 시설들을 갖추도록 한다(김영종, 2001: 200). 한편, 코로나19 이후 격리조치 등으로 출근이 불가능한 경우 재택근무를 선택할 수 있도록 하는 방안도 검토해야 한다.

7. 사회복지사의 직무

1) 사회복지사의 역할과 직무

사회복지사는 상담자, 행정가, 의뢰자, 중개자(broker), 대변자(advocate), 치료자, 계획자, 행동가로서의 역할을 수행한다. 사회복지사는 직접적인 서비스 제공, 자원의 개발과 연계, 지역사회와의 관계(사회행동 등), 행정업무와 조사연구(기획평가, 지도감독, 홍보 등) 등의 직무를 수행하고 있다. 2023년 사회복지사 자격증 소지자는 약 1,411,070명(1급은 187,911명)으로 사회복지전담공무원, 시설종사자, 사회복지법인, 기타법인 등의 현장에서 전문가로 종사하고 있다. 최근에는 점점 다양해지는 사회복지욕구에 대응하기 위해 특정 영역별 사회복지사의 제도화가 필요하게 되었다. 그리하여 「사회복지사업법」의 개정(2018)을 통해 학교사회복지사, 의료사회복지사 그리고 정신건강 사회복지사 등의 전문사회복지사 국가자격제도가 2021년부터 시행되었다(「사회복지사업법」 제11조).

2) 사회복지전담공무원

(1) 사회복지전담공무원의 직무 변화

사회복지전담공무원의 직무 변화를 살펴보면 다음과 같다. 별정직인 사회복지전문요원으로 1987년 이후 전국의 읍·면·동에 배치되어 생활보호업무를 담당하였으며, 1995년 「사회복지사업법」의 개정으로 사회복지서비스업무가 추가되었다. 1997년 「사회복지사업법」이 또 한 차례 개정되면서 후원금품 모금과 후원자 알선업무가 추가되었다. 2000년 「국민기초생활보장법」이

● 표 8-3 ●   사회복지전담공무원 현황: 2021년 기준

시·도별	정원	현원
전국	29,572.2	28,498.0
서울특별시	5,067.0	4,929.0
부산광역시	1,783.0	1,988.0
대구광역시	1,233.9	1,227.0
인천광역시	1,486.0	1,523.0
광주광역시	972.0	923.0
대전광역시	686.0	702.0
울산광역시	449.0	432.0
세종특별자치시	153.0	148.0
경기도	5,521.3	5,150.0
강원도	1,368.0	1,291.0
충청북도	952.0	954.0
충청남도	1,746.0	1,556.0
전라북도	1,580.0	1,540.0
전라남도	2,128.0	1,908.0
경상북도	2,102.0	2,040.0
경상남도	2,069.0	1,866.0
제주특별자치도	276.0	321.0

출처: 보건복지부(2022).

제정되고, 차상위계층에 대한 보장 및 자활사업 등이 추가되었다. 이와 함께 별정직이었던 신분도 일반직 공무원으로 전환되고 명칭도 '사회복지전문요원'에서 '사회복지전담공무원'으로 변경되었다. 따라서 승진과 전보가 가능해져 사회복지전담공무원들의 위상이 크게 진작되는 계기가 되었다. 2021년 기준으로 전국에 28,498명의 사회복지전담공무원이 있다.

(2) 사회복지전담공무원 제도 도입의 성과

사회복지를 전담하는 공무원 제도의 도입으로 공공부조 업무의 공정성과 합리성을 확보할 수 있었으며 생활보호대상자 태도의 긍정적인 변화를 유도할 수 있는 계기가 되었다.

(3) 사회복지전담공무원 제도의 문제점

사회복지전담공무원들은 보건복지부, 교육부, 기획재정부 등 중앙부처에서 관리하는 복지사업 중 지방자치단체가 직간접적으로 수행하는 200여 개를 담당한다. 2010년 사회복지통합관리망이 개통되어 복지업무 내용을 일일이 전산망에 입력해야 하기 때문에 업무가 증가하였다. 또한 무상보육이나 기초연금 그리고 아동수당 지급과 관련한 업무가 추가되어 더욱 심각한 상황이다.

2007년부터 5년간 복지재정이 52% 증가하였지만 사회복지전담공무원은 20% 증가하여 1만 2천 명이 되었다. 2016년 말 기준으로 전국의 지방자치 단체에서 사회복지를 담당하는 공무원은 3만 2천 2백여 명이었다(보건복지부, 2016). 사회복지전담공무원 중 여성이 70~80%를 차지하는 특성 때문에 출산과 육아로 휴직하는 경우에는 인력의 부족이 나타난다.

중앙의 각 부처가 복지정책을 양산하고, 이것이 일선 사회복지담당공무원에게 집중되는 이른바 '깔때기 현상'으로 정작 그들이 복지사각지대에 놓여 있다고 볼 수 있다. 또한 사회복지담당공무원이 일선 행정조직에 소속되어 수직적 의사소통과 경직된 조직운영 등 관료적 풍토가 여전하여 전문직으로서의 재량권은 보장되지 않고 있으며 조직 내 의사소통의 부족으로 인한 스트레스를 받고 있다(전병주, 2013: 478). 그 외에도 일반직 상급자의 잦은 전보 그리고 슈퍼비전 역량 부족 등도 문제가 되고 있다.

3) 사회복지시설 및 법인 종사자

2022년 기준 전국에 사회복지사 자격증을 가진 사회복지사는 약 130만 명에 달하고 있다. 이들 중 24,279명이 26,172개의 사회복지시설에 종사하고 있다. 2022년 기준 보건복지부 가이드라인에 의한 사회복지사 월평균 기본급은 1호봉이 1,910천 원, 10호봉이 2,317천 원의 수준이며, 이는 전체 산업 대비 59% 정도 수준의 급여이다. 직급에 따라 이용시설기준 시설장은 5급 공무원 대비 97.1%, 부서장은 6급 공무원 대비 103.3% 수준의 급여를 받고 있다(권부천, 이준영, 2023). 이 외에도 사회복지 분야에서는 비전문가이지만 다수의 자원봉사자와 타 영역의 전문가들이 활동하고 있다.

 참고문헌

권부천, 이준영(2023). 사회복지사법 제정과 사회복지종사자 처우에 관한 연구. 사회복지법제연구, 14(2), 29-53.

김수정, 문영임(2017). 전문사회복지사 자격제도 법제화의 동향과 과제. 사회복지법제연구, 8(2), 195-229.

김영종(2001). 사회복지행정. 서울: 학지사.

박경수(2018). 사회복지종사자의 보수실태와 처우 향상. 보건복지포럼, 266, 24-33.

박동서(1989). 한국행정론. 경기: 법문사.

박차상(1999). 사회복지행정론. 서울: 양서원.

보건복지부(2019). 사회복지시설관리안내.

보건복지부(2022). 2022 보건복지통계연보.

보건복지부, 한국사회복지사협회(2022). 사회복지사 통계연감.

성규탁(1996). 사회복지행정론. 경기: 법문사.

신복기, 박경일, 이명헌(2010). 사회복지행정론. 경기: 공동체.

안해균(1982). 현대행정학. 서울: 다산출판사.

양옥경(2003). 사회복지서비스와 전문자격제도. 계간 사회복지, 158, 26-41.

윤혜미(2000). 미국복지개혁과 공공부문 사회복지사의 역할 변화. 한국사회복지학회
    2000년도 춘계학술대회 자료집, 89-112.

이경희, 신원식(2007). 교육복지투자우선지역 지원사업 운영에 대한 현장실천가들의
    주관적 인식: Q방법론의 활용. 한국사회복지행정학, 21, 93-114.

이용교(2006). 사회복지사 수급체계와 전문성 강화방안. 계간 사회복지, 169, 82-95.

이재완(2003). 사회복지인력체계에 관한 연구. 참여복지와 사회복지전달체계, 107-138.

장신재, 이시연(2008). 신입사회복지사에 대한 멘토링이 조직몰입에 미치는 영향. 한
    국사회복지행정학, 10(2), 1-30.

전병주(2013). 사회복지전담공무원의 직무스트레스가 직무만족에 미치는 영향. 보건
    과 사회, 33(3), 476-515.

정무성(2007). 제3차 서울복지포럼-서울시 사회복지인력 근로조건 및 처우실태와 정책 방
    향-, 11-88.

조휘일 역(2000). 사회복지실천과 수퍼비전[*Supervision in social work*]. A. Kadushin
    저. 서울: 학지사. (원저는 1992년에 출판).

최성재, 남기민(2006). 사회복지행정론. 경기: 나남.

최일섭(1998). 외국 사회복지분야 교육실태. 계간 사회복지, 138, 23-32.

한국사회복지사협회(2012). 2012년 한국 사회복지사 기초통계 연감.

허만영(2004). 사회복지행정교육의 방향: 공공영역과 민간영역의 조화, 혹은 갈등. 한
    국사회복지행정학회 2004년 추계학술대회 자료집, 151-158.

허선(2001). 기초생활보장제도의 정착을 위한 정부와 사회복지사의 역할. 한국빈곤문
    제연구소 창립기념논문집, 229-255.

황성철, 정무성, 강철희, 최재성(2014). 사회복지행정론. 경기: 정민사.

Adams, J. S. (1963a). Toward and understanding of inequity. *Journal of Abnormal
    and Social Psychology*, *67*(5), 422-436.

Adams, J. S. (1963b). Wage inequities, productivity and work quality. *Industrial
    Relation*, *3*(1), 9-16.

Argyris, C. (1957). *Personality and organization*. New York: Harper and Row.

Aylala, P., & Ditsa, K. (1978). Occupational tedium in the social services. *Social Work, 23*(6), 499–510.

Brody, R., & Nair, M. (2013). *Effectively managing and leading human service organizations*. Thousand Oaks, CA: Sage.

Herzberg, F. (1976). The managerial choice: To be efficient and to be human. *Homewood, 12*. IL: Dow Jones–Irwin.

Kadushin, A. (1992). *Supervision in social work*. New York: Columbia University Press.

Likert, R. (1961). *New patterns of management*. New York: McGraw–Hill.

Lundstedt, S. (1972). Consequences of reductionism in organization theory. *Public Administration Review, 32*, 328–333.

Mangum, S. L. (1982). Recruitment and job search: The recruitment tactics of employer. *Personnel Administrator, 27*, 93–101.

Maslach, C., Schaufeli, W. B., & Leiter, M. P. (2001). Job burnout. *Annual review of psychology, 52*(1), 397–422.

Maslow, A. H. (1943). A theory of human motivation. *Psychological Review, 50*, 370–396.

Maslow, A. H. (1954). *Motivation and personality*. New York: Harper & Row.

McClelland, D. C., Atkinson, J. W., Clark, R. A., & Lowell, E. L. (1953). *The achievement motive*. New York: Appleton–Century–Crofts.

McGregor, D. (1960). *The human side of enterprise*. New York: McGraw–Hill.

Skidmore, R. A. (1990). *Social work administration: Dynamic management and human relationships* (2nd ed.). Englewood Cliffs, NJ: Prentice–Hall.

Slavin, S. (1985). *Managing finances, personnel, and information in human services* (2nd ed.). New York: The Haworth Press.

Taylor, F. W. (1923). *The principles of scientific management*. New York: Harper.

Vroom, V. H. (1964). *Work and motivation*. New York: Wiley.

Watson, K. W. (1973). Differential supervision. *Social Work, 8*(11), 78–89.

Weiner, M. (1988). Managing people for enhanced performance. *Administration in Social Work*, 147–159.

프로그램 관리 및 기획

1. 프로그램 기획이란 무엇인가

프로그램 관리에서 핵심적인 과정은 프로그램 기획이다. 프로그램 기획이란 현재와 미래의 환경 변화에 대응하기 위한 것으로, 프로그램의 목적 설정, 수단의 선택, 실행, 평가에 이르는 제반 프로그램 과정에서의 합리적인 의사결정과 활동 등으로 정의할 수 있다(김영종, 2001: 270). 프로그램 설계 또는 프로그램 개발과 같은 의미로 쓰이고 있는 프로그램 기획은 사회복지 실천에서 아주 중요한 부분을 차지하고 있는데, 그 이유를 설명하기 위해서는 먼저 '프로그램' 및 '기획'의 개념을 이해해야 한다. 또한 프로그램 기획은 구성원들 간의 의사결정을 중심으로 실행되므로, 의사결정에 대한 이해도 필요하다.

1) 프로그램의 의미

프로그램은 정책의 구체적 실행을 위한 도구적 성격을 갖는다. 사회복지에서 프로그램은 사회문제를 해결하기 위해 계획된 일련의 활동으로 클라이언트의 욕구를 충족하거나 역량을 강화하기 위해 개입하는 활동인 서비스들의 묶음이라고 할 수 있다. 서비스는 어떤 욕구의 충족이나 역량강화에 필요한 단위행위이며, 특정 서비스는 해당 분야 전문가에 의해 이루어지는 것이 원칙이다. 프로그램은 다양한 전문가에 의해 이루어지는 서비스들을 묶어서 일련의 계획된 활동으로 설계한 것이다. 서비스로부터 프로그램이 구성되는 과정은 프로그램 설계, 개발 또는 디자인 등 다양한 용어로 표현되고 있다.

프로그램은 개입전략이나 인과관계이론을 기본으로 구성되며, 프로그램이 설정한 목적(의도된 상태)에 도달하기 위한 방법이나 제반 목표들의 선택과 실행기술들을 담고 있는 일종의 목적과 수단 간의 논리적 매개체라고 할 수 있다.

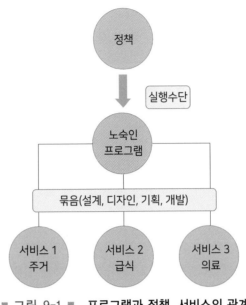

■ 그림 9-1 ■ **프로그램과 정책, 서비스의 관계**

프로그램은 법률 및 정책 등을 통하여 서비스를 제공하는 제도적인 개입과 사회복지사가 클라이언트와의 대면을 통하여 서비스를 제공하는 직접적인 개입으로 나눌 수 있다.

2) 프로그램의 유형 및 구성

프로그램의 구분은 어떠한 관점에서 보는가에 따라 다양한 형태로 구분될 수 있다. 일반적인 분류로는 프로그램이 가지고 있는 대상, 속성, 활동내용이나 예산 등에 따라 분류할 수 있다. 물론 일부 프로그램의 경우 여러 속성을 동시에 지닐 수 있으나 가장 대표적인 특성을 기준으로 분류하면 〈표 9-1〉과 같다(우수명, 2007).

● 표 9-1 ● 프로그램의 유형 구분

대상별	연속성	영역별	활동내용별	제공환경형태	재원조달 형태
아동, 청소년, 노인, 노숙인, 장애인, 다문화, 새터민 프로그램 등	일회성프로그램 연속성프로그램	개별프로그램 팀프로그램 지역사회연계 국가제도 사상적프로그램	전문임상프로그램 문화생활프로그램 사회연계프로그램 사회운동프로그램	교정복지프로그램 의료사회복지프로그램 학교사회복지프로그램 군사회복지프로그램등	공적재원 민간혼합형 민간재원

출처: 우수명(2007).

2. 기획

1) 기획의 의미

기획의 개념에 대한 정의는 다양하다. 길버트와 스펙트(Gilbert, N. & Specht, H.)는 "통찰력과 체계적인 사고, 조사, 행동노선 대안의 선택에 있어서 가치선호의 행사를 통하여 문제를 해결하고 장래 일의 방향을 통제하려는 의도적 시도"라고 하였다(Gilbert & Specht, 1977: 1; 김영종, 2001: 270). 이웰(Ewell, C. M.)은 "행동이 요청되기 이전에 무엇을 하고 어떻게 할 것인가를 결정하는 것"(Ewell, 1972: 68), 드로어(Dror, Y.)는 "최적의 수단을 통하여 목표를 달성하기 위한 미래의 행동에 대한 일단의 의사결정을 준비하는 과정"이라고 하였다(Dror, 1967: 153-157).

이를 종합해 보면 기획은 현재와 미래의 환경 변화에 대응하기 위하여 프로그램의 목적 설정, 수단의 선택, 실행, 평가 등의 과정에서 하는 합리적인 의사결정과 활동들을 의미한다. 기획의 특성적 요인은 목표를 달성하기 위한 장래의 행동에 관하여 일련의 결정을 하는 과정이고, 미래 지향적이며, 지속적이고, 의사결정과 연결되며, 목표 지향적이고, 목표를 위한 수단이 되는 것 등이다(York, 1982). 기획에서는 목적 설정 자체가 중요한 부분을 차지한다.

한편, 기획(planning)과 계획(plan)은 다르게 이해될 수 있다. 기획은 계획을 세워 가는 활동과 과정이자 동태적인 행동이라는 포괄적인 개념이며, 계획은 기획에서 도출된 결론, 즉 이미 결정된 행동노선을 가리키는 것으로, 정태적인 결과만의 상태로 이해된다. 기획을 좀 더 넓게 이해하면 계획의 수립, 실행, 평가 및 수정을 포함하는 총체적 개념이다.

전략적 기획과 관리운영 기획의 차이

- 전략적 기획(strategic planning): 조직의 목표설정, 우선순위 결정, 자원의 획득 · 분배를 위한 결정
- 관리운영 기획(management planning): 조직이 확보한 자원을 조직의 목표달성을 위해 효율적으로 활용하기 위한 계획

출처: 최성재, 남기민(2016: 246).

2) 기획의 필요성

사회복지조직에서 기획과정의 필요성은 점점 강조되고 있는데 그 이유는 다음과 같다. 사회복지재원이 증가함에 따라 사회복지 제공자의 전문성이 높아지고, 재량권이 확대되면서 자원과 권한을 더욱 많이 위임하게 되었다. 이는 사회복지사에 대한 기대 및 신뢰를 증가시키고 사회복지실천 과정에 대한 책임성을 강조하기 위함이다. 이러한 상황에서 기획은 사회복지실천 과정을 보다 체계적으로 규정하는 프로그램의 관리에서 책임성의 요구에 부응하는 수단으로 기획이 사용될 수 있다. 기획은 책임성을 증진시키기 위해 필요하며, 구체적으로 살펴보면 다음과 같다(성규탁, 1996: 237; Skidmore, 1995: 50; York, 1982: 13-14).

첫째, 불확실성의 감소이다. 실천현장은 급변하는 환경과 불확실한 미래 상황 속에 놓여 있다. 이러한 상황에서 기획이 미흡하면 조직목표가 흔들리고, 조직성원과 클라이언트가 권력지향적 행정책임 사이에서 희생당할 수 있

기 때문에 기획을 통하여 불확실성을 감소시켜야 한다.

둘째, 합리성의 증진이다. 기획은 문제해결과 의사결정 과정을 경험적으로 증명하여 보다 타당한 수단을 제공할 수 있다.

셋째, 효율성의 제고이다. 기획은 제약된 자원을 가지고 최소의 비용과 노력을 통해 서비스 목표를 달성하기 위한 사전계획으로서 효율성을 높일 수 있다.

넷째, 효과성의 증진이다. 기획은 문제나 욕구를 해결하는 데 있어 효과를 얻기 위한 사전계획이다.

다섯째, 책임성의 증진이다. 사회복지에 대한 재정 마련은 국가보조와 민간의 기부금으로 이루어지고 있는데, 이는 점점 증가하고 있는 실정이다. 사회복지재정이 증가하면서 사회복지에 대한 사회의 책임 또한 증가하고 있는데, 체계적이고 실행 가능한 기획을 통해 책임성 증진에 이바지할 수 있다.

여섯째, 조직구성원의 사기진작이다. 조직구성원을 기획과정에 참여시킴으로써 타인으로부터 인정과 성취감을 느끼게 할 수 있다.

제대로 설계되지 않은 프로그램의 문제

① 너무 부족한 자원으로 너무 많은 것을 하도록 요구

② 클라이언트와 직원은 무슨 목적으로, 무엇이 그들에게 기대되는지 불확실

③ 다른 조직, 전문가, 클라이언트, 일반인은 프로그램의 목적을 몰라 갈등하거나 지원을 못함

④ 회의 및 서류작업의 증가

⑤ 부적절한 방식의 에너지 소비에 비해 성과는 미흡

⑥ 잠재적이고 강력한 대안탐색을 피하고 최신의 반짝 아이디어 채택

출처: Rapp & Poertner (1992: 31).

일반적으로 나타나는 프로그램 문제의 원인

① 불분명한 목표, 구체적이지 않은 개입 방법

② 사명과 직접 관련된 성과 기준 부재

③ 일부 전문가들의 관행적 서비스 제공

④ 까다로운 서비스 기피(creaming)

⑤ 관련 기관의 지지 부족

⑥ 직원의 낮은 직무만족도

출처: Rapp & Poertner (1992: 32).

3) 기획의 과정

기획의 과정은 학자들에 따라 다양하게 설명되고 있다. 학자들의 강조점 혹은 적용영역 선호에 따라서 몇 단계의 과정을 거칠 것인가가 달라지지만, 동시에 상당 부분 공통적인 속성을 보이기도 한다. 이는 기획과정이 합리성과 과학성에 기초한 논리적 접근이 전제되어야 하기 때문이다(황성철 외, 2003: 313).

성규탁은 기획과정을 기획 수립·발전, 실행, 평가 및 통제과정으로 구분하고 있으며(성규탁, 1996: 240), 케트너 등(Kettner, P. K., Morney, R. M., & Martin, L. L.)은 기획과정을 문제분석, 욕구측정, 전략선택, 목표설정, 프로그램 설계, 정보관리체계 구축, 예산수립, 프로그램 평가로 구성하고 있다(Kettner et al., 1999). 김영종은 문제확인, 목적 설정, 프로그래밍, 실행, 평가의 5단계로 기획과정을 설명한다(김영종, 2001: 179-182). 학자마다 다양한 의견을 나타내고 있지만 기획과정에 있어 평가부분은 공통적으로 나타나고 있다. 즉, 사회복지행정의 책임성과 관련하여 평가부분을 중요하게 고려하고 있음을 알 수 있다. 특정한 사회 문제해결을 위한 프로그램과 사회복지서비스들을 묶는 프로그램 설계도 기획의 과정으로 이해할 수 있다.

스키드모어(Skidmore, R. A.)는 기획과정을 사회복지조직의 특수성을 살려 '구체적 목표설정', '관련정보 수집 및 가용자원 검토', '목표달성 지원을 위한 여러 가지 방법의 모색', '대안들의 실시조건 및 기대효과 분석', '최종 대안의 선택', '구체적 실행계획의 수립' 그리고 '계획의 수정'으로 구분한다 (Skidmore, 1995: 52). 여기서는 '평가' 부분은 제외하고 기획의 과정을 살펴보려고 하는데, '평가'가 사회복지행정에서 매우 중요한 부분으로 인식되었기 때문에 뒷부분에서 좀 더 상세하게 다루기 위함이다.

앞서 언급된 기획과정들을 종합해 보면 일반적으로 기획과정은 크게 기획단계, 실행단계 그리고 평가단계의 3단계로 구분할 수 있다.

Kettner et al.	Rapp & Poertner	김영종	Skidmore
① 문제분석	① 사회문제의 분석	① 문제확인	
② 욕구측정	② 직접 수혜자 결정		
③ 전략선택	③ 개입이론의 결정		
④ 목표설정	④ 목표설정	② 목적 설정	① 구체적 목표설정
⑤ 프로그램 설계	⑤ 서비스 절차의 구체화	③ 프로그래밍	
⑥ 정보관리체계 구축	⑥ 클라이언트 도움에 필요한 인물 확인		② 정보수집 및 가용자원 검토
	⑦ 원조환경의 구체화		③ 실행방법 모색
			④ 대안들 분석
⑦ 예산수립	⑧ 실제 원조행동의 서술		⑤ 최종 대안의 선택
		④ 실행	⑥ 구체적 실행계획 수립
			⑦ 계획의 수정
⑧ 프로그램 평가	⑨ 감정적 반응 확인	⑤ 평가	
			※ 기획이라기보다는 프로그램 설계임

■ 그림 9-2 ■ **기획의 과정**

4) 기획의 단계

스키드모어(Skidmore, R. A.)는 기획의 단계를 크게 일곱 가지로 구분하여
제시하였다(Skidmore, 1995: 52).

(1) 구체적 목표설정

기획의 첫 과정은 구체적 목표(objective)를 설정하는 것이다. 사회복지조
직은 목적을 달성하기 위하여 한 가지 이상의 일반적 목표를 설정한다. 일반
적 목표를 설정하고 나면 이를 달성하기 위한 하위목표 또는 구체적 목표를
설정한다. 이 목표는 해당 사업에 적합한 것이어야 하며, 바라거나 의도한 결
과가 목표에 명시되어야 한다. 또한 계량화가 가능해야 하며, 결과에 도달하
기까지의 기간이 명시되어야 한다.

프로그램의 직접적 수혜자를 결정할 때는 클라이언트의 욕구, 프로그램이
론, 법적 규정 그리고 행정적 관례 등을 고려하여 일정한 원칙에 따라 신중하

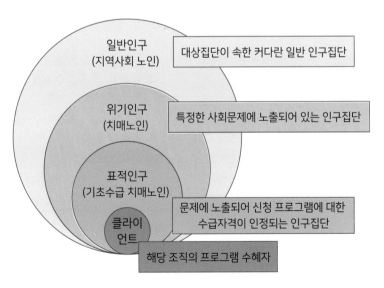

■ 그림 9-3 ■ 대상인구 집단

출처: Rapp & Poertner (1992: 44-48)를 참조하여 재구성.

게 결정해야 한다. 대상자 결정의 단계는 일반적으로 대상인구 깔때기로 설명되는데(Rapp & Poertner, 1992), 이것은 집합의 포함관계로도 설명할 수 있다.

(2) 관련정보 수집 및 가용자원 검토

기획에서는 기획대상과 구체적 목표에 대한 다양한 정보를 수집하고 프로그램을 실시하는 데 필요한 인적 · 물적 · 사회적 자원 등을 검토해야 한다. 정보수집과 관련하여 관계문헌 검토, 면접, 관찰, 설문조사 등의 방법을 사용해야 할 것이다. 예를 들어, 청년 실업문제에 관해 기획한다고 할 때, 통계 자료를 입수하고, 실업 문제해결 유관기관 등을 방문하며, 외부의 가용자원 등 다양한 정보를 수집할 필요가 있다. 그리고 조직 내의 예산, 프로그램 담당 가능 직원, 프로그램 사무실, 조직 외부의 지지자 및 경쟁자(기관) 등에 관해 알아봐야 한다.

(3) 목표달성을 위한 여러 가지 방법의 모색

앞의 두 단계가 이루어진 이후에는 목표달성을 위한 다양한 방법(alternatives)을 찾아야 한다. 목표를 달성하는 방법에는 여러 가지가 있으므로 집단토의나 개별적 대화, 수집된 정보 등으로부터 방법들을 발견할 수 있을 것이다. 이 단계에서는 구성원들의 창의성 발휘가 아주 중요하다.

(4) 대안들의 실시조건 및 기대효과 분석

목표달성을 위한 각각의 대안을 택해서 실시할 경우 실시에 관련되는 여러 가지의 조건(예를 들면, 조직의 타 업무 조정 필요성 정도, 비용, 인적자원 등)은 어떠한가와 기대효과는 어느 정도가 될 것인가를 검토하고, 장점과 단점도 찾아내어 평가해야 한다. 이때 공통적이고 객관적인 검토 및 평가영역을 만들어 그것에 의하여 평가하는 것이 바람직하다.

(5) 최종 대안의 선택

각 대안들을 분석한 이후에는 그 결과를 비교하고, 적절한 비중으로 평점을 매겨 우선순위를 결정하며, 가장 높은 평점을 받은 대안을 최종 대안으로 선정한다.

(6) 구체적 실행계획의 수립

선정된 방법(프로그램)을 실행하기 위해서는 시간과 활동이 연관된 구체적인 계획을 수립해야 한다. 실행계획과 관련하여 개발된 몇 가지 방법이 있는데 이러한 기법들을 이용하면 크게 도움이 될 것이다. 구체적인 방법에 대해서는 다음 절에서 설명된다.

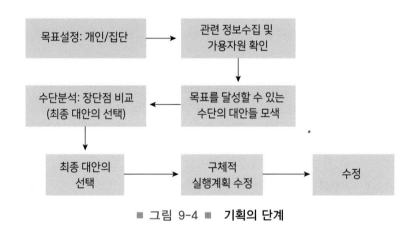

■ 그림 9-4 ■ **기획의 단계**

(7) 계획의 수정

유연성은 전체 기획과정에서 필수적이며, 최초계획은 사실이 변화하지 않고 더 나은 절차가 개발되지 않으면 지켜져야 한다. 그러나 변화는 있고, 유능한 행정가는 계획의 변화를 지지한다. 이는 그것이 자원의 활용과 새로운 대안을 가져올 것으로 볼 수 있을 때이다.

3. 프로그램 기획 기법

　프로그램 기획 기법은 프로그램의 진행 상황을 모니터링하고 목표성취를 가능하게 하는 방법이다. 프로그램 기획을 위한 행정진단은 프로그램 운영에서 생길 문제와 이득을 가져다줄 요인을 분석·파악하는 절차로서 의의를 가진다. 경영학이나 행정학 분야에서 프로그램 기획 기법이 먼저 개발되었는데, 사회복지행정에서도 여러 가지의 프로그램 기획 기법이 유용하게 적용되고 있다. 기획 기법은 프로그램을 보다 효율적·효과적으로 준비하고 실시하는 데 많이 사용된다. 여기서는 MBO와 고적전인 기획 기법인 PERT, 간트도표(Gantt chart)기법, Shed-U-Graph에 대해 알아보고, 마지막으로 방침관리기획(breakthrough planning)과 논리모델(logic model)에 대하여 간략히 살펴볼 것이다. 이러한 다양한 기법은 상호배타적이기보다는 필요에 따라 적절하게 활용될 수 있다.

프로그램 기획 기법

- 목표에 의한 관리(MBO)
- 시간별 활동계획표(Gantt chart)
  - 세로: 사업을 위한 주요 세부목표 및 관련활동을 기입
  - 가로: 월별 또는 일별 시간을 기입
- 프로그램 평가 검토기법(PERT)
  - 목표달성의 기한을 정해 놓고 목표달성을 위하여 설정된 주요 세부목표 또는 활동의 상호관계와 시간계획을 연결시켜 도표로 나타내는 것
- 월별 활동계획 카드(Shed-U-Graph)
- 방침관리기획(breakthrough planning)
- 논리모델(logic model)

1) 목표에 의한 관리: MBO

MBO(Management by Objectives)는 드러커(Drucker, P.)에 의하여 주창된 (Drucker, 1954) 이후에 그 활용도가 급속히 증대되어 왔으며, 비영리 사회복지조직에서는 1980년 이후로 활용도가 증가하고 있다. 이러한 현상은 과학적이고 책임성 있는 사회복지 프로그램의 운영에 대한 사회적 요구가 높아지는 추세를 반영하는 것이다.

MBO는 조직구성원들이 자신의 업무를 설정하는 데 참여하고, 자신에 대한 평가방법을 인식하며, 합의에 의해 설정된 목표달성 정도에 따라 업적을 평가할 수 있는 기획방법이다. MBO의 설계는 확인(check)-조정(act)-계획(plan)-실행(do)의 순환적 과정으로 이루어진다.

MBO는 활동 중심적이고, 결과 지향적이며, 참여를 강조하는 특징을 가지고 있다. 이론적으로 MBO는 매우 단순한 시스템이며, 기본적으로 관리의 전 과정에서 참여를 강조하는 특징이 있다. 업무자의 참여를 통해 일정 기간 성취되어야 할 장기적인 목적과 단기적인 목표들이 구체화된다. 구체적으로 합의된 목적과 목표들이 존재함으로써 목표의 성공 여부가 정기적으로 평가된다.

사회복지기관에서 MBO를 활용할 시 장점은 다음과 같다(김영종, 2001: 350).

- 업무자가 프로그램의 결정사항이나 기관의 방향 선택에 참여할 수 있다.
- 목적과 목표 설정에 업무자의 참여를 장려함으로써, 업무자의 자발적인 동기를 유발시키고 기관에 대한 개인별 기여를 확인시킬 수 있다.
- 개인별 목표를 취합하여 각 분과별로 목적을 설정하고, 공동으로 목적을 추구해 나가는 과정을 강조한다.
- 체계적인 평가를 가능하게 한다.
- 장·단기적 목표를 설정하는 것을 장려함으로써, 서비스 요청이 주어질 때마다 수동적으로 반응하는 식의 기획을 막을 수 있다.

2) 프로그램 평가 검토기법: PERT

프로그램 평가 검토기법(Program Evaluation and Review Technique: PERT)은 1950년대 미 해군의 핵잠수함의 고체연료 미사일 개발에서 고안된 것으로, 작업의 성격이 복잡하여 종합적인 파악이 중요할 때 유용한 관리기법이다(Skidmore, 1995: 58). PERT와 CPM(Critical Path Method)은 비슷한 부분이 많아서 함께 사용되었는데, 현재는 PERT/CPM 혹은 PERT라고 하면 두 방법이 통합된 것으로 이해하면 된다.

PERT는 신규 프로젝트로 정해진 목표의 계획과 실시를 시간에 맞추어 과학적으로 수행하기 위한 기법으로, 복수작업의 상호관계를 원(○)과 화살표(→)를 결합한 네트워크(network) 그림으로 나타낸 것이다.

PERT는 하나의 관리기술로서 명확한 목표를 가진 프로그램을 조직화하고, 진행시간표를 작성하며, 예산을 세우고, 프로그램 진행상황을 추적하는데 매우 유용한 관리체계이다. PERT의 주요활동은, 첫째, 프로그램 목표 확인, 둘째, 수행될 활동들의 점검, 순서 결정, 각 활동에 소요되는 시간, 요구되는 자원의 확인, 셋째, 활동들 간의 관계, 목표와 활동들의 관계를 네트워크로 연결한 그림으로 표기하는 것이다.

■ 그림 9-5 ■   PERT

PERT는 일정 기간 동안 성취해야 할 행사들을 규정하고, 통제하는 데 도움을 주는 관리도구로 이는 예정대로 과업을 완료하도록 도와준다. 즉, 모든 활동과 행사가 PERT 도표에 나타나기 때문에 프로그램 계획자는 시간, 자원 및 기술을 예정된 일자에 맞추어 조정할 수 있다. 또한 최종목적으로부터 역방향으로 연결하는 작업(back-wards chaining)으로 기법이 사용되어 필요한 절차나 단계가 누락되지 않도록 하고 있다.

노인취업알선센터 개소의 사례로 살펴보면 최종적으로 개소하기 위해서는 바로 직전에 노인취업알선센터에 대한 인가와 노인인력 수요단체 파악이라는 선행사건들이 모두 이루어져야 한다. 다시 노인취업알선센터에 대한 인가와 노인인력 수요단체 파악이라는 사건은 각각 또 다른 선행사건들을 필요로 한다. 이처럼 두 종류의 선행사건들은 각각 하나씩의 통로(경로, path)를 구성한다.

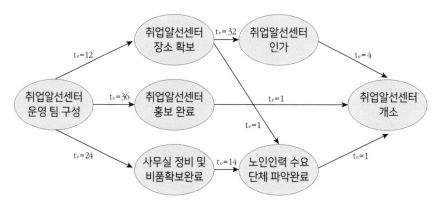

■ 그림 9-6 ■ **노인취업알선센터 개소를 위한 PERT**

출처: 최성재, 남기민(2006: 222).

선행사건으로부터 하나의 사건을 완결하는 데 소요되는 시간은 다음과 같이 계산할 수 있다. 각 통로에서 선행사건들과 사건들 사이에 소요되는 시간을 모두 합하면 그 통로 전체를 완수하는 데 소요되는 시간이 된다.

각 통로들 중 가장 긴 시간이 소요되는 통로를 임계통로(critical path)라고 한다. 임계통로기법(Critical Path Method: CPM)은 임계통로를 이용하여 프로그램 완수에 소요되는 시간을 추정하는 기법이다. 이 임계통로를 찾아서 소요시간을 단축함으로써 전체 업무의 소요시간을 단축할 수 있다(김영종, 2001: 362-365; 성규탁, 1996: 246).

각 경로에 소요되는 시간

$$te = \frac{to + 4tm + tp}{6}$$

te: 기대시간

to: 낙관적 시간(가장 짧게 걸리는)

tm: 중간시간(보통으로 걸리는)

tp: 비관적 시간(가장 많이 걸리는)

PERT는 사회복지 프로그램 기획에 여러 이점이 있어 유용하게 사용되고 있는데, 그 이점은 다음과 같다. PERT는 전체 프로젝트의 수행 시간을 알려 주고, 개별 활동들과 전체 프로젝트 간의 연계를 한눈에 알아볼 수 있으며, 프로젝트 기간의 단축·연장을 고려하기 쉽고, 개별 활동들의 여유시간을 알 수 있다. 즉, PERT 기술은 프로그램 기획자가 시간, 사회복지사의 업무량과 적절성, 비용, 자원, 기타의 자료 사용에 대한 보다 많은 통제를 위해 사용될 수 있다.

단, PERT의 내용 및 사용방법에 있어서 다음 사항을 주의해야 한다.

- 관리기술
- 각자의 역할, 진행되는 활동 및 사건의 직전 상황을 추적·감독할 시간의 흐름도
- 적절한 영역으로의 인원이동 배치 강조점 전환
- 목적은 PERT 작성 이전에 규정되어야 함

3) 시간별 활동계획표: 간트도표

간트도표(Gantt chart)라고도 불리는 시간별 활동계획표(mile stone chart)

는 1910년 간트(Gantt, H.)라는 미국의 사업가가 고안한 것이다(성규탁, 1996: 255). 세부목표 및 활동은 세로축에 표시하고, 월별 또는 일별 활동기간은 가로축에 표시한다. 간트도표는 세부목표 및 활동의 계획을 전체적으로 한눈에 보기 쉽다. 또한 프로그램에 필요한 활동을 확인하고, 특정 활동을 완수하는 날짜를 추적할 수 있어 사회복지조직에서 많이 사용 중이다. 한계점으로는 시간별 활동내용은 알 수 있으나, 활동과 활동 사이의 상관관계를 나타내지 않아 계획을 잘 이해하기 힘든 점을 들 수 있다.

시간별 활동계획표: 간트도표

- 세로: 사업을 위한 주요 세부목표 및 관련활동을 기입
- 가로: 월별 또는 일별 시간을 기입한 도표에 사업의 시작 또는 완료 시까지 기간 동안 계획된 세부목표 및 활동기간

간트도표

과업	월별 진행계획					
	7월	8월	9월	10월	11월	12월
수행인력 구성						
대상자 선정						
보호 대상자 확보						
서비스 실시						
서비스 만족도 조사						

■ 그림 9-7 ■ **시간별 활동계획표: 간트도표**

4) 월별 활동계획 카드: Shed-U-Graph

이 기법은 간트도표와 비슷한 성격을 갖고 있으며, 미국의 레밍턴-랜드(Remington-Rand)라는 회사에서 고안해 낸 것이다. 원래 개발된 모양은 24″× 42″(61×107cm) 크기의 바탕종이에 3″× 5″(8×13cm) 크기의 카드를 꽂을 수 있는 주머니가 달려 있었다(최성재, 남기민, 2006: 222). 이 바탕종이의 위쪽 가로

에는 각 월(month)이 기록되어 있고, 특정 활동이나 업무를 조그만 카드에 기입하여 월별 아래 공간에 삽입하거나 붙인다. 이 기법은 업무의 시간에 따라 변경하여 이동시키는 데는 편하지만 간트(Gantt)도표에서와 같이 과업과 완성된 행사들 간의 상관관계를 잘 알 수 없다(성규탁, 1996: 257).

월별 활동계획 카드: Shed-U-Graph
• 간트도표(Gantt Chart)와 비슷한 성격을 갖고 있음 • 바탕종이의 위쪽 가로에는 월별이 기록되어 있고, 각 월별 아래 공간에 특정 활동이나 업무가 기입된 카드를 삽입하거나 붙인다.

월별 활동계획 카드				
7월	8월	9월	10월	11월
여름방학 캠프	창의성 원예치료 수업	3분기 생일잔치 실시	추석 명절 프로그램 실시	발표회 및 작품 전시회 계획

■ 그림 9-8 ■　**월별 활동계획 카드: Shed-U-Graph**

5) 방침관리기획

방침관리기획(breakthrough planning)은 PDCA(Plan-Do-Check-Act) 사이클에 따른 프로그램 기획기법으로, 호신 칸리(Hoshin Kanri, 方針管理)라는 일본 기업의 기획방법에 기초한 것이다(황성철 외, 2003: 325). 방침관리는 조직이 목적을 달성하기 위한 수단으로 기획한 모든 계획 및 방침을 체계적으로 달성하기 위한 모든 활동을 말한다. 이 기법은 계획(Plan)-실행(Do)-확인(Check)-조정(Act)의 PDCA 사이클로 구성된다. 즉, 조직의 목표를 최고지도자층에서 하단직원까지 전달 · 전개해서 계획을 수립하고(plan), 이 계획을 토대로 실행하고(do), 실행과정에서 발생하는 문제 및 상황을 확인하여(check), 원래의 계획을 수정 및 조정하는(act) 일련의 절차를 PDCA 사이클에 따라 계속 회전시키면서 점진적인 프로그램의 개선을 도모하는 하나의 프로그램 기획관리 과정이다. 따라서 방침관리기획에는 사이클을 피드백하는 추진과정이 유기적으로 수행되어야 효과를 높일 수 있다.

이 방법은 MBO와 그 구성 면에서 대조를 이루고 있는데, MBO가 결과를 중시한다면 방침관리기획은 그 결과가 나오기까지의 과정을 중시한다. 이 기법은 앞의 여러 기법에 비해 포괄적이며, 체계적인 기획기법으로 인식되고 있다. 첫째, 계획에 따라 원하는 결과가 달성되고 있는지 여부를 규칙적으로 측정·평가하고, 둘째, 예기치 않은 상황이 발생한 경우 이에 대한 계획조정이 적절히 이루어질 때 이 기법의 장점이 최대한 나타날 수 있다(황성철 외, 2003: 325).

6) 논리모델

논리모델(logic model)은 사회복지 분야에서 많이 활용되고 있는 프로그램 기획의 기법이다(이봉주, 김기덕, 2008). 투입되는 자원과 개입방법 그리고 직접적인 산출과 최종적인 효과를 중심으로 프로그램을 기획하는 기법이다. 전체 프로그램의 흐름을 한눈에 볼 수 있으며 개입의 의도와 관찰된 결과와의 관련성을 볼 수 있다. 또한 논리모델은 만약(if) 프로그램이 의도한 결과에 도달하지 않았다면 그 프로그램의 실행방식이 제대로 되었는지를 검토하는 (then) 방식으로 프로그램의 효과성 및 효율성을 평가하는 데 보조도구로서 활용될 수 있다(Barkman, 2000: 7).

Input(투입)은 자원 및 원료를 의미하는데 Ct 및 직원과 관련된 요소들로서 자금 그리고 물적 및 인적 자원 등이 해당된다. Program(활동)은 목적 달성을 위해 자원을 활용하는 활동으로 상담, 훈련, 치료, 교육, 보호, 지도 그리고 모임 등이 해당된다. Output(산출)은 서비스의 일차적 결과인데 상담 수, 참여자 수 그리고 서비스 시간 등 양적으로 측정될 수 있다. Quality(서비스 질)는 질적 기준을 충족하는지와 클라이언트를 만족시킬 수 있는지에 관한 것이다.

Input ➡	Program ➡	Output ➡	Quality ➡	Outcome
〈투입〉	〈활동〉	〈산출〉	〈서비스 질〉	〈효과〉
• 자원 및 원료	• 목적 달성을 위한 자원의 투입 활동	• 서비스 양의 측정 • 서비스 이행	• 질적 기준을 충족하는 산출의 수 • 클라이언트의 만족	• 결과 • 성취 • 영향
• Ct 및 직원과 관련된 요소 • 물리적 자원 및 장비, 봉사자 • 자금예산, 시설장비, 소모품 등	• 상담 • 직업훈련 • 치료 및 교육 • 보호 • 대인관계 지도 • 사회적응훈련 캠프 • 자조모임	• 상담 수 • 참여자 수 • 서비스 시간 • 교육자료 수 • 지도한 집단 수		• 단기 성과(새로운 지식, 향상된 기술, 태도 및 가치의 변화) • 중기 성과 (행동 변화) • 장기 성과 (조건과 지위의 변화)

■ 그림 9-9 ■ **사회복지프로그램을 위한 논리모델**

출처: Martin & Kettner (2010)에서 재구성.

Outcome(효과)은 프로그램의 결과로 클라이언트와 지역사회에 나타난 변화를 의미한다. 효과는 단기, 중기, 장기로 구분되며(Brody & Nair, 2013: 42),[1]지역사회에 나타난 변화는 Impact(영향)로 볼 수 있다. 한편, 프로그램의 성과(performance)를 보려 할 때 산출(output)을 보기도 하였지만 효과(outcome)와 영향(impact)에 대한 관심이 증가하고 있다.

---

1) 밀러는 욕구를 수단적 욕구, 기능적 욕구, 본질적 욕구로 구분하였다(Miller, 1976).

4. 프로그램 기획과 사회복지 프로포절

사회복지조직에서 프로그램의 기획은 흔히 사회복지공동모금회나 기업복지재단 등에서 공모하는 사회복지사업에 프로그램을 제안하기 위한 프로포절(proposal)의 작성에 적용된다. 프로포절은 사회복지 프로그램 개발모형의 전 과정을 청사진으로 제시하는 전문적이고 공식적인 문서이다.

프로포절의 활용은 점차 활성화되는 추세에 있는데, 이는 기업복지재단이나 사회복지공동모금회 등에서 도입하기 시작하면서부터이다. 프로포절의 활성화로 사회복지 프로그램 기획의 중요성이 커지게 되었으며, 사회복지사의 업무역량에 변화를 초래하였다. 또한 사회복지 분야의 실천적 전문성 증진과 사회복지 프로그램의 책임성 강화에 기여하였다.

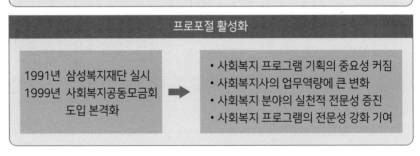

프로포절(proposal)
- 사회복지 프로그램의 개발모형의 전 과정을 청사진으로 제시하는 전문적이고 공식적인 문서
- 사회복지기관들이 수행하고자 하는 프로그램의 내용을 설명하는 사업제안서

프로포절 활성화

1991년 삼성복지재단 실시
1999년 사회복지공동모금회
도입 본격화
→
- 사회복지 프로그램 기획의 중요성 커짐
- 사회복지사의 업무역량에 큰 변화
- 사회복지 분야의 실천적 전문성 증진
- 사회복지 프로그램의 전문성 강화 기여

■ 그림 9-10 ■ 프로포절의 개념 및 동향

5. 의사결정과 기획의 관계

프로그램 기획을 설명하는 데 있어 의사결정이 포함되는 이유를 알기 위해서는 의사결정과 기획의 관계에 대한 이해가 필요하다. 의사결정은 기본적으로 목표달성을 위한 여러 가지의 대안 가운데 최적의 것을 선택하는 과정이다. 그런데 기획은 핵심적으로 여러 단계의 의사결정이 연속된 과정으로 구성되어 있기 때문에 기획과 의사결정을 구분하는 것은 어려운 일이다. 두 가지 개념의 차이점은 기획은 목표의 달성에 중점을 두고 있으나, 의사결정은 문제의 해결에 목적을 두고 있다는 점이다. 또한 기획은 의사결정 외에 자원의 동원, 활동통제, 동기부여 등을 포함한다는 점에서 의사결정과 구분된다(최성재, 남기민, 2006: 234).

의사결정을 기본적이고 포괄적인 개념으로 보고 사전에 하는 의사결정을 기획이라고 이해하는 것이 적절할 것이다.

의사결정 기술은 어떠한 기준에 따라 나누는가에 따라서 다양하게 구분할 수 있다. 의사결정자의 수에 따라 개인 대 집단으로, 의사결정 절차의 형태에 따라 정형적 대 비정형적으로 나눌 수 있다.

1) 개인적 의사결정

(1) 의사결정 나무 분석

의사결정 나무 분석(decision tree analysis)은 개인이 가능한 한 여러 다른 대안을 발견하여 나열하고 각각의 대안을 택했을 경우와 그렇지 않은 경우의 결과를 그려서 생각하는 방법으로, 그림의 모양이 나무와 같다는 의미에서 의사결정 나무 분석이라고 한다(Coulshed, 1990: 9-98).

(2) 대안선택의 흐름도

대안선택의 흐름도(alternative choice flowchart)는 목표가 분명하고 예상 가능한 사항의 선택에 적용될 수 있다. 어떤 사항의 연속적 진행과정에서 '예'와 '아니요'로 답변할 수 있는 질문을 연속적으로 하여 예상되는 결과를 결정하도록 하는 도표를 말한다. 도표에 사용되는 기호로 ■은 투입산출, ◆은 질문, ■은 처리와 같이 표시된다.

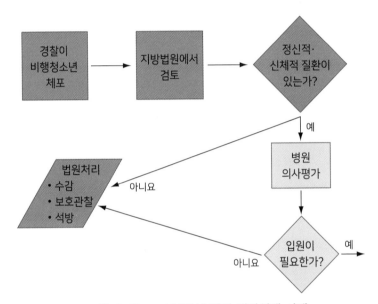

■ **그림 9-11** ■ **비행청소년의 대안선택 사례**

출처: 최성재, 남기민(2006: 234)에서 재구성.

2) 집단적 의사결정

(1) 델파이 기법

델파이(Delphi) 기법은 그리스의 델파이 신전 여사제들이 전국의 현인들로부터 의견을 청취하기 위해 사자를 보냈던 사실에서 유래하였고(Skidmore, 1990), 1950년경 미국의 댈키(Dalkey, N. C.)와 동료들이 개발한 것이다(최성재, 남기민, 2006: 236). 델파이 기법은 의사결정 내용과 관련된 전문가나 또는 관련자들로부터 우편으로 의견이나 정보를 수집해 그 결과를 분석한 후 그것을 다시 응답자들에게 보내어 의견을 묻는 식으로 만족스러운 결과를 얻을 때까지 계속하는 방법인데, 어떤 불확실한 사항에 대한 전문가들의 합의를 얻으려고 할 때 적용될 수 있다. 이 기법은 전문가들이 한 곳에 모이지 않아도 되며, 자유로운 시간에 의견을 개진할 수 있고, 자신의 의견과 다른 사람의 의견을 비교하여 검토할 수 있다는 장점이 있으나, 시간이 많이 걸리고 절차를 반복하는 동안에 응답자 수가 줄어드는 문제점이 있다(최성재, 남기민, 2006: 236).

(2) 소집단 간 투표의사결정법

소집단 간 투표의사결정법(nominal group technique)은 미국의 한 지역사회 행동기관에서 개발한 기법인데 일단의 전문가 또는 관련자를 한 장소에 모아 각자의 의견을 적어 낸 것을 가지고 종합하여 정리한 후 집단에게 만족스러운 수준의 합의가 이루어질 때까지 각각의 의견을 검토하는 절차를 계속하는 것을 말한다(최성재, 남기민, 2006: 236). 순서는 ① 집단토의에 대한 지침전달, ② 개인별 의견 기록, ③ 집단별 순차적 개인의견 개진, ④ 집단별 제시된 의견확인, ⑤ 집단별 예비투표, ⑥ 집단별 예비투표 결과 토의, ⑦ 최종투표, ⑧ 전체집단에 대한 보고로 이루어진다. 이 기법은 기본적으로 6~9명 정도의 소집단을 이용하여 의사결정을 하는 기법이며, 사람이 많은 경우는 전체를 소집단으로 나누어 할 수 있고, 각 집단에 각각의 다른 문제를 제시할 수도 있다. 이 기법은 사회복지행정의 전반적인 과정과 연계하여 사용할 수 있으며(Delbecq & Van De Ven, 1977: 333-348), 다양한 의견을 청취할 수 있고 참여의식을 높이고 동기부여에 크게 기여할 수도 있다. 그러나 특히 많은 사람을 참여시킬 경우 시간이 많이 걸린다는 단점이 있다.

3) 정형적 의사결정과 비정형적 의사결정

사이먼(Simon, 1971)은 의사결정이 정해진 특별한 절차에 따르느냐 그렇지 않느냐에 따라 편의상 정형적(programmed) 의사결정과 비정형적(non-programmed) 의사결정의 두 가지로 구분하였다. 정형적 의사결정은 상규화되고, 자주 되풀이되며, 구조가 비교적 명확하게 되어 있는 의사결정으로, 관습적으로 처리하거나 명확한 처리절차의 경로가 개발되어 있다. 반면, 비정형적 의사결정은 일회적이며 구조화되지 않은 예외적인 의사결정을 의미한다. 그러므로 프로그램화할 여지가 적고, 개인의 경험과 판단 능력 등에 의해 많은 영향을 받게 된다. 하지만 실제로 모든 의사결정 과정과 기법이 이러한 형태로 확연히 구분되는 것이 아니라 오히려 두 가지의 형태와 그 사이의 계속선상에 있다는 점을 발견하였다(최성재, 남기민, 2006: 239).

 참고문헌

김영종(2001). 사회복지행정. 서울: 학지사.

김태종, 신용하, 정충익(2001). 최신품질경영론. 서울: 한올.

김형식(2001). 사회복지행정론. 서울: 동인.

성규탁(1996). 사회복지행정론. 경기: 법문사.

신복기, 박경일, 이명헌(2010). 사회복지행정론. 경기: 공동체.

이봉주, 김기덕(2008). 사회복지프로그램 기획의 이해와 적용. 서울: 신정.

이봉주, 이선우, 백종만(2012). 사회복지행정론. 경기: 나남.

최성재, 남기민(2006). 사회복지행정론. 경기: 나남.

최성재, 남기민(2016). 사회복지행정론. 경기: 나남.

황성철, 정무성, 강철희, 최재성(2003). 사회복지행정론. 경기: 학현사.

Barkman, S. (2000). *Utilizing the logic model for program design and evaluation*. West Lafayette, IN: Purdue University.

Brody, R., & Nair, M. (2013). *Effectively managing and leading human service organizations*. Thousand Oaks, CA: Sage.

Coulshed, V. (1990). *Management in social work*. London: Macmillan Publishing Co.

Delbecq, A. L., & Van De Ven, A. H. (1977). Problem analysis and program design: Nominal group process technique. *Planning for Social Welfare*, 333–348.

Dror, Y. (1967). The planning process: A fact design. In F. J. Luden & E. G. Miller (Eds.), *Planning-programming-budgeting* (pp. 153–157). Chicago: Markham Publishing Co.

Drucker, P. (1954). *The practice of management*. New York: Harper & Brothers.

Ewell, Jr., C. M. (1972). Setting objectives: First step in planning. *Hospital Process*, *53*, 60–72.

Gilbert, N., & Specht, H. (1977). *Planning for social welfare*. Englewood Cliffs, NJ: Prentice-Hall.

Kettner, P. K., Morney, R. M., & Martin, L. L. (1999). *Designing and managing programs*. Thousand Oaks, CA: Sage Publications.

Martin, L., & Kettner, P. (2010). *Measuring the performance of human service programs*. Thousand Oaks, CA: Sage Publications.

Miller, D. (1976). *Social justice*. Oxford: Clarendon Press.

Rapp, C. A., & Poertner, J. (1992). *Social administration: A client-centered approach*. New York: Longman Publishing Group.

Simon, H. A. (1971). Decision making and organizational design. In D. S. Pugh (Ed.), *Organization theory* (pp. 189–214). New York: Penguin Books.

Skidmore, R. A. (1995). *Social work administration: Dynamic management and human relationships* (2nd ed.). Boston, MA: Allyn & Bacon.

York, R. O. (1982). *Human service planning: Concepts, tools, G methods*. Chapel Hill, NC: The University of North Carolina Press.

Wikipedia. 2015년 검색. "Logic model". http://en.wikipedia.org/wiki/Logic_model

CHAPTER

10

욕구조사

1. 욕구조사의 개념 및 의의

욕구란 인간이 생물학적 생존뿐만 아니라 성장과 발전을 위해 생활에서 필요한 것을 구하는 것을 의미한다. 한편, 각 개인의 모든 욕구를 충족시키기 위해 항상 사회가 직접적으로 개입을 해야 할 것인가에 대해서는 신중한 검토가 필요하다. 다수의 개인적 욕구가 충족되지 못할 경우에는 사회문제가 될 수 있으며, 이러한 경우 사회적 개입, 즉 결핍된 욕구를 충족시키기 위해 사회복지를 사회적 욕구로 인정할 것인가에 대해서는 사회적 합의과정이 필요하다.

사회적 개입을 위해서는 욕구를 정확하게 파악해야 한다. 욕구조사(needs assessment)는 프로그램 관리의 한 분야이며, 특히 기획의 한 단계로서 이해되어야 한다. 즉, 기획의 첫 단계는 문제분석을 통한 목표의 설정인데 문제분석을 위해서는 욕구를 정확하게 파악해야 하기 때문이다. 또한 욕구조사는 평가의 기초자료로 활용될 수 있는데 사회복지적 개입 전의 욕구 상황과 개입 후의 욕구 상황을 비교함으로써 개입의 효과성을 평가할 수 있다. 더 나아가 욕구조사를 통해 유사한 프로그램이나 서비스 간의 효과성을 비교하고 분석할 수 있어 인과관계에 대한 이론적 구성이 가능하다.

따라서 욕구조사의 필요성은 앞 장에서 소개된 기획의 절차, 즉 논리모델(logic model)을 기준으로 설명할 수 있다. 투입(Input)단계에서는 자원 할당의 우선순위를 결정하기 위해 욕구조사가 필요하며, 활동(Activity)단계에서는 사회복지적 개입방법을 선택하는 데 욕구조사가 필요하다고 할 수 있다. 또한 욕구조사는 산출(Output)과 효과(Outcome)의 단계에서 욕구 충족 여부 및 목표의 달성 여부를 평가하는 기준으로 활용될 수 있다.

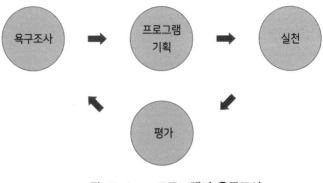

■ 그림 10-1 ■   프로그램과 욕구조사

1) 역사적 경험

역사적으로 보면 취약계층의 실태에 관한 사회조사들이 그들에 대한 사회의 관심을 불러일으키고 사회복지적 개입의 필요성을 환기시키는 계기가 되어 왔다. 특히 1886년에 이루어진 부스(Booth, C.)의 「런던시민의 삶과 노동에 관한 조사」(Booth, 1889)와 1901년 라운트리(Rountree, S. G.)의 「요크 시의 빈곤도시생활연구」(Rowntree, 1902) 등은 영국 사회보장제도의 확립에 기초가 되었다.

2) 한국의 경우

한국에서는 1990년대 후반부터 정치적·사회적·경제적 여건이 과거와는 크게 다른 전환기적 특성을 보여 주고 있다. 특히 경제 위기의 여파로 1997년 말부터 시작된 경제적 변화로 인해 발생한 구조조정은 사회복지 분야를 포함하여 사회의 전 분야에 걸쳐 엄청난 충격을 주었으며, 우리 사회가 과거에는 경험하지 못한 많은 문제를 발생시켰다. 그리고 이러한 상황으로 인해 사회 전반에 걸쳐 사회복지서비스에 대한 욕구가 점차 증가하였다.

이와 같은 사회적 변화는 다양한 사회복지제도나 사회복지조직의 확충 등

사회복지의 양적 성장이 필요하다는 사회구성원의 인식을 증가시키는 계기가 되었으며, 또한 사회복지실천에 관한 체계적인 계획과 전문성 및 효과성에 대한 사회구성원의 관심을 증대시켰다.

이와 같은 관심의 한 영역으로서 사회복지관의 지역사회복지에 대한 역할 기대가 높아지고 있다. 기대에 부응하기 위해 사회복지관에서는 서비스 실천에 대한 전문성과 효과성을 제고하기 위한 수단으로 욕구조사 활동의 중요성을 강조하고 있다. 먼저, 「사회복지사업법」 제34조의5(사회복지관의 설치 등) 제1항에서는 사회복지관은 지역사회의 특성과 지역주민의 복지욕구를 고려하여 서비스 제공 등 지역복지증진을 위한 사업을 실시할 수 있다고 명시하였다.

또한 사회복지관 운영의 기본원칙 중 첫째인 지역성의 원칙에서는 "사회복지관은 지역사회의 특성과 지역주민의 문제나 욕구를 신속하게 파악하고 반영하여 지역사회의 문제를 해결하고, 이에 따른 서비스를 제공하여야 한다."고 규정한다. 그리고 「사회보장급여법」(제35조)은 지역사회보장계획의 수립을 위해 지역 내 사회보장 관련 실태와 지역주민의 사회보장에 관한 인식 등에 대한 조사 결과를 반영할 수 있도록 하였다. 즉, 욕구조사가 사업계획 수립 또는 기존 사업의 수정을 위한 사전단계로서 강조되는 것이다.

사회복지관에서 욕구조사의 중요성과 욕구조사 활동에 대한 법적 규정에 힘입어 최근 복지관에서 욕구조사 활동이 매우 활발하게 수행 중이다. 또한 욕구조사 활동은 정부에서 실시하고 있는 복지관의 시설평가에서도 중요한 항목으로 여겨지고 있다(유태균, 2000: 107-140). 그러나 복지관의 욕구조사 활동에 대한 정확한 실상이 밝혀지지 않은 상태에서 행해지는 평가로 인해 많은 혼란이 목격되기도 한다. 이는 복지관의 욕구조사 활동을 안내할 조사 모델 또는 이론적 지침이 부족하기 때문이다.

학계에서는 욕구조사 활동으로 인한 현장에서의 혼란과 문제점에 주목하여 체계적인 욕구조사의 필요성을 인식하고, 욕구조사 활동의 질에 대한 해석과 평가방법에 대해 활발하게 연구 중이다. 참여정부 이후 각 지자체들은 지역사회보장계획을 수립하도록 되었는데, 지역사회 주민들의 복지 수요에 대한 욕구조사에 기초하여 계획을 수립하고 있다.

욕구조사는 프로그램 관리의 일환으로 이해할 수 있다. 즉, 프로그램 기획의 한 단계로서 문제분석을 위한 정보(욕구)를 수집하는 작업이다. 욕구조사를 통해 서비스 제공자의 관점에서 프로그램을 임의로 결정하는 것을 방지할 수 있으며, 자금 제공자에게 프로그램의 홍보와 지지를 획득하도록 할 수 있다. 또한 욕구조사는 이익단체의 간섭을 배제하고 주민의 압력으로부터 자유롭게 프로그램을 변화시킬 수 있는 근거가 되기도 한다.

- 욕구조사는 조직이나 프로그램의 계획에 중요한 정보를 제공
- 지역사회의 문제를 분석함에 있어 욕구의 성격과 수준을 파악하고 욕구들의 위계적 우선순위 확인
  → 조직과 프로그램이 자원의 할당에 관한 계획을 세우는 데 중요하게 기여

3) 욕구조사의 활용

욕구조사는 프로그램 설정의 도구나 절차로 활용될 수 있다. 욕구조사를 통해 문제를 분석하고, 목표와 관련된 서비스 및 프로그램 우선순위를 정할 수 있다. 또한 욕구조사는 예산규모 추정 및 자금할당의 근거가 되며(서인해, 공계순, 2002: 211-228), 서비스 프로그램 및 시설운영 상태의 평가 보조자료가 되고, 기관 간 상호 협동 및 조정을 가능하게 한다. 실제 현장에서는 욕구조사의 활용이 잘 되지 않고 있는데, 이는 욕구조사의 필요성과 중요성에 대한 담당자의 인식 부족과 욕구조사 방법에 대한 전문성 부족을 원인으로 꼽을 수 있다.

■ 그림 10-2 ■ 프로그램 의사결정 과정에서의 욕구조사 활용영역

2. 욕구의 개념 및 특성

1) 욕구의 개념

욕구(need)는 '인간의 생존과 성장·발전을 위해 필요하여 구하는 것'으로, 예를 들면 의식주, 건강, 취업 그리고 자아실현의 기회 등이 있다. 욕구가 특정 개인적인 차원에 국한될 때는 개인적인 욕구가 되고 사회의 대다수에게 확대되면 사회적 욕구가 된다. 욕구나 욕망이 구매력 및 구매의지와 연결되면 수요(demand)가 되는 것으로 볼 수 있다. 욕구를 충족되어야 할, 즉 해결되어야 할 것으로 보고, 많은 경우 욕구는 문제와 같은 의미로 사용되기도 한다. 특히 사회적 욕구는 사회적 문제로 보는 경향이 있다.

사회복지는 사회적 욕구를 집단적인 차원에서 해결하려는 노력이므로 욕구의 개념을 명확히 하는 것이 필요하다. 단순히 개별적이고 심리적으로 바라고자 하는 상태를 의미하는 욕망(wants)과는 다르다(Thyer, 2001: 163). 욕구나 욕망이 지불능력을 가진 구매의지로 표현될 때는 수요가 된다.

욕구의 개념

- 사회적 욕구
  - 모든 사람이 생존, 성장, 발전을 위하여 필요로 하여 구하는 것
  - 의식주, 지식, 사회참여, 자유, 건강, 취업, 자아실현의 기회 등
- 개인의 욕구가 다수의 욕구로 확대
  - 다수의 욕구가 충족되지 못하면 '사회문제'
- 사회복지는 사회적 욕구를 집단적 차원에서 해결하려는 노력
- 어떤 개인이 자신이 지닌 역량을 발휘하는 것을 제한받는 상황

욕구조사 ≒ 기획

문제 발견 → 해결방안 모색 → 최선의 방법 선택

---

2) 욕구의 특성

욕구의 개념에 대한 학자들 간의 의견은 완전히 일치하지 않으나, 몇 가지 공통적인 속성을 가진다. 욕구는 각 개인이 자신의 삶을 위해 필요로 하는 것이므로 개인의 가치관 및 생활수준, 문화에 따라 달라지며, 사회·정치적 환경 그리고 가용자원과 기술에 따라 변화되는 특성을 지닌다(Kettner, Moroney, & Martin, 1999). 욕구의 특성에 대해 좀 더 구체적으로 살펴보면 다음과 같다.

첫째, 욕구는 고정적이며 절대적이라기보다는 가변적이며 상대적이라 할 수 있다. 비슷한 상황에 놓여 있다고 하더라도 개인마다 욕구수준은 다르며, 욕구를 느끼지 않을 수도 있기 때문이다. 또한 욕구는 시간이 지나면서 변화하기도 한다.

둘째, 사회·정치적 환경에 따라 욕구의 개념이 달라질 수 있다. 보육서비스의 경우가 대표적이다. 과거에는 보육서비스의 필요성에 대한 공감대가 높지 않았다. 하지만 사회의 변화 및 여성의 사회활동 증가, 정치력 신장과 더불어 사회적 공감대가 확산되면서 보육서비스에 대한 욕구가 증가하였다.

셋째, 자원의 유용성과 기술수준은 욕구의 개념에 영향을 주는 또 하나의 요인이다. 보청기, 인공심장, 전동휠체어 및 원격진료 등에 대한 욕구는 해당 기술이 개발되어 있어야만 생성되는 것이다. 즉, 기술개발이 수요를 창출하고 욕구로 나타나는 것이다.

결국 욕구는 단일하거나 쉽게 식별하기 어렵고 상호 연관되어 있다. 욕구의 충족과정에는 인적자원, 적절한 기술의 적용가능성, 재정 상황 등이 작용한다. 그러므로 욕구는 단순히 기계적으로 파악(측정)되는 것이 아니고 사회적, 문화적 그리고 경제적인 식별, 즉 사정(assessment)을 통한 과정에 의해 규정되는 것이라고 할 수 있다.

이처럼 개인들의 다양하고 가변적인 욕구가 모여 있는 지역사회 전체의 욕구는 역동적이고 항상 변화하기 때문에 이를 정확하게 파악하는 것은 쉽지 않은 일이다.

욕구의 특성

- "욕구의 특성은 사람에 따라 다르다."
  - 개인과 지역사회의 가치관, 문화, 역사, 경험에 따라 차이가 있음
- 단일적이지 않고, 쉽게 식별할 수 없음
- 욕구들은 분산되지 않고 상호 연관되어 있음
- 지역사회의 욕구는 역동적이며 항상 변화함
- 욕구의 충족과정에는 인적자원, 적절한 기술의 적용가능성, 재정 상황 등이 작용함

사정(assessment)의 중요성

경제적 · 사회적 · 문화적 규정의 필요성

(정치과정)

3. 욕구의 분류

1) 매슬로

매슬로(Maslow, A. H.)는 인간에게 5단계의 욕구체계가 있으며 인간은 생존을 위한 욕구에서부터 자기성장과 발전을 위한 욕구 순으로 상향적인 욕구만족을 원한다고 보았다(Maslow, 1954). 그는 인간의 욕구를 위계적(hierarchical)으로 구분하여 설명하고 있다. 매슬로의 이론에 따르면 인간은 가장 기본적인 하위의 욕구가 충족되고 나면 더 높은 단계의 욕구를 충족하려 하고, 상위의 욕구를 충족할 수 없을 때 하위의 욕구를 충족하려는 경향이 있다.

첫 번째 욕구단계는 생리적 욕구(physiological needs)로, 먹고 싶은 욕구, 몸을 따뜻하게 하려는 욕구, 고통받고 싶지 않은 욕구, 성적인 욕구를 말한다. 이러한 욕구는 생물체로 생존하기 위하여 필수적으로 충족되어야 하는 가장 기본적인 욕구로서 의식주를 통해 충족될 수 있다. 생리적 욕구가 충족되고 나면 다음 단계의 욕구가 발생한다.

두 번째 욕구단계는 안전 및 안정의 욕구(safety and security needs)로, 이미 충족된 생리적 욕구를 박탈당하지 않으려는 욕구를 말한다. 오늘은 의식주 생활이 충족되었지만 내일의 의식주 생활이 불안하다면 생존이 지속될 수 없기 때문이다. 이것은 신체적인 안전상태의 유지와 관련된 욕구이며 환경적인 위험으로부터 보호(security)받으려는 욕구이다. 안전의 욕구는 보호와 치안활동(order) 등을 통해 충족될 수 있으며, 예상할 수 없고 조정할 수 없는 위험으로부터 보호(stability)받으려는 욕구이다. 안정의 욕구는 안정된 고용과 소득 등을 통해 충족될 수 있다.

세 번째 욕구단계는 소속과 애정의 욕구(belongings and love needs)이다. 생물학적 욕구와 안전 및 안정의 욕구가 충족되고 나면, 다른 사람과 친밀하고 정서적인 만족을 얻을 수 있는 관계를 갖기 원한다. 다른 사람에게 사랑을 주거나 받고 싶어 한다(psychological). 그리하여 일차적으로 가족과 같은 집단을 형성하고 집단의 규범에 속하고 싶어 한다. 소속과 애정에 대한 욕구는 가족을 구성하거나 사랑 또는 우정을 맺는 활동을 통해 충족될 수 있다.

네 번째 욕구는 자존의 욕구(self-esteem needs)이다. 이것은 자기존중에 대한 욕구이며 자신과 다른 사람으로부터 존중받으려는 욕구이다. 인간은 힘과 숙달, 자격, 능력, 독립, 자율성, 감당할 만한 능력, 지위(status), 인정, 평가 그리고 우월성을 인정(level of success)받기를 원한다. 이러한 욕구가 충족되지 못하면 열등감을 갖게 되며 나약해지고 의기소침해진다. 자존의 욕구가 충족되면 자신감이 생기고, 힘이 커지며, 능력이 생겨난다. 자존은 다른 사람으로부터 받는 존경에 의해서 생겨난다. 따라서 자존의 욕구는 직업활동 또는 사회활동을 통해 충족될 수 있을 것이다.

다섯 번째 욕구는 자아실현의 욕구(self-actualization needs)이다. 일반적으로 이 욕구는 앞의 네 가지 욕구가 어느 정도 충족된 후에 일어난다. 자아실현은 인간의 잠재적인 것과 이상적인 것의 실현이라고 할 수 있으며(build own image), 인간의 능력 충족이다. 자아실현의 욕구는 기능적인 자율성이라고 볼 수 있다. 이것은 탐구, 표현, 창의 등의 욕구이며 이러한 욕구를 충족함으로써 자아를 실현하려는 것이다. 자아실현의 욕구는 여가나 문화예술 활동을 통해

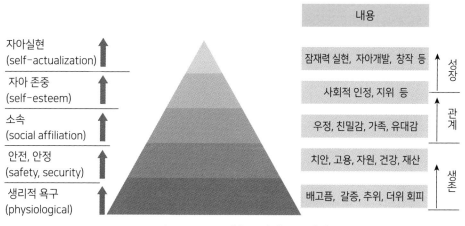

■ 그림 10-3 ■ 매슬로의 욕구 5단계

충족될 수 있을 것이다.

한편, 알더퍼(Alderfer, C.)는 매슬로의 5단계 욕구들을 생존, 관계 및 성장이라는 3단계로 재분류하여 이른바 ERG이론을 발표하였다(Alderfer, 1969: 142). 생리적 욕구 그리고 안전 및 안정 욕구는 생존(Existence)의 욕구로, 사회적 유대(3단계)와 자존감의 외부적 요소(4단계의 일부)를 관계(Relatedness) 동기로 그리고 개인적 성장(4단계) 및 높은 수준의 의미 있는 일(5단계)은 성장(Growth)으로 분류하였다.

2) 브래드쇼

브래드쇼(Bradshaw, J.)는 누가 어떻게 욕구를 인식하는가를 기준으로 욕구를 ① 규범적 욕구, ② 인지적 욕구, ③ 표현된 욕구, ④ 비교된 욕구의 네 가지로 정의하고 있다(Bradshaw, 1972: 640-643).

(1) 규범적 욕구

규범적 욕구(normative needs)는 학자, 전문가 또는 정책결정자 등이 이상적인 욕구의 상태를 규정하는 것이다. '규범적'이란 일정한 기준(standards)이나 규범(norms)이 존재하고 있다는 것을 나타내는 용어이다. 즉, '규범적 욕구'란 관습, 권위, 일반적인 합의에 의해 확립된 일정한 기준이 존재한다는 것을 가정한 것이다. 이러한 규범적 욕구는 지식의 발전과 사회의 가치기준의 변화에 따라서 달라질 수 있는 한계를 가지고 있다. 예를 들면, 최저생계비, 최소주거 기준, 일일 영양섭취량 등이 규범적 욕구에 속한다.

(2) 인지적 욕구

인지적 또는 감촉적 욕구(perceived needs/felt needs)는 클라이언트로부터 파악되는 것으로 개인적인 생각이나 느낌으로 정의 내릴 수 있다. 이것은 사람들이 어떤 욕구의 상태에 있는지(또는 어떤 서비스를 필요로 하는지)를 물어

보고 파악하는 욕구이다. 이러한 욕구의 파악은 직접적 조사방법인 서베이 (survey) 등을 통해서 간단히 얻을 수 있다. 직접적인 조사방법의 단점은 규범적인 욕구의 경우 단일한 기준이 존재하는 데 반해, 인지적 욕구의 경우는 사람마다 그 기준이 변화하고 또한 서로 달라 욕구를 반영하는 데 한계가 있다는 점이다.

(3) 표현된 욕구

표현된 욕구(expressed needs)는 의료 및 건강의 욕구 파악에 많이 이용되며 주로 대기자 명단(waiting list)에 의하여 파악된다(최성재, 남기민, 2016: 537). 욕구는 욕구의 충족과 불충족이라는 용어로 설명이 가능하다. 즉, 서비스를 받고자 하는 시도가 실제로 있었는가의 여부를 가지고 나타내는 방법이라 할 수 있다. 이러한 방법에 의하면 전체적인 욕구는 서비스를 실제로 받기 원하는 사람의 수로 파악된다.

표현된 욕구에 근거한 접근방법의 장점은 충족되지 못한 욕구, 즉 수요 (demand)가 발생하는 분야에 기획의 목표를 정할 수 있다는 점이며, 제한점은 지역사회의 전반적인 욕구에 대한 관심을 소홀히 할 수 있다는 점이다. 즉, 수요가 발생하지 않았다는 것에 대해서 욕구 자체가 없는 것으로 생각하게 된다는 것이다. 경제학에서 수요란 지불능력을 가진 구매의사를 의미한다. 사회복지 분야에서는 클라이언트의 지불능력을 가정할 수 없기 때문에 수요 관점에서 욕구를 파악하려는 시도는 부적절할 수 있다.

(4) 비교된 욕구

비교된 욕구(comparative needs)는 어떤 서비스를 받고 있는 사람들과 비슷한 특성을 갖고 있으나 서비스를 받지 않고 있는 사람들이 있는 경우에 이들을 서비스를 받고 있는 사람들과 비슷한 욕구상태에 있는 것으로 규정하는 것을 말한다(최성재, 남기민, 2016: 537). 비교된 욕구는 욕구충족을 위한 급여(서비스)의 수준을 미리 정하고 이 수준에 의하여 욕구를 파악하는 것이다. 이 경우

급여수준이 욕구충족의 수준과 일치하지 못하는 경우가 많은 것이 문제이다.

이와 같은 네 가지의 욕구는 각각 다른 인식기준에 의하여 정의되었기 때문에 일치하는 경우도 많지만, 일치하지 않는 경우도 많다는 점에 유의해야 한다. 브래드쇼의 네 가지 욕구 정의는 욕구를 어떠한 인식방법에 의하여 파악할 것인가 그리고 파악된 욕구를 어떻게 이해할 것인가와 관련시켜 보면 도움이 될 것이다.

● 표 10-1 ● **브래드쇼의 욕구유형**

규범적 욕구(normative needs)	전문가, 행정가의 판단에 의해 규정된 욕구

- 관습이나 권위, 일반적 여론의 일치로 확정된 표준을 의미하며, 기존의 자료나 유사한 지역사회 조사 또는 전문가들의 판단에 의해 제안되는 욕구
- 장점: 계량화가 쉽고 구체적인 변화의 표적을 만들어 낼 수 있음
- 단점: 여러 욕구단계가 지식, 기술, 가치 변화에 따라 변화하기 쉬움

인지적 욕구(perceived needs/felt needs)	당사자의 느낌에 의하여 인식되는 욕구

- 사람들이 어떤 욕구의 상태에 있는지(또는 어떤 서비스를 필요로 하는지) 들어 보고 파악하는 욕구
- 개인의 인식 정도에 따라 차이가 나기 때문에 객관적 욕구의 측정으로 활용되기는 어려우나, 개인에 따라 차이 나는 욕구의 정도로 개인적 생각이나 느낌을 아는 데 도움이 됨

표현된 욕구(expressed needs)	서비스의 수요에 기초한 욕구

- 인지적 욕구가 실제의 욕구충족 추구행위로 나타난 것으로 욕구수요라고 할 수 있으며, 사회복지서비스에 많이 이용되는 욕구의 개념
- 전체적 욕구는 서비스를 실제로 받기 원하는 수로 파악
- 표현된 욕구는 의료 및 건강의 욕구 파악에 많이 이용되며, 주로 대기자 명단에 의해서 파악됨

비교된 욕구(comparative needs)	다른 사람이나 타 지역과 비교해서 정해지는 욕구

- 특정한 기준에 의해 발생되는 것이 아니라, 한 지역의 욕구와 유사한 다른 지역에 존재하는 서비스 간의 차이에서 측정되는 비교 욕구임
- 비슷한 다른 지역에서 서비스가 제공되지만 해당 지역에서는 제공받지 못했을 때 욕구를 파악하는 데 도움이 됨
- 지역의 특성을 고려한 상태에서 두 집단의 욕구를 비교하는 것이 바람직함

* 네 가지 욕구 중에서 규범적 욕구와 표현적 욕구가 실제 사회복지정책이나 서비스의 기획과 실천에 많이 활용되고 있음.

4. 욕구조사의 목적 및 절차

1) 욕구조사의 목적

사회복지서비스는 사회문제를 해소할 필요성에 의해 생긴 것이다. 따라서 서비스를 기획하기에 앞서 욕구를 정확하게 파악해야 한다. 사실상 사회복지 정책수립과 프로그램의 기획, 실천의 모든 작업이 여기서부터 시작된다고 할 수 있다(성규탁, 1996: 291).

욕구조사는 포괄적이고 체계적인 프로그램 단계인 '욕구조사-계획-실천-평가'의 순환과정에 통합되어 있다. 첫 단계에서 실시되는 욕구조사에서는 문제 및 욕구의 식별, 대안적 해결책의 모색, 하나 또는 그 이상의 해결책의 선택, 프로그램 설정 및 실천, 끝으로 평가를 포함하는 체계적 접근방법으로서 장래를 위한 계획을 수립한다. 즉, 욕구를 조사하기 위해 사업을 평가한 후 다시 새로운 욕구측정과 계획단계로 옮겨 가는 하나의 순환적 과정이다.

욕구조사는 일정한 지역 내의 사회적 욕구 또는 그 지역사회가 필요로 하는 것을 식별하기 위한 조사방법이다. 욕구조사를 통해서는 다음 네 가지 목적을 달성할 수 있다(Gates, 1980: 136).

- 주민들이 필요로 하는 각종 서비스 또는 프로그램을 식별해서 그 우선순위를 정한다.
- 프로그램 운영자금의 할당기준을 마련한다.
- 현재 진행되고 있는 사업들의 운영상태를 평가한다.
- 프로그램 운영기관들 간의 상호 의존 및 협동 상황을 파악한다. 프로그램 계획자들은 욕구조사의 중요성에 대해서 잘 이해해야 한다.

프로그램이 크든 작든 원칙적으로 주민들이 필요로 하는 프로그램의 종류,

범위 및 정도를 가능한 한 과학적으로 조사하여 파악한 후 계획을 수립해야 한다.

욕구조사에서 밝혀진 주민의 욕구에 의거하여 프로그램의 목표가 형성되며, 이 목표를 기준으로 프로그램의 결과가 평가된다. 따라서 앞에서 설명한 바와 같이 욕구조사와 프로그램 평가는 서로 연결되어 있다. 따라서 욕구조사는 프로그램을 위한 '정책수립-집행-평가'의 과정 속에 반드시 포함되어야 한다.

그러나 현실적으로 프로그램 기획자들은 흔히 프로그램을 둘러싸고 일어나는 가치관의 대립, 자금제공자의 영향력, 이권단체들의 간섭, 주민들의 압력 등의 이유로 욕구조사를 제대로 하지 못하고 이해관계자들의 의사를 '적당히' 반영하여 프로그램을 설계하는 경우가 있다. 그 결과로 조정과 통합이 잘 이루어지지 못한 프로그램들이 난립되고 중복되어 한정된 인적·물적 자원이 가장 긴요한 프로그램에 적절히 투입되지 못하는 상황이 발생한다. 욕구조사를 행하지 않고서는 이러한 폐단을 없애기가 힘들다.

욕구조사는 다음의 세 가지 상황에 의해 결정된다(성규탁, 1996: 142).

- 사회경제, 보건의료, 정신건강, 공공보안 등의 분야에서 생활상의 기능장애로 인해 발생하는 각종 문제들과 이러한 문제들로 말미암아 사회관계에서 일어나는 문제가 있을 경우
- 이런 문제에 대해 만족할 만한 해결방안(사업, 프로그램 등)을 갖지 못하거나, 해결방안이 있다고 하더라도 적합하지 않거나 운영이 잘 되지 않는 경우
- 프로그램 자원을 재분배해야 하거나 새로운 자원을 할당할 필요가 있을 경우

2) 욕구조사의 구분

욕구조사는 대개 '욕구식별(identification)'과 '욕구추산(enumeration)'의 두 가지 단계로 구분된다(성규탁, 1996: 142). 욕구식별은 정성적인 조사라고 할 수 있으며, 사회복지적인 개입을 요하는 개인 및 사회 상황을 규정하는 작업이다. 개인과 사회의 안녕에 중요한 것으로 간주되는 인간적·사회적 존재의 질적 상태를 확인하고 이를 표시하는 것이다. 욕구식별의 예로 박탈, 장애 등을 들 수 있으며, 욕구식별을 위해서는 자원과 기술의 존재 여부가 중요하고 정치적인 과정이 필요하다. 그리고 욕구식별의 경우 객관적인 정의와 측정가능성이 제한된다.

욕구의 식별은 충족되지 못한 개인적 욕구를 사회적 욕구로 인정할 것인지의 여부와 관련되므로 그 사회의 문화, 개입기술의 존재 여부, 자원의 동원가능성, 이념 등이 영향을 미친다.

욕구추산은 정량적인 조사라고 할 수 있으며, 사업을 필요로 하는 주민들의 욕구와 필요한 사업단위를 계산하고 상대적 중요성을 측정하는 통계적 또는 비통계적 분석작업이다. 욕구추산에서는 추상적 문제규정을 조작화하여 수량화한다. 욕구추산의 예로는 박탈과 소외의 적정선을 인위적으로 긋는 것을 들 수 있다.

3) 욕구조사의 절차

욕구조사에 착수하기 전에는 다음 사항들을 고려해야 한다(성규탁, 1996: 143).

첫째, 특정한 서비스에 대한 욕구는 개인 및 지역사회의 가치관, 문화 및 경험에 따라서 다를 수 있다. 욕구는 상대적 개념이므로 인구학적 변수, 가족구조, 거주지역, 사회계층, 수입, 교육에 따라 다를 수 있다. 예를 들어, 독거노인, 여성가장가구, 농어촌지역 거주자 그리고 저소득층의 욕구는 크게 다르게 나타날 수 있다. 그리고 지역사회의 경제수준도 주민들의 욕구에 큰 영향을 미친다. 또한 경제적 상황의 변동에 따라 개인적·사회적 욕구의 변화가 발생한다.

둘째, 욕구는 여러 가지 상황과 복합적으로 상호 연관되어 있다.

셋째, 지역사회의 욕구는 역동적으로 변한다.

넷째, 욕구는 프로그램으로 옮기는 과정에서 그 사회가 갖는 인적·물적 자원, 사업기술의 입수가능성, 자금사정 등의 요인으로부터 영향을 받는다.

욕구는 적어도 두 가지로 나누어 볼 수 있다. 개인 또는 집단(특수 계층에 속하는 사람들)의 욕구와 특수한 소비욕구(식품, 주거, 서비스 등에 대한 욕구)이다. 이 두 가지 욕구는 상호 연관되어 있으며, '누가 어떠한 서비스 를 필요로 하는가?'로 이해할 수 있다.

욕구측정을 할 때 세 가지 작업을 항상 염두에 두어야 한다. 첫째, 문제를 식별하고, 둘째, 식별된 문제의 사회적 인과관계를 알아내며, 셋째, 프로그램 실행을 위해 사용할 수 있는 인적·물적 자원을 파악하는 것이다.

5. 욕구조사의 접근방법

욕구조사는 욕구에 대한 정보 파악의 대상에 따라 클라이언트 중심(client-orient)의 욕구조사, 서비스 중심(service-oriented)의 욕구조사, 지역사회 중심(community-based)의 욕구조사로 나눌 수 있다(Gates, 1980: 112-113).

■ 그림 10-4 ■   욕구조사의 접근방법

1) 클라이언트 중심의 욕구조사

특정 인구집단을 위해 서비스나 프로그램을 제공하는 기관이 행하는 조사이다(최성재, 남기민, 2016: 540). 이 조사에서는 먼저 특정 인구집단을 규정하고, 그 집단 내에서 흔히 나타나고 있는 문제를 확인한 후 이러한 문제를 해결하기 위하여 필요한 서비스의 수준을 산정(算定)하게 된다. 예를 들면, 지역아동센터에서 저소득 취약계층 아동을 대상으로, 노인복지관에서 노인인구를 대상으로 그들의 욕구와 서비스의 수준을 포괄적으로 조사하는 것 등이다.

2) 서비스 중심의 욕구조사

특수한 서비스를 제공하고 있는 기관이 행하는 조사이다(최성재, 남기민, 2006: 461). 이 조사에서는 먼저 특정한 문제를 해결할 수 있는 서비스 기술이 있는 것을 전제로 하여 그러한 문제가 빈번히 발생할 가능성이 있는 표적인구집단을 설정하고 이들로부터 필요한 서비스의 수준을 산정한다. 서비스 중심 욕구조사의 예로는 직업훈련기관에서 실직자들을 대상으로 교육 훈련 욕구를 조사하는 것이다.

3) 지역사회 중심의 욕구조사

지역사회 중심의 욕구조사는 클라이언트 중심의 욕구조사와 서비스 중심의 욕구조사를 통합한 것으로 지역사회 전반의 문제를 확인하여 문제해결의 우선순위, 적절한 개입대상 인구 및 적절한 서비스 수준 등을 파악하는 것이다(최성재, 남기민, 2006: 462). 이와 같은 조사는 주민 전체를 대상으로 하여 포괄적이고 많은 정보를 얻을 수 있으나 실행하는 데 어려움이 있다. 2005년부터 4년마다 정기적으로 시행하는 지역사회보장계획 수립의 기초작업으로 지역사회 중심의 욕구조사가 실시되고 있다.

6. 욕구측정을 위한 기법

1) 간접조사

(1) 사회지표분석

지표분석(indicator approach)은 일정한 행정지역 또는 지역사회의 상태를 파악하기 위해서 기존 공공기관의 자료를 이용한다(성규탁, 1996: 150). 지표분석 방법 중 특히 사회 및 보건지표 분석방법은 '인구주택총조사(census)' 또는 '한국의 사회지표', '가계동향조사' 등 공공기록문서와 보고서에 기록된 통계자료를 바탕으로 욕구를 추정한다. 사회경제적 지위 또는 저소득지역과 같은 지표를 통해 주민들의 욕구를 파악할 수 있다고 가정하는 것이다. 사회지표접근법은 정책계획의 첫 단계인 해당 지역에 대한 사정을 파악하는 데 매우 적절한 방법이다. 신속하고 저렴하여 정책의 첫 단계에서 지역의 사정을 파악하는 데 활용될 수 있다.

● 표 10-2 ● **사회지표조사(social indicator analysis)**

특징	• 일정 인구가 생활하는 지역의 지역적 · 생태적 · 사회적 · 경제적 및 인구적 특성에 근거하여 지역사회의 욕구를 추정할 수 있다는 전제하에 사회지표를 분석하는 것 • 사회지표는 인구조사자료, 보건의료조사자료, 사회복지, 교육, 교통 등에 관한 공공 통계 자료집 등에서 얻을 수 있고, 경우에 따라서는 사회조사를 통하여 얻음 • 가장 신뢰도가 높은 사회지표의 출처는 5년에 한 번씩 실시하는 인구주택총조사 보고서임
장점	• 인구조사자료는 지역단위별로 지표를 산정할 수 있으므로 좋은 자료가 됨
한계점	• 인구조사가 자주 이루어지지 않아 매년 변화되는 추이를 파악할 수 없는 것이 문제임

그러나 지표를 사용하여 특정 지역의 주민 욕구를 추정하는 데에는 한계가 있다. 주로 일반적이고 간접적인 정보가 많아 해당 지역 사정에 해당하는 지표가 드물기 때문이다. 지표를 통해서 수집한 욕구자료는 전문가에 의해서 재분석되어 해석이 이루어져야 한다. 지표는 특정 집단이 필요로 하는 사업 또는 서비스를 직접 지적하는 경우가 드물다. 집단 차원의 관계 확인 및 개인 차원으로 해석되어야 하며 특히 인구주택총조사의 경우 5년 간격으로 이루어지기 때문에 시차의 문제가 발생할 수도 있다.

패널데이터(panel data)

최근 국민연금공단, 한국보건사회연구원 및 노동연구원 등 공공기관과 국책연구원들을 중심으로 이른바 패널조사 방식을 통한 패널데이터를 공개하고 있다. 국민 노후보장패널, 한국복지패널 그리고 한국노동패널 등 여러 패널데이터가 연구자들에게 많이 활용되고 있다. 패널조사는 일정한 대상자집단(panel)을 장기간에 걸쳐 추적하여 조사하는 것으로, 이를 통해 대상자들의 욕구나 생활상태 등 조사대상자의 동태적인 정보를 수집할 수 있다는 장점이 있다. 반면에 조사대상을 일정하게 유지해야 하는 어려움과 비용이 많이 든다는 단점이 있다.

---

(2) 행정자료조사

행정기관과 은행, 각종 협회, 연구소 등의 사회단체가 행정 및 관리를 위해서 수집·기록한 자료조사를 말한다. 이 조사방법의 장점은 주로 주민들의 특성에 관한 정보를 포함하고 있기 때문에 주민들의 문제를 파악하는 데 이용가능하고, 입수하기 어려운 서비스 또는 혜택에 관한 자료를 포함하는 수가 많다는 것이다.

(3) 서비스 이용자료 조사

지역사회주민들의 내재된 욕구와 표현된 욕구를 가장 잘 파악할 수 있는 방법이다. 만약 어느 기관의 프로그램에 많은 대기자가 있다면, 이는 주민들이 그 프로그램을 필요로 하지만 서비스가 그에 비해 충분하지 못함을 나타낸다. 이때 서비스 조직이 클라이언트에 관해 축적해 놓은 데이터들이 욕구조사를 위해 활용될 수 있다. 모니터링과 인테이크 절차를 위해서 축적된 자료들, 사회인구학적 자료, 문제와 욕구, 제공된 서비스 빈도 및 지속기간, 의뢰기관 개입 성과 등에 대한 자료들이 서비스 이용자료에 포함된다. 이러한 정보들은 지역사회의 욕구조사뿐만 아니라 건전한 경영 통제와 프로그램 평가에도 도움이 된다. 서비스 이용자료를 통한 욕구조사의 장점은 자료수집에 많은 비용이 들지 않는다는 점이다. 또한 서비스 이용자료는 지역사회주민들의 욕구와 서비스 경향 간의 관계를 분석할 때 유용하게 쓰일 수 있다(김영종, 2001: 312).

한편, 서비스 이용자료를 사용하는 데는 몇 가지의 장애가 있다(Gates, 1980: 119-135).

- 클라이언트 정보에 대한 비밀보장의 필요성 때문에 외부 기관이 그러한 정보에 접근하는 것이 용이하지 않다.
- 서비스 이용자료들은 대개 경영 통제와 책임성 등을 위해 만들어졌기 때문에 욕구조사의 목적으로 활용하기 어려운 경우가 많다. 또한 기관이나 업무자 사이에서 표준화된 자료 작성에 대한 합의가 부재하여 자료들의 분류체계가 일치하지 않을 수 있다.
- 서비스 기록을 통해 얻어진 자료의 조사대상은 서비스를 이용한 클라이언트 인구에 한정되기 때문에 이를 전체 인구에게 적용하기 어렵다.

만약 이러한 장애들을 극복할 수 있다면, 서비스 이용에 관한 정보는 매우 귀중한 자료 원천이 될 수 있다. 특히 다른 기법들을 통해 수집된 자료들과 합쳐서 비교·대조하는 수렴식 접근방법을 택한다면, 욕구조사 정보의 전반적인 타당도와 신뢰도를 향상시키는 데 기여할 수 있을 것이다(김영종, 2001: 313).

● 표 10-3 ●   **서비스 이용자료 조사**

특징	• 프로그램 운영자나 서비스 제공자로부터 지역사회주민이나 대상집단의 욕구에 관해 조사하는 방법 • 약물 중독자나 학대아동, 미혼모 등과 같이 사회적으로 드러내기 어려운 대상집단의 욕구나 문제에 관한 정보를 얻을 수 있음
장점	• 대상집단의 욕구나 문제를 현장 경험이 있는 전문가들의 판단을 바탕으로 파악할 수 있음
한계점	• 제공한 욕구내용이 제공자의 계급적 편견에 의해 영향을 받을 수 있음 • 전문가의 좁은 식견으로 판단된 내용일 수도 있음

2) 직접조사

(1) 서베이

서베이(survey)는 욕구사정을 위한 일차적 자료의 수집방법으로서, 조사대상 전체를 대표할 수 있는 표본을 선정하여 설문지 또는 면접을 통해 자료를 수집하는 방법이다. 주로 개인들로부터 느껴진 욕구를 중심으로 직접적인 자료를 얻기 때문에 사회지표와 같은 이차적 자료수집에 따른 정보의 한계들을 극복할 수 있다. 또한 특정 서비스 제공자들이 갖는 공급자로서의 편견과 특

● 표 10-4 ●   **서베이**

특징	• 조사대상 전체를 대표할 수 있는 일부를 선정하여 질문지 또는 면접을 통해 자료수집 • 표본이 확률적 표집방법으로 선정되어야 함 • 표본의 크기가 충분해야 함 • 조사 척도인 질문지 및 면접의 신뢰도와 타당도가 있어야 함 • 전체 인구(지역사회 중심 접근), 표적인구(클라이언트 중심 접근)
장점	• 실질적 또는 잠재적 수혜자가 인식하는 욕구를 직접 파악 • 표본을 통해 전체 대상자의 욕구를 추정
한계점	• 비용이 많이 듦 • 우편설문 방식은 회수율이 낮음 • 사회적으로 바람직한 응답이나 내용에 관계없이 한 방향으로 응답을 얻게 될 가능성이 있음

정 서비스를 염두에 둔 욕구 산출 등과 같은 중대한 오류를 피할 수 있다.

서베이의 장점은 잠재적인 클라이언트를 정보 원천으로 활용함으로써 서비스를 받을 사람들의 의견과 인지를 직접 끌어낼 수 있다는 점이다. 그들이 생각하는 욕구는 무엇인지, 그 욕구를 만족시키는 데 어떤 서비스가 요구되는지, 그러한 서비스가 존재한다면 얼마나 활용할 것인지 등을 직접적으로 파악할 수 있다(김영종, 2001: 314).

서베이의 단점은 일차적으로 시간과 비용이 많이 들고 조사연구와 관련한 전문적인 능력을 필요로 한다는 것이다. 우편 설문지나 전화 인터뷰 등을 사용할 경우 직접 인터뷰에 비해 비용이 적게 들 수 있으나, 낮은 응답률 혹은 정보의 손실 등이 낮은 비용에 따른 대가로 나타난다. 장기간에 걸친 서베이의 경우 시작과 끝의 시점이 상당한 차이를 보이게 되므로, 이 시간 격차에 따라 욕구의 성격이 변화할 수 있다는 점이 단점이다. 최근에는 웹(web)기반 서베이(예: 구글, 네이버폼 등)의 활성화로 이러한 단점이 보완되고 조사의 편의성도 증가되는 추세에 있다.

① 일반인구조사

일반인구조사(general population survey) 방법은 지역 내 주민 중 추출된 표본으로부터 면접 또는 설문지를 통하여 얻어진 자료를 기초로 욕구를 측정하는 것이다(The research group, 1976: 23-40).

일반인구조사 방법은 다음과 같은 장점이 있다(성규탁, 1996: 153).

- 사용된 조사방법과 조사도구를 다른 지역에서 그 지역의 특수성에 맞게 수정·보완해서 사용할 수 있다. 또한 특정 서비스 혜택과 전달체계에 대한 태도 및 행동을 파악할 수 있다.
- 조사도구는 선정된 문제에 맞도록 첨가 또는 삭제할 수 있기 때문에 다른 조사기법을 보완할 수 있다.
- 조사도구는 선정된 응답자 또는 지역에 알맞도록 길게 또는 짧게 만들

수 있어 신축성을 가진다.

- 일반인구조사 방법을 적절히 사용할 경우, 다른 방법보다 비교적 타당성이 높은 결과를 얻을 수 있다.

그러나 이 방법은 비용이 많이 들고, 전문적 조사기술을 요하며, 상당한 시간(6~12개월)과 인원을 필요로 한다.

② 표적인구조사

표적인구조사(target population survey)는 일반인구 중 특정한 특성을 가진 사람을 선별하여 수혜자격(소득, 연령, 건강, 교육, 성별 등), 거주지역, 현재 수혜상태를 알아보는 것이다(The research group, 1976: 41-53). 표적인구를 선정하는 작업은 앞에서 설명한 일반인구조사의 절차와 거의 비슷하지만 표적인구조사는 일반인구조사에 비해서 표본의 크기가 작다는 특징을 가진다. 즉, 일반인구를 단계적으로 나누어 그 일부만을 표집하는 것이다.

표적인구조사에도 장단점이 있다(성규탁, 1996: 157). 장점은 표적인구조사를 통해 일반인구조사에서 얻기 힘든 중요한 자료를 수집할 수 있다는 것이다. 예를 들어, 표적인구가 갖는 문제, 표적인구가 원하는 혜택을 보다 구체적이고 세밀하게 파악할 수 있다. 또한 표적인구조사는 비슷한 조사에서 이미 사용된 조사방법과 도구를 사용할 수 있고, 조사결과의 타당성이 높으며, 다른 욕구조사를 보완할 수 있다. 단점은 대상인구로부터 얻은 자료는 그 집단에 한해서만 적용할 수 있기 때문에 대표성의 문제가 생길 수 있다는 점이다. 또한 표적인구가 이미 서비스 혜택을 받고 있을 경우에는 이들이 제공하는 정보는 프로그램 제공기관과의 관계에 별다른 영향을 주지 못한다.

(2) 서비스 제공자 조사

서비스 제공자 또는 프로그램 운영자로부터 주민들의 욕구를 파악하는 방법은 문제를 가진 개별 주민들로부터 정보를 직접 수집하는 방법과는 매우 다르다. 이 조사방법으로는 클라이언트의 수와 특성, 서비스의 성격과 분포, 서비스 활용의 특성 등을 파악할 수 있다. 또한 서비스 전달체계의 적합성과 충분성, 충족되지 못한 욕구 추정 등을 파악할 수 있다. 서비스 제공자(프로그램 운영자) 조사의 장점을 자세히 살펴보면 다음과 같다(성규탁, 1996: 150).

- 사회적으로 잘 알려져 있지 않거나, 이야기하기 거북한 문제들에 관한 정보를 얻을 수 있다. 이를테면, 마약 및 알코올, 약물 중독, 성병, 미혼모 문제, 문맹자, 영양실조, 아동학대와 같이 일반 주민들로부터 수집하기 어려운 문제에 대한 정보를 이들로부터 수집할 수 있다.
- 현존하거나 잠재적인 지역사회 및 기관의 자원에 대한 정확한 정보를 얻을 수 있다.
- 지역사회의 전반적인 상황과 개별 문제를 파악하는 데 매우 도움이 되는 자료를 얻을 수 있다.
- 전문적인 판단을 바탕으로 욕구를 측정할 수 있다.

이 조사의 제한점으로는 다양한 편의(偏倚, bias)현상이 있을 수 있다는 것이다.

- 제공자들이 식별한 문제는 대상인구의 실제 문제라기보다 제공자의 문화적 편견 또는 계급적 편견일 수 있다.
- 제공자들은 주로 수혜자만을 상대하기 때문에 (비수혜자에 대한 것보다는) 수혜자에 관한 자료만을 제공할 수 있다.
- 자신들의 기관에서 제공하는 또는 제공하게 될 서비스나 프로그램으로 충족할 수 있는 욕구에 대해서만 관심을 갖는 경향이 있다.

서비스 제공자(프로그램 운영자)가 대상자의 욕구를 측정하는 기법들을 살펴보면 다음과 같다.

① 구조화되지 않은 인터뷰

'구조화(structuration)'란 질문 내용들을 사전에 정해 두는 것을 말한다. 보통 인터뷰를 하기 전에 질문과 응답을 예상하여 정형화된 인터뷰의 틀을 갖춘다. 이와 반대로 구조화되지 않은 인터뷰는 대략적인 주제만을 결정하여 미리 만들어진 구체적 질문 없이 자유롭게 수행하는 인터뷰를 말한다. 구조화되지 않은 인터뷰의 장점은 비용이 적게 들고 신속하게 마칠 수 있다는 것이다. 또한 인터뷰와 관련된 내용을 심도 있게 추적할 수 있어 예상하지 못했던 자료들을 획득할 수 있다. 단점은 자료들 간의 일관성이 부족한 경우가 많다는 것이다. 또한 인터뷰 대상을 신중하게 선정하여야 하며 인터뷰 대상이 필연적으로 갖고 있는 편견을 발견해서 배제하는 것이 필요하다(김영종, 2001: 312).

② 구조화된 서베이

구조화된 설문지나 인터뷰를 사용하여 기관들로부터 정보를 수집하는 것이다. 개별화된 선택의 문제가 배제되어 있기 때문에, 수집된 자료들이 종합적인 관점을 유지할 수 있다는 것이 장점이다. 이 방법의 단점은 비용이 많이 든다는 것인데 설문 제작이나 인터뷰에 드는 시간, 비용, 후속(follow-up) 조사, 자료분석 등에 많은 비용이 든다. 또한 구조화되지 않은 인터뷰와는 달리 심도 있고 내밀한 정보를 얻기 어렵다(김영종, 2001: 312).

(3) 지역사회 포럼(공청회)

지역사회 포럼(community forum)은 지역사회의 다양한 구성원으로부터 가치나 태도, 의견 등을 직접적으로 청취해서 자료를 수집하는 방법이다. 이를 보통 공청회(public hearing)라고도 한다. 수집된 정보의 내용이 사전에 결정되어 있지 않으므로 자유로운 지역사회의 의견들이 포럼을 통해서 표출될 수 있다는 것이 가장 큰 장점이다. 따라서 지역사회 포럼은 서비스 공급자의 시각에서 미리 욕구의 범위를 설정해 두고 그 범위 안에서 응답을 선택하게 하는 서베이 방식의 문제점을 보완할 수 있다. 또한 개별적인 인터뷰에서 알아내기 힘든 지역사회의 분위기를 파악할 수 있게 한다는 점도 포럼의 장점 중 하나이다. 서베이가 지역 주민들의 개별적인 느낌을 파악하는 데 유리하다면, 포럼은 특정 시간에 모인 지역주민들 안에서 각 지역주민이 다양한 의견을 제시함으로써 서로 다른 감정을 지니고 있음을 파악하는 데 유리하다고 할 수 있다(김영종, 2001: 316).

또한 지역사회 포럼은 비용이 적게 든다는 경제적 측면의 장점이 있다. 비록 포럼을 준비하는 과정, 사람들과의 접촉, 포럼에서 도출된 의견들을 요약하고 분석하는 과정, 회의 자체에 걸리는 시간 등도 적지 않은 비용으로 작용하지만 서베이 등에 비해서는 상대적으로 비용이 적게 든다고 할 수 있다. 포럼의 중요한 장점이 지역사회 구성원의 자유로운 의사 개진이지만, 이는 한편으로 포럼의 단점이기도 하다. 포럼을 통해서 도출되는 자료들이 지나치게 방만하거나 혹은 지나치게 협소한 측면만을 다룰 수 있기 때문이다. 또한 포럼은 그 특성상 참석하는 사람들을 선별하거나 통제하기 어렵기 때문에 지역사회의 대표성을 고루 갖춘 참석자들을 확보하는 것이 어렵다. 그 결과, 포럼의 참석자들은 흔히 지역사회의 한 특수한 집단의 이익만을 대표하는 표본의 편의(bias)현상이 나타날 수 있다(최성재, 남기민, 2006: 462). 의사 진행의 어려움도 포럼의 단점으로 작용한다. 전체 참석자에게 유익한 의사 표출을 유도하고 특정한 방향으로 의사를 집중해 나가는 것은 매우 어려운 일이다. 이러한 포럼의 대표성 문제와 의사 진행의 실질적인 어려움으로 인해 특정한 사안만이 포럼을 통해 부각될 수 있다는 우려가 존재한다(Patti, 1983: 75-78).

포럼의 활용에서 가장 중요한 것은 지역사회의 대표성을 가진 참석자들을 확보하는 것이다. 그럼에도 지역사회 전체가 참여하고 발언하기 힘든 것이 현실이다. 따라서 포럼을 활용할 때는 포럼 참여자들의 대표성과 의사 진행의 한계들을 고려하는 것이 중요하다. 포럼에서 도출된 견해들은 그러한 한계들에 비추어 적절하게 해석될 필요가 있다. 이처럼 편견에 대한 가능성을 염두에 두고 결과를 해석할 수 있는 능력만 갖춘다면, 포럼은 지역사회 욕구를 사정하는 데 매우 유용한 방법이 될 수 있다(김영종, 2001: 316).

● 표 10-5 ●　**지역사회 포럼**

특징	• 조사자가 지역사회의 모든 사람이 참여할 수 있는 공개적 모임을 주선하여 지역사회 구성원으로부터 정보를 직접 수집하는 방법 • 초점집단과 달리 공개된 장소와 시간에 참가자의 제한을 두지 않고 이루어짐 • 지역사회주민이 자신의 욕구나 문제를 잘 알고 있다는 전제하에 주민들의 의견을 직접 듣는 데 목적이 있음
장점	• 적은 비용으로 광범위한 지역, 계층, 집단의 의견을 발견할 수 있음 • 문제에 대한 인식과 관심을 가진 개인, 집단 또는 기관에 따라 식별이 가능
한계점	• 관심자만 참석하여 자기 선택에 의한 표본의 편의현상이 나타날 수 있음 • 참석자의 소수만 의견을 발표할 가능성 • 한계점을 개선하기 위해 특정 문제에 대한 소규모 회의를 여러 번 진행하거나 지역사회 내의 다른 장소에서 여러 번에 걸쳐 회의를 개최할 필요 발생

(4) 초점집단조사(FGI)

초점집단은 주요 정보제공자라고도 하며 12~15명의 서비스 제공자, 시설 단체 대표, 수혜자, 공무원 등 주요 정보제공자들 상호 간의 질의와 응답 방식으로 진행한다.

이들에 대해 실시하는 초점집단조사(Focus Group Interview: FGI)의 장점은 비용이 적게 들고, 표본을 쉽게 선정할 수 있으며, 지역의 전반적인 문제를 쉽게 파악할 수 있다는 점이다. 반면, 초점집단조사의 단점은 의도적 표집으로 인해 표본의 편의현상이 나타날 가능성이 있다는 점이다. 또한 이들이 지적하는 문제들은 정치적으로 민감한 문제일 가능성이 높기 때문에 실질적인 주민들의 문제가 제외될 가능성이 크다(최성재, 남기민, 2016: 543).

한편, 명목집단조사(Nominal Group Technique)는 브레인스토밍기법에 토의 및 투표 기법 등의 요소를 결합한 것이다. 모든 구성원이 동등하게 참여할 수 있고 우선순위 투표과정을 통해 집단의사결정에 동등하게 영향을 미칠 수 있다. 다양하게 아이디어를 제시하고 집단 내 합의를 이루어야만 할 때 주로 사용된다.

● 표 10-6 ● **초점집단조사(FGI)**

특징	• 초점집단은 질적인 자료를 수집할 때 사용하는 방법으로 12~15명 정도의 소집단으로 구성 • 초점집단은 여러 명이 동시에 질의와 응답에 참여할 수 있고, 참가자들의 상호작용이 이루어지므로 집중 토론에 매우 유용한 방법 • 초점집단의 목적은 기본적으로 토론이며, 갈등해소, 의사결정, 문제해결 등의 구체적 과제를 위해 구성된 집단은 초점집단이 아님
장점	• 문제를 보다 깊이 파악할 수 있고 적은 비용으로 비교적 쉽게 자료수집이 가능
한계점	• 초점집단 구성원이 대표성이 없어 제시된 욕구나 문제가 서비스 대상집단을 대표하기에는 부족하며 이야기하는 내용이 주관적이고 자료 자체가 비체계적이어서 추가적인 다른 조사방법으로 상호 보완이 필요

(5) 다단계 설문법: 델파이 기법

델파이(Delphi) 기법은 고대 그리스의 신전에서 여사제들이 사자를 보내 전국의 현자들에게 의견을 듣던 방법에서 유래한 것이다(최성재, 남기민, 2006: 467). 델파이 기법은 어떤 문제에 대해 전문가들이 합의점을 찾는 방법으로, 응답은 무기명이며, 대면적인 회의에서와 같은 즉각적인 피드백을 통제하고, 개인의 의견을 집단적 통계분석으로 처리하는 방법을 말한다(Molnar & Kammerud, 1977: 325-326).

집단의 판단을 체계적으로 유도해 내기 위해 다음과 같은 절차로 진행된다.

> 전문가 선정 ⇨ 설문지 작성 ⇨ 설문지 우송 ⇨ 통계적 집계
> ⇨ 재차 설문 ⇨ 재분석 ⇨ 결론

델파이 기법의 가장 큰 특징은 전문가에게 회수한 응답내용을 합의된 부분과 합의되지 않은 부분으로 나누어 분석결과에서 합의도가 낮을 경우 그 결과를 응답자에게 보내 1차 분석의 결과를 참조한 각자의 의견을 묻는다는 점이

다. 또한 재차 회수된 응답을 재분석한 다음 일정한 정도의 합의점에 도달할 때까지 반복 응답하게 하는 점도 특징 중 하나이다(성규탁, 1996: 164).

이 방법의 장점은 익명성으로 인하여 특정인의 영향을 배제할 수 있다는 점과 집단의 의견에 개인을 순종시키려는 집단의 압력을 줄일 수 있다는 점이다. 그러나 응답을 반복적으로 하게 되므로 시간이 오래 걸리고, 소수의 창의적 의견은 판단의 합의를 얻기 위하여 제외되는 등의 문제를 지니고 있다.

● 표 10-7 ● 델파이 기법

특징	• 어떤 문제에 대해 합의점을 찾기 위해 소수의 전문가가 반복적인 설문과 수정을 하여 가장 적절한 대안을 선택하는 방법 • 무기명 응답으로 대면적인 회의에서와 같은 즉각적인 환류를 통제
장점	• 익명성으로 인해 특정인의 영향을 줄일 수 있음 • 집단의 의견에 개인을 순종시키려는 집단의 압력을 줄일 수 있음 • 응답자의 시간을 많이 필요로 하지 않음
한계점	• 반복적인 과정을 거치므로 조사 시간이 많이 필요함 • 소수의 특별한 의견은 판단의 합의를 얻기 위해 제외됨

7. 조사방법의 선택

사회복지서비스를 제공하기 위해 가장 먼저 수행되어야 할 단계는 클라이언트가 무엇을 바라고 있는가를 파악하는 것이다. 그러나 클라이언트의 욕구에는 절대적인 기준이 존재하지 않으며 개인과 집단, 사회적 상황과 시대에 따라 다양하게 나타난다. 따라서 클라이언트가 다양하게 표출하는 욕구를 객관적으로 파악하는 것은 매우 중요하다. 지금까지 클라이언트의 욕구를 측정하기 위한 방법들이 다양하게 개발되어 왔으며, 사회복지행정에서 다양한 욕구측정 방법이 적용되고 있다. 하지만 아직까지 클라이언트의 욕구를 포괄적으로 측정할 수 있는 욕구측정 기법은 개발되지 못한 실정이다. 따라서 합리적인 방법을 통해 서로의 장단점을 보완하는 방식으로 클라이언트의 욕구를 측정하고 이를 정책과 프로그램에 반영할 필요가 있다(성규탁, 1996: 165).

조사방법을 결정하기 위한 기준과 방법은 여러 가지가 있지만 조사의 목적, 조사자의 성격(입장), 배경, 자료의 접근가능성, 조사지역의 특성, 다양한 주민, 기관 및 단체, 조사에 동원할 수 있는 시간적·금전적 자원, 지역사회의 가치관 등을 고려해 어느 하나의 방법에 의존하는 것이 아니라 상황에 따라 여러 방법을 적절히 섞어 활용하는 것이 효과적·효율적이라고 할 수 있다(김영종, 2001: 317).

욕구측정을 위해서는 클라이언트를 비롯하여 정책담당자, 프로그램 실무자, 전문가 등 다양한 인구집단의 의견이 반영되는 방향으로 이루어져야 한다. 그리고 이를 위해서는 조사의 기술적인 전문성과 함께 객관적인 입장에서 판단할 수 있는 능력이 요구된다.

■ 그림 10-5 ■ 욕구조사의 방법들

 참고문헌

김영종(2001). 사회복지행정. 서울: 학지사.

김형식(2001). 사회복지행정론. 서울: 동인.

보건복지부(2015). 사회복지관 운영관련 업무 처리 안내.

서인해, 공계순(2002). 사회복지관 욕구조사결과 활용에 영향을 미치는 요인에 관한 연구. 한국사회복지학, 51, 211-228.

성규탁(1996). 사회복지행정론. 서울: 법문사.

유태균(2000). 지역사회복지관의 욕구조사 실태에 관한 연구. 사회보장연구, 16(1), 107-140.

정순둘(2004). 사회복지실천현장에서 조사연구 활용에 관한 연구. 한국사회복지학회 2004년도 추계공동학술대회 자료집, 277-298.

최성재, 남기민(2016). 사회복지행정론. 경기: 나남.

황성철, 정무성, 강철희, 최재성(2010). 사회복지행정론. 서울: 현학사.

Alderfer, C. P. (1969). An empirical test of a new theory of human needs. *Organizational behavior and human performance, 4*(2), 142-175.

Bradshaw, J. (1972). The concept of social need. *New Society, 30,* 640-643.

Booth, C. (1889). *Life and labour of the people in London.* London & New York: Macmillan.

Gates, B. L. (1980). *Social program administration.* Englewood Cliffs, NJ: Prentice-Hall.

Kettner, P. K., Moroney, R. M., & Martin, L. L. (1999). *Designing and managing programs.* Thousand Oaks, CA: Sage Publications.

Maslow, A. H. (1954). *Motivation and personality.* New York: Harper & Row.

Meyer, C. H. (1995). Assessment. *NASW,* 260-270.

Miller, D. (1976). *Social justice.* Oxford: Clarendon Press.

Molnar, D., & Kammerud, M. (1977). Problem analysis: The delphi technique. In N. Gilbert & H. Specht (Eds.), *Planning for social welfare.* Englewood Cliffs, NJ: Prentice-Hall.

Patti, R. (1983). *Social welfare administration: Managing social programs in a developmental context*. Englewood Cliffs, NJ: Prentice-Hall.

Rowntree, S. B. (1902). *Poverty: A study of town life*. London: Macmillan and co., Limited.

Siegel, L. M., Attkisson, C. C., & Varson, L. G. (1978). Needs identification and program planning in the community context. In C. C. Attkisson et al. (Eds.), *Evaluation of human service programs*. New York: Academic Press.

The research group. (1976). *Techniques for needs assessment in social service planning*. Atlanta, GA: the research group, Inc.

Thyer, B. A. (2001). *The handbook of social work research methods*. London: Sage Publication.

국가법령정보센터. http://www.law.go.kr

사회복지 재정관리

1. 사회복지 재정관리의 개요

　사회복지는 자신의 욕구를 스스로 충족할 수 없는 사람들에 대해서 다른 사람이 개입하여 욕구를 충족할 수 있도록 도와주는 것이다. 욕구의 충족을 위해서는 자원이 필요하기 때문에 대부분의 개입과정은 자원의 이전과 밀접한 관계가 있다. 대표적인 자원은 돈이며, 사회복지기관은 다양한 방법으로 재원을 확보하여 이를 효과적 · 효율적으로 관리해야 한다.

　재정관리란 사회복지조직에서 서비스를 제공하는 데 필요한 자금을 확보하여 지출(집행)하고 그 내용을 기록 · 정리하고 평가하는 것과 관련된 업무를 말한다. 그러므로 재정관리도 프로그램 관리, 즉 기획과 밀접한 관련성이 있다. 예산, 집행, 회계 그리고 평가를 재정관리의 4대 분야라고 할 수 있다(성규탁, 1996: 298).

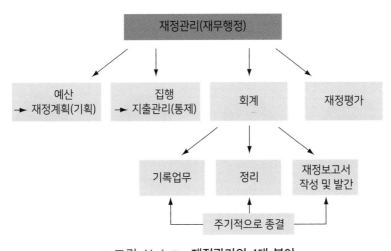

　■ 그림 11-1 ■　재정관리의 4대 분야

　한국에서는 국민에게 사회보장 혜택을 제공하기 위해 사회보험, 공공부조, 사회(복지)서비스 제도를 실시하고 있다. 각 제도별 재원을 살펴보면 다음과 같다.

첫째, 사회보험의 재원은 주로 근로자와 사용자, 자영자가 부담하는 보험료로 조달된다. 2023년 기준으로 사회보험료율을 살펴보면 국민건강보험 7.090%, 국민연금 9%, 고용보험 1.8%(실업 1.30%, 고용안정 0.25%~)이고 산재보험은 업종과 규모에 따라 0.0060~0.185%로 차등화된다. 그리고 노인장기요양보험은 건강보험료율(7.090%)의 11.52%이다.

둘째, 공공부조의 재원은 조세를 통해 마련한 국가의 예산으로 조달된다.

셋째, 사회복지서비스의 경우 재원 마련방법이 매우 다양하다. 사회복지서비스의 재원은 조세를 통한 국가의 보조금과 법인의 자체부담금, 민간의 기부금, 서비스이용료 수입 등으로 구성된다. 따라서 사회복지서비스를 직접 제공하는 사회복지시설 등의 조직에서는 다양한 재원의 확보와 관리가 중요한 관심사가 아닐 수 없다.

사회복지비용 지출에는 공공부문에서는 일반정부지출과 사회보장지출 등이 포함되고 민간부문에서는 법정지출과 자발적 지출 등이 포함된다. 재정부문별 주요 국제기구의 사회복지비용 지출 인정 범위는 [그림 11-2]와 같이 나

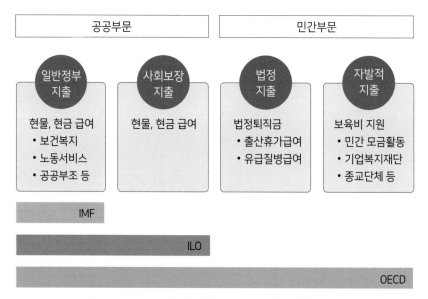

■ 그림 11-2 ■ **재정부문별 사회복지비용 지출 인정 범위**

타난다.

사회복지조직에서 재정관리가 중요한 이유는, 첫째, 재정관리는 기관의 생존과 직결되는 사항으로 기관의 유지와 활동을 위해서는 재원의 확보와 조달이 가장 중요하기 때문이다. 둘째, 사회복지조직의 이해당사자(정부, 후원자, 자원봉사자 및 이용자)들은 재원이 어떻게 사용되었는지에 대해 많은 관심을 갖고 있다. 재정관리는 재정운용기관의 기획 및 평가 과정에 중요한 영향을 미치며, 예산결정을 바탕으로 기관의 기획 및 평가 노력이 실행되어 중요하기 때문이다.

2. 예산

1) 예산의 개념

'예산(budget)'이란 한 조직이 일정 기간 동안 수행할 업무와 업무의 실행을 위해 필요한 재원의 확보방안 및 지출에 관하여 수립된 계획을 의미한다. 우리말 '예산'으로 번역된 영어 단어 'budget'은 'little bag'이라는 의미의 프랑스 고어인데, 영국에서 재정에 관한 여러 가지 문서를 넣고 다니던 가방을 의미하는 것으로 사용되기 시작했다(Skidmore, 1983: 80).

실제 현실에서는 모든 사람이 의식적이든 무의식적이든 이러한 예산작업을 하고 있다. 즉, 충족되어야 할 욕구가 있고 그것을 충족하기 위해 필요한 구체적이고 세분화된 행동들이 있으며, 이를 실행하기 위해서 필요한 재원을 계산하게 된다. 그리고 그 자금을 어디서 어떻게 확보할 것인가를 생각하게 되는데 이러한 작업이 바로 예산작업이라고 할 수 있다. 따라서 예산을 통해 한 기관의 활동이나 사업의 내용을 가장 확실하게 파악할 수 있다.

일반적으로 예산작업은 예산의 수립 또는 편성이라고 하는데 이는 다음과 같은 절차에 따라 이루어진다(최성재, 남기민, 2006: 309-311).

① 조직의 단기적 구체적 목표의 설정: 단기적 목표와 장기적 일반목표와의 부합성 검토
② 조직의 운영에 대한 자료수집: 업무, 사업실적, 사업평가, 가용자원, 재정 사항
③ 운영 대안의 고려: 기존 방법과 신규 방법의 효과성·효율성 검토
④ 조직활동의 우선순위 결정: 필요성, 시급성, 효과성, 효율성 등을 비교
⑤ 우선순위에 따른 예산안 잠정 확정: 운영단위, 사업단위, 기능단위에 배정
⑥ 재정원천과의 접촉 및 확인: 재정자원 확보 시도
⑦ 예산안 수정 및 확정

실제로 정부의 보조를 받는 사회복지조직에서 사업부서의 예산은 조직의 예산부서를 거쳐 지방자치단체 또는 보건복지부의 사회복지 관할 부서에서 취합된다. 그리고 다시 예산부서를 거쳐 정부의 예산담당 부서에서 정부의 사회복지예산안의 일부로서 포함된다. 정부의 예산안은 다시 국회의 심의·의결을 통해 최종 예산으로 확정된다(신복기 외, 2010: 323).

2) 예산의 성격

한 조직이나 국가의 차원에서 볼 때 예산작업은 다음과 같은 여러 가지 성격을 갖는다.

정치적 기능	법률적 기능	행정적 기능	경제적 기능
• 의회가 예산 · 심의 결정권, 결산권 등을 통해 행정부를 통제하는 수단으로서의 역할 • 자원의 배분과 관련된 이해관계를 조정하는 과정	• 예산은 법령에 따라서 편성되고 집행되므로 법령을 시행하는 기능 • 예산안은 입법기구의 의결을 거쳐 회기기간 동안 법적 효력을 가짐 • 국가예산의 경우 법률을 제정하는 의회의 승인절차를 통해 결정됨	• 정부가 가용자원을 효과적으로 동원하여 각종 사업계획을 뒷받침하기 위한 최대의 경제성, 효율성을 고려하는 관리기능 • 회계연도 사업들에 대한 계획을 수립하는 과정	• 국민경제의 안정기능, 경제성장의 촉진기능, 소득재분배 기능, 자원최적배분의 기능, 사회정책 수행의 기능 • 예산의 투입에 따른 경제성장과 재원조달에 따른 경제적 부담 등

■ 그림 11-3 ■   예산의 성격

3) 예산의 편성

사회복지 법인 및 사회복지시설의 재무 · 회계 및 후원금관리에 관한 사항은 보건복지부령인 「사회복지법인 및 사회복지시설 재무 · 회계 규칙」을 우선 적용한다.

(1) 예산의 주요원칙
① 예산 총계주의 원칙
회계연도의 모든 수입을 세입으로 하고 모든 지출을 세출로 하여 세입과 세출은 모두 예산에 계상하여야 함을 의미한다. 즉, 자부담, 후원금, 보조금 등 모든 수입과 지출은 빠짐없이 예산서에 표기되어야 한다.

② 회계연도 독립의 원칙
회계연도는 세입과 세출을 관리하는 단위기간을 의미하며, 각 회계연도의 경비는 당해 연도 수입으로 조달하고 당해 연도에 지출하여야 함을 의미한다.

③ 예산공개의 원칙

법인의 대표이사 및 시설의 장은 절차에 따라 예산을 편성하여 확정된 예산은 다음 회계연도 개시 5일 전까지 시·군·구청장에게 제출하여야 하며, 시·군·구청장은 예산을 제출받은 날로부터 20일 이내에 세입, 세출명세서를 시·군·구의 게시판과 인터넷 홈페이지에 20일 이상 공고하여야 한다. 또한 법인의 대표이사와 시설의 장 또한 법인 및 시설의 게시판과 인터넷 홈페이지에 확정된 세입·세출명세서를 20일 이상 공고하여야 한다.

④ 목적 외 사용금지의 원칙

예산은 세출예산이 정한 목적 외에 사용하지 못하므로, 예산은 예산서의 내용대로 항목별 예산액 범위에서 집행하여야 함을 의미한다. 예산에 없는 지출이 필요한 경우 예산을 전용하거나 추가경정예산을 편성하여야 한다.

재무와 예산, 회계

- 재무: 돈이나 재산에 관한 일로 예산과 회계를 합한 개념
- 예산: 미래 재정 운영에 대한 계획이며 회계 자료를 비교하는 근거가 됨
- 회계: 재정적인 역사를 보고하는 것으로 회계 자료의 재정 상태를 분석하고 수입과 지출을 예측할 수 있으며 예산 집행을 통제하고 예산 과정에 유용한 정보를 제공하게 됨

출처: 보건복지부(2023).

---

(2) 성립 시기에 따른 예산편성 종류

예산은 성립시기에 따라 본예산, 추가경정예산, 준예산으로 구분할 수 있다. 먼저, 본예산은 다음 회계연도 시작 전에 최초 편성한 예산[1]을 의미하며, 다음으로 추가경정예산은 본예산 성립 후에 상황이 변화하는 경우 이미 성립

---

1) 회계연도 개시 5일 전까지 시장, 군수, 구청장에 제출하는 예산을 의미함.

된 예산에 새로운 항목 추가, 액수 증감 그리고 항목 간 조정 등을 하는 예산이다. 마지막으로, 준예산은 회계연도 개시 전까지 예산 성립이 되지 않으면 자치단체의 장에게 그 사유를 보고하고 예산이 성립될 때까지 전년도 예산에 준하여 집행할 수 있는 예산을 의미한다.

	본예산	추가경정예산	준예산
편성 시기	다음 회계연도 시작 5일 전까지	예산 성립 후 필요시	다음 회계연도 개시 전까지 예산이 성립되지 아니한 때
예산 성격	당초 예산	본예산 후 변경예산	본예산 전 임시예산
예산 절차	시설운영위원회 보고 * 법인시설인 경우 시설운영위원회 보고 후 법인 이사회 승인 ↓ 시·군·구 제출 ↓ 시·군·구/법인 및 시설 20일 이내 20일 이상 공고	시설운영위원회 보고 * 법인시설인 경우 시설운영위원회 보고 후 법인 이사회 승인 ↓ 7일 이내 시·군·구 제출 ↓ 시·군·구/법인 및 시설 20일 이내 20일 이상 공고	법인대표이사 및 시설장 사유보고 ↓ 집행가능예산 – 임직원보수 – 운영필수경비 – 법령상지급의무경비

■ 그림 11-4 ■ 성립시기에 따른 예산편성 종류

출처: 보건복지부(2023).

(3) 예산편성 절차

예산 과정은 예산편성, 예산 심의 및 의결, 예산집행 그리고 예산결산으로 구성된다. 예산의 편성은 예산지침 확정, 회계별 예산편성, 운영위원회 보고 및 이사회 의결, 확정된 예산의 제출, 확정예산 공고의 순으로 진행된다.

주요 내용	주체	일정
시·군·구 예산편성 지침 통보	법인 또는 관할 시장, 군수, 구청장	회계연도 개시 2개월 전까지
법인의 예산편성 지침 결정	법인 대표이사	회계연도 개시 1개월 전까지
회계별 예산(법인회계, 시설회계, 수익 사업회계)편성	법인 대표이사 및 시설의 장	회계연도 개시 전까지
시설회계의 운영위원회 보고	시설의 장	예산안 편성 완료 시
법인의 회계별 예산(법인회계, 시설 회계, 수익사업회계)안에 대한 이사회 의결을 거쳐 예산안 확정	법인 이사회	예산안 편성 완료 시
확정된 예산안을 시장, 군수, 구청장에게 제출	법인 대표이사 및 시설의 장	회계연도 5일 전까지
법인과 시설의 회계별 확정예산을 법인 및 시설의 게시판과 인터넷 홈페이지에 20일 이상 공고	시장·군수· 구청장 법인 대표이사 시설의 장	예산안 제출 20일 이내

■ 그림 11-5 ■   예산의 편성 절차

출처: 보건복지부(2023).

4) 예산제도의 유형

예산의 편성 또는 수립 방법은 무엇에 가장 관심을 두는가에 따라서 크게
네 가지로 구분할 수 있다.

(1) 품목별 예산제도(Line Item Budget: LIB)

이 예산제도는 각 단위조직에서 조직의 유지 및 관리에 필요한 품목을 정한 후 각 품목들에 대해 단가를 곱하고 이를 합산하여 조직의 예산을 정하는 방식이다. 품목별 예산제도는 부서별 예산제도 또는 LIB(Line Item Budget)제도라고도 한다. 주로 인건비, 시설비, 재료비, 유지 · 보수비 등으로 구분하여 편성한다(최성재, 남기민, 2006: 302). 품목별 예산제도의 특징은 연도별로 새로운 예산을 편성하는 방식에 있다. 전년도에 각 부서단위로 결정된 품목별 예산을 일정한 비율로 증가시키는 방법을 활용하기 때문에 품목별 예산제도를 증분주의 예산(Incremental Budget)제도라고도 한다(김영종, 2001: 208).

- 예산의 통제기능을 충족시키기 위해 구입하고자 하는 물품별로 편성하는 예산
- 봉급/수당/일급 등은 급료 항목으로 의약품/식품/사무용품은 소모품 항목으로 정리
- 전년도 예산을 근거로 일정한 금액만큼 증가시키는 증분주의 예산방식
- 사회복지조직에서 가장 많이 사용되고 있는 형식

장점	단점
• 지출근거가 명확하므로 예산통제에 효과적 • 예산 과목별로 지출이 정리되므로 회계에 유리	• 전년도 예산을 기준, 점진주의적 특성으로 예산 증감의 신축성 없음 • 전반적인 현상을 적용하므로 예산증감의 기준 타당성 희박, 효율성 무시 • 프로그램 목표나 내용, 결과에 대한 고려 부족

■ 그림 11-6 ■ **품목별 예산제도**

품목별 예산제도는 품목별 지출 및 예산의 전체 규모에 대한 통제가 명확하게 이루어질 수 있다는 장점이 있다. 그러나 이 제도는 경직적인 특징을 가지므로 조직이 처한 여건의 변화를 반영할 수 없으며 또한 조직이 어떠한 업무를 수행하였고, 이에 대해 예산사항이 어떤 효과를 주었는가에 대한 판단이 불가능하다는 단점이 있다.

(2) 프로그램 예산제도(Program Budget: PB)

프로그램 예산은 기능주의 예산의 일종으로 볼 수도 있는데, 기능주의 예산은 사업비뿐만 아니라 관리운영비도 포함하기 때문에 좀 더 넓은 개념으로 이해된다. 사업별예산은 단위 사업을 기준으로 하는데 성과(performance) 또는 프로그램(program)을 중심으로 편성될 수 있다. 성과주의 예산은 산출(output)을 중심으로 구성되어 생산성과 효율성을 파악하는 데 유리하며, 프로그램 예산은 효과(outcome)를 중심으로 구성되어 효과성을 제고하거나 관리에 유리하다.

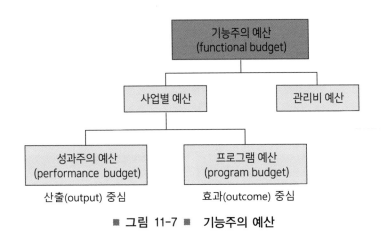

■ **그림 11-7** ■   **기능주의 예산**

예를 들면, IMF 이후 대량 실업의 발생으로 생겨난 사회문제를 극복하기 위한 각 정부부처의 실업대책 예산이 여기에 해당된다. 즉, 고용노동부의 고용보험 관련예산, 중소벤처기업부의 중소기업지원 예산, 보건복지부의 노숙자대책 관련예산 그리고 행정안전부의 공공근로예산 등이 모두 사업별 예산제도 범주에 포함될 수 있다.

이 예산제도의 장점은 높은 유연성과 예산 투입의 목표를 명확하게 할 수 있다는 점이다. 그러나 단점은 여러 조직이나 부서에 걸쳐 있기 때문에 지출과 예산의 규모를 통제하기 어렵다는 점이다. 여러 부서의 사무실 운영비, 인건비를 사업별로 어떻게 분할 할당할 수 있을 것인지가 문제이다. 이 외에도

- 기능주의 예산 또는 성과주의 예산이라고도 함
- 품목별 예산의 약점인 활동을 표시하기 위하여 개발
- 구입하는 물품보다 목적을 강조하는 형식

장점	단점
• 프로그램 목표와 운영에 대한 모니터링이 가능 • 예산발달의 기준을 성과물에 근거를 두기 때문에 프로그램의 효율성에 기여 • 단위비용을 계산하여 자금배분이 합리적	• 재정의 비용효과성에 치중하여 프로그램의 효과성에 대해 소홀 • 비용산출의 단위(시간, 횟수, 클라이언트 수) 설정과 단위비용을 책정하는 데 어려움 • 한 회계연도 단위의 예산편성으로 수년에 걸친 지속사업의 경우 전체 사업목표를 고려하지 않음

■ 그림 11-8 ■   프로그램 예산제도

예산이 회계연도 단위로만 편성되기 때문에 사업의 성과나 기대효과를 단기적인 관점에서만 파악한다는 점 역시 단점으로 작용한다. 이로 인해 수년에 걸쳐 수행되는 계속사업의 경우에는 전체 사업의 목표를 고려하지 못하는 문제가 발생할 수 있다.

(3) 계획예산제도(Planning Programming Budgeting System: PPBS)

이 예산제도는 사업별 예산의 한계를 극복하려는 시도로 탄생하게 되었다. 즉, 단기적인 예산과 장기간에 걸친 계획을 융합하려는 시도로서, 1965년 미국에서 존슨 대통령이 '빈곤과의 전쟁(war on poverty)'이라는 장기 정책을 추진하면서 연방의 각 기관들에게 계획예산제도를 도입하도록 최초로 권고하였다(Skidmore, 1983: 84).

한국의 예를 들어 보면, 각 지자체에서 4년간의 지역사회보장계획을 수립하고 각 연도별로 예산을 수립하는 시점에서 해당 연도의 사업들이 전체 계획의 달성과 어떠한 관계를 갖는가를 고려하여 편성하는 것이라고 할 수 있다. 사회복지공동모금회의 기획사업 중 3년간 지원하는 경우에도 계획예산제도

- 장기적인 계획수립과 단기적인 예산편성을 프로그램 작성을 통해 유기적으로 결합
- 목표를 설정하고 실시계획을 입안, 실시계획들에 자금을 체계적으로 배정

장점	단점
• 목표와 프로그램을 명확히 알 수 있고 재정자원을 합리적으로 배분 • 프로그램 계획과 예산수립의 괴리를 막을 수 있고, 프로그램의 효과성을 높임 • 의사결정의 일원화 • 장기 사업계획에 대한 신뢰성	• 보통 장기계획과 1년의 예산을 연결시키므로 사회변동에 대한 탄력적 대응이 쉽지 않음 • 전체 조직의 비전에 의해 좌지우지될 가능성이 높아 집권화 야기 가능성 • 사업구조 작성의 어려움 • 과다한 문서와 정보량

■ **그림 11-9** ■ **계획예산제도**

를 활용할 수 있다.

계획예산제도를 통해 각 프로그램의 효과성을 분석할 수 있으며, 이러한 방식을 활용함으로써 사업이 장기적으로 효과를 거둘 수 있고 예산이 효율적으로 사용될 수 있다. 그러나 계획예산제도 또한 앞서 설명한 예산제도들과 마찬가지로 각 사업의 필요성 및 사업의 우선순위를 결정하는 것과 관련된 의사결정과정을 고려하지 않았다는 문제점을 가진다.

또한 비용과 편익에 대한 분석을 위해 필요한 자료가 너무 방대하여 자료분석을 위해 많은 전문가가 필요하고, 사회복지관과 같은 시설에서 명확히 합의된 목적과 목표의 설정이 어려울 경우에 활용가치가 의문시된다. 더욱이 장기계획으로 인해 사회변동에 대해 탄력적으로 대응하지 못하는 어려움을 지닌다.

(4) 영기준예산제도(Zero Based Budgeting: ZBB)

이 예산제도는1970년대 오일쇼크 상황에서 각 사업의 필요재정을 효율화하기 위하여 도입된 것이다(김영종, 2001: 213). 이는 증분주의 예산제도나 계

획예산제도에서 한번 계획에 포함된 사업들은 시간이 흘러 여건이 변화하더라도 필요성과 우선순위에 대해 충분히 논하지 않고 그대로 편성·집행되는 경우가 많다는 기존 제도의 한계를 극복하기 위한 것이다. 영기준예산제도는 매년도 예산수립 시에 기존의 사업과 신규 사업을 구별하지 않고 각 사업의 필요성과 우선순위를 완전히 새롭게 검토하는 방식이다. 기존의 예산을 제로(0)로 보고 모든 예산사업을 새롭게 검토한다는 의미에서 붙여진 이름이다.

이러한 방식은 연도별로 새로운 변화를 반영하기 쉽고 사업의 효과성과 효율성을 극대화할 수 있는 장점이 있다. 그러나 이를 위해서는 필요성과 우선순위를 판단하는 명확한 기준이 필요하며, 명확한 기준이 존재하지 않는 경우 모호한 기준으로 인하여 정치적 영향력 등 비합리적인 요인들이 예산을 결정하는 데 힘을 발휘한다는 단점이 있다. 또한 각 사업의 필요성을 입증하기 위하여 막대한 비용이 투입되지만 일부 사업만이 예산부서를 설득하는 데 성공하게 되고 나머지 사업은 예산을 배정받지 못한 경우 그 준비에 투입된 노력은 헛수고가 되는 이른바 매몰비용(sunk cost)이 과다하게 발생하는 문제가 있다.

앞에서 살펴본 예산편성 방식들을 요약하면 〈표 11-1〉과 같다.

- 전년도 예산과 무관하게 0의 상태에서 기존의 프로그램이나 신규 프로그램의 정당화를 검증하고 프로그램 우선순위에 따라 예산을 편성하는 방식
- 현재의 프로그램의 효과성과 효율성, 시급성에 따라 예산의 증감을 결정

장점	단점
• 관례적 예산책정을 탈피한다는 점, 예산 절약, 프로그램 쇄신에 기여 • 재정자원의 합리적인 배분과 탄력성에 기여 • 프로그램의 효과성, 효율성에 기여	• 의사소통, 의사결정, 프로그램 평가에 대한 관리자의 전문성과 객관성이 요구 (우선순위 어려움) • 합리성만 강조하므로 실리적인 요인을 무시하는 경향이 있음 • 매몰비용 발생

■ 그림 11-10 ■　영기준예산제도

● 표 11-1 ● **예산제도 비교**

유형	품목별 예산제도(LIB)	프로그램 예산제도 (PB)	계획예산제도(PPBS)	영기준예산제도(ZBB)
정의	• 구입할 물품 또는 서비스별로 편성 • 투입중심 예산제도	• 기능별·사업별 활동 구분 • 구분 후 세부사업으로 나누고 각 사업의 단위원가와 업무량을 계산하여 편성 • 과정중심 예산제도	• 목표달성을 위한 장기적 기본계획 수립 • 기본계획의 연차적 실행을 위한 사업별 편성 • 산출중심 예산제도	• 전년도 예산 완전 무시 • 계속사업 또는 신규 사업의 정당성을 매년 새로이 마련 • 다른 사업과의 경쟁적 기반 위에서 우선 순위 정해 편성
특징	• 전년도 예산이 주요 근거가 됨(증분주의) • 회계계정별, 구입품목별로 편성	• 단위원가×업무량 =예산 • 효과성을 중시함	• 구체적 사업실행 계획을 통하여 장기적 계획과 단기적 예산 편성을 유기적으로 연결 • 장기적 계획 전제 • 목표를 분명히 하고 목표달성 강조 • 지역사회보장계획	• 매년 사업목표와 수행능력을 새로이 고려함 • 목표달성을 위한 다양한 사업 고려 • 사업의 비교평가에 기초한 우선순위로 사업을 선택 • 성과(결과)의 한계 • 증가량에 관심
기능	• 통제기능 • 회계자에 유리 (재무과)	• 관리기능 • 관리자에 유리 (사업부서)	• 계획기능 • 계획자에 유리 (기획실)	• 의사결정기능 • 클라이언트에 유리 (서비스 부서)
장점	• 지출근거 명확하여 예산통제에 효과적 • 회계에 용이함	• 목표, 사업을 분명히 이해할 수 있음 • 합리적 자금 배분 • 사업별 통제 가능 • 사업의 효율성 도모	• 사업 목표의 분명한 이해 • 합리적 자금 배분 • 신뢰할 수 있는 장기적 사업계획 • 사업계획과 예산수립의 괴리 방지 • 사업 효과성 제고	• 예산절감과 사업의 쇄신에 기여 • 탄력적 재정운영과 자금배분 • 관리 참여 확대 • 자금배분의 합리화 • 사업의 효과성과 효율성
단점	• 예산의 신축성 저해 • 예산증대의 정당성 근거 희박 • 결과 및 목표달성에 대한 고려 부족 • 사업내용 불분명 • 효율성 무시	• 예산통제의 어려움 • 비용산출 단위의 설정과 비용책정의 어려움 • 장기적 계획을 고려하지 않음	• 목표설정의 문제 • 과정의 상대적 무시 • 권력과 의사결정의 중앙집권화	• 효과적 의사소통, 의사결정, 사업평가에 대한 관리자의 훈련이 필요함 • 정치적 영향력 • 매몰비용

출처: 최성재, 남기민(2016: 341-342)에서 재구성.

3. 집행

우리는 항상 계획하고 계획한 것을 실행하는 절차를 거친다. 예산수립은 계획을 의미하며, 집행은 실행을 의미한다. 아무리 잘 짜인 프로그램 계획이라도 잘 실행하지 않으면 아무 소용이 없듯이 예산의 집행도 마찬가지이다. 예산의 집행을 통제하는 기제로는 다음의 것들이 있다(최성재, 남기민, 2006: 316-317).

1) 예산통제 원칙

모든 예산은 사업의 수행을 통해 업적을 세워야 할 많은 계획을 내포하고 있다. 이러한 사업계획들을 실천에 옮기는 것이 예산의 집행이다. 또한 예산집행에는 효율적인 차원에서 집행통제라는 의미도 내포되어 있다. 이런 의미에서 예산통제를 살펴보면 다음과 같다.

(1) 개별화의 원칙
재정통제체제는 개별 기관 그 자체의 제약조건, 요구사항 및 기대사항에 맞게 고안되어야 한다.

(2) 강제의 원칙
재정통제체제는 강제성을 띠는 어떤 명시적 규정이 있어야 한다. 강제성이 없는 규칙은 효과성이 없다. 강제성은 때때로 개별성을 무시할 수 있으나 규칙의 동일한 적용을 통한 공평성과 활동을 공식화하는 것이다.

(3) 예외의 원칙
규칙에는 반드시 예외 상황을 고려하여야 하고 예외적 상황에 적용되는 규칙도 반드시 명시되어야 한다.

(4) 보고의 원칙

통제체제는 보고의 규정을 두어야 한다. 재정활동에 대한 보고의 규칙이 없으면 재정관련 행위를 공식적으로 감시하고 통제할 수 없다. 예를 들면, 예산의 남용이나 개인적 유용, 항목변경 등의 사실이 있는데도 보고하지 않으면 재정활동에 큰 문제가 생길 수 있다.

(5) 개정의 원칙

규칙은 많은 경우에 일정 기간 동안만 적용할 수 있도록 제한되어 있거나, 적용할 때 부작용이 나타날 수 있기 때문에 이런 경우를 대비하여 일정 기간이 지난 후에는 규칙을 새로 개정할 수 있어야 한다. 예를 들면, 여비, 연료비 등은 물가상승과 연계되어 있으므로 일정 기간마다 개정되어야 한다.

(6) 효율성의 원칙

통제에는 시간과 비용이 많이 드는 경우가 있다. 통제는 비용과 노력이 최소화하는 정도에서 이루어질 수 있도록 해야 한다. 예를 들면, 보고서의 수를 많게 하거나 통제업무를 위해서 인원을 새로 증가시키는 것은 비효율적인 경우가 많으므로 효율성에 항상 유의해야 한다.

(7) 의미의 원칙

효과적인 통제가 되기 위해서는 규칙, 기준, 의사소통 및 계약 등 관계되는 모든 사람이 의미 있게 잘 이해할 수 있도록 전달되어야 한다. 그러므로 규칙은 명확하게 기술되고 통제자료는 쉽게 얻을 수 있어야 하며 절차의 분류와 해석을 위한 것도 명확하게 작성되어야 한다.

(8) 환류의 원칙

재정통제에 관한 규칙, 기준 의사소통 그리고 계약 등을 적용할 때 발생할 수 있는 여러 가지 부작용 및 장단점 등을 관련자로부터 듣고(피드백) 그 개정과 개선의 기초로 사용해야 한다.

(9) 생산성의 원칙

재정통제는 서비스가 효과적이고 효율적으로 전달되도록 하기 위한 수단이므로 이로 인해 서비스 전달이라는 생산성에 장애와 갈등이 발생하지 않도록 유의하여야 한다. 예를 들면, 청소년 프로그램에서 장비의 훼손, 남용 및 도난을 방지하기 위하여 장비를 단단히 자물쇠로 잠근다면 필요시에 즉각적으로 사용하는 데 장애가 발생하여 프로그램 진행에 문제가 될 수 있고, 이러한 결과는 프로그램 산출(생산성)에 영향을 미치게 된다.

2) 예산통제 기제

예산집행의 기본원칙을 기초로 다음과 같은 예산통제의 일곱 가지 원칙이 나올 수 있다.

(1) 분기별 할당

다른 일반 기관에 비하여 사회복지기관은 재정원천이 다양하고, 수입이 일정하지 않아 계획한 대로 수입이 들어오지 않는 경우도 있다. 또한 어느 한 시점에 수입이 몰릴 수 있기 때문에 지출을 분기별로 조정할 필요가 있다.

(2) 지출 사전승인

일정한 액수 이상의 금액을 지출할 경우 해당 책임자의 승인을 받도록 함으로써 지출을 통제할 수 있다. 수입과 지출의 균형유지에 도움이 되고 경우에 따라서 의도적으로 연기하여 지출을 억제할 수도 있다.

(3) 자금지출의 취소(인가, 삭감, 불입금)

재정원천으로부터 예상된 수입이 들어오지 않거나 삭감되는 경우에는 지출을 잠정적으로 삭감하거나 최종적으로 취소할 수밖에 없다.

(4) 정기적 재정현황 보고서 제도

행정책임자는 재정현황을 정기적으로 보고받아 검토하는 것이 좋다. 보고서에는 수입·지출 현황, 변제비용, 인원당 비용, 기능별 비용, 서비스 단위당 비용 등이 포함되는 것이 바람직하다.

(5) 대체승인(변경승인)

회계연도 말에 과소지출이 된 경우와 과다지출이 된 경우는 과다지출 부문을 커버하기 위해 대체할 필요가 있으며, 대체하기 전에는 항상 행정책임자에게 승인을 받도록 한다. 이를 예산의 전용이라고도 한다.

(6) 지불 연기

사회복지조직은 문제가 발생하지 않는 기간 내에서 의도적으로 지불을 연기함으로써 예산의 여유를 가질 수 있다. 특히 벌칙이나 범칙금 없이 지불을 연기할 수 있는 경우 요청자의 양해를 얻어 최대한으로 지불을 연기할 수 있다.

(7) 차용

사회복지조직은 재정원천이 비교적으로 불안정하기 때문에 은행 등으로부터 불가피하게 자금을 빌리는 경우가 있다. 일반적으로 은행, 사회복지 관련 특별단체 또는 정부기금으로부터 장기적 또는 단기적으로 대부를 받을 수 있다. 실제로 사회복지 분야에서는 거의 사용되지 않는다.

예산통제 원칙

- 개별화   - 강제
- 예외   - 보고
- 개정   - 효율성
- 의미   - 환류
- 생산성

주요 내용

예산의 집행은 수입과 지출에 관한 단순한 관리나 통제보다 회계의 통제, 프로그램 관리 통제, 인사관리의 통제, 산출의 통제, 관리행위의 통제를 의미함

예산통제 기제

- 분기별 할당   - 지출의 사전승인
- 자금지출 취소   - 재정현황 보고
- 대체   - 지불 연기
- 차용

■ 그림 11-11 ■ 예산통제 원칙 및 예산통제 기제

4. 회계와 재정평가

재정관리의 세 번째 절차인 회계는 예산대로 집행할 것들을 분류, 기록, 요약하고 그 결과를 해석하는 표준화된 기술적 방법이다(최성재, 남기민, 2006: 318). 주요한 회계 활동에는 기록업무, 정리업무, 보고서 작성, 지출관리가 있다. 사회복지조직의 회계는 법인회계, 시설회계 그리고 수익사업회계로 구분된다.

1) 기록업무(부기)

기록업무는 수입과 지출에 대하여 회계원칙에 따라 기록하는 것을 말한다. 모든 수입과 지출은 현금출납부에 기록한다. 또한 현금출납부에는 기관의 규모와 업무의 유형을 나타낸다. 현금출납부 기록 시에는 항목을 제대로 설정하여야 하며, 기록 보관이 제대로 이루어지도록 주의해야 한다.

기록하는 방법에는 단식부기와 복식부기가 있다. 단식부기는 거래의 한 측면, 대체로 현금의 증가와 감소만을 기록하지만, 모든 거래에는 자산, 부채, 수입, 지출이 연계되어 있다. 복식부기는 수입과 지출이라는 행동만 기록하지 않고 이유를 모두 기록하는 방식이다. 즉, 하나의 거래를 원인과 결과라는 양 측면으로 기록한다. 회계 관련 법에 의하면 사회복지조직은 원칙적으로 단식부기를 사용하되 필요한 경우에는 복식부기를 하도록 규정하고 있다(「사회복지법인 및 사회복지시설 재무 · 회계 규칙」 제23조).

현행 재무 회계규칙에서는 현금주의 단식부기에 따른 예산통제와 결산위주의 성격을 갖춘 해당 사회복지기관의 자산과 부채에 대한 정확한 파악이 어렵고, 또한 현물 후원, 충당금 및 각종 적립금에 대한 회계처리가 없어 회계 부정의 가능성이 존재한다고 할 수 있다. 발생주의, 복식부기 기반의 회계기준을 도입하여 주요 거래유형의 표준화 사회복지의 특수성을 감안한 회계 관행 등을 도출할 필요가 있다(김재호 외, 2015).

「상속세 및 증여세법 시행령」에 의하면 공익법인은 복식부기를 하도록 되어 있고, 사회복지법인은 공익법인에 해당되기 때문에 복식부기를 적용해야 한다. 따라서 시설회계는 단식부기를 하고, 법인회계는 복식부기를 적용할 수도 있다.

2) 정리업무

정리업무는 기록한 것들을 주기적(일별, 월별, 분기별)으로 종결하여 정리하는 업무로 재정상태를 파악하기 위한 재정보고서 작성을 위해 반드시 필요하다.

3) 보고서 작성

정기적으로 재정보고서를 작성하여 시설 내부나 기관(지정 위원회) 또는 재정원천인 지역사회, 기부자, 정부에게 보고하는 것이다. 재정보고서를 통하여 책임성 확인을 위한 기관활동과 수입 및 지출의 내역을 공개한다. 보고서 작성을 통해 향후 지원가능성을 제고할 수 있다.

4) 지출관리

재정기록에 대한 감사를 회계감사라고 한다. 회계감사의 종류에는 내부인이 실시하는 내부 회계감사와 조직 외부의 독립된 회계기관에서 실시하는 외부 회계감사가 있다. 회계감사를 통해 조직체의 최적화를 유지할 수 있으며, 이를 통해 예산과 지출이 일치하는지 확인한다. 사회복지법인 및 시설은 연 1회 외부회계 감사를 받아야 한다.

회계감사를 할 때에는 다음 세 가지를 염두에 둔다.

- 지출이 적당한 금액으로 쓰이고 있는가?
- 보조금 지급 규정에 따라 이루어졌는가?
- 보조금이 적절하게 제공되고 있는가?

5) 재정평가

재정평가란 재정관리의 마지막 절차로서 조직이 프로그램의 운영 및 목적 성취를 위하여 지출을 적합하게 사용했는지를 평가하는 작업이다. 평가는 예산수립 과정에서부터 예산운영의 전 과정을 평가할 수 있고 일부를 선택하여 질적으로 분석할 수도 있다. 재정평가는 다음 회계연도 예산수립에 있어서 선행변수로 작용할 수 있다.

5. 사회복지 재원의 종류

사회복지서비스의 경우 민간 사회복지시설에 의해서 주로 제공된다고 볼 수 있으며, 어떤 재원조달 방식에 의존하느냐에 따라 조직운영상의 특성이나 클라이언트에 대한 서비스 상태가 달라질 수 있다(김영종, 2002: 210-231). 우리나라 사회복지시설의 재원을 살펴보면 [그림 11-12]와 같이 나타난다. 국가나 지자체로부터 보조금과 법인의 자체부담금(법인전입금)을 통해 시설운영에 필요한 비용을 조달하며, 개인이나 기업으로부터 기부금을 모금하거나 공동모금회 등 모금기관으로부터의 사업비를 받는다. 그 외에는 개인들이 문화 · 교양 등 서비스를 이용할 때 지불하는 이용료 등을 재원의 일부로 구성한다. 최근 노인장기요양보험의 도입과 사회서비스 바우처의 확대로 이용료 수입의 비중이 점차 증가할 것으로 예상된다. 노인장기요양서비스를 제공하는 요양원과 재가요양서비스 시설들은 국민건강보험공단으로부터 수가를 보상받는다.

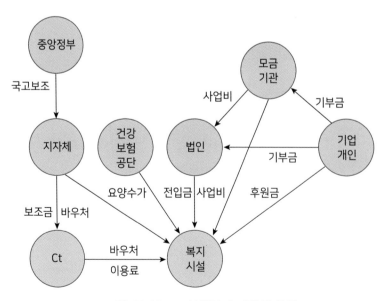

■ 그림 11-12 ■ **사회복지 재원의 흐름**

1) 보조금: 국가와 지방자치단체의 지원

(1) 보조금수준에 관한 규정

사회복지서비스 제공에 필요한 비용의 일부를 정부가 예산에서 지원하는
경우를 보조금(grant)이라고 한다. 한국의 경우 지방자치제의 실시 이후 사회
복지서비스의 제공을 위해 국가(중앙정부)와 지방자치단체가 일반적으로 〈표
11-2〉와 같이 나누어 분담하도록 되어 있다.[2]

● 표 11-2 ● **보조금 지급 대상 사업의 분담비율**

사업	서울		비서울	
	국가	지자체	국가	지자체
기초생활보장 (생계, 의료, 주거, 교육, 자활, 해산, 장제급여) 긴급복지지원 저소득 한부모가족 지원	50	50	80	20
장애수당 · 장애아동수당 장애인활동지원/장애인연금 장애유형별 거주시설 운영 장애영유아 거주시설 운영	50	50	70	30
장애인의료비, 장애인 자녀학비 지원	50	50	80	20
보육서비스	20	80	50	50
영유아보육료 및 가정양육수당 지원	35	65	65	35
방과 후 돌봄서비스	30	70	50	50
사회복지보장시설 및 장비지원	50	50	50	50
정신요양시설 운영	50	50	70	30
양로시설 운영	50	50	70	30
학대아동보호쉼터 설치 및 운영	40	60	40	60

출처: 「보조금 관리에 관한 법률 시행령」 별표 1에서 재구성함.

---

2) 「보조금 관리에 관한 법률 시행령」 제4조(별표 1). 부랑인시설운영, 장애수당 · 장애아동수당, 가
사간병방문서비스사업, 장애인활동지원, 지역사회서비스투자사업의 경우 서울에 대해서는 50%
를, 지방에 대해서는 70%를 중앙정부가 보조한다. 영유아보육사업은 서울에 35%를, 지방에 65%
를 보조한다. 아동통합서비스지원은 서울에 비용의 2/3를, 지방에 100%를 지원한다.

예외적으로 일부 특수한 사업의 경우는 다른 비율이 적용된다. 최근 보육료 지원이나 기초노령연금[3])과 관련된 중앙정부와 지방정부 간의 재정분담에 대한 논란이 있었다(이재원, 2014: 44-62).

미국의 경우는 1996년 클린턴 대통령 취임 이후 실시된 복지개혁의 일환으로 저소득층에 대한 대표적인 지원제도인 AFDC(Aid to Families with Dependent Children)를 TANF(Temporary Assistance for Needy Families)로 개편하였다. 개편의 주요 내용으로는 저소득층에 대한 국가의 지원을 5년으로 제한하고 그 이후의 지원인 연방정부가 지급했던 보조금 지원을 중지하였다. 만약 보조금 상한을 초과하여 지원하는 경우에는 각 주에서 보조금 지급을 부담하도록 하였다. 이는 자활에 대한 수급자의 의지와 노력을 유도하려는 생산적 복지(welfare to work)의 시도였다. 이를 이른바 '신연방주의(New Federalism)'라고 한다.

(2) 정부보조의 내용

한국의 사회복지시설들은 사회복지서비스를 제공하는 데 필요한 비용을 국가나 지자체로부터 다음과 같은 내용으로 지원을 받는다.

- 해당 직종에 대한 인력의 인건비를 지원받는다.
- 관리운영비는 〈표 11-3〉과 같은 기준으로 지원받는다.
- 기능보강사업비는 시설의 신축이나 증축 및 개보수비를 지원받는다.
- 〈표 11-3〉은 각종 생활시설에 대한 정부보조 내용이다.

---

3) 2015년 7월 기초연금으로 변경되었다.

● 표 11-3 ●　정부보조금 내용

구분			지원수준		
			인건비	관리운영비 및 사업비	
생활 시설	장애인 거주 시설	30인 이하	해당 직종 인건비	입소자 수×2,549천 원/년	
		30인 초과		30인×2,549천 원/년+(입소자 수−30인) ×1,071천 원/년	
	노인양로시설			관리 운영비	기초수급자: 입소자 수×992,400원/년 실비입소자: 입소자 수×496,300원/년
				사업비	기초수급자: 입소자 수×130,800원/년 실비입소자: 입소자 수×65,400원/년
	아동양육시설			운영비	개소당 7,836천 원/년
				사업비	입소자 수×1,710천 원/년

출처: 보건복지부(2023). 「장애인복지시설사업안내」, 「노인보건복지사업안내」, 「아동분야사업안내」를 참고
　　로 재구성.

(3) 특징

정부보조금은 사회복지조직의 주요 재원이다(신복기 외, 2010: 333). 정부 보
조의 가장 큰 특징은 안정적이라는 것이다. 초기에 승인, 즉 일차적으로 예산
항목 안에 뚫고 들어가기(tapping)가 어렵지만, 한번 예산항목에 포함될 경우
점증주의 예산방식으로 인해 지속적으로 지원될 가능성이 높기 때문이다. 그
러나 국가예산은 엄격한 통제하에 관리 및 감독을 받아 전용이 불가능한 점
등 재량권이 제한되어 있기 때문에 서비스의 질에 부정적인 영향을 미칠 수
있다. 또한 관리가 복잡하고 예산배정이 지연되는 경우 현금유동성의 문제가
생길 수도 있다.

2) 자체 부담금: 법인전입금

사회복지법인은 비영리법인으로서 사회복지기관(시설)을 수탁받아 운영하

고 있다.[4] 한국의 사회복지 관련 법인 등은 지방자치단체나 중앙부처로부터 사회복지시설의 위탁을 받을 경우 일정 금액 정도의 법인 전입금을 부담하는 것이 관례화되어 있다. 대부분의 지방자치단체는 사회복지시설 관련 위탁 조례에 법인전입금에 대한 내용을 명시하기도 한다. 하지만 사회복지 관련 법인은 대부분이 비영리법인으로서 수익사업이 활성화되어 있지 않거나 현실적으로 불가능한 것이 사실이다. 수탁 당시 약정한 금액의 법인전입금을 보충하기 위한 편법들이 발견되기도 하는 등 문제점이 나타나기도 하였다.

법인전입금이 사용되는 용도는 다른 재원과 달리 사회복지시설(기관) 운영을 위한 모든 경비로 사용이 가능하다. 그러므로 법인전입금은 직원의 인건비, 복리후생비 등 사회복지종사자들의 처우개선을 위해 사용되는 등 긍정적인 측면도 있다.

3) 이용료: 비용의 징수

이용료란 서비스 이용의 대가로 클라이언트, 공공복지기관, 사회보장, 민간 및 그룹 보험회사로부터 지불된 돈을 말한다(신복기 외, 2010: 333). 시설을 운영하는 사람은 혜택을 받는 사람으로부터 비용의 전부 또는 일부를 받을 수 있다(「사회복지사업법」 제44조).

이용료 방식은 다음과 같은 장점과 단점이 있다(신복기, 2010: 333). 이용료 방식의 장점으로는, 첫째, 보조금에 비해 확보하기가 훨씬 간단하고 단순하다. 둘째, 비용이 이용량에 따라 부과되기 때문에 이용자들에게 공정하게 할당된다. 셋째, 이용료를 지불하는 사람이나 기관이 선택권을 갖게 되어 서비스 제공기관에 대한 피드백이 가능하다. 넷째, 이용료를 지불한 이용자는 더욱 동기가 부여되고 협조적이며 목적 지향적일 수 있다.

이용료 방식의 단점은 사회복지기관에서 비용을 징수하는 것에 대한 거부

---

4) 사회복지기관(시설)을 수탁받는 법인에는 사회복지법인, 재단법인, 사단법인 등이 있다.

감과 위기 상황의 클라이언트에게 징수할 수 없다는 것이다. 전통적으로 사회복지 클라이언트는 기본적으로 지불능력이 없는 것으로 전제되었기 때문에 사회복지서비스 이용자에게 요금을 부과하는 유료서비스는 바람직하지 않다고 인식되어 왔다. 따라서 그동안 사회복지시설들은 클라이언트에게 무료로 서비스를 제공해 왔으며, 그에 필요한 비용을 정부가 시설에 보조하는 방식으로 운영해 왔다.

그러나 최근 신자유주의의 확산에 따라 클라이언트의 선택권과 서비스 제공자 사이의 경쟁을 통한 서비스 질 개선에 관심이 높아졌다. 이를 계기로 시설보조를 통한 무료서비스 방식에서 클라이언트에게 직접 이용권을 지급하고 서비스를 유료화하는 방식으로 전환하였다. 이른바 바우처(voucher)를 지급하여 클라이언트에게 지불능력을 부여하고, 클라이언트가 경쟁적 시장의 다수의 서비스 제공자 중에서 직접 자신이 원하는 서비스를 선택하여 이용하는 방식이 점차 확산되고 있다.

그 결과, 전통적 사회복지서비스 제공자들이 이용료 수입에 의존하는 비중이 높아지고, 영리사업자까지 경쟁적 사회서비스 시장에 진출하게 되어 경쟁을 통해 생존을 모색해야 하는 상황에 처하게 되었다. 바우처와 같은 이용료를 통해 수익을 추구하는 과정에서 인기가 많은 프로그램에 집중하게 되고, 지불능력이 없는 취약계층이 필요로 하는 서비스는 소홀히 하는 문제가 나타날 수 있다.

4) 후원금(기부금)

후원금이란 사회복지기관(시설)이 아무런 대가 없이 받은 금품 또는 기타의 자산을 말한다. 후원금의 경우 용도를 지정하지 않고 포괄적으로 위임하는 비지정후원금과 사용처를 지정하는 지정후원금으로 나눌 수 있다. 비지정후원금의 경우 재원의 사용에 있어 좀 더 자유로울 수 있다. 그러나 한국의 경우 기부문화가 아직 활성화되지 않았고 후원금을 마련할 수 있는 재원처의 규

모가 작아 조달되는 재원이 충분하지 않다. 따라서 후원금에 대한 예측가능성
이 낮고, 모금하기 위한 과정에서 많은 비용이 소요될 수 있다. 또한 모금 전
문가가 현장에서 대우받지 못하고 마케팅 전문가들의 영향력이 커지는 문제
점이 발생하며, 후원금 모집을 위하여 모금이 잘되는 사업에만 집중하여 이에
따른 부작용이 나타날 수 있다. 사회복지공동모금회의 기부에서도 개인 기부
보다는 기업의 기부가 전체의 80% 이상을 차지하고 있다. 기업 기부의 경우
주로 지정기탁의 형태로 이루어지기 때문에 기업 이미지 제고, 사업의 확장가
능성 등 기업의 홍보 또는 마케팅에 대한 관심으로 이어져 사회복지사업의 성
격과 과정에 부정적인 영향을 미칠 수도 있다.

　2000년 개인의 기부를 유도하기 위해 지정기부금 대상에서 법정기부금 대
상으로 전환하였다(국세청, 2000). 또한 2013년까지 개인기부에 대한 공제는
소득공제방식으로 소득세 과세표준별로 공제율을 차등적으로 적용하였다.
그러나 2014년부터 세액공제로 전환함에 따라 소득수준과 상관없이 3,000만
원 이하 기부금에 대해서는 15%, 3,000만 원 초과 기부금에 대해서는 25%의
공제율을 적용하였다. 문제는 변경된 방식의 세액공제를 적용하면 소득수준
과 상관없이 동일한 공제율이 적용되기 때문에 기부를 많이 하는 중산층과 고
소득 기부자들의 기부금에 대한 세제혜택이 감소하여 기부금 모집에 중산층
이상의 참여가 다소 낮아질 우려가 있다는 것이다. 2019년부터는 1천만 원 이
하 15%, 1천만 원 이상 30%의 세액공제를 적용하고 있다. 전체 기부인원 비
중(국세청, 2014)은 소득 상위 20%는 54%, 상위 40%는 78%이며, 전체 기부금
액 비중(국세청, 2014)은 소득 상위 20%는 82%, 상위 40%는 94%이다. 지정기
탁 대상에는 「사회복지사업법」에 의한 사회복지시설, 불우이웃돕기 결연기관
을 통한 불우이웃돕기 기부금, 사립학교 등에 대한 시설비, 교육비, 연구비 등
이 포함된다.

● 표 11-4 ● 기부금별 세액공제(손금산입) 한도 비교

구분	적용대상	2014년	2016년	2019년
지정 기부금 단체	개인 기부자	3천만 원 이하 기부금: 15% 세액공제 +3천만 원 초과분: 25% 세액공제 (단, 소득의 30%까지 세액공제 한도)	2천만 원 이하 기부금: 15% 세액공제 +2천만 원 초과분: 30% 세액공제 (단, 소득의 30%까지 세액공제 한도)	1천만 원 이하 기부금: 15% 세액공제 +1천만 원 초과분: 30% 세액공제 (단, 소득의 30%까지 세액공제 한도)
	법인 기부자	변동 없음	변동 없음	변동 없음
법정 기부금 단체	개인 기부자	3천만 원 이하 기부금: 15% 세액공제 +3천만 원 초과분: 25% 세액공제 (단, 소득의 30%까지 세액공제 한도)	2천만 원 이하 기부금: 15% 세액공제 +2천만 원 초과분: 30% 세액공제 (단, 소득의 30%까지 세액공제 한도)	상동
	법인 기부자	변동 없음	변동 없음	변동 없음

* 법인(기업)보다 개인의 한도가 높은 것은 소액. 다수 개인 위주의 기부문화를 활성화하기 위한 취지임.
* 2021년 기부분부터는 소외계층 지원을 통한 코로나19 극복 및 나눔문화 확산을 위해 기부금 세액공제율이 1천만 원 이하 15%에서 20%, 1천만 원 초과분 30%에서 35%로 한시적으로 확대되었음(2024년 현재까지 연장됨).
출처: 국세청, 전국경제인연합회 홈페이지.

5) 사회복지공동모금

공동모금은 개별 법인이나 시설별로 기부금을 모집하는 개별모금에 대립되는 개념이다. 사회복지공동모금회(사랑의열매)에서는 기획사업, 공모사업 등을 통해 사업의 아이디어를 공모하고 필요한 사업예산을 지원한다. 또한 노후된 사회복지시설의 개보수나 차량을 지원하는 등의 기능보강비를 신청받아 선정하고 지원하기도 한다. 최근에는 기업이 특정 사회복지조직의 사업을 직접 지정하고 사회복지공동모금에 기부하는 지정기탁사업 방식도 많이 이루어지고 있으며 해외지원사업도 증가하는 추세에 있다.

한국의 기부금 모금은 주로 개별모금 방식으로 이루어졌다. 하지만 개별모금의 경우 모금된 기부금의 사용처와 사용내역에 대한 정보를 파악하기 어렵고, 필요로 하는 사람에게 모금이 제대로 전달되었는지를 확인하기 어려웠다. 따라서 기부자들은 모금기관에 대한 충분한 신뢰를 갖지 않았으며, 기업이나 사업주들은 다양한 개별모금단체나 개인들로부터 반강제적인 기부 요청에 시달리기도 하였다. 따라서 투명하고 신뢰성 있는 모금기관에 기부할 수 있다면 불확실한 모금 사용과 부당한 기부 요구로부터 자유로워질 것으로 기대하였다.

1970년 「사회복지사업법」에 근거하여 민간 사회복지재원 마련의 기초가 마련되었으나 모금활동은 1972년 단 한 번 실시되었다. 다음으로 불우이웃 돕기(1975)와 장애인성금을 합쳐 사회복지사업기금(1980)이 만들어졌으며, 이로 인해 관 주도에 의한 민간성금의 모집 및 배분의 틀이 상정되었다(손원익, 1996: 6-19). 1992년에는 이웃돕기중앙운동추진협의회가 설립되었으며, 설립 후 민간경제와 사회단체가 언론매체와 연계하여 높은 성과를 거두었다. 한편으로 이와 같은 모금운동들이 국가 예산이 투입되어야 할 곳에 민간의 성금으로 대체한다는, 즉 선심성 행정의 수단으로 동원된다는 비판도 있었다.

1997년 3월 27일 「사회복지공동모금법」이 제정되었으며, 사회복지공동모금회가 설립되었다.

사회복지공동모금은 미국의 공동모금회(United Way of America)와 같이 국가가 공인한 대표적인 민간모금 활동이다. 공동모금회가 설립됨으로써 공동으로 모금하고 배분하여 지역사회의 개선을 위한 계획을 수립할 수 있게 되었다. 공동모금회의 목적은 다음과 같다.

- 민간참여의 폭을 확대한다.
- 지역사회에 기반을 둔 공동체의식을 개발한다.
- 사회복지서비스 개발과 전달의 효율성을 제고한다.

　　사회복지공동모금회는 개인모금, 기업모금, 기타 모금 등의 방식으로 기부금을 모금한다. 모금된 기부금은 신청사업, 기획사업, 긴급지원사업, 지정기탁, 복권기금사업 등을 통해 사회복지활동을 하는 사회복지시설이나 사회복지 관련단체들에 배분한다.

● 표 11-5 ●　**사회복지공동모금회 모금과 지원**

모금방법		지원사업	
개인모금 사업	착한(가정,가게,일터) 나눔리더, 아너 소사이어티, 기부자 맞춤기금, 유산기부, 자산나눔, 현물기부 등	신청사업	사회복지 증진을 위하여 자유주제 공모 형태로 복지 사업을 신청받아 배분하는 사업
		기획사업	모금회가 주제를 정하여 배분하는 사업 또는 배분대상자로부터 제안받은 내용 중에서 선정하여 배분하는 시범적이고 전문적인 사업
기업모금 사업	사회공헌(성금, 현물) 착한소비(공익연계마케팅), 나눔명문기업	긴급지원 사업	재난구호 및 긴급구호, 저소득층 응급지원 등 긴급히 지원해야 할 필요가 있는 경우에 배분하는 사업
기타모금 사업	연합모금, 방송모금, 이벤트모금, 온라인모금, 모금함모금 등	지정기탁 사업	사회복지 증진을 위하여 기부자가 기부금품의 배분지역 또는 사용용도를 지정한 경우 그 지정취지에 따라 배분하는 사업

출처: 사회복지공동모금회 홈페이지.

　　사회복지공동모금회의 모금은 〈표 11-6〉과 같이 매년 증가하고 있는 것으로 나타난다. 모금액이 증가함에 따라 배분되는 액수도 같이 증가하고 있다.

● 표 11-6 ●　**사회복지공동모금회 모금 및 배분 실적**

• 연도별 모금실적 　　　　　　　　　　　　　　　　　　　　　　　　(단위: 억 원)

구분	2018	2019	2020	2021	2022
합계	5,965	6,541	8,461	7,619	7,925
중앙회	2,313	2,479	3,056	2,587	2,721
지회	3,652	4,062	5,405	5,032	5,204

※ 2020년 코로나19 특별모금 1,022억 원 포함
※ 2018년 삼성중공업·허베이 스피리트호 기름유출사고 성금 3,067억 원 제외

• 연도별 희망캠페인 모금실적   (단위: 억 원)

구분	2018	2019	2020	2021	2022
합계	4,181	4,273	4,045	4,279	4,494
중앙회	2,055	2,098	1,944	2,042	2,173
지회	2,126	2,175	2,101	2,237	2,321

※ 희망2020까지 캠페인 기간: 당해년 11. 20. ~ 차년 1. 31.
※ 희망2021부터 캠페인 기간: 당해년 12. 1. ~ 차년 1. 31.

• 연도별 배분실적   (단위: 억 원)

구분	2018	2019	2020	2021	2022
합계	8,444	5,958	7,261	7,104	7,334
중앙회	4,628	1,877	1,913	1,756	2,107
지회	3,816	4,081	5,348	5,348	5,227

※ 2018년 삼성중공업 · 허베이 스피리트호 기름유출사고 성금 3,067억 원 배분 포함
출처: 사회복지공동모금회 홈페이지 참조.

　배분되는 금액을 대상별 및 분야별로 살펴보면 [그림 11-13]과 같이 나타난다. 빈곤분야에서는 기초생계지원(53%), 교육자립지원(12%), 주거환경지원(10%), 질병분야에서는 보건의료지원(7%), 심리정서지원(4%), 그리고 소외분야에서는 사회적돌봄강화(9%), 소통과 참여 확대(3%), 문화격차해소(2%) 등에 배분되었다.

　앞에서 살펴본 바와 같이 매년 사회복지공동모금회의 모금액과 배분액이 증가하고 있어 설립목적에 충실하고 여러 가지 순기능을 하고 있음에도 일부 개선의 필요성이 제기되었다.

　사회복지공동모금회가 출범한 지 20년이 경과한 시점에서 그간의 성과를 분석한 연구를 기초로 다음과 같은 개선 방안이 도출되었다(김교성 외, 2017). 첫째, 전체 모금에서 기업과 개인의 고액 기부가 많은 것은 모금 규모의 비약적인 성장을 가능하게 했다는 측면에서는 긍정적이나, 동시에 모금사업의 안정성과 지속가능성 확보 측면에서는 한계가 될 수 있다. 개인기부자를 확대할

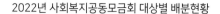

2022년 사회복지공동모금회 대상별 배분현황

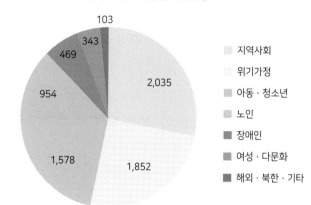

총액: 7,334
(단위: 억 원)

103
343
469
954
1,578
2,035
1,852

■ 지역사회
■ 위기가정
■ 아동 · 청소년
■ 노인
■ 장애인
■ 여성 · 다문화
■ 해외 · 북한 · 기타

2022년 사회복지공동모금회 분야별 배분현황

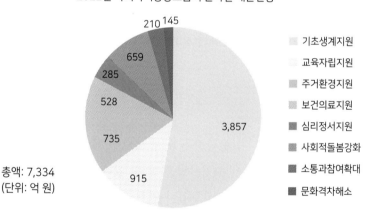

총액: 7,334
(단위: 억 원)

210 145
659
285
528
735
915
3,857

■ 기초생계지원
■ 교육자립지원
■ 주거환경지원
■ 보건의료지원
■ 심리정서지원
■ 사회적돌봄강화
■ 소통과참여확대
■ 문화격차해소

■ 그림 11-13 ■ **사회복지공동모금회 배분대상 및 배분분야**

출처: 사회복지공동모금회 홈페이지 '2022년 주요배분사업 현황' 참조.

수 있는 사업과 프로그램이 필요하다.

둘째, 공정한 배분절차 마련 및 신뢰 구축에 대한 전문가들의 의견이 제시되어 배분사업의 '공정성'과 '투명성' 확보를 위한 지속적인 노력이 필요하다. 배분사업에 지원하기 위해서 준비해야 하는 서류가 과도하다는 의견이 제시되어 배분에 필요한 제출서류를 간소화해야 한다.

셋째, 홍보를 강화하여 국민들에게 신뢰를 구축하기 위한 노력과 동시에 모금회 사업의 정당성과 의미, 사업 수행이 추동한 사회적 성과를 널리 알려서 공감대를 형성하고 지지를 이끌어 내야 한다.

넷째, 사회적 돌봄강화나 주거환경 개선은 전체 배분액에서 차지하는 비중이 상당히 낮고 프로그램으로 선정되는 사례도 적다. 복지제도가 충분히 해결하지 못하는 사회적 욕구에 대한 지원이 이루어질 수 있도록 특별한 분야를 선정하여 의도적으로 지원을 확대해야 한다.

다섯째, 의제중심으로 사업구조를 개편하여 지역사회 이슈를 선도하고, 지역사회의 실질적인 변화를 모색하려는 노력으로 적극적인 사업수행을 확대하여 소극적 차원을 넘어서 적극적이고 예방적인 차원의 사회복지를 주도할 수 있어야 한다. 그리하여 모금과 배분사업을 통한 사회문제 해결이라는 직접적인 결과뿐만 아니라 사회복지조직의 체계성과 전문성 향상 및 나눔 문화 확산이라는 간접적인 효과를 추동하는 중요한 역할을 수행해야 할 것이다.

6) 수익사업

법인은 목적사업의 경비를 충당하기 위해 필요한 때에는 법인의 설립목적 수행에 지장이 없는 범위에서 수익사업을 할 수 있다(「사회복지사업법」 제28조 제1항). 사회복지법인의 경우 수익사업이 법적으로 허용되지만 강한 규제를 받기 때문에 쉽사리 시도하기 어렵다.

7) 사회복지조직의 재정관리에 관한 법률 및 규칙

사회복지조직의 재정관리에 관련된 사항을 법률 및 행정부서의 행정규정으로 정하고 있는데 주요 관련규정은 다음과 같다(최성재, 남기민, 2006: 322-325).

- •「보조금 관리에 관한 법률」(2021. 8.)
- •「사회복지사업법」(2023. 6.)
- •「보조금의 예산 및 관리에 관한 법률」(2021. 8.)
- • 사회복지 법인, 관리 안내(2023)
- •「사회복지법인 및 사회복지시설 재무·회계 규칙」(2022. 12.)
- •「공익법인의 설립·운영에 관한 법률」(2017. 12.)
- •「사회복지사업법」제42조(보조금 등), 제44조(비용의 징수), 제45조(후원금의 관리)(2023. 6.)
- • 사회복지법인 및 사회복지시설 재무·회계 매뉴얼(2018), 서울특별시 사회복지협의회

 참고문헌

국세청(2000). 개인기부금에 대한 세제 지원확대. 2000년 2월 29일자 보도자료.

국세청(2014). 국세통계연보.

김교성, 박미희, 송민, 김윤민, 김혜진, 정유경, 이창숙(2017). 사회복지공동모금회 20년, 사회적 영향력 및 성과분석. 사회복지공동모금회 나눔연구소 연구보고서, 2017(12), 1-250.

김영란(2008). 사회복지서비스 이용권제도와 시설경영. 사회복지서비스 시장제도의 혼돈과 복지경영, 105-129.

김영종(2001). 사회복지행정. 서울: 학지사.

김영종(2002). 민간 사회복지조직의 재원이 서비스 전달에 미치는 영향. 한국사회복지학, 50, 209-233.

김재호, 윤석만, 최연식(2015). 사회복지법인 및 사회복지시설 재무회계 투명화·효율화 제고방안. 서울: 보건복지부·한국회계기준원.

보건복지부(2019a). 2019년 노인 복지시설 사업안내.

보건복지부(2019b). 2019년 아동분야 사업안내.

보건복지부(2019c). 2019년 장애인 복지시설 사업안내.

보건복지부(2023). 사회복지시설 관리안내.

서울특별시사회복지협의회(2018). 사회복지법인 및 사회복지시설 재무 · 회계 매뉴얼.

성규탁(1996). 사회복지행정론. 경기: 법문사.

손원익(1996). 사회복지를 위한 민간참여 활성화 및 재원조달방안. 재정포럼, 5, 6-19.

신복기, 박경일, 이명헌(2010). 사회복지행정론. 경기: 공동체.

이재원(2014). 지방소비세 확대에 따른 보조금제도의 개선방안-사회복지보조금의 적정보조율 설정방안. 지방재정, 4, 44-62.

전국경제인연합회(2015). 기부금 세제 지원, 개인 · 법인 모두 확대해 줘야. 2015년 8월 16일자 보도자료.

최성은(2007) 미국의 성과주의 예산에 입각한 보건복지사업평가. 국제사회보장동향, 80-89.

최성재, 남기민(2016). 사회복지행정론. 경기: 나남.

Brody, R., & Nair, M. (2013). *Effectively managing and leading human service organizations*. Thousand Oaks, CA: Sage.

Skidmore, R. A. (1983). *Social work administration: Dynamic management and human relationships*. Englewood Ciiffs, NJ: Prentice-Hall.

국세청 홈페이지. http://www.hometax.go.kr

사회복지공동모금회 홈페이지. http://www.chest.or.kr

전국경제인연합회 홈페이지. http://www.fki.or.kr

사회복지 정보관리

1. 정보화사회의 도래와 사회복지 정보화

오늘날의 사회는 지식 · 정보화사회이다. 정보화사회의 개념을 다양하게 정의할 수 있지만, 정보 · 통신기술(Information and Comunication Technology: ICT)의 혁명적 발달로 정보의 저장 · 가공 및 전달이 신속하고 정확하게 이루어지며, 그러한 기술의 활용으로 사회 각 분야에서 기존의 업무처리 방식과 생활양식이 변화하고, 부가가치 생산에서 새로운 생산요소로서 정보와 지식의 중요성이 커지는 사회를 의미한다고 볼 수 있다(안문석, 1997: 533).

이미 1990년대 초반부터 세계 각국은 정보고속도로의 구축을 중심으로 정보기술의 도입을 통한 행정 · 산업 및 문화생활의 혁신적 변화를 추구하였다(초고속정보통신기반연구반, 1995). 한국에서도 정보 인프라의 확보를 위한 국책사업으로 1995년부터 초고속정보통신망구축사업을 추진하였으며, 범국가적인 조정기구로서 정보화추진위원회를 설치하는 등 다각적인 노력을 전개하였다(한국전산원, 1996: 21). 그 결과 정보화의 진전으로 사회 각 분야에 걸친 혁신적인 변화가 나타났다. 경제분야에서는 제조업 중심의 산업구조가 지식 및 통신서비스 중심의 산업구조로 전환되었다. 아울러 사회복지 분야에서도 큰 변화가 나타나고 있다. 이에 따라 향후 장애인이나 노인과 같이 거동이 불편한 사람들이 원격진료, 원격교육 등의 정보기술을 통하여 좀 더 많은 복지서비스의 혜택을 받을 수 있을 것이다.

2016년 클라우스 슈밥(Schwab, K.)이 언급한 이른바 '제4차 산업혁명'이 전 세계적으로 확산되고 있다. 그동안 정보 · 통신기술(ICT)이 자체적인 영역에 머물렀으나 이제는 모든 사물에 연결되고 융합되는 현상이 나타나고 있다. 특히 사물인터넷(IoT, Internet of Things), 인공지능, CPS(가상물리시스템) 등이 대표적인 기술변화이다.

한편, 그동안 한국에서는 사회복지 전달체계의 여러 가지 문제점이 지적되었는데(강혜규, 1995: 313-335), 주로 사회복지 전담조직의 설치 및 전문인력제

도의 시행 그리고 지방행정조직의 개편 등과 관련된 논의가 진행되었다(기획
예산위원회, 1998).

하지만 사회복지 전달과 관련된 조직 및 인력의 개편은 관련자들의 이해 관
계가 얽혀 있어 단기간에 가시적인 성과를 기대하기 어려운 것이 현실이다.
이러한 상황에서 사회복지 전달체계의 개편을 위한 대안으로서 정보기술의
역할을 기대해 볼 수 있다. 이미 1970년대부터 미국을 비롯한 몇몇 국가는 사
회복지 전달체계의 효율적 · 효과적 운영에 대한 관심이 높았고, 이와 관련하
여 정보기술이 여러 분야에서 활용되어 왔다(Velasquez, 1992: 41).

지금까지 한국 사회복지 전달체계 개편 논의 중 정보기술의 적용을 통한 전
달체계의 보완가능성에 관한 논의는 아직 충분하지 않다(조미형, 2008: 165).
이 장에서는 한국 사회복지 전달체계가 가지고 있는 문제해결에 정보기술이
어떻게 활용될 수 있을 것인지 그리고 정보기술을 활용하고자 할 때 고려해야
할 점들은 무엇인지 알아보려고 한다.

2. 한국 사회복지 전달체계의 문제점

한국의 사회복지 전달체계를 앞에서 제시한 네 가지 평가기준에 따라 살펴
보면 비효율성, 파편성, 비전문성 그리고 접근 제약 등의 문제가 있다.

한국 사회복지 전달체계에서 비효율성이 나타나는 것은 주로 반복적인 일
상업무가 많고 업무의 대부분이 수작업으로 처리되었기 때문이다. 관리카드
및 대장의 서식이 표준화되지 않아서 시 · 군 · 구, 읍 · 면 · 동별로 필요한 서
식과 대장 일부를 자체적으로 수작업을 통하여 제작하여 사용하고 있으며, 그
결과 시간이 많이 소요되고 담당직원의 업무부담이 늘었다. 또한 사회복지와
관련된 정부 부서가 난립되어 있어 실무 파악, 대상자 파악, 복지정책 및 계
획의 수립에 구심점이 없고, 부처 간의 업무조정 및 협조기능이 미약하다(조
성한, 1998: 39). 그리고 상호 간 업무 떠넘기기 현상과 이로 인한 양 부서 간의

갈등과 서비스의 누락현상도 지적되었다(이용표, 1996: 81).

　　지역사회에 복지전담 행정조직이 설치되지 못하고, 복지업무와 조직 및 인력 등의 관리가 일반 종합행정체계 속에서 이루어지고 있어 전문성을 갖추지 못하고 있었다는 점도 비판을 받아 왔다(변재관 외, 1998: 5). 그리고 사회복지시설에 대한 정보를 종합적으로 관리하는 체계가 미흡하여 사회복지시설을 이용하고자 하는 지역주민 및 대상자들이 필요한 정보를 알 수 없어 불편을 주고 있다.

3. 정보 · 통신기술을 통한 사회복지 전달체계의 보완

　　한국의 사회복지 전달체계에서 나타난 문제점을 해결하기 위해 정보 기술의 활용 가능성에 대해 외국의 사례를 중심으로 살펴보고, 사회복지 전달체계에서 정보 · 통신기술을 도입하여 활용할 때 고려해야 할 점들을 찾아보고자 한다.

1) 정보 · 통신기술의 발전단계와 활용 가능성

　　다른 분야와 마찬가지로 사회복지 분야에서도 정보 · 통신기술의 활용 가능성은 기술적 발전수준에 영향을 받는다. 정보 · 통신기술은 연속적인 측면에서 발전해 왔다기보다는 PC의 성능 및 통신기술의 발전에 따른 계단형 발전과정을 거치며 발전해 왔다. 정보 · 통신기술의 발전단계는 전산화 단계, 네트워크화 단계, 멀티미디어화 단계 그리고 무선과 위선통신 단계, 제4차 산업혁명으로 구분할 수 있다.[1]

---

[1] 이러한 단계의 구분은 개인적인 견해에 따른 것임.

(1) 제1단계: 전산화 단계

주로 지금까지 수작업으로 이루어지던 각종 기록업무와 장부정리 등의 작업을 PC를 통해 전산으로 입력하고 자동으로 처리하는 과정이 전산화 단계의 중심이다. 전산화 단계에서 개발된 MIS(Management Information System) 또는 DSS(Decision Support System) 등의 정보기술은 사회복지 전달체계의 효율성 및 적합성을 제고하는 데 기여하였다. 이 시기에는 사회복지시설이나 공공복지기관의 운영 및 회계 등에 활용하고 클라이언트의 접수를 전산으로 처리하는 것 등에 디지털(digital) 기술이 활용될 수 있다. 반복적 단순업무를 전산처리하여 주로 시설의 관리자와 서비스 제공자에게 편리함을 제공하는 기술들이 많다.

(2) 제2단계: 네트워크화 단계

기존에 서로 단절된 상태에서 PC별로 자료를 처리하고 관리하는 오프라인(off-line) 방식의 전산 시스템들이 통신망을 통하여 서로 연계되고 자료를 주고받는 온라인(on-line)으로 전환된다. 이로써 전산기술과 통신기술이 융합되어 정보화의 효과가 크게 상승하였다. 이 단계에서 개발된 DBMS(Data Base Management System) 기술을 통해 다양하게 분산된 사회복지 관련 기관과 시설들 간에 서로 정보를 공유함으로써 통합성을 강화할 수 있었는데, 기관의 입장에서 클라이언트 의뢰, 또는 보고와 평가자료의 취합 등에서 편리성이 제고될 수 있다. 클라이언트가 직접 방문하지 않고 서비스를 받는 것이 가능해졌다. 이 시기에 대표적인 정보시스템은 전자급부방식(Electronic Benefit Transfer: EBT)으로 클라이언트가 사회보장급여를 전산으로 신청하고 자신의 계좌를 통해 이체받는 방식이다.

(3) 제3단계: 멀티미디어화 단계

멀티미디어화 단계는 정보통신기술의 첨단화·고도화를 의미하는데 그동안 주로 문자나 음성만을 처리하고 전달하던 통신기술이 화상 및 동영상까지도 전송할 수 있게 되었음을 의미한다. 이는 통신망의 고도화를 통하여 가능하게 되었는데, 이 단계에서 개발된 CAI(Computer Assisted Instruction)나 화상회의(video conference) 기술은 멀리 떨어져 있는 사람들이 서로 전문 지식을 교육받고 조언을 구하는 것을 가능하게 하여 사회복지 담당직원들의 전문성을 개발하는 데 기여하였다. 또한 멀티미디어 방식을 활용한 터치스크린 위주의 키오스크(kiosk) 기술은 클라이언트의 편리성과 접근성을 높여 주었다. 대표적인 예로는 원격의료(telemedicine), 원격교육(tele-education) 그리고 원격상담(tele-consultation) 등이 있다. 이러한 정보통신기술의 발전으로 인해 클라이언트가 복지서비스에 접근하는 것이 좀 더 용이하게 되었다.

(4) 제4단계: 무선과 위성통신 단계

무선통신의 비중이 높아지는 단계라고 할 수 있다. 이 단계는 개인용 휴대단말기의 소형화와 가격의 저렴화를 통하여 가능해지는데, 이것은 모든 나라들에서 활발히 진행되었다. 향후에는 위성을 이용한 원격진료나 위치정보시스템(GPS) 등을 통한 응급의료서비스 등이 더욱 활발하게 활용될 것이다. 이 시기는 클라이언트들이 정보통신기술을 이용해서 사회복지서비스의 혜택을 받을 가능성이 최고로 높아지는 시기이다. 특히 산간, 도서, 벽지 등에 어느 곳에서나 서비스를 받게 되는 이른바 유비쿼터스(ubiquitous: 신은 어디에나 존재한다)가 가능해졌다.

(5) 제5단계: 제4차 산업혁명

제4차 산업혁명은 2016년 클라우스 슈밥(Klaus Schwab)이 의장으로 있는 세계경제포럼(World Economic Forum: WEF)에서 주창된 용어이다. 제4차 산업혁명은 정보통신기술(ICT)의 융합으로 이루어 낸 혁명시대를 말한다. 18세기 초기 산업혁명 이후 네 번째로 전개되는 시대로서 기술발전에 의해 특징지어졌던 이전의 3시기 혁명들과는 근본적으로 다르다(Schwab, 2016). 이 혁명의 핵심은 사물인터넷, 빅데이터분석, 인공지능, 로봇공학, 무인운송수단

(무인항공기, 무인자동차), 3D프린팅, 나노기술과 같은 6대 분야에서의 새로운 기술 혁신이다.

　제4차 산업혁명은 물리적, 생물학적, 디지털적 세계를 빅데이터에 기반해서 통합시키고 경제 및 산업 등 모든 분야에 영향을 미치는 다양한 신기술로 설명될 수 있다. 물리적인 세계와 디지털적인 세계의 통합이 이루어지고, 생물학적 세계에서는 인체의 정보를 디지털 세계에 접목하는 기술인 스마트워치나 스마트밴드를 이용하여 모바일 헬스케어를 구현할 수 있다. 가상현실(VR)과 증강현실(AR)도 물리적 세계와 디지털 세계의 접목에 해당된다. 제4차 산업혁명은 기술이 사회와 심지어 인간의 신체에도 내장되는 새로운 방식을 대표하는 디지털 혁명 위에 구축 중이다.

　이와 같은 제4차 산업혁명의 흐름에 따라 사회복지 영역에서도 다양한 정보화 기술을 이용한 사회복지 시스템 개발 및 구축을 관건으로 본다. 그 중심에는 '빅데이터(big data)'로 만들어져 제4차 산업혁명의 핵심적 기술 중 하나

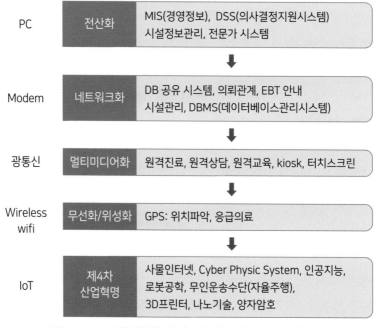

■ 그림 12-1 ■ **정보통신기술(ICT) 발전의 5단계 및 활용가능성**

인 인공지능의 기초를 제공함으로써 사회서비스 이용을 지원하기 위한 정책이나 프로그램의 개발에 활용될 수 있을 것이다. 이를 위해서 앞으로의 사회복지 시스템은 정책개발이나 프로그램의 설계에 편리하도록 정보를 축적하고 관리할 수 있도록 구성되고 운영되어야 한다. 동시에 빅데이터 자료수집의 과정에서 이용자의 사생활이 노출되는 일이 발생하지 않도록 시스템의 보안에도 철저히 신경을 써야 할 것이다. 최근에는 chat GPT라는 대화형 인공지능이 세계적인 관심을 끌고 있다.

2) 외국의 정보 · 통신기술 활용 사례

이미 외국에서는 정보통신기술을 활용하여 전달체계의 문제점을 보완하려는 다양한 시도가 나타났다(이준영, 2000: 32-45).

(1) 효율성 제고

1980년대 초 미국에서는 사회복지서비스에 대한 연방정부의 기금은 대폭 삭감되었으나 공공부조를 포함하는 서비스에 대한 수요는 더욱 증가되었다. 따라서 여러 지방정부는 줄어든 인력으로 더 많은 클라이언트에게 종전과 같은 수준의 사회복지서비스를 제공해야 하는 상황에 처하게 되었다.

미네소타에 있는 램지 카운티에서는 이에 대처하기 위해 DSS(Decision Support System)의 일종인 GAIN(General Assistance Intake) 시스템을 개발하여 활용하게 되었다(Velasquez, 1992: 41). 이 시스템은 접수일정을 자동으로 정하고, 처음 접수 시 on-line으로 제공되는 기록을 통하여 클라이언트에 대한 자료를 확보하여 적절한 담당자에게 전송하고 클라이언트에 관한 통계를 작성하는 것이다.

이 시스템의 도입은 서비스의 전달과정에서 상당한 개선효과를 가져왔다. 우선 자료의 중복적인 수작업 처리 및 관련된 문서작업을 줄일 수 있었으며 좀 더 신속하게 클라이언트의 수혜 자격 판정을 위한 작업을 가능하게 하였다. 또한 일선담당자의 업무 생산성이 약 30% 이상 증가하였으며, 이로 인해 절약된 시간은 주정부에서 위임하는 다른 프로그램이나 클라이언트의 수혜 자격을 판정하는 데 투입될 수 있었다. 그 결과 매월 접수된 클라이언트 수가 예정보다 약 10% 정도 증가하였다. 또한 직원들의 업무부담은 약 6%, 접수과 정에서 발생되었던 오류는 약 50% 줄어들었다.

정보기술이 전달체계의 효율성 제고를 위하여 사용된 또 다른 사례는 아동 복지서비스 업무처리를 위하여 펜실베이니아와 텍사스 등을 비롯한 다섯 개 주에서 공동 개발한 표준화된 평가 시스템을 들 수 있다. 이 시스템은 서비스 가 법에서 규정하고 있는 수준으로 제공되는지를 심사하였는데, 인력의 절 반만을 투입하고도 해당 시설에 부담을 주지 않고 평가가 가능해졌다(Turem, 1986: 15-24).

이 시스템의 도입은 행정의 혁신뿐만 아니라 여러 가지 관련비용을 효율적 으로 절감할 수 있게 하였다. 즉, 극히 작은 규모의 기관에서도 사무직원 봉 급의 절반 정도 비용으로 한 대의 PC를 구입하면 워드프로세스, 회계, 청구서 발급, 대금의 지불, 클라이언트의 추적, 후원자 물색, 비품주문에 소요되는 시 간, 자금의 흐름관리 등이 가능하게 되었다.

반복적으로 수행되는 일상업무가 PC와 경영정보시스템(MIS) 기술을 중심 으로 전산화·자동화되어 효율성이 제고되었지만, 업무담당자들에게 있어 여러 가지 부정적 측면도 나타났다(Mutschler & Hoefer, 1990: 87). 우선 정보기 술에 대한 불확실성, 일반적 거부감, 새로운 기술을 습득해야 한다는 심리적 부담이 있었다. 또한 업무처리 과정이 전산화되어 투명성이 높아지고 과거에 비해 제3자의 감독을 받기가 쉬워졌다는 점도 문제점으로 드러났다. 이러한 일선 직원의 정보기술에 대한 부정적 이미지는 사회복지 분야에서 정보기술 을 도입하는 데 있어 초기의 저항으로 나타날 수 있다.

1980년경에 미국 캘리포니아주의 세 개 카운티에서는 노인과 장애인을 위 한 가사지원서비스의 일종인 IHSS(In Home Supportive Services)를 실시하였다 (Boyd, 1981: 85). 서비스 담당자들은 클라이언트의 욕구등급을 판정하고, 각 클라이언트별로 서비스 제공시간을 할당하였다. 감독자들은 자신들의 업무시간 대부분을 서류가 제대로 작성되었는지, 서비스 제공자들은 그들의 급여를 규정에 맞추어 제대로 계산했는지를 확인하는 데 많은 시간을 소비하였다. 반면에 클라이언트들은 자신들에게 제공된 서비스 시간의 배분에 형평성이 결여되었다고 불평하였다.

이러한 문제를 해소하기 위해 이른바 의사결정지원시스템(DSS)을 도입하였다. 서비스 제공자들은 PC를 이용하여 구체적인 사례별로 동료들이 서비스 제공에 할애하는 평균시간을 파악하고, 이를 실제로 적용함으로써 좀 더 균등한 서비스를 제공할 수 있게 되었다. 클라이언트의 욕구 척도를 리스트로 만들고 클라이언트의 유형별로 할애할 시간을 정하는 작업들이 PC로 이루어졌다. 이러한 방법을 통하여 현장과는 멀리 떨어진 상급자가 지시한 업무도 이행해야 함과 동시에 현장에서 클라이언트의 개별적 욕구를 파악하고 적합한 서비스를 제공해야 했던 담당자의 고충이 상당히 완화되었다.

(2) 통합성의 강화

1970년대 말 미국의 미네소타주는 자체적으로 제정한「지역사회복지서비스법(Community Social Service Act)」에 따라 흩어져 있는 모든 지역사회 복지기관을 아동복지, 정신건강, 정신지체, 알코올 및 약물 중독 등의 서비스별로 통합하고, 연방 및 주 정부의 보조금을 일괄적으로 지원하였다. 그리고 모든 자치주의 사회복지국에게는 종합사회복지계획을 수립하도록 하였다. 여기에는 욕구사정의 방법, 제공될 서비스의 종류, 서비스 단위당 비용 그리고 평가의 방법 등이 포함되도록 하였다(Hoshino, 1981: 6).

이러한 계획을 실행하기 위해 연방정부나 주정부는 계획, 평가 및 서비스의 전달과 관련된 자료들이 필요하였다. 그리하여 세인트루이스의 사회복지서비스국에서는 직원이 직접 PC에 클라이언트와 관련된 자료를 입력할 수 있는 시스템을 개발하여(Hoshino, 1981: 8) 사례담당자나 그들의 슈퍼바이저가 사례관리, 안내, 의뢰에 필요한 정보를 얻는 것이 가능하도록 하였다. 그 결과

각 클라이언트의 특별한 요구와 지역사회의 다양한 자원 간의 연계가 기술적으로 가능하게 되어 통합성의 강화에 기여하였다.

서로 다른 기관 간에 연계된 서비스를 제공하기 위해 적용한 시스템의 사례는 이스라엘의 의료기관들이 도입한 의료사회사업정보시스템(INHSWIS)을 들 수 있다(Auslander & Cochen, 1992: 74). 이 시스템을 도입한 3개 병원의 규모는 이스라엘 전체 병상의 97%나 차지했지만, 환자의 퇴원 후 진료에 대한 계획수립과 진료의 연속성에 문제가 있었다. 그래서 서로 다른 의료기관 간 환자에 대한 추적이 가능하도록 클라이언트의 수, 제공된 서비스 그리고 개입의 결과에 대한 자료를 수집하고 분석할 수 있는 정보 시스템을 구축하였다.

이러한 시스템들은 주로 서로 다른 기관들 간에 정보를 공유할 수 있는 기술인 DBMS를 활용하고 있는데, 이 기술을 실현하기 위해서는 원거리 통신망 (Wide Area Network: WAN)이 필수적이라고 할 수 있다. 통신망 설치를 위해서 상당한 구축비용이 요구되고 서로 다른 기관이나 시설 간에 자료를 주고받기 위해서는 여러 기관이나 시설에서 사용되는 코드와 서류양식의 표준화가 선행되어야 한다. 한편, 클라이언트의 입장에서는 자신의 정보가 제3자에게 제공될 수 있다는 사실 때문에 사생활의 침해에 대한 우려를 가질 수 있다 (O'Brien, McClellan, & Alfs, 1992: 89).

(3) 전문성 제고

1985년 미국의 미시간 대학교에서는 사회복지서비스 전달의 전문성 교육을 위해서 CAI(Computer Assisted Instruction)라는 시스템을 개발하여 시범적으로 적용하였다(Flynn, 1990: 111). 그 결과 기존에 교육을 받기 위해 이동하는 데 드는 비용과 시간을 절약할 수 있으며, 직원들이 시간과 업무 일정을 조정할 필요 없이 편리한 시간에 교육을 받을 수 있고, 새로운 이슈에 대한 교육 프로그램을 신속하게 구성할 수 있다는 점이 장점으로 나타났다. 또한 컴퓨터로 통제되는 또 다른 교육 시스템인 CMI(Computer Managed Instruction)는 교육내용이 고도로 복잡한 경우에 적용되었다.

전문성을 제고하기 위한 또 다른 시도는 미국의 노조와 사용자 측이 실시한 산업복지 프로그램의 일종인 이른바 작업장프로그램(workplace program)에서 발견할 수 있다. 이 프로그램에서 약 50명의 상담인력이 전국적으로 70개가 넘는 공장에 서비스를 제공하였다. 프로그램의 실시를 위해서는 지역의 공장과 중앙의 통제조직 간의 의사소통과 서로 멀리 떨어진 상담자 간의 정보 및 자료의 공유가 매우 중요하였다. 이러한 필요성에 의해 구축된 '화상회의(computer-conference) 시스템'은 상담 프로그램에서 전문적인 지식과 정보를 공유할 수 있는 수단을 제공하였다(Root, 1996: 32). 한 예로 한 공장의 카운슬러가 어떤 특별한 관심사에 부딪히게 되었을 때 화상 시스템을 통해 다른 사람들의 조언을 들을 수 있게 되었다.

CAI 및 CMI의 활용에는 기존에 사용하고 있는 PC를 서로 연결할 수 있는 LAN의 구축과 교육용 소프트웨어의 개발이 필요하다. 그리고 화상회의 시스템은 멀리 떨어져 있는 사람과 PC를 통한 대화가 가능해야 하므로 무엇보다도 영상을 처리할 수 있는 멀티미디어 기술과 WAN이 구축되어야 한다. 이 단계에서는 통신망의 구축과 관련된 막대한 비용이 정보기술 도입의 장애요인이 될 수 있다.

독일에서도 사회복지 전달체계가 불필요한 관료적 계층화, 행정편의적 업무 단순화, 업무처리 및 의사결정 지연으로 인한 수혜의 제약, 복지사무소(Sozialamt)와 주민 간의 의사소통 부족 등으로 충분한 상담이 이루어지지 못하는 문제점을 가지고 있었다. 특히 복지사무소 담당공무원은 각 클라이언트의 욕구 및 특성을 알기 어려웠고, 반대로 현장의 전문가는 클라이언트의 지원과 관련된 세부적인 행정지침을 알지 못하여 적합한 서비스의 제공이 이루어지지 못하였다(Meyer et al., 1994).

특히 공공부조 업무에서 이러한 문제점을 극복하기 위하여 DSS의 일종인 'BEUSS'[2]를 도입하였다. 이 시스템은 복지사무소 공무원들의 행정에 관한 경

---

2) BEUSS: Beratungs-und Entscheidungs-Unterstützungs-System Sozialhilfe

험(knowhow)과 현장 전문가들의 고객의 욕구 및 특성에 관한 정보를 입력하고 처리하여 개발하였는데, 각 사례들에 대하여 필요한 상담 및 지원을 자동적으로 결정하는 이른바 인공지능 기술을 활용하였다.

제공되는 서비스의 적합성을 높여 줄 수 있는 DSS는 기존의 PC를 중심으로 일부 새로운 인공지능 소프트웨어를 추가하고, 기관 내에서 다른 부서에 있는 PC들을 서로 연결하기 위한 LAN이 구축되어야 한다.

이 단계에서는 인간적인 배려와 관심이 중요시되는 사회복지 업무에서 정보기술의 도입으로 자신과 클라이언트의 관계가 기계적이고 비인간화되는 것에 대한 우려가 나타나기도 하였다(Murphy & Pardeck, 1992: 61).

(4) 접근성 보장

독일에서는 1982년 이후 복지대상자가 꾸준히 증가해 왔으나 복지사무소의 직원은 증원되지 않았다. 직원들은 항상 과중한 업무에 시달렸으며, 이에 따라 상담이나 안내서비스에 관한 법이 규정되어 있음에도 클라이언트에 대한 정보가 부족하여 복지대상자의 약 50%는 자신들에게 주어진 급여를 완전히 받지 못하는 것으로 알려졌다. 이들 복지대상자들 중 일부는 개별적이고 복잡한 면담을 통하여 제3자가 자신의 사적인 생활이나 재정상태에 대하여 조사하는 것을 꺼리는 사람들도 있었다.

프랑크푸르트의 사회복지전문대학은 '셀프 서비스 프로그램(Self-service Program)'을 위하여 1989년에 이른바 SOLDI(Soziale Leistungen im Dialog)라는 프로그램을 개발하였다(Kirchlechner, 1994). 이 시스템은 공공장소에 간단하고 조작하기 쉬운 PC를 설치하여 필요한 정보를 얻을 수 있도록 하는 것이었는데, 문자를 읽을 수 있고 자판을 사용할 줄만 알면 클라이언트가 편리하고 신속하게 어떤 급여를 받을 수 있는지를 파악할 수 있도록 하였다. 그 외에도 관련법률의 규정들과 알기 쉬운 법률용어 등에 대한 정보를 제공하였다. 조회가 끝나면 그 내용을 인쇄할 수 있으며, 입력한 개인의 신상에 관련된 자료는 모두 지워지도록 하였다. 이 시스템은 클라이언트가 정보를 얻는 시간을 대폭 단축하였는데, 예를 들면 두 자녀를 가진 어머니가 사회복지급여를 받기 위해 필요한 정보를 얻는 시간은 약 20분이면 충분하였다.

여기서 활용된 정보기술은 각종 신문이나 일상잡화를 판매하는 가판대(kiosk)에서 착안한 이른바 '키오스크 시스템(kiosk-system)'인데 이를 통해 클라이언트의 보편적인 접근이 가능해졌다. 하지만 이러한 자동화 기기(ATM)의 설치를 위해서는 전국적인 통신망의 구축이 선행되어야 하며, 클라이언트가 손쉽게 사용하기 위해 그래픽이나 음성을 처리하고 전송할 수 있는 멀티미디어 기술이 요구된다.

접근성의 보장 차원에서는 클라이언트와 관련된 문제가 정보기술의 적용을 제한할 수 있다. 시스템이 아무리 편리하게 만들어졌다 해도 클라이언트가 자신이 필요한 안내와 서비스를 받기 위한 기본적인 사용법을 모르거나 배우지 못할 경우 문제가 된다. 그리고 저소득층의 경우 통신단말기를 가지고 있지 못한 경우가 많아 이러한 서비스에 접근하는 것이 제약된다. 또한 통신기기를 가진 사람이라 해도 통신비용이 부담된다면 실제로 서비스를 받지 못하게 된다.

지금까지 살펴본 외국의 사례들은 정보기술이 사회복지 전달체계의 문제를 극복하는 데 매우 효과적으로 활용될 수 있음을 보여 준다. 한국 사회복지 전달체계의 문제점과 외국에서 유사한 문제를 해결하기 위해 적용한 기술과 관련성을 요약하면 〈표 12-1〉과 같다.

● 표 12-1 ● 정보기술 활용을 통한 전달체계 개선

구분	문제점	극복전략	정보기술	고려사항
효율성	• 반복적 일상업무 • 수작업 처리	• 자동화 • 전산화	• PC • MIS	• 업무담당자의 거부감 • 제3자의 감독
통합성	• 분산 다기한 조직 • 상호 간 연계 부재	• 정보의 공유	• DBMS • WAN	• 표준화 • 사생활 침해

전문성	• 전문지식 및 기술 부족 • 현금위주의 서비스 • 수혜자욕구 반영 미흡	• 욕구반영 • 인력의전문성 (교육, 자문) • 정보수집체계 구축	• BEUSS • DSS • LAN/WAN • CAI/CMI • Mutimedia • Video-conference	• 기계적 관계 • 비인간화 • 구축비용
접근성	• 정보 부족 • 의료시설 분포의 불균형	• 안내정보 • 제공체제 구축	• Kiosk • SOLDI • Multimedia	• 저소득층 소외 • 정보기술 교육

출처: 이준영(2010: 41).

3) 한국 사회보장정보망

(1) 사회보장정보망의 개념 및 주요 내용

2010년 개통된 사회복지통합관리망은 '각종 사회복지 급여 및 서비스 지원 대상자의 자격 및 이력에 관한 정보를 통합 관리하고, 지자체의 복지업무 처리를 지원하기 위한 정보시스템'으로 기존 시·군·구별 새올행정시스템(주민, 지적, 재정, 세정, 복지 등 31개 시·군·구 업무지원 시스템) 중 복지 분야를 분리하여 중앙에 통합 구축하는 것을 골자로 하였다. 따라서 복지급여 통합관리시스템을 중심으로 상담 및 사례관리시스템, 사회복지시설정보시스템으로 구성되고, 정책 소관부처인 보건복지부가 기획·관리 및 시스템 운영을 주관

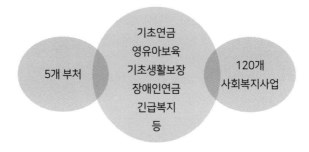

■ 그림 12-2 ■ **사회보장정보시스템의 연계사업들**

출처: 한국사회보장정보원 홈페이지.

하도록 되었다. 사회복지정보통합관리망은 2014년 관련법의 제정으로 2015년
7월 '사회보장정보망'으로 명칭을 변경하였다.

　사회보장정보망은 사회보장정보시스템(행복이음, 범정부), 사회서비스 전자 바
우처, 보육통합정보시스템, 지역보건의료정보시스템, 사회복지시설정보 시스
템, 취약계층시스템 등을 통합 연결하여 국민 개개인에게 맞춤형 복지를 원스톱
으로 제공하고, 적은 예산으로 고효율을 올릴 수 있도록 복지예산의 적절한 배
치와 효율적 집행에 중요한 역할을 하고자 구축되었다. 이 중 사회복지급여 및
서비스지원 대상자에 관한 정보를 관리하고, 지자체 복지 업무를 처리하기 위해
구축된 사회보장정보시스템(행복이음)의 시스템 구성도는 [그림 12-3]과 같다.

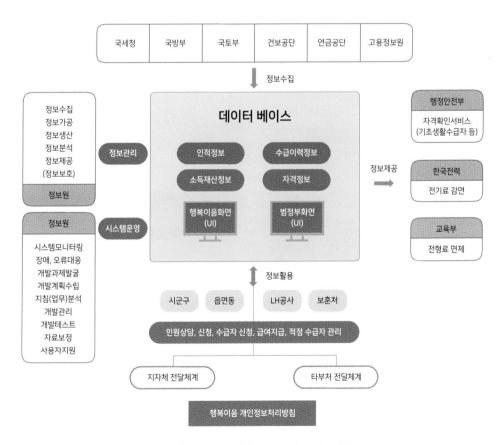

■ 그림 12-3 ■　행복이음 시스템 구성도

출처: 한국사회보장정보원 홈페이지.

정부부처와 공공기관들로부터 정보를 수집하여 클라이언트의 인적 정보, 수급이력 정보, 소득재산 정보 그리고 자격정보에 관한 데이터베이스(DB)를 구축하고 시·군·구와 읍·면·동 그리고 LH공사 및 보훈처 등에서 활용하게 된다. 아울러 행정안전부, 한국전력공사(전기료 감면), 교육부(전형료 감면) 등에서 활용하도록 정보가 제공된다. 시스템의 유지·관리를 담당하는 기관은 사회보장정보원이다. 각 부처 및 정보보유기관에서 제공하고 있는 복지사업정보, 대상자 자격정보, 수급이력 등을 통합·관리하는 시스템으로 업무담당자가 효율적인 복지업무를 수행하기 위해 구축된 사회보장정보시스템(범정부)의 시스템 구성도는 [그림 12-4]와 같다.

■ 그림 12-4 ■ **범정부 시스템**

그리고 일반국민과 복지이용자들이 복지 관련 정보를 얻을 수 있는 시스템의 구성도는 [그림 12-5]와 같다.

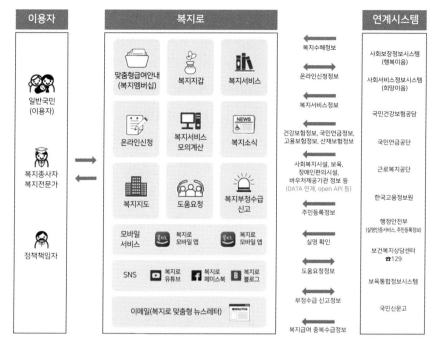

■ 그림 12-5 ■   복지로

사회보장정보시스템과 관련한 주요 내용과 특징을 살펴보면 다음과 같다. 첫째, 기존 지자체 232개 '시 · 군 · 구별', '복지사업별' DB로 집행되던 약 120여 개의 복지 급여 및 서비스 이력을 개인별 · 가구별로 통합 관리하며, 이를 복지 수급자 개인별 · 가구별 DB로 구축했다. 또한 중앙에서 시스템을 운영하여 복지수급자별 자격과 서비스 정보를 비교한 뒤 부정 지원은 차단하고, 누락서비스를 발굴하여 지원하는 통합적 관점의 관리를 수행하게 되었다.

둘째, 유관기관 공적 자료 연계를 기반으로 설계되어 있다. 총괄적으로 27개 기관 215종의 소득 · 재산 자료, 서비스 이력정보를 연계하여 지자체에 수시로 제공하는데, 이는 소득 · 재산 · 인적 정보 18개 기관 49종, 급여 · 서비스 이력정보 15개 기관 166종으로 구성되어 있다. 또한 사회복지시설과 지자체 간의 보조금 청구 등을 온라인으로 연계하고, 시설수급자 등 개인별 급여 · 서비스 이력을 통합 관리하도록 하였다.

셋째, 기존의 급여지급 절차를 보완하는 방식으로 사회복지통합관리망과 지방재정시스템을 연계해 계좌실명인증을 거쳐 금융기관에 입금하도록 하여, 복지급여 지급내역(성명, 계좌번호, 입금액)을 임의 수정하는 것을 방지하였다. 또한 복지급여 계좌도 수급자 1인당 1개로 단일화하는 등 지급의 투명성을 강화하였다.

넷째, 지자체 복지업무 절차를 간소화하여 사업별로 유사하거나 중복되는 서식을 통합하고, 사업별로 다른 소득·재산 조사방법을 통일(기준 표준화)하여 한번 조사하고 나면 여러 사업에서 공동 활용할 수 있도록 개선하였다. 이를 위하여 관련법안 총 15개 시행령·시행규칙 개정을 추진하였다. 또한 정기적인 소득·재산 변동확인, 급여지급 자료 생성 등 반복처리 업무를 자동화하고, 담당공무원이 처리할 변동사항 등을 자동 안내하는 등의 장치를 마련하였다.

다섯째, 급여체계의 자동화 시스템으로 시간을 절약하여 수요자 중심의 통

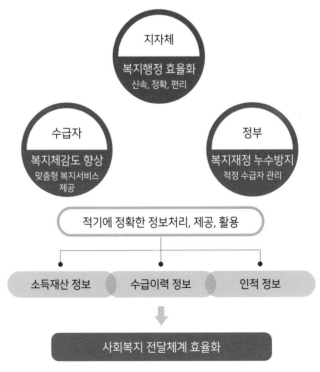

■ 그림 12-6 ■ **사회보장정보시스템의 기능**

출처: 한국사회보장정보원 홈페이지.

합적 서비스를 가능하게 하는 상담 · 사례관리로 집중할 수 있도록 하고, 이를 지원하는 사례관리시스템을 구축하였다. 즉, 보건복지상담센터(129) 및 시 · 군 · 구, 읍 · 면 · 동의 전화 · 방문 상담정보를 개인별로 통합 관리(보건복지콜센터 전화민원의 시 · 군 · 구 이관서비스)하고, 수요자별 욕구에 적합한 민간서비스 연계 등이 가능할 수 있도록 하는 사례관리 기반 마련을 포함하였다.

한편, 사회복지통합관리망의 이러한 특징을 실현하고자 지자체 전달구조의 흐름을 개편하려는 시도가 사회보장정보망 출범과 맞물려서 추진되었다.

(2) 차세대 사회보장정보시스템 구축

2019년부터 2022년까지 정부에서 차세대 사회보장정보시스템 구축사업을 추진하여 세 개의 정보시스템으로 개편하였다. 첫째, 행복이음 및 범정부 시스템을 지자체공무원이 활용하는 사회보장정보시스템(행복이음)으로, 둘째, 사회복지시설정보시스템, 아동, 장애인 등 개별 정보시스템 및 사회서비스 전자바우처 시스템을 사회서비스 제공기관을 위한 사회서비스정보시스템으로 (희망이음), 셋째, 국민들이 활용할 수 있는 '복지로' 정보시스템을 구축하였다. 한편, 새로 구축된 시스템의 일부는 작동이 원활하지 않아서 기술적인 보완이 필요하다는 현장의 의견이 제시되고 있다.[3]

기존 시스템		개편 시스템	이용 주체
사회보장 정보시스템	행복이음	행복이음 (사회보장 정보시스템)	중앙 · 지자체 (공무원)
	범정부		
사회복지시설 정보시스템		희망이음 (사회서비스 정보시스템)	사회서비스 제공자 (민간기관 포함)
개별시스템(아동 · 장애인 · 노인 등)			
사회서비스전자바우처 시스템			
복지로		복지로	서비스 이용자(국민)

■ 그림 12-7 ■ **차세대 사회보장정보시스템 구축 사업범위**
출처: 한국사회보장정보원 홈페이지.

---

3) 머니투데이(2023. 5. 20.). https://news.mt.co.kr/mtview.php?no=2023052323401560106

4. 정보 · 통신기술의 도입에서 고려할 사항

1) 정보 · 통신기술의 구현가능성과 시스템 구축비용

앞에서 살펴본 외국의 경험들에서 알 수 있듯이 정보 · 통신기술을 활용하기 위해서는 PC 보급 및 통신장비들의 확충 그리고 관련기술의 개발이 필요하다. 따라서 정보 · 통신기술의 도입은 기술적인 구현가능성과 시스템의 구축비용에 의하여 영향을 받는다.

기술적 가능성과 구축비용을 고려할 때 MIS 기술의 활용을 통한 사회복지 업무의 전산화 및 자동화가 가장 우선적으로 추진되어야 할 것이다. 그 후 추가적으로 DSS 등의 소프트웨어를 개발하여 서비스의 적합성을 제고해야 할 것이다. 다음으로 각 사회복지 기관과 시설들을 서로 LAN(Local Area Network)이나 WAN(Wide Area Network)과 같은 통신망으로 연결하여 통합성을 추구하고, CAI나 화상회의 등을 도입하여 전문성을 제고하여야 할 것이다. 마지막으로 전국적인 통신망이 구축되면 키오스크(kiosk)와 같은 시스템을 도입하여 사회복지에 대한 보편적 접근이 가능하도록 하여야 할 것이다. 한국의 경우 이 부분에서는 상당한 수준으로 진전이 있다고 볼 수 있다.

2) 업무 처리절차 및 문서양식 표준화

외국의 사례에서 알 수 있듯이 사회복지서비스를 통합적으로 제공하기 위해 서비스를 제공하는 여러 기관 간에 클라이언트에 대한 정보를 공동 활용하는 것이 필요하다. 이를 위해 관련된 기관 간에 업무 처리절차를 통일하고 서류 및 양식의 표준화를 하는 작업이 선행되어야 한다. 또한 업무처리 과정의 재구조화(Business Process Restructuring: BPR)도 필요하다.

예를 들면, 여러 기관에서 파악되는 노숙자들을 지속적으로 추적하여 통합적인 생계 지원 및 고용 프로그램을 제공하기 위해서는 이들에 대한 정보공유가 중요하다. 그러므로 관련기관들 간에 긴밀한 업무 협조가 필요하다. 따라서 각 지역단위로 관련기관 간 업무 처리절차 및 코드의 표준화 작업이 이루어져야 하고 중앙정부 차원에서는 보건복지부가 중심이 되어 사회복지 관련 업무 및 코드의 표준화에 대한 기본적인 지침을 마련해야 할 것이다.

3) 정보 · 통신기술 도입 및 활용에 대한 거부감

앞에서 살펴본 바와 같이 이미 여러 나라에서 사회복지 전달에 정보 · 통신기술을 도입하여 큰 효과를 거두고 있으나, 초기에는 일선 업무담당자와 서비스를 제공받는 사람들의 입장에서 상당한 거부감이 있었다(Mutschler & Hoefer, 1990: 87).

업무담당자들에게는 새로운 기술에 대한 심리적 거부감과 그 기술을 습득해야 하는 정신적 부담 등이 나타났다(노병일, 1999: 238). 그리고 기존의 서류작업과 전산 입력을 이중으로 해야 하는 부담을 지게 되었다. 더욱이 인간관계가 중심이 되는 사회복지서비스가 기계에 의하여 대체될 수 있을 것인가도 의문점으로 작용하였다(Murphy & Pardeck, 1992: 61).

일선의 업무담당자들에게 나타날 수 있는 이러한 부정적인 견해를 정보기술이 자신의 전문적 영역을 완전히 대체하는 것이 아니라 보완하는 것이라는 사실로 인식할 필요성이 있다(박영란, 유태균, 1996: 103). 즉, 반복되는 일상적인 업무에서 정보 · 통신기술을 활용함으로써 절약되는 시간과 노력을 상담과 같은 전문적 서비스에 투입할 수 있을 것이다. 또한 업무와 관련된 정보 · 통신기술의 교육을 위해 쉽고 편리한 프로그램도 개발되어야 한다. 특히 졸업 후에 공공기관이나 현장에서 사회복지 업무를 담당하게 될 사회복지학과 학생들을 위해 교과과정에 정보 · 통신기술의 활용에 관한 과목을 신설할 필요가 있다.

● 표 12-2 ● **사회복지 정보화가 조직 및 직원에 미치는 영향**

비용	• 하드웨어 구입 비용, 관련 소프트웨어의 구입 비용(불법 복제/저작권)
	• 인력, 노력 투입 → 자료의 입력, DB 구축
	• 문서 보관으로 인한 이중 작업 → 시스템 불안정
효과성, 효율성 증진	• 기계적 작업의 소요시간 단축 → 인간 봉사서비스로 역점 전환
업무담당자의 입장	• 업무처리 속도 단축(↔ 시간적 압박)
	• 업무량(생산성의 역설): 이중 작업
	• 건강: 어깨 통증, 시력, 전자파
	• 교육 · 훈련에 대한 압박감: 새로운 기술의 습득에 대한 부담
	• 직업의 불안정성: 기계로 대체
	• 업무의 자율성(투명성 제고): 감독이 용이
	• 조직 내의 인간관계 감소로 인한 문제

4) 사생활 보호의 문제

사회복지 전달체계에 정보 · 통신기술이 도입되어 수혜대상자에 대한 신상정보가 전자형태로 처리 · 관리되어 제3자에게 제공됨으로써 개인의 사생활 침해 문제가 제기된다(O'Brien et al., 1992: 89). 특히 사회복지 대상자의 경우 다른 사람들에게 알리고 싶지 않은 개인정보가 쉽게 유출 가능하다면 이는 심각한 문제이다. 이러한 문제를 막기 위해서는 정보제공의 범위를 제도적으로 명확히 하는 것이 필요하다. 또한 해킹 등으로 인한 통신망의 침투나 바이러스 등으로 인한 통신장애 등의 보안문제에도 더 많은 관심을 기울여야 한다.

5. 정보격차와 정보의 사회복지화

지금까지 살펴본 내용을 종합해 보면 사회복지 분야에서 정보 · 통신기술은 전달체계 개편의 임시적인 대안으로서 고려되어야 할 뿐만 아니라 좀 더 적극적으로 활용되어야 할 것이다. 사회복지 전담조직의 설치와 전문인력 제도가 시행된다고 하더라도 전달체계의 효율성이나 접근성 및 민주성 등의 문제는 여전히 존재할 것인데, 이러한 문제점들은 위성을 비롯한 무선통신 등 더욱 발전한 정보·통신기술을 통하여 효과적으로 해결할 수 있기 때문이다.

클라이언트 입장에서 정보·통신기술을 활용할 수 있다면 매우 편리하지만 정보·통신 단말기를 갖추지 못하고 있거나, 사용방법을 모르거나 통신비가 충분하지 않다면 그 혜택을 제대로 누릴 수가 없을 것이다. 이는 실생활의 불편뿐만 아니라 복지수혜의 격차와 사각지대를 만들게 될 것이다. 즉, 정보·통신 단말기 구입, 정보·통신기술 교육 그리고 통신요금 등에 소요되는 비용의 부담으로 인해 경제적으로 취약한 계층은 정보화의 혜택마저도 제약을 받게 된다. 이른바 정보격차(digital divide)에 따른 새로운 차원의 빈부격차가 발생할 위험도 있다. 따라서 정보화사회에서의 새로운 빈곤층을 방지하기 위해서는 정보의 보편적 서비스(universal service)가 가능해야 한다. 즉, 사회복지의 정보화를 넘어서 이른바 '정보의 사회복지화'가 필요한 상황이 되었다. 이를 위해 사회복지 프로그램에 정보화 교육을 포함시키고, 저소득층에 PC를 저렴하게 보급하는 방안이 마련되어야 한다. 또한 현재 장애인에 대하여 실시하고 있는 통신요금의 감면도 다른 취약계층에게로 확대해야 한다.

사회복지 분야뿐만 아니라 다른 모든 분야에서 공통적으로 정보화를 위협하고 있는 요소들이 있다. 예를 들어, 전산망을 불법으로 침투하는 해커와 한때 전 세계에 충격을 준 체르노빌(CHI) 바이러스 등의 확산은 정보화에 근본적인 장애를 가져오고, 사회복지 전산망과 사회복지 전달체계를 전체적으로 마비시킬 수도 있다. 따라서 정보·통신 시스템의 안전성과 보안에 대한 범국가적인 대책을 마련해야 한다.

● 표 12-3 ●   **사회복지 정보화의 공동활용 및 클라이언트 관련 영향**

공동활용에서의 문제	• 정보공개의 문제: 사적 정보 및 사생활 침해
	• 인력과 예산의 분담, 배분, 관리운영 책임과 비용의 분담
	• 업무와 절차의 표준화(Code/Protocol)
	– 욕구의 다양성과 갈등 표출(개별적으로 구축된 DB)
	– 기존 구축된 시스템과의 호환성 문제(업체 간의 표준문제)
클라이언트의 입장	• 비인간화(계량화, 기계화)
	– 반복적인 비밀일상업무의 감소(전문적인 대인 서비스에 전환)
	• 사생활과 개인정보 유출 가능성
	• 정보화를 통한 불평등(정보격차) → 정보의 복지화 필요
	– 부익부 빈익빈(정보통신 기기)
	– 기술 습득 제한: 노인, 장애인, 여성 등
	– 보편적 서비스(universal service)를 위한 국가 개입의 필요성

참고문헌

강영숙(2003). 정보화가 사회복지조직에 미치는 영향에 관한 고찰. 연세사회복지연구, 9, 1-26.

강혜규(1995). 보건복지사무소와 공공복지전달체계의 개편. 한국사회복지의 이해, 313-335.

기획예산위원회(1998). 국가경영혁신기본전략.

노병일(1999). 정보통신기술의 활용이 사회복지사 · 클라이언트의 삶의 질에 미치는 영향. 한국사회복지학회 1999년도 춘계학술대회 및 정기총회 학술발표자료집, 237-250.

도세록(1997). 생활보호 및 공공복지서비스업무의 전산화 방안. 보건복지포럼, 14, 21-30.

박영란, 유태균(1996). 사회복지기관의 정보화 현황과 과제. 계간 사회복지, 131, 90-105.

박영란, 황정임(1998). 여성복지서비스 전달체계의 기능평가. 한국사회복지학, 36, 147-173.

보건복지부, 한국전산원(1997). 보건복지 행정정보화 전략계획.

변재관, 장원기, 강혜규, 박인아, 이한송(1998). 공공 보건·복지 전달체계 및 보건예
방사업 개선방안. 한국보건사회연구원 토론회, 1-29.

안문석(1997). 정보체계론. 서울: 학현사.

이용표(1996). 보건복지사무소에 대한 전문직간의 인식차이 연구. 서울대학교 보건
대학원 석사학위청구논문.

이준영(2000). 정보기술에 의한 사회복지 전달체계의 보완. 정보화저널, 7(1), 32-45.

조미형(2008). 사회복지기관의 IT자원이 업무효율성에 미치는 영향 연구. 사회복지서
비스 시장제도의 혼돈과 복지경영, 165-180.

조성한(1998). 사회복지행정서비스 전달체계 연구. 서울: 한국행정연구원.

초고속정보통신기반연구반(1995). 21세기의 한국과 초고속정보통신. 경기: 한국전산원.

최일섭(1996). 지방화시대에서의 사회복지의 과제. 지방자치와 사회복지.

한국전산원(1996). 정보화와 삶의 질(차세대 전산망서비스 개발사업). 경기: 한국전산원.

Auslander, G. K., & Cochen, M. E. (1992). Issues in the development of
social information system: The case of hospital Social work Departments.
Administration in Social Work, 16(2), 73-88.

Bennett, E. C. et al. (1977). Evaluation: Alternative models. In N. Gilbert et al.
(Eds.), *Planning for social welfare: Issues, models and tasks*. Englewood
Cliffs, NJ: Prentice-Hall.

Boyd, L. Jr. (1981). A Decision support system to increase equity. *Administration
in Social Work*, 5(3-4), 83-96.

Editorial (2017). Human Service and the Fourth Industrial Revolution, *husi Ta*,
35(1), 1-7.

Federal Electronic Benefit Transfer Task Force (1994). Creating a benefit delivery
system that works better & costs less.

Flynn, M. L. (1990). Computer-assisted instruction to increase organizational
effectiveness. *Administration in Social Work*, 14, 103-118.

Gates, B. L. (1980). *Social program administration: The implementation of
social policy*. Englewood Cliffs, NJ: Prentice-Hall.

Gilbert, N., & Specht, H. (1974). *Dimensions of social welfare policy*. Englewood
Cliffs, NJ: Prentice-Hall.

Hoshino, G. (1981). Computers: Tools of management and social work practice.
Administration in Social Work, 5(3-4), 5-10.

Kirchlechner, B. (1994). Client advice software−A counselling program (SOLDI). ENITH Fourth Conference in Berlin.

Martin, L., & Kettner, P. (2010). *Measuring the performance of human service programs.* Thousand Oaks, CA: Sage Publications.

Meyer, F. M. et al. (1994). The role of knowledge based and decision support system in the German welfare system. ENITH Fourth Conference in Berlin.

Murphy, J. W., & Pardeck, J. T. (1992). Computerization and the social service. *Administration in Social Work, 16*(2), 61−72.

Mutschler, E., & Hoefer, R. (1990). Factors affecting the use of the computer technology in human service organization. *Administration in Social Work, 14*(1), 87−101.

Newham, J., & Bawcom, L. (1982). Computerizing an integrated clinical and financial record system in CMHC. *Administration in Social Work, 5*(3−4), 97−112.

O'Brien, N., McClellan, T., & Alfs, D. (1992). Data collection: Are social workers reliable? *Administration in Social Work, 16*(2), 89.

Root, S. R. (1996). Computer conferencing in a decentralized program: An occupational social work example. *Administration Social Work, 20*(1), 31−45.

Schwab, K. (2016). *The fourth industrial revolution.* Geneva: World Economic Forum.

Trecker, H. B. (1971). *Social work administration.* New York: Association Press.

Turem, J. S. (1986). Social work administration and modern management technology. *Administration in Social Work, 10*(3), 15−24.

Velasquez, J. (1992). GAIN: A locally based computer system which support line staff. *Administration in Social Work, 16*(1), 41−54.

머니투데이(2023. 5. 20.). "사회보장정보시스템 개편 결국 먹통되나". https://news.mt.co.kr/mtview.php?no=2023052323401560106

한국사회보장정보원 홈페이지. http://www.ssis.or.kr/lay1/S1T102C103/contents.do

사회복지시설과 프로그램의 평가

사회복지 분야에서 평가는 서비스 제공시설에 대한 평가와 사회복지 프로그램에 대한 평가로 구분할 수 있다. 한국에서는 사회복지시설 중심의 평가가 이루어져 왔으며 프로그램 평가는 시설 및 환경, 재정 및 조직운영, 인적자원관리, 이용자권리 및 지역사회관계 등과 함께 그중 일부로 포함되었다. 이 장에서는 사회복지 프로그램의 평가를 살펴본다. 사회복지조직은 클라이언트의 욕구를 충족하고 사회문제를 해결해 주기를 바라는 국가, 지역사회, 법, 상급 기관, 클라이언트 등의 기대에 부응해야 한다. 즉, 사회복지 프로그램 평가란 자원과 클라이언트를 위임해 준 사회와 전문직에 대한 책임을 사회복지 프로그램을 통해서 이행했는지를 확인하기 위한 것이다(성규탁, 1996: 391).

1. 프로그램 평가의 목적

1) 환류기능: 정책개발

첫째, 프로그램 중단, 축소, 유지 또는 확장 등에 관한 의사결정의 기초자료로 활용할 수 있는 정보를 수집하는 것이다.

둘째, 프로그램의 내용 수정을 위한 바람직한 목표를 설정하는 데 필요한 정보를 수집하는 것이다.

셋째, 효율적으로 조직의 운영을 설계하고 효과성과 능률성을 제고할 수 있는 방법을 개선하는 데 필요한 자료를 수집하는 것이다.

2) 책임성 이행: 문책

사회복지조직은 클라이언트가 (지역)사회로부터 충족받지 못한 욕구를 충족시켜 문제를 해결하도록 클라이언트와 자원을 함께 위임받았다. 사회복지조직은 그러한 위임으로부터 발생되는 재량권을 가지게 되고 그 재량권에 수

반되는 책임도 따르게 된다. 사회복지조직이 이행해야 하는 책임은 전문적 책임(효과성 및 효율성)과 재무회계적 책임이다. 사회복지를 전달하는 사람은 기관에 대한 책임, 클라이언트에 대한 책임 그리고 전문직에 대한 책임이 있다고 할 수 있다(성규탁, 1996: 397-398).

3) 이론의 형성

사회복지 프로그램은 자신의 욕구를 스스로 충족할 수 없는 상황에 있는 사람들에게 그 욕구를 충족시켜 주기 위해 개입하는 제3자의 행위, 즉 서비스들을 복합적으로 설계한 것을 의미한다. 프로그램의 설계는 각 욕구들의 충족을 위해서 특정한 개입이 최적일 것이라는 가정에 근거하여 만들어진다. 이러한 이론들은 주로 인과관계의 틀을 가지고 있는데, 이는 특정 요인이 특정한 결과를 초래할 것이라는 논리적 체계를 말한다(최성재, 남기민, 2006: 472).

1. 환류기능(정책개발)

- 개입기술과 프로그램의 효과성 측정
- 목표하는 바의 달성도 확인
- 프로그램의 추진 여부(중단, 축소, 유지, 확장): 정책결정에 필요한 정보제공
- 프로그램의 내용 수정(바람직한 목표의 선정)
- 사회의 욕구 변화에 대한 개선
- 효율적 운영 설계, 효과성, 능률성 제고 → 국고보조금의 차등지원

2. 책임성 이행(문책)

- 재무회계적 책임, 전문적 책임(효과성 및 효율성), 정치적 책임(선거)

3. 이론의 형성(이론)

- 프로그램 운영-결과(인과과정)에 대한 가설-검토, 확인, 검증(법칙)
- 서비스의 이해 증진

■ 그림 13-1 ■ **프로그램 평가와 목적**

프로그램이 의도한 결과에 도달한 경우는 기존의 이론이 계속 타당성을 갖게 되며 그렇지 못한 경우는 새로운 이론의 개발이 필요하다. 이러한 과정을 통해서 이론의 형성과 발전에 기여할 수 있다.

4) 평가의 활용

(1) 직접적인 결과(objective)의 활용

클라이언트의 문제해결을 위해 적용한 개입기술과 프로그램의 효과성을 측정하는 데 활용 가능하다. 그리고 수행 중인 프로그램을 개선하거나 계속 수행할 것인지 여부를 결정할 수 있다. 또한 초기에 프로그램 기획에서 설정했던 목표를 달성했는지 여부를 확인할 수 있다.

(2) 중간 결과(intermediate objective)의 활용

제공된 서비스에 대한 이해를 증진하거나 서비스의 질을 향상하는 데 활용할 수 있고, 프로그램의 효과성과 효율성을 제고할 수 있다. 또한 사회의 욕구 변화에 따른 프로그램의 수정에도 활용 가능하다.

(3) 최종 결과(ultimate objective)의 활용

프로그램 관련정책의 결정 및 집행에 필요한 정보를 제공할 수 있고 재무 회계 및 관리 그리고 정치적 책임성의 이행 여부를 확인할 수 있다. 또한 사회복지시설에 대한 보조금을 차등적으로 지원하는 기초자료로 활용 가능하다.

한편, 평가의 최종결과는 이론 형성에도 기여할 수 있다(최성재, 남기민, 2006: 472). 프로그램은 운영방법에서 프로그램 결과에 이르기까지 인과경로를 검토, 확인, 검증하는 것이다. 프로그램은 서비스들의 묶음이기 때문에 프로그램의 결합과 그것이 효과로 연결되는 과정에 특정 이론, 특히 인과관계이론이 전제된다. 프로그램을 통해 이론을 검증한 결과 타당성이 있다고 확인되는 가설은 이론으로 발전되고 그렇지 않은 가설은 이론을 수정하는 데 기여하게 된다.

사회복지시설평가의 법적 근거

• 「사회복지사업법」 제43조의2(시설평가)
  ① 보건복지부장관과 시 · 도지사는 보건복지부령으로 정하는 바에 따라 시설을 정기적으로 평가하고, 그 결과를 공표하거나 시설의 감독 · 지원 등에 반영할 수 있으며 시설 거주자를 다른 시설로 보내는 등의 조치를 할 수 있다.
• 「사회복지사업법 시행규칙」 제27조의2(시설의 평가)
  ① 보건복지부장관 및 시 · 도지사는 법 제43조의2에 따라 3년마다 시설에 대한 평가를 실시하여야 한다.
  ② 제1항에 따른 시설의 평가기준은 법 제43조 제1항에 따른 서비스 최저기준을 고려하여 보건복지부장관이 정한다.
  ③ 보건복지부장관과 시 · 도지사는 제1항에 따른 평가의 결과를 해당 기관의 홈페이지 등에 게시하여야 한다.
  ④ 제1항의 규정에 의한 평가의 방법 기타 평가에 관하여 필요한 사항은 보건복지부장관이 정한다.
• 「사회복지사업법 시행규칙」 제27조(시설의 서비스 최저기준)
  ① 법 제43조 제1항에 따른 서비스 최저기준에는 다음 각 호의 사항이 포함되어야 한다.
    1. 시설 이용자의 인권
    2. 시설의 환경
    3. 시설의 운영
    4. 시설의 안전관리
    5. 시설의 인력관리
    6. 지역사회 연계
    7. 서비스의 과정 및 결과
    8. 그 밖에 서비스 최저기준 유지에 필요한 사항

2. 평가의 종류

평가의 종류는 무엇을 어떻게 평가할 것인가에 따라 달라질 수 있다. 크게 질적평가(관찰, 면접 등)와 양적평가(설문지, 계량화된 측정도구 등)로 구분하는 것이 가장 일반적이다. 그 외에는 실험설계에 따라 실험설계와 비실험설계, 평가과정에 따라 총괄평가와 형성평가, 평가주체에 따라 내부평가(내부직원), 외부평가(외부전문가) 그리고 평가시기에 따라 사전ㆍ사후평가, 과정평가, 시계열평가 등이 있다(우수명, 2007: 215-227).

평가과정에 따라 구분하는 총괄평가와 형성평가(과정)가 일반적으로 많이 활용되고 있다. 총괄평가는 프로그램이 종료된 이후에 실시하는 것으로 프로그램 실시의 효과나 영향을 평가하여 프로그램의 유지, 확대, 중단 등에 대한 의사결정의 근거로 삼고 긍정적 결과를 유사한 다른 프로그램, 유형 또는 대상에 대해 일반화하는 데 목적이 있다(최성재, 남기민, 2006: 472). 형성평가는 프로그램을 개발하기 위한 목적에서 실시하는 것으로, 프로그램을 개발하는 과정이나 진행과정 중에도 실시할 수 있다. 이 평가는 프로그램의 개선과 관련된 정보들을 수집하고 평가하는 활동들을 주로 한다(김영종, 2001: 428). 총괄평가와 형성평가에 대한 좀 더 자세한 설명은 다음과 같다.

1) 총괄평가

총괄평가(summative evaluation)는 사회에 미친 영향을 추정하는 평가로, 시작시점과 종결시점을 비교하는 정태적 분석이다. 계획된 목표치(Soll-Wert)와 실제로 달성한 달성치(Ist-Wert)를 비교하는 정량적 평가이다.

(1) 효과성 평가
효과성 평가는 문제해결(ex-post)이나 의도하지 않았던 부수효과(side

effect)를 파악하기 위한 것으로, 다음과 같은 질문들에 대한 해답을 얻고자
한다.

- (의도했던) 효과가 프로그램 때문에 발생하였는가?
- 발생한 효과는 목표에 상응하는가?
- 효과는 문제의 해결에 충분하였는가?

(2) 효율성 평가

효율성 평가는 사전(ex-ante)에 프로그램의 여러 대안을 비교·평가(CBA,
비용편익분석)하거나 결과를 추정하기 위한 것으로, 다음과 같은 질문들에 대
한 해답을 얻고자 한다.

- 프로그램에 직접 투입되는 비용은?
- 프로그램의 부작용으로 인한 사회적 비용은?
- 프로그램의 효과가 투입되는 직접적 비용과 부작용으로 인한 사회적 비
  용을 상쇄하는가?

(3) 공평성 평가

프로그램의 효과 및 비용이 집단 간 또는 지역 간 공평하게 배분되는지를
파악한다.

2) 형성평가

형성평가(formative evaluation)는 각 시점에서 추진된 경로들을 모두 검토
하여 성공과 실패의 원인을 파악하는 동태적 분석으로, 과정평가 또는 정성
적 평가라고도 한다. 프로그램을 개발하는 과정이나 진행하는 과정 중에도 실
시할 수 있으며, 프로그램의 효과 발생과정을 평가하여 바람직한 운영전략을

수립할 수 있다(최성재, 남기민, 2006: 472).

- 좁은 의미로는 다음과 같은 사항들을 파악한다.
  - 개입과정에 영향을 미치는 매개변수 확인
  - 프로그램의 효과 발생 경로 파악
  - (효과가 발생하지 않은 경우) 잘못된 경로 파악
  - (보다 강한 영향을 미치는) 다른 경로는 무엇인지 파악
- 운영과정 평가에서는 다음과 같은 사항들을 파악한다.
  - 프로그램이 의도한 대로 운영되었는가?
  - 활동이 계획한 대로 진행되었는가?
  - 자원이 계획된 양과 질로 투입되었는가?
  - 의도한 대상집단에 실시되었는가?
  - 관련 법규, 규정에 순응하였는가?

---

1. 총괄평가(summative evaluation): 사회에 미친 영향을 추정

- 정태적 분석: 시작시점과 종결시점의 비교
- 정량적 평가: 목표치(Soll-Wert)와 달성치(Ist-Wert)의 비교

2. 형성평가(formative evaluation): 과정평가, 정성적 평가

- 동태적 분석: 각 시점에서 추진된 경로들을 모두 검토하여 성공과 실패의 원인 파악
- 프로그램 효과 발생과정 평가 바람직한 운영전략의 수립

■ 그림 13-2 ■ **평가의 종류**

3. 평가의 기준

프로그램 평가의 기준으로 노력, 효과성, 효율성, 서비스의 질, 영향, 공평성 등을 들 수 있다(김영종, 2001: 435-436).

노력(effort)은 투입된 자원과 산출의 양적 평가에 관한 것으로, 계획된 프로그램의 수행을 위해 투입된 시간, 금전적·물적 자원, 클라이언트의 참여, 프로그램 담당자의 제반 활동 등을 말한다(최성재, 남기민, 2006: 473).

효과성(effectiveness)은 실시된 프로그램이 의도한 목적을 달성하였는가를 말하는 것이다. '목표 자체가 성취되었는가? 만약 프로그램의 성과가 발생하였다면 그것이 개입에 의한 효과라는 것을 확인할 수 있는가?'라는 질문에 답하는 것이다. 사회복지 개입의 목표는 인식 개선 및 만족 등과 같은 클라이언트 및 지역사회의 변화로, 이는 불확실하고 주관적이기 때문에 효과성과 관련된 지표를 찾는 것은 용이하지 않다. 따라서 흔히 클라이언트의 서비스 만족도나 참여도와 같은 간접적인 지표들이 직접적인 성과지표를 대신해서 사용되기도 한다(김영종, 2001: 432).

효율성(efficiency)은 투입과 산출 간의 비용적 관계를 의미한다. 영향(impact)은 하나의 프로그램이 원래 의도했던 폭넓은 사회문제의 해결에 어느 정도 기여했는지를 파악하는 것이다. 영향은 하나의 프로그램이 평가될 수 있는 영역을 벗어나기 때문에 복잡한 추론과정이 필요하다(김영종, 2001: 432).

서비스의 질(quality)은 '전문적인 기준이 채용되는 정도'에 관한 것으로(Gates, 1980: 221), 일반적으로 가장 우수하다고 인정되는 지식이나 기술을 프로그램에서 얼마나 활용하는지에 관한 것이다.

공평성(equity)은 서비스가 대상집단에게 공평하게 분배되었는가를 살펴보는 것으로 정책이나 기획차원에서 정치적인 고려에 의해 채택되는 경우가 많다.

● 표 13-1 ●　**사회복지 프로그램의 평가기준 및 평가지표**

구분	평가기준(척도)	평가지표(사례)
노력(effort)	• 운영에 투입된 활동의 양 • 인적 · 물적 자원이 투입된 정도	• 실시 중인 단위사업의 수와 규모 • 규정 외 지역특성 반영 사업 수행
효과성 (effectiveness)	• 사업의 목표달성 여부 판단 • 각 프로그램에 본인 참여목적 부합 　정도	• 담당 사회복지사가 평가한 사업의 　효과성 정도 • 저소득층 대상 프로그램 목적 달성 　정도
효율성 (efficiency)	• 투입과 산출 간의 비용적 관계	
서비스의 질 (quality)	• 가장 우수한 지식을 보유하고 　기술을 적용하는지 여부 • 제공하는 기관, 인력의 전문성과 　자격기준 • 프로그램 내용의 충실화를 위한 　전제조건 • 서비스 전달자의 자격요건, 교육 　훈련의 정도, 전문성 정도	• 프로그램의 형식적 운영 여부 • 상담 제공 수준 • 담당사업 운영과 행정업무에 할당 　되는 업무량 비중 • 재가서비스 담당자들의 복지관 　업무와 업무량 비중
영향 (impact)	• 사회문제 해결 기여 유무 • 지역사회나 클라이언트의 인지 　적 · 정서적 · 행동적 측면의 변화 　발생 여부 판단 • 지역사회의 공헌 정도 측정	• 지역사회문제 발생률(시행 전과 　비교 시 감소 정도 등)
공평성 (equity)	• 서비스 또는 급여가 인구집단에 　공평하게 배분되었는지	• 욕구에 따른 배분 • 일관성

출처: 김영종(2001: 431–435)에서 재구성.

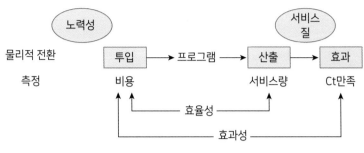

■ **그림 13-3** ■ **평가유형과 기준**

출처: Gate(1980: 175): 조성우, 노재현(2009)에서 재구성.

4. 평가조사의 절차

프로그램의 평가를 위한 절차는 여러 단계로 구성된다(최성재, 남기민, 2006: 483). ① 평가목적 및 평가대상의 설정, ② 프로그램 책임자 및 담당자와의 이해와 협조 구하기, ③ 프로그램의 목표 확인, ④ 조사대상자의 변수 선정, ⑤ 이용 가능한 자료 및 측정도구의 결정, ⑥ 측정도구 개발, ⑦ 적절한 조사설계 형태의 결정, ⑧ 조사수행, ⑨ 결과 분석 및 해석, ⑩ 결과의 보고 및 실제적 이용 등이다.

프로그램 평가의 절차

① 평가의 목적 및 대상 결정

② 프로그램의 책임자 및 담당자의 이해와 협조 요청

③ 프로그램의 목표 확인

④ 조사대상의 변수 선정

⑤ 이용 가능한 자료 및 측정도구 결정

⑥ 새로운 측정도구의 개발

⑦ 적절한 조사설계 형태의 선정

⑧ 조사의 수행

⑨ 결과의 분석 및 해석

⑩ 결과보고 및 실제적 이용

5. 평가결과의 해석

프로그램이 의도한 목표를 달성하였는지 그리고 실패하였다면 어디에 원인이 있는지를 알아보기 위해 프로그램의 과정을 평가할 수 있다. 프로그램 과정에 대한 평가를 위해 관련되는 변수들을 설정하고 도식화함으로써 평가를 좀 더 용이하게 할 수 있다. 독립변수(개입)가 종속변수(욕구충족, 문제해결)에 영향을 미치는데 그 과정에서 매개변수가 중요한 역할을 하게 된다. 독립변수와 종속변수 사이를 연결하는 매개변수로서 운영변수와 연결변수가 있다(최성재, 남기민, 2006: 450).

1) 운영변수

투입 및 활동(activity) 그리고 산출(output) 간의 관계를 규정하는 변수로서 프로그램을 운영하기 위한 다양한 방식의 조합이다. 프로그램의 실행으로 의도한 산출이 나타나지 않은 경우는 프로그램의 운영방식이 잘못 선택되거나 선택된 운영방식이 제대로 실행되지 못한 경우로서 이를 실행오류라고 한다.

예를 들면, 실업자의 취업을 위해 실업자의 근로의욕을 높임으로써 취업을 증진시킨다는 목표를 가진 프로그램을 실행하기 위해서 어떤 프로그램의 운영방법을 선택할 것인가를 결정해야 한다. 온라인 강의라는 방법을 통해서 근로자의 노동의욕을 증가시키려고 했을 때 실업자의 근로의욕의 제고가 불가능했다면 운영변수는 잘못된 것이다. 이는 실행상의 오류가 될 수 있다. 그와는 반대로 상담을 통해 근로의욕을 제고하려는 목표를 달성했다면 운영변수가 제대로 된 것이라고 볼 수 있다.

2) 연결변수

연결변수는 서비스 제공자의 활동의 결과로 나타난 산출(output)이 클라이언트의 문제해결 또는 지역사회의 문제해결에 기여할 것인지에 관한 결과(효과, outcome)를 규정하는 변수이다. 충분한 산출에도 불구하고 의도한 성과가 나타나지 않는다면 이론적 오류가 있다는 것을 의미한다. 앞서 제시된 실업자의 취업을 위한 프로그램의 예에서 상담을 통해 의도한 실업자의 근로의욕 제고라는 산출(output)이 충분히 달성되었지만, 그것을 통해 결과적으로 프로그램에 참여한 실업자들이 취업(outcome)을 하는 데는 성공하지 못했다면 의도한 결과에 도달하지 못한 것이다. 이때 프로그램은 실업이 근로의욕 제고로 해결될 것이라는 가정, 즉 취업에 근로의욕이 결정적이라는 잘못된 이론을 전제로 설계되었다고 볼 수 있다. 즉, 잘못된 연결변수를 선택하였기 때문에 이론상의 오류인 것이다.

어떤 프로그램이 책임성을 다하지 못했다면 그것은 두 가지 오류 때문이다. 첫째, 이론상의 오류로 잘못된 논리적 인과관계를 적용하였거나, 둘째, 실행상의 오류로 제대로 된 논리체계를 적용하였더라도 수행방법이 적절하지 않아서 의도한 산출을 얻지 못하는 경우이다. 예를 들면, '직업에 대한 근로의식 변화(매개변수)가 취업을 촉진(종속변수)할 것이다.'라는 이론적 체계를 적

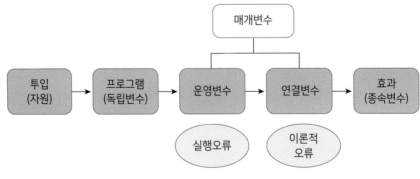

■ 그림 13-4 ■ **프로그램의 전개과정**

출처: 최성재, 남기민(2006: 481)에서 재구성.

용하였을 때 이 프로그램이 의도한 결과, 즉 취업(종속변수)이라는 결과에 도
달하지 못한 경우, 이는 첫째로 의식의 변화(매개변수)가 취업에 결정적인 영
향을 미치지 않았기(잘못된 이론의 적용) 때문이거나, 둘째로 프로그램(독립변
수)이 제대로 이루어지지 못하여(실행오류) 근로의식(매개변수)을 변화시키지
못하였기 때문이다.

6. 평가와 관련하여 고려해야 할 점

프로그램의 평가에서 고려해야 점들을 살펴보면 다음과 같다.

1) 평가의 제약

- 다른 조직들에서와 같이 사회복지조직에서도 평가에 대한 직원들의 거
  부감이 나타날 수 있다. 특히 평가기준이 사회복지 실천현장의 상황에
  부합하지 않는다고 생각하는 경우가 많다. 또한 평가준비로 인한 업무증
  가에 대한 불만이 제기될 수 있다.
- 전문가의 평가는 비판적이고 현장에 대한 이해가 충분하지 않을 수
  있다.
- 사업을 지속하는 데 불리한 정보는 제공하기를 꺼린다.
- 평가에 유리한 행위만 수행하는 이른바 기준행동(criterion behavior)이 나
  타날 가능성이 있다.
- 평가자 간 또는 평가 팀 간 기준의 해석과 적용의 차이로 점수 편차가 발
  생한다.

2) 인간봉사기술의 불확실성과 평가기준의 모호성[1]

- 결과가 불확실하고 측정하기 곤란하다.
- 기술에 대한 지식이 불완전하다.
- 클라이언트가 가변적이기 때문에 평가기준의 설정이 용이하지 않다.
- 전문기술을 사용하는 직원에 대한 감독이 용이하지 않고 클라이언트와 직원이 만나는 상황의 관찰이 불가능하다.

평가와 관련된 문제점

- 사회복지관리자들의 거부감
- 전문가의 평가는 비판적이거나 실천현장을 무시할 수도 있음
- 사업의 지속에 불리한 정보제공을 은폐할 가능성도 있음
- 기준행동(criterion behavior): 좋은 평가를 받을 수 있는 행위만 수행
- 인간봉사 기술의 불확실성과 평가기준의 모호성
  - 결과의 불확실, 측정 곤란
  - 기술에 대한 지식의 불완전
  - 클라이언트의 가변성 → 평가기준 설정의 애로
  - (전문기술을 사용하는) 직원에 대한 감독 곤란
  - (클라이언트와 직원이 만나는) 상황은 관찰이 불가능

---

1) 이 부분은 최성재, 남기민(2006: 22-25)을 참조하여 재구성함.

 참고문헌

김영종(2001). 사회복지행정. 서울: 학지사.

성규탁(1996). 사회복지행정론. 경기: 법문사.

우수명(2007). TP사회복지 Program 개발과 평가. 서울: 인간과 복지.

조성우, 노재현(2009). 알기 쉽고 바로 활용하는 사회복지 성과측정 자료집. 서울: 사회복지
　　공동모금회 연구센터.

최성재, 남기민(2006). 사회복지행정론. 경기: 나남.

Gates, B. L. (1980). *Social program administration: The implementation of
　　social policy*. Englewood Cliffs, NJ: Prentice-Hall.

Martin, L., & Kettner, P. (2010). *Measuring the performance of human service
　　programs*. Thousand Oaks, CA: Sage Publications.

Suchman, E. (1967). *Evaluation research*. Connecticut: Printers, Inc.

인명

내용

저자 소개

이준영(Lee, Junyoung)

고려대학교 경제학(학사)

독일 Köln대학교 경제사회과학(석사), 독일 Köln대학교 사회정책학(박사)

한국사회복지행정학회 회장, 한국사회복지학회 부회장, 한국사회보장학회 학술이사

서울시립대학교 부설 종합사회복지관 관장

국민연금공단 자문위원, 국민건강보험재정운영위원회 위원

사회복지공동모금회 배분집행위원회 부위원장

사회복지시설평가 종합사회복지관 분과위원장

한국사회보장정보원 비상임이사

현 서울시립대학교 사회복지학과 교수

〈주요 저서〉

21세기 사회복지정책(3판, 공저, 청목, 2009)

사회보장론-원리와 실제(4판, 공저, 학지사, 2021)

〈주요 논문〉

사회복지전달체계와 지방행정기구의 개편(도시행정연구, 13, 1998)

정보기술에 의한 사회복지전달체계의 보완(정보화정책저널, 7(1), 2000)

사회복지 네트워크의 이론과 과제(사회복지행정학회 2007년 춘계학술대회)

사회복지전달체계 평가기준의 체계화 가능성(사회과학연구, 26(1), 2010)

사회서비스제공과 사회적기업(공동연구, 사회보장연구, 26(3), 2010)

복지전달체계 관점에서 본 독일의 지방복지행정(한국사회복지행정학, 16(4), 2014)

유럽국가들과 비교한 한국 사회서비스의 사회경제적 효과(질서경제저널, 19(4), 2016)

한국 기초연금의 개혁 방안 모색(한국사회복지학, 17(1), 2019)

중국 사회사업(Social Work)의 특징 및 형성과정에 대한 소고(보건사회연구, 41, 2021)

문용필(Moon, Yongpil)

서울시립대학교 사회복지학(학사, 석사, 박사)

한국사회복지행정학회 연구위원, 한국사회복지정책학회 정책분과위원회 위원

한국통합사례관리학회 돌봄연구위원회 위원장, 한국장기요양학회 편집이사

국민연금나눔재단 이사, 국민건강보험공단 자문위원

사회서비스원 경영평가위원, 사회서비스 품질평가 현장평가위원

한국사회복지협의회 사회복지시설평가원 연구원

현 조선대학교 행정복지학부 조교수

〈주요 논문〉

코로나19 유행상황에서 노인 긴급돌봄서비스에 관한 시론적 고찰(한국산학기술학회논문지, 22(11), 2021)

민간 장기요양기관의 문제점과 주요쟁점에 관한 비판적 고찰(사회복지정책, 49(4), 2022)

지역사회 통합돌봄에서 재택의료센터 모델에 대한 비판적 고찰(장기요양연구, 11(1), 2023)

Reconciling for-profit social service provision with a regulatory framework: Korean long-term care(*International Journal of Care and Caring*, 7(1), 2023)

〈연구 보고서〉

사회서비스 혁신 위한 시·도 사회서비스원 기능 강화 방안 연구(공저, 보건복지부·한국보건사회연구원, 2022)

복지전달체계 혁신을 위한 대안적 고찰-취약계층 발굴정책 개선을 중심으로(공저, 한국보건사회연구원, 2023)

박규범(Park, Gyubeom)
서울시립대학교 사회복지학(학사, 석사, 박사)
한국사회보장정보원 연구원
대통령직속 정책기획위원회 전략홍보실 파견
서울시립대학교 강사
현 경기복지재단 연구위원

〈주요 저서〉
위기와 미래-문재인 정부 국정비전의 진화와 5대 강국론(공저, 경인문화사, 2022)
노인복지론(공저, 양서원, 2023)

〈주요 논문〉
지역 특성이 우리나라 가구의 경제적 복지에 미치는 영향-3수준 다층성장모형을 적
    용하여(보건사회연구, 41(1), 2021)
국민기초생활보장제도 수급 가구의 소득, 재산, 공제 및 부채에 따른 유형과 특성에
    관한 연구(한국사회복지학, 76(1), 2024)
How Should the Social Service Quality Evaluation in South Korea Be Verified
    Focusing on Community Care Services(*Healthcare*, 2020)
Priority Analysis of Right Remedies of Basic Living Recipients in Korea
    (*Sustainability*, 2020)
Regional Factors Influencing Non-Take-Up for Social Support in Korea Using a
    Spatial Regression Model(*SAGE Open*, 2021)

전혜상(Jeon, Haesang)

서울시립대학교 국제관계학(학사)

Miami University 노인학(석사), Boston College 사회복지학(석사, 박사)

한국노년학회 편집분과위원

전주보훈요양원 운영위원회 위원

한국사회복지협의회 교육학술위원

전주대학교 사회복지학과 조교수

한국여성정책연구원 부연구위원

이화여자대학교 사회과학대학 사회과학원 SSK사업 전임연구원 연구교수

현 한국체육대학교 노인체육복지학과 조교수

〈주요 저서〉

연령통합: 새로운 사회구성의 원리(공저, 공동체, 2016)

〈주요 논문〉

고령화 시대의 노인 대상 산림치유 프로그램 특성 분석(한국산림휴양학회지, 26(4), 2022)

다층모형을 활용한 노인의 사회적 고립 분석(한국노년학, 42(3), 2022)

노인맞춤돌봄서비스 이용자의 특성이 생활만족도에 미치는 영향(한국노년학, 43(5), 2023)

The influence of social networks and supports on depression symptoms: Differential pathways for older Korean immigrants and non-Hispanic white Americans(*Care Management Journal*, 2016)

Functional decline and emotional elder abuse: A population based study of older Korean adults(*Journal of Family Violence, 33*, 2018)

Developmental trajectories and predictors of social exclusion among older Koreans: Exploring the multidimensional nature of social exclusion(*Social Indicators Research, 144*, 2019)

〈연구 보고서〉

여성폭력 검찰 통계분석: 가정폭력범죄를 중심으로(공동연구, 한국여성정책연구원 연구보고서, 2019)

디지털 성범죄 예방 및 피해자 지원체계 발전방안 연구(공동연구, 한국여성정책연구원 연구보고서, 2020)

조혜진(Cho, Hyejin)

서울여자대학교 사회사업학과(문학사)

서울시립대학교 사회복지학(석사, 박사)

서울시립용산데이케어센터장

한국노인종합복지관협회 이사, 서울노인종합복지관협회 이사

서울재가복지시설협회 이사

서울사회복지사협회 정책위원

중앙사회서비스원 사회서비스 품질인증제 시범사업 심사위원

서울시 좋은돌봄 인증심사위원

건강보험관리공단 등급판정위원

서울시립동부노인전문요양센터 사무국장

현 서울시립용산노인종합복지관 관장

〈주요 논문〉

독거노인의 지각된 사회적 지지와 시설 돌봄 선호: 고독사 가능성 인식의 매개효과
  분석(한국노년학, 40(4), 2020)

사회서비스 공급체계의 공공성 실현방안: 비영리 민간 서비스 공급자의 위상 및 역할
  을 중심으로(한국케어매니지먼트연구, −(43), 2022)

노인돌봄정책 전환의 효과: 노인맞춤돌봄서비스가 생활만족도에 미치는 영향을 중심
  으로(한국케어매니지먼트연구, −(45), 2022)

손자녀 지원양육조모의 양육스트레스 관리 프로그램 개발 및 효과성 평가연구(한국노
  년학, 43(1), 2023)

홍석호(Hong, Seokho)

서울시립대학교 사회복지학(학사, 석사)

Maryland 주립대학교 사회복지학(박사)

한국사회복지정책학회 이사

한국통합사례관리학회 이사

충청노인개발회 이사

현 청주대학교 사회복지학과 교수

〈주요 논문〉

경제적 부담과 건강 문제를 겪는 노인들의 여가만족 요인에 관한 연구: 여가활동을 중심으로(한국노년학, 40(1), 2020)

17개 시 · 도 노인복지예산 결정요인에 관한 연구: 퍼지셋 질적 비교분석을 중심으로(한국노년학, 41(1), 2021)

노인맞춤돌봄서비스 이용자의 스마트폰 이용수준과 건강관련 삶의 질의 관계에서 인적자원의 매개효과(미래사회복지연구, 14(2), 2023)

한국 노인의 장기요양 서비스 이용과 삶의 질에 관련된 학술논문 체계적 문헌 고찰(한국케어매니지먼트 연구, -(44), 2023)

Comparison on predictors of mental health service use among Asian older adults(*Asian Social Work and Policy Review*, 2018)

Comfort with discussions about death, religiosity, and attitudes about end-of-life care(*Asian Social Work and Policy Review, 13*(2), 2019)

Measuring attitudes about end-of-life care: Evaluation of a modified version of the hospice philosophy scale(*Journal of Applied Gerontology, 39*(8), 2020)

3판

사회복지행정론
Social Welfare Administration (3rd ed.)

2016년 2월 29일 1판 1쇄 발행
2018년 2월 20일 1판 3쇄 발행
2019년 10월 20일 2판 1쇄 발행
2023년 6월 20일 2판 4쇄 발행
2024년 3월 10일 3판 1쇄 발행

지은이 • 이준영 · 문용필 · 박규범 · 전혜상 · 조혜진 · 홍석호
펴낸이 • 김진환
펴낸곳 • (주) 학지사

04031 서울특별시 마포구 양화로 15길 20 마인드월드빌딩
대표전화 • 02)330-5114   팩스 • 02)324-2345
등록번호 • 제313-2006-000265호

홈페이지 • http://www.hakjisa.co.kr
인스타그램 • https://www.instagram.com/hakjisabook

ISBN 978-89-997-3089-4 93330

정가 24,000원

출판미디어기업 학지사

간호보건의학출판 학지사메디컬 www.hakjisamd.co.kr
심리검사연구소 인싸이트 www.inpsyt.co.kr
학술논문서비스 뉴논문 www.newnonmun.com
교육연수원 카운피아 www.counpia.com
대학교재전자책플랫폼 캠퍼스북 www.campusbook.co.kr